KAPPADOKIEN
Ein Reiseführer durch das Land der Feenkamine und Felsenburgen
Susanne Oberheu
Michael Wadenpohl
Shaker Media
Aachen 2009

Bibliografische Information der Deutschen Nationalbibliothek
Die Deutsche Nationalbibliothek verzeichnet diese Publikation in der Deutschen Nationalbibliografie; detaillierte bibliografische Daten sind im Internet über http://dnb.d-nb.de abrufbar.

2.Auflage

Printed in Germany.

ISBN 978-3-86858-250-5

Shaker Media GmbH • Postfach 101818 • 52018 Aachen
Telefon: 02407 / 95964 0 • Telefax: 02407 / 95964 9
Internet: www.shaker-media.de • E-Mail: info@shaker-media.de

Übersichtskarte der Türkei

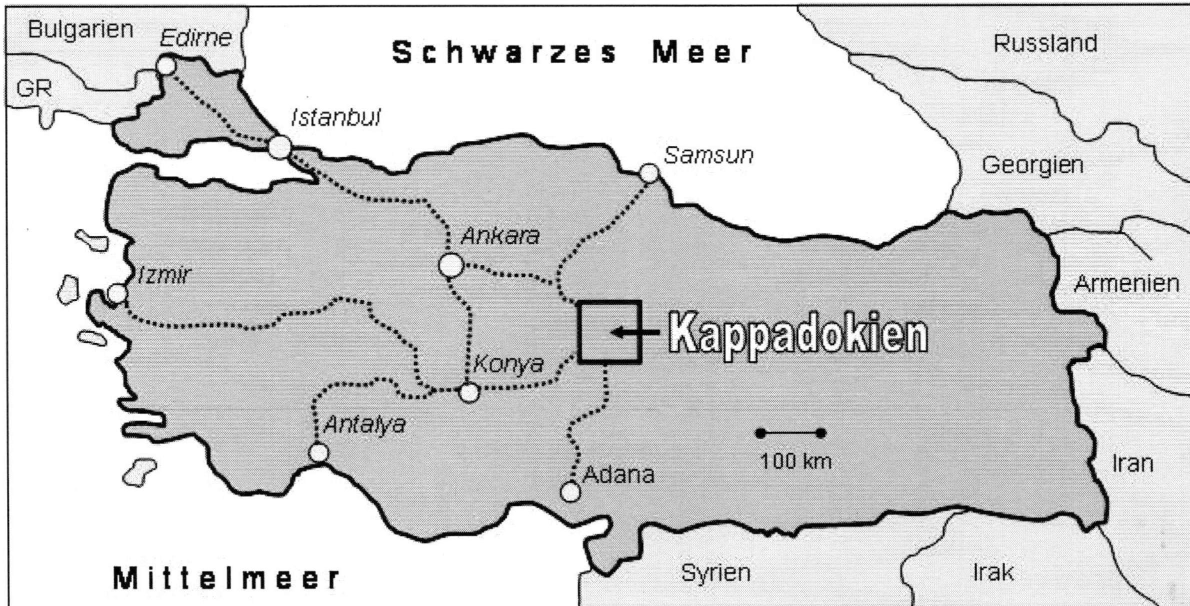

Inhaltsverzeichnis

Alles Wissenswerte über Kappadokien

Reise – Infos A - Z

Sehenswürdigkeiten und Ortschaften

Der kleine Wanderführer

Das kleine Wörterbuch

Übersichtskarten

Exkursionen

Vorwort zur 2.Auflage

von Michael Wadenpohl

Hurra, es ist geschafft!
Da liegt sie nun vor mir: die 2.Auflage unseres Reiseführers!
Zumindest erst einmal in virtueller Form. Und nachdem ich sie etliche Male auf CDs, Memory-Sticks oder Festplatten gesichert habe, damit jetzt ja nichts mehr schief gehen kann, lehne ich mich entspannt in meinem Sessel zurück. Und wie so oft in den letzten Tagen und Wochen erinnere ich mich wieder an diesen einen denkwürdigen Abend im Januar 2006:
Gemütlich vor dem Kamin sitzend neigte sich die zweite Flasche Wein ihrem Ende entgegen, als ich meiner Frau die Idee vom eigenen Reiseführer unterbreitete. Sie blickte auf, schaute mich über den Rand ihrer Lesebrille ernst an und erklärte mich kurzerhand für verrückt. Darüber aufklärend, was das an Arbeit und Kenntnissen erfordern würde, dass wir so etwas noch nie gemacht hätten und überhaupt: Ich hätte ja gar keine Vorstellung davon, was alles auf uns zukäme!
Ich muss zugeben, dass mir dabei meine Schulzeit einfiel. Der Deutschunterricht gehörte nicht gerade zu meinen Lieblingsfächern und über meinen sehr kreativen Umgang mit den Kommaregeln war ich mir auch bewusst. Aber ich ließ mich nicht bremsen und fing an, in meiner Freizeit die ersten Kapitel zu schreiben. Beeindruckt von meiner Hartnäckigkeit und der Tatsache, dass die ersten Texte doch gar nicht so schlecht ausfielen, fand Susanne dann doch Gefallen an der Sache und stieg in das Projekt ein.
Die Reaktionen der angeschriebenen Verlage trugen anfänglich nicht gerade zur guten Stimmung bei. Falls überhaupt geantwortet wurde, passte unser Konzept nicht in das des Verlages oder die vertraglichen Bedingungen waren so, dass sie für uns Autoren schlicht unakzeptabel waren.
Doch dies ist alles Schnee von gestern. Die vielen lieben Leserbriefe, die uns in den letzten 2 Jahren erreichten, haben uns gezeigt, dass wir auf dem richtigen Weg sind. Deshalb möchten wir allen danken, die uns in dieser Zeit mit ihrem Zuspruch, aber auch mit ihrer konstruktiven Kritik Mut gemacht haben. Und selbstverständlich möchten wir all denen danken, die in den letzten 2 Jahren unser Buch gekauft und dafür gesorgt haben, dass unser Projekt kein finanzielles Debakel wurde.

Dies alles hat uns nun dazu bewogen, den Reiseführer in einer neuen Auflage herauszubringen. Auch wenn die Erosion der Landschaft nicht ganz so schnell voranschreitet, so haben sich aber die kulturellen und wirtschaftlichen Gegebenheiten in den letzten Jahren erheblich verändert. Besonders die Preise haben sich drastisch erhöht. Kappadokien ist schon lange kein preiswertes Reiseziel mehr.

Möge diese 2.Auflage unseres Kappadokien–Reiseführers auch weiterhin allen Besuchern dieser einmaligen Region eine große Hilfe sein, unbeschwerte Tage zu erleben.

Und all jenen, die uns bisher Mut gemacht und unterstützt haben, ein herzliches „teşekkür ederim“.

Susanne Oberheu
&
Michael Wadenpohl

Foto: Uwe Schmitz

Einleitung

„Als hätte Walt Disney bei Gaudi einen Grand Canyon in Auftrag gegeben“

So titelte einmal ein Redakteur der Wochenzeitschrift „Die Zeit“ über Kappadokien und treffender kann man das Landschaftsbild nicht beschreiben. Von Zipfelmützentürmen, einer Mondlandschaft oder von zu Stein erstarrten Dünen ist in vielen Reiseberichten zu lesen. Von Feenkaminen und Felskegeln ist immer wieder zu hören. Aber den meisten Besuchern fehlen beim ersten Anblick dieser fantastischen Landschaft dann doch die Worte: Kappadokien scheint unbeschreiblich zu sein.
Und wenn man dann noch die Touristenrouten verlässt und in die unwirkliche Stille der zahlreichen Schluchten eintaucht, scheint es, als hätte man diesen Planeten verlassen. Es wird einem klar, warum diese Landschaft schon so oft als Kulisse für Abenteuer- und Science-Fiction-Filme herhalten musste.
Aber dieser Planet Kappadokien ist bewohnt: grüne gepflegte Gärten zwischen kargen Felsen und tausende aus dem Fels herausgehauene Behausungen bezeugen die Anwesenheit von Menschen. Ganze Dörfer, unterirdische Städte, Kirchen und Klosteranlagen durchhöhlen Kappadokien wie einen Schweizer Käse. Schon die Hethiter kratzten vor über 3000 Jahren Höhlen in den weichen Tuffstein. Die ersten Christen zogen sich in die abgeschiedene Schönheit Kappadokiens zurück, schmückten ihre Kirchen mit wertvollen byzantinischen Fresken und machten Kirchengeschichte. Griechen besiedelten bis ins letzte Jahrhundert hinein Kappadokien und prägten viele Ortschaften mit ihren schön verzierten Häusern. Die Seldschuken aus Zentralasien bauten hier am Schnittpunkt der Handelsrouten Asiens mächtige Karawansereien. Und schließlich lebten die islamischen Türken fast 500 Jahre Seite an Seite mit ihren christlichen Nachbarn, beackerten die fruchtbaren Täler und bewohnten die unzähligen Höhlenwohnungen. Deswegen ist Kappadokien nicht nur Welt-Natur-Erbe sondern auch Welt-Kultur-Erbe und bis heute ist hier eine ungewöhnliche Weltoffenheit zu spüren.
Im Altertum erstreckte sich Kappadokien über ein riesiges Gebiet zwischen dem Taurusgebirge im Süden, Euphrat im Osten und Kızılırmak, dem Roten Fluss, im Norden. Inzwischen bezieht sich dieser Begriff - im touristischen

Sinne - auf ein kleines Gebiet von etwa zwanzig mal zwanzig Kilometern im Herzen Anatoliens. Kappadokien wird heute die Region genannt, in der die Erosion mittels Wind, Wasser und Schnee eine der spektakulärsten Landschaften der Erde geschaffen hat.

Auch wenn der Tourismus inzwischen einige Spuren hinterlassen hat, so begegnet man hier immer noch Menschen, die ihre alte, von Traditionen geprägte Lebensweise nicht aufgegeben haben. Zwei Welten treffen dann aufeinander, wenn ein Bauer, mit Jackett, Pluderhose und Schirmmütze gekleidet, sein Eselgespann möglichst kollisionsfrei an modernen Touristenbussen vorbei manövriert, nicht ohne den Gästen seine gerade gepflückten Trauben zu offerieren. Oder wenn auf dem Wochenmarkt mit bunten Kopftüchern verhüllte Türkinnen mit viel Geschick leicht gekleideten Touristinnen ihre Ware aufdrängen. Die Kappadokier kennen keine Berührungsängste. Eher interessiert begutachten sie die Auswüchse westlicher Kulturen und geben gerne Ratschläge.

Hier in Kappadokien vertragen sich islamische Kultur und Tourismus. Und das, obwohl in dieses kleine Gebiet jährlich über eine Million Touristen aus aller Welt einfallen. Entsprechend groß ist mittlerweile auch das touristische Angebot angewachsen. Von Discotheken für die Nachtschwärmer bis zu Wanderführungen für den Ruhe liebenden Naturfreund ist für jeden etwas dabei. Von den kleinen scheinbar vom Aussterben bedrohten Dörfern ist nichts mehr zu spüren. In den Sechzigern des vergangenen Jahrhunderts, so ein Reisebericht, wohnten gerade noch drei Familien in Göreme, einem Ort, der heute als Hauptziel vieler Reisender gilt. Nur ein schmaler Eselspfad verband den Ort damals mit der Außenwelt. Ende der Siebziger entdeckten dann die ersten Rucksacktouristen Kappadokien. Die ersten Pensionen entstanden und einige ehemalige Bewohner, die erst wenige Jahre zuvor nach Europa emigriert waren, kehrten zurück. Noch heute spricht man wehmütig vom Jahre 1989 - einem Jahr des Tourismus-Booms - als die wenigen Pensionen und Hotels bis zum Bersten gefüllt waren und die Schlafplätze auf den Flachdächern knapp zu werden drohten.

Heute hat sich das Bild leider zu Ungunsten der dort lebenden Menschen verändert. Die Zahl der Langzeiturlauber ging stetig zurück. An ihre Stelle traten die Ausflügler von den Stränden der türkischen Küste. „Kappadokien in zwei Tagen“ heißt es nun.

Dass dies dieser Landschaft und ihren Bewohnern nicht gerecht wird, war für uns ein wichtiger Grund, diesen Reiseführer zu schreiben. Wir wollen zeigen,

dass es hier mehr zu entdecken gibt, als uns die Reiseprospekte weismachen wollen und es sich daher lohnt, länger vor Ort zu verweilen.
Wer mit offenen Augen durch Kappadokien geht, sieht nicht nur spektakuläre Sehenswürdigkeiten. Er wird sich dem Charme und der Gastfreundschaft von Land und Leuten nicht entziehen können.
In diesem Sinne wünschen wir Ihnen eine erlebnisreiche Reise und unvergessliche Tage in Kappadokien.

Einiges zum Aufbau dieses Reiseführers

Wir haben versucht, die Angaben und Beschreibungen in diesem Reiseführer so aktuell und genau wie nur möglich zu erstellen. Leider kann sich immer mal wieder ein Fehler oder eine Fehlinformation einschleichen. Wir möchten Sie bitten, dies im Voraus zu entschuldigen und wären für Richtigstellungen von Seiten der Leserschaft sehr dankbar. Andererseits ist die Türkei ein Land, das zurzeit einem ständigen Wandel unterliegt, so dass Veränderungen an der Tagesordnung sind. Alle Angaben zu den Preisen und Zeiten, aber auch die Zustandsbeschreibungen der Unterkünfte beziehen sich auf den Sommer 2008. Besonders im Bereich der Unterkünfte und Restaurants kann es zu dramatischen Veränderungen kommen. Oft wechseln die Besitzer und damit das gesamte Konzept, was halt nicht immer von Vorteil sein muss.
Falls Sie einen Fehler in diesem Buch finden sollten, oder Angaben nicht mehr aktuell sind, dann schicken Sie uns bitte eine E-Mail an folgende Adresse: **avanos@gmx.de**

Dieser Reiseführer ist in vier Hauptteile gegliedert.

Im ersten Teil erfahren Sie Allgemeines über Kappadokien, aber auch über die Türkei. Wer sich sicher und selbstbewusst hier bewegen will, sollte ein klein wenig Vorwissen besitzen, um nicht unbedingt in jedes Fettnäpfchen zu treten. Auch wenn Tourismus in Kappadokien schon lange kein Fremdwort mehr ist, so sind die Unterschiede zwischen Orient und Okzident noch immer sehr gravierend. Sollten sie in Kontakt mit den Menschen kommen, die noch nicht im Tourismus involviert sind, wird Ihnen dieser Teil des Buches ganz besonders nützlich sein

Im zweiten Teil werden die praktischen Belange einer Reise nach Kappadokien behandelt. Dort werden die einzelnen Stichworte - von Anreise bis Unterkunft - alphabetisch geordnet, angesprochen und ausführlich beschrieben.

Der dritte Teil beschreibt die einzelnen Ortschaften und Sehenswürdigkeiten oder befasst sich mit sonstigen Ausflugszielen. Sie finden dort eine ausführliche Beschreibung der Örtlichkeiten und jeweils Angaben zu Unterkünften oder wichtigen Einrichtungen. Angaben über Restaurants oder Cafes werden Sie in diesem Buch nur sehr selten vorfinden. Dies liegt zum einen daran, weil wir keine Gourmets sind, aber auch daran, dass die Geschmäcker bekanntlich sehr verschieden sind. Der eine liebt die feine raffinierte Küche, bei dem anderen dagegen muss der Pommes-Berg groß sein und das Schnitzel über den Tellerrand lappen. Aber die Lokale wechseln auch oft ihre Besitzer. War der alte Eigentümer bemüht, sein Lokal mit viel Liebe und Gespür zu betreiben, so hat der neue vielleicht nur den schnellen Profit vor Augen. Und so passiert es dann, dass ein solches Restaurant innerhalb von wenigen Monaten dem Verfall erliegt. So haben wir nur die wenigen Restaurants erwähnt, die uns durch ihr besonderes Ambiente aufgefallen sind oder ein extrem gutes Preisleistungsverhältnis boten. Sollten Sie auf Ihrer Reise empfehlenswerte Lokale entdecken, die uns entgangen sind, so bitten wir Sie, uns dieses unbedingt mitzuteilen.

Der vierte und letzte Teil ist besonders für den Wanderfreund interessant. Hier haben wir einige Wanderrouten, die durch die Landschaft Kappadokiens führen, ausgekundschaftet und Kartenmaterial dafür erstellt.

Abgerundet wird dieser Reiseführer dann am Ende durch ein kleines Wörterbuch, in dem Sie alle für diese Region des Landes wichtigen Begriffe vorfinden.

Wir Autoren wünschen Ihnen nun viel Vergnügen beim Lesen dieser Lektüre.

Alles Wissenswerte über Kappadokien

Was bietet Kappadokien ?

Drehen wir die Frage erst einmal um und fragen: Was muss ich machen, um eine Reise nach Kappadokien genießen zu können? Zuerst darf man kein Faulenzer sein. Stundenlanges Sonnenbaden am Strand verbietet sich schon allein durch die geografische Lage. Aber auch die Flanier- und Shoppingmöglichkeiten halten sich in Grenzen und ein Nachtleben existiert nur vereinzelt. Kappadokien ist ein Dorado für den aktiven Urlauber, der etwas erleben und entdecken will und kulturell interessiert ist. Fußkrank darf man hier nicht sein. Nicht nur aufgrund des manchmal unwegsamen Geländes ist es von Vorteil, gut auf den Beinen zu sein. Nein, auch türkische Bordsteinkanten haben es in sich.
Beweglichkeit ist auch im geistigen Sinne gefordert. Besonders individuell Reisende werden sehr schnell merken, dass die Uhren hier etwas anders ticken. Letztendlich bereist man ein islamisches Land, was dem Badetouristen von der Küste oft nicht bewusst ist. Diese kulturellen Unterschiede ziehen sich dann fort bis zu ganz banalen Dingen, wie dem für uns etwas fremden Bussystem hier vor Ort. Kontaktscheue Menschen werden ihre Schwierigkeiten haben, sich in diesem fremden Land zurechtzufinden. Wie immer im Leben heißt es auch hier: Wer fragt, gewinnt und ihm wird geholfen. Scheuen sie sich nicht, offen auf die Menschen zuzugehen! Wer offen und ohne Ängste den Leuten begegnet, hat schon die wichtigste Vorraussetzung erfüllt, um unvergessliche Tage in Kappadokien zu verbringen.

Aber was ist es nun, was den Reiz dieses Landstriches ausmacht? Zwei Faktoren spielen hier eine wichtige Rolle. Zuerst ist es diese urtümliche Naturkulisse. Wer sie das erste Mal erblickt, ist sofort überwältigt. Aber richtig belohnt wird derjenige, der sich Rucksack und Wanderschuhe schnappt und die vielen Seitentäler durchwandert. Die fantastischsten Felsformationen gilt es auf diesen Wanderungen zu entdecken - und die Stille, die geprägt wird vom Gesang der Vögel und dem Summen der Insekten. Dabei wandert man stetig durch einen fruchtbaren Talgrund, in dem sich die Obstgärten einander ablösen. Hier kommt der Naturfreund voll auf seine Kosten und kann sich vom Stress des Alltags erholen.

Der zweite Faktor heißt Kultur. Nirgends sonst auf der Welt trifft man eine solch einmalige Landschaft an, die gleichzeitig so voll von den Spuren großer Kulturen ist. Besonders das frühe Christentum hat sich hier hundertfach verewigt. Auf beiden Seiten der Täler findet man eine Unmenge von alten Höhlenkirchen und Klöstern. Geschmückt mit zum Teil hervorragend erhaltenen Fresken verleiten sie immer wieder zum Abweichen vom Weg und lassen manche Wanderung doppelt so lange dauern.
Diese Kombination aus Kunst, Kultur und grandioser Naturlandschaft birgt das Geheimnis von Kappadokien. Überall gibt es geheime Gänge und Winkel zu entdecken, die einem vorgaukeln, man hätte sie als Erster erblickt. Gar ganze Siedlungen lassen sich erforschen, ob bienenkorbartig in gewaltigen Felstürmen, oder bis zu 80 m tief im Erdreich. Stets haben die Menschen den Vorteil des weichen Gesteins genutzt, um sich ihren Wohnraum auf diese Art und Weise zu schaffen.

Aber wo liegt Kappadokien denn jetzt genau? Richtig festmachen lässt sich dies nur sehr grob. Zwar gibt es das Zentrum rund um Göreme herum mit einem Radius von 15 km, in dem sich die meisten touristischen Highlights konzentrieren, aber es gibt auch entfernter liegende Attraktionen, wie z.B. die Ihlara-Schlucht, die immerhin 90 km außerhalb liegt. Schaut man sich die Türkeikarte an, so sucht man am besten den südlichsten Punkt des Kızılırmaks (Roter Fluss) heraus und entdeckt dort den Ort Avanos. Ca. 10 km südlich davon liegt Göreme. Kappadokien liegt also fast genau im Zentrum des anatolischen Hochplateaus. Dies bedeutet, dass wir uns dort auf einer Höhe zwischen 900 und 1400 Metern bewegen, was uns nun zum nächsten Thema kommen lässt.

Die Weite der anatolischen Hochebene

Klima und Reisezeit

Das Klima kann manchmal schon wüstenähnlich genannt werden. Brüllend heiße Sommer wechseln sich ab mit klirrend kalten Wintern. Ausschlaggebend dafür ist die Höhenlage der Landschaft, aber auch das an sich recht trockene Klima. Niederschläge gibt es meist im Winter und im Frühjahr, aber auch dann nur spärlich. Anschließend folgen oft viele Monate der Trockenheit, die sich bis in den November ziehen kann. Auch in Kappadokien kennt man so etwas wie einen Altweibersommer. Die Tagestemperaturen schnellen dann im November zum letzten Mal auf bis zu 25°C in die Höhe, während es nachts dagegen schon empfindlich kalt wird. Gegen Ende zieht dann meist ein kurzer Sandsturm auf, der den ersten Regen ankündigt, und mit der auftretenden Feuchtigkeit sinken dann auch die Tagestemperaturen in den Keller. Als beste Reisezeit bieten sich der späte Frühling und der Herbst an. Im Hochsommer - also Juli und August - können die Temperaturen schon einmal die 40°C übersteigen, während es im Winter wochenlang bis zu –20°C kalt werden kann. Kappadokien in der Übergangszeit zu besuchen hat noch weitere Vorteile. Im Frühjahr wird die Landschaft von einer großartigen Blütenpracht überzogen, unterstützt von einem saftigen Grün. Beides legt sich zum Hochsommer hin sehr schnell wieder. Im Herbst - der Erntezeit - wird das Land von einer unendlichen Fülle an Früchten überflutet, und die Farben der Landschaft wechseln wie bei uns ins rötliche um.

Vielerorts lässt sich ein regelrechtes Mikroklima erkennen. Während man im Spätherbst in Avanos, am Ufer des Flusses gelegen, mit etwas Glück noch im T-Shirt in der Sonne liegen kann, sitzt man in Ortahisar, das 250 m höher liegt, den ganzen Tag in dicke Pullover vermummt auf der Terrasse. Selbst zwischen dem Südhang von Avanos und dessen Neustadt auf der anderen Flussseite zeigen sich Unterschiede von bis zu 5°C.

Grundsätzlich muss gesagt werden, dass Kappadokien recht staubig ist. Der fast ständig leicht wehende Wind trägt den erodierten Tuffstaub stets mit sich herum. Der Staub legt sich immer wieder auf Autos und Möbel. Falls sie eine dünne Staubschicht in Ihrer Unterkunft entdecken sollten: keine Sorge - dies ist nicht mangelnde Sauberkeit, dies ist die Erosion der letzten Stunden. Einen Höhepunkt bilden die zwar seltenen und kurzen, aber heftigen Sandstürme im Spätherbst. Zuerst sieht man nur die gelbliche Einfärbung des Himmels. Dann aber legt der Wind los. Mit bis zu 80 km/h schnell scheint er die gesamte Landschaft abzutragen und auf einen nieder regnen zu lassen. Wer vorher leicht bekleidet ordentlich geschwitzt hat, der weiß wie es einem panierten Schnitzel ergehen muss. Da hilft hinterher nur eine ausgiebige Dusche.

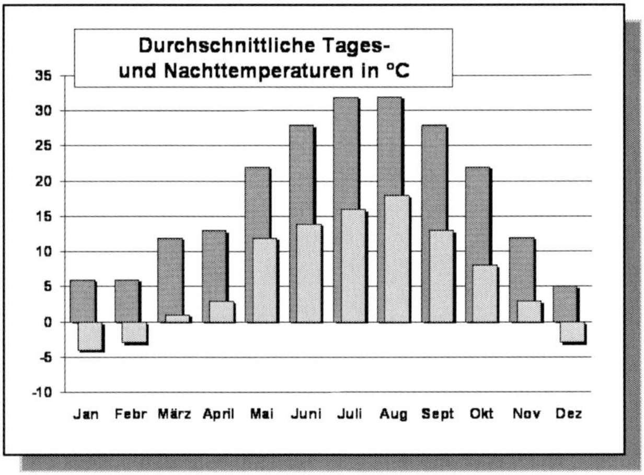

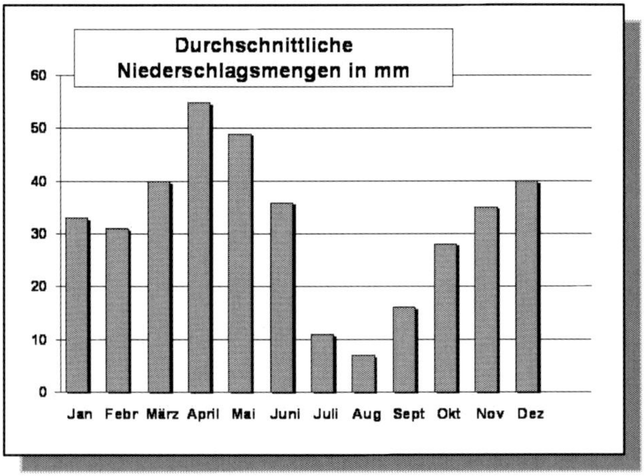

Geografie

Kappadokien liegt fast genau in der Mitte der anatolischen Hochebene und wie schon weiter vorne erwähnt 900 bis 1400 Meter über dem Meeresspiegel. 300 km entfernt im Nordwesten liegt Ankara, die Hauptstadt der Türkei. 60 km sind es im Osten bis Kayseri, einer weiteren Millionenstadt, und im Süden sind es noch etwa 150 km bis zum Taurusgebirge, das die Hochebene vom Mittelmeer trennt. Eine immer wieder auftauchende Frage betrifft die Erdbebensicherheit Kappadokiens. Aber da können wir Sie beruhigen. Erdbeben gab es schon seit ewigen Zeiten nicht mehr. Vor ein paar Jahren telefonierten wir, von Avanos aus, mit Freunden in Ankara, die urplötzlich am anderen Ende aufschrieen, weil bei ihnen die Wände wackelten. Wir dagegen spürten überhaupt nichts von den Erschütterungen. Zu erklären ist dieses damit, dass Kappadokien mitten auf der Anatolischen Platte liegt. Diese Platte liegt zwischen der Afrikanischen im Süden und der nördlichen Eurasischen Platte und wird von beiden ordentlich traktiert. Das Resultat ist die extreme Erdbebenhäufigkeit an den Rändern. Im Norden liegt der Pondtische Graben, in dem sich das Drama des letzten großen Erdbebens abspielte, das 1999 über 14000 Todesopfer forderte. Im Süden liegt die tektonische Spalte im Meer in Küstennähe, so dass auch Adana schon oft betroffen war, und im Westen bildet die Ägäis die Plattengrenze. Aber die Mitte bleibt erschütterungsfrei. Ein Beweis dafür ist die Diskussion, ob der LKW-Schwerlastverkehr aus Kappadokien verbannt werden soll. Die durch ihn erzeugten Schwingungen drohen einige Feenkamine zu zerstören bzw. deren obere Schutzsteine zum Abrutschen zu bringen. Ein stärkeres Erdbeben hätte diese Felsen schon längst zum Einsturz gebracht. Nur einmal wankte die Erde sogar hier in Kappadokien. Das war 1939 beim großen Beben im 700 km entfernten Erzurum. Den größten Schaden trug dabei der Ort Çavuşin davon.

Eine mehr humorvolle Note sind daher die Geschichten, die manch ein Fremdenführer erzählt. Da wird doch allen Ernstes den Leuten weisgemacht, dass die Kappadokier Eier vor die Türen hängen würden, um festzustellen, ob die Erde bebt. Traurig wird es allerdings dann wieder, wenn Fernsehsender diesen Blödsinn auch noch übernehmen und in deutsche Wohnstuben tragen.

Der kundige Leser wird jedoch einwerfen, es gäbe ja Vulkane vor Ort. Dies ist richtig, aber die sind schon seit vielen tausend Jahren inaktiv. Die einzigen geothermischen Beweise für vulkanische Aktivitäten sind die ab und zu anzutreffenden heißen Quellen. Dabei ist der größte dieser Vulkane, der Erciyes, schon recht beeindruckend. Er liegt ca. 80 km weit entfernt Richtung Osten, südlich von Kayseri. Mit einer Höhe von 3920 m ist er der größte Berg weit und breit und seine isolierte Platzierung in der Landschaft lässt ihn besonders kolossal wirken. Erst in weiter Ferne und bei gutem Wetter kann man die noch höheren Berge des Taurusgebirges erkennen. In südwestlicher Richtung, 90 km entfernt bei Aksaray, liegt der zweite große Krater, der Hassan-Dağı. Mit 3270 m Höhe etwas kleiner und in seiner Gesamterscheinung nicht ganz so imposant, da ihm, im Gegensatz zum Erciyes, auch die charakteristische Form eines klassischen Vulkans fehlt.

Der Vulkan Erciyes bei Kayseri
- ein weithin sichtbarer 4000'der

Zuletzt wäre da noch der Kızılırmak, der Rote Fluss, zu erwähnen. Er ist mit ca. 2000 km der längste Fluss der Türkei. Im Osten entspringt er 150 km östlich von Sivas in den Köse-Bergen, wendet sich Richtung Süd-Westen nach Kappadokien, wo er seinen südlichsten Punkt erreicht, und zieht sich dann langsam gen Norden an Ankara vorbei zum Schwarzen Meer hin. Dass dies der größte Fluss des Landes sein soll, sieht man ihm bei Avanos noch nicht an. Besonders im Sommer führt er oft so wenig Wasser, dass weite Teile des Flussbettes trocken liegen.

Flora und Fauna

Kappadokiens Pflanzenwelt ...

Kappadokien ist zu einem großen Teil mit einer steppenartigen Landschaft überzogen, und besonders im Herbst sieht die Vegetation recht trostlos aus. Während sich bei uns die Wälder in den schönsten Farben präsentieren, legt sich vom Spätsommer an eine braun-graue Staubdecke auf das weitgehend ungenutzte Land. Der seit Monaten fehlende Regen lässt die spärliche Pflanzenwelt, die oft nur aus niedrigem Buschwerk besteht, verdorren. Nur im Frühling erstrahlen die weiten Ebenen im frischen Grün.

Umso üppiger sprießt es am Fluss oder auf dem Grund der Täler. Östlich von Avanos wurden von den Einwohnern Obst- und Gemüseplantagen angelegt, die mit dem Wasser aus dem Fluss oder mittels Brunnen bewässert werden. Das Tuckern der Diesel betriebenen Pumpen ist schon von weitem zu hören.

Die Pflanzen in den engen Tälern dagegen existieren vom Wasser, das der Tuffstein über Monate speichern kann. Ab und an entdeckt man hinter kleinen Öffnungen im Fels künstlich angelegte Zisternen. Deutlich hört man hier, wie der Fels tropfenweise das kostbare Nass abgibt. Schon seit Jahrhunderten werden so die kleinen Gärten, die sich nahtlos durch die Schluchten ziehen, bewässert. Hier bauen die Kappadokier alles an, was sie zum täglichen Leben benötigen. Hauptsächlich sind das Tomaten, Zwiebeln, Gurken und Paprika, aber auch Bohnen und Erbsen werden hier hochgezogen. Darüber wachsen, als zweite Vegetationsschicht, alle Arten von Obstbäumen. Äpfel-, Birnen-, Aprikosen- und Pflaumenbäume sind hier hauptsächlich vertreten. Zitrusfrüchte gibt es jedoch nicht - dafür sind die Winter in Kappadokien zu eisig. Vereinzelt sieht man Walnuss- oder Maulbeerbäume. Wenn sich die Täler am Ende etwas weiten, trifft man auf Felder mit Melonen oder Kürbissen.

Zwischen den Gärten stehen vereinzelte Pappelhaine. Sie sind ein gutes Geschäft für den Landwirt, da sie das einzige Bauholz abgeben, das in der Umgebung zur Verfügung steht.

Unübersehbar, und bis weit in die staubigen Ebenen hinein, ziehen sich die vielen Felder, auf denen Weinstöcke wachsen. Sie gedeihen sogar auf den trockenen Plateaus oberhalb der Täler. Ihre langen Wurzeln bohren sich viele Meter tief in das Gestein hinein, um an das für sie überlebenswichtige

Wasser zu gelangen. Der Wein wächst hier unter den besten Bedingungen, die man sich vorstellen kann. Viel Sonne, eine gesicherte Wasserversorgung und frostige Winter lassen hier Trauben von unübertroffener Qualität entstehen. Einige Sorten bilden ihre Trauben so dicht wie Maiskolben aus, so dass man die sie nicht einzeln abzupfen kann. Man isst sie wie das gelbe Gemüse, wobei einem der zuckersüße Saft aus den Mundwinkeln rinnt und eine herrliche Sauerei verursacht. Die Weinstöcke werden nicht, wie wir es kennen, hochgebunden sondern breiten sich Flach über dem Erdreich aus, denn aufgrund der Trockenheit hier in Kappadokien können die Trauben nicht am Boden vergammeln.
Leider werden viele der kleineren Gärten nicht mehr bewirtschaftet. Das liegt zum einen an den mühsamen Wegen dorthin, andererseits sind Gemüse und Obstpreise im Herbst so niedrig, dass sich der Arbeitsaufwand nicht mehr lohnt. Vor einigen Jahren gab es noch eine Saftfabrik vor Ort, die sämtliche Obstbestände im Umkreis aufkaufte. Seit ihrem Konkurs rentiert sich das Obstpflücken für die Bauern nicht mehr.

...und seine Tiere

Das größte, noch wildlebende Tier in Kappadokien, das der Besucher manchmal zu Gesicht bekommt ist der Fuchs. Man muss aber schon sehr viel Glück haben, um einem dieser scheuen Tiere zu begegnen. Dabei finden er, und sein Kollege der Marder, hier die besten Futterbedingungen. Millionen von Mäusen haben das Regiment in den staubigen Ebenen übernommen. Besonders gegen Abend, kurz vor Sonnenuntergang, ist ihr Fiepen überall zu hören. Aber keine Angst, die Mäuse meiden die Nähe des Menschen und halten sich weitgehend von den Ortschaften fern, denn hier wacht - in großer Truppenstärke - die Katzenpolizei. Vereinzelt hoppeln noch Kaninchen über die Ebene, aber das ist auch sehr selten zu beobachten, da sie die Lieblingsbeute der ortsansässigen Jäger sind. Weiter im Inneren der Täler trifft man auf Frösche, Eidechsen und kleine ungefährliche Schlangen. Oft sieht man in Zentralanatolien die so genannte griechische Landschildkröte, die hier natürlich anders heißt – nämlich türkische Landschildkröte. Etwas problematischer ist der Kontakt mit Skorpionen und den nicht zu übersehenden großen Walzenspinnen. Deren Stich bzw. Biss ist nicht lebensbedrohlich, aber kann einem trotzdem ein paar Urlaubstage vermiesen. Auf alle Fälle sollten Sie einen Arzt aufsuchen und sich behandeln lassen. Passen Sie also auf, wenn Sie Steine anheben oder in kleine Öffnungen fassen. Beides sind nachtaktive Tiere. Leider halten sich Skorpione manchmal nicht an die Hausordnung und besuchen einen trotzdem. Keine Panik! Sie springen einen nicht an und sind überhaupt sehr träge. Stülpen Sie ein Glas über das Tier und schieben Sie anschließend ein Stück Papier darunter. So gesichert befördern Sie es wieder hinaus, wo es hingehört. Und dann gibt es noch die Horrorgeschichten über ein Tier, das eine Kreuzung aus Skorpion und Spinne sein soll und dessen Gefährlichkeit in aller Munde ist. Aber hierbei handelt es sich jedoch nur um eine Art kappadokischen Wolpertinger, mit dessen Geschichten man gerne kleine Kinder erschreckt.

Wölfe sind in Kappadokien eine Seltenheit. Nur wenn der Winter besonders lang und hart ist, schaffen sie es aus dem fernen Osten bis hierher.

Der anatolische Schäferhund bei der Arbeit

Ihr größter Feind ist der anatolische Schäferhund - womit wir bei den Haustieren wären. Der Kangal, so heißt diese Hunderasse, ist wesentlich größer als ein Wolf. Als Hirtenhund wird er kupiert, d.h. ihm werden Ohren und Schwanz gekürzt und er bekommt ein großes Stachelhalsband umgebunden. So ist er für seine Feinde nicht mehr angreifbar. Diese Hunde wiegen, bei guter Pflege, mit vier Monaten schon an die 25 kg und erreichen eine Schulterhöhe von 60 cm. Ausgewachsen ist eine Schulterhöhe von 80 cm keine Seltenheit. Die Tiere haben ein recht ruhiges Gemüt, aber sie entwickeln ein großes Verantwortungsgefühl gegenüber der Herde. Deshalb weichen Sie ihnen besser aus, wenn Sie die Hunde mit der Herde zusammen antreffen. Das Gleiche gilt für angekettete Tiere. Ansonsten spielt der Hund keine große Rolle im Leben der Türken, gilt er doch im Islam als ein unreines Tier. Oft müssen die wenigen Wachhunde ein schreckliches Dasein fristen. Schlecht ernährt und in der prallen Sonne an viel zu kurzen Stricken angebunden, ist ihre Lebenserwartung meist sehr gering. Bei reicheren Leuten ist es seit kurzem in Mode gekommen, sich einen Hund als Schoßtier zu halten. Aber die Türken scheinen mit der artgerechten Erziehung eines Hundes völlig überfordert zu sein.

Aber was bewacht der Kangal eigentlich? Schafe soll er natürlich bewachen, denn sie bevölkern zu Tausenden die weite anatolische Steppe. Hieß doch Kappadokien früher "Land der schönen Pferde", so sprechen böse Zungen heute vom „Land der Lämmer", obwohl die Schafzucht hier seit Menschengedenken eine lange Tradition hat. Nur selten sieht man eine Kuhherde durch Kappadokien ziehen, denn die wenigen Kühe werden meist im Stall neben dem Haus gehalten.

Konnte man vor einigen Jahren noch Esel beobachten, die paarweise und mit eindeutigen Absichten, im Frühjahr die Straßen der Dörfer unsicher machten, so sind Pferd und Esel heute fast völlig aus dem Straßenbild verschwunden. Sie sind Opfer der allgemeinen Motorisierung geworden. Allerdings ist in manchen Ortschaften auch wieder eine rückläufige Tendenz zu beobachten. Die extrem hohen Benzinpreise im Lande sorgen dafür, dass Esel und Pferd vereinzelt wieder zum Zuge kommen.

An einigen touristischen Punkten kann man Kamele antreffen. Sie sind jedoch nicht aus der Gegend und nur für das Touristengeschäft hierher verfrachtet worden.

Die einzigen Tiere, die heute noch frei in den Dörfern herumlaufen, sind streunende Katzen und das Geflügel der Einwohner. Hühner, Enten und Truthähne kennen keine Gehege, sondern picken großräumig und freilaufend - der Vogelgrippe trotzend - um die Häuser herum, den Boden nach Essbarem ab. Besonders imposant sind die Truthahnherden, die zum Neujahrsfest hin durch die Straßen getrieben, freudig den Festtagen entgegenfiebern.

Das UNESCO-Weltkulturerbe Göreme - Kappadokien

Von bürokratischen Verworrenheiten und der Notwendigkeit des vielfältigen Denkens

von Dr. Andus Emge

Im Jahre 1985 wurde das ehemalige byzantinische Klostergelände im Tal von Göreme mit seinen vielen freskenreichen Höhlenkirchen, sowie das Kerngebiet der einzigartigen Landschaft Kappadokiens von der UNESCO zum Weltkultur- und Naturerbe der Menschheit erklärt. In der Folge wurde neben dem „Göreme Open-Air-Museum", welches unter der Obhut des Ministeriums für Kultur- und Tourismus steht, auch der „Nationalpark Göreme" geschaffen, der vom Forst- und Landwirtschaftsministerium verwaltet wird. So ist Kappadokien eine der wenigen Regionen auf der Erde, die über diesen besonderen UNESCO-Doppelrang verfügen, aber andererseits auch von einer Vielzahl von verantwortlichen Stellen und kommerziellen Interessen gelenkt wird.
Vor allem die rasante Entwicklung des kappadokischen Tourismus führte während der letzten zwei Jahrzehnte zu zunehmend problematischen Wechselbeziehungen. Das Tourismusgewerbe mit seinen eigenen und nicht zu unterschätzenden ökonomischen Gesetzmäßigkeiten, aber auch die individuellen Interessen und die räumlichen Bedürfnisse der einheimischen Bevölkerung spielen dabei eine große Rolle.
Entgegen der weit verbreiteten Meinung vieler tritt die UNESCO keinesfalls als eine stets überbrückende und immer verfügbare Instanz auf. Das Gegenteil ist hier sogar der Fall. Der so hoch geachtete Status eines Weltkulturerbes führt hier in Kappadokien eher zur Bildung eines unüberschaubaren Netzwerkes von regionalen und nationalen behördlichen Bestimmungen und Kontrollmechanismen. Folglich wird das Weltkulturerbe Kappadokien vornehmlich als ein Produkt zur Vermarktung im Rahmen des internationalen Tourismus gesehen. Dies bedeutet nun andererseits aber auch, dass von den entsprechenden Stellen so gut wie keine Rücksicht auf die ökonomisch unbedeutenden Bedürfnisse der Bevölkerung genommen wird.

Hier haben wir nun eine ausgesprochen paradoxe Situation. Einerseits wird von den Behörden und Investoren vor allem im eigenen finanziellen Interesse ohne Rücksicht auf die Einwohner gehandelt, andererseits aber wird die regionale Kultur sozusagen mit einem „Folklorebändchen“ verschnürt und dem Touristen als „Original“ und „Traditionell“ verkauft.

Bürokratische Hürden und strenge Bauauflagen machen es der Bevölkerung oftmals unmöglich, ihr Heim zu erhalten oder gar fachgerecht zu sanieren

Als weitere delikate Situation kommt hinzu, dass heute noch viele Bewohner Kappadokiens, die nach wie vor in den alten Höhlen- und Felshäusern wohnen, selbst einen Teil dieser außerordentlichen Kulturlandschaft darstellen. Allerdings stellen sie neben der traditionellen Nutzung auch moderne Ansprüche an ihre Wohnung, was mit dem romantischen Bild der Touristen oft nichts gemeinsam hat. Die Situation ist so verworren, dass sogar manche Bewohner der Region, deren Vorfahren schon seit Jahrhunderten in Kappadokien und seinen typischen Höhlenwohnungen lebten, heute zu Gefängnisstrafen verurteilt werden, sollten sie ihre Wohnung räumlich verändern oder gar neue Höhlenräume heraushacken. Das hält natürlich nicht jeden davon ab, sich weiterhin im endlosen Tuff Kappadokiens zu betätigen. Vor allem Investoren aus dem Tourismusbereich haben keine Schwierigkeiten damit, hohe Geldstrafen in ihre Langzeitplanung mit einzukalkulieren, um ein gewinnbringendes Luxushotel aus dem Gestein zu schlagen, da der Gewinn die Strafe um ein Vielfaches überschreiten kann.

Das große Wachstum des Kulturtourismus in Kappadokien hat insgesamt zu einer ästethischen und Prestige steigernden Wertschöpfung der regionaltypischen Eigenschaften beigetragen. Eine ehemals als primitiv erachtete Höhlenwohnung erhält nun manchmal schon ein fast schickes Image. Dies fördert so langsam auch eine stärker differenzierte baudenkmalplegerische Sichtweise und den Sinn fürs Detail und die Geschichte. Auch die Qualität der Bauausführungen bei Sanierungs- und Umbauarbeiten steigt in den letzten Jahren. Dies ist mitunter eine direkte Folge höherer Finanzmittel, zum anderen aber auch die vermehrte Erfahrung im Bauwesen und der dadurch immer besser ausgebildeten Handwerker. Trotzdem verschwinden vielerorts die für diese Gegend so bedeutenden subregionalen Stilunterschiede, die Ortschaften griechischen Ursprungs (Mustafapaşa) von denen einfacher türkischer Bauern (Göreme) unterschieden. Heute kommen die Steinmetze meist aus anderen Ortschaften und arbeiten nach Katalog und Wunsch der Bauherren.

Die Gefahr liegt heute darin, dass mit zuviel Geld und ortsfremden, oftmals nicht gut informierten Investoren, zu schnell und nicht weitsichtig genug ganze Ortsteile komplett sauber- bzw. kaputt saniert werden. In kürzester Zeit verschwindet damit der klassische, oftmals sicher auch ärmliche Charakter der landwirtschaftlich geprägten Orte mit ihren Eseln und Hühnern zwischen den letzten malerischen Ruinen zerfallener Häuser im Abendlicht, die in den Broschüren der 80'er Jahre noch so als besonderes Kulturgut beschrieben wurden. Fast jedes alte Haus in den zentralkappadokischen Dörfern wird nun langsam zu kleinen Luxuspensionen oder Kleinvillen für Zugezogene umgewandelt. Stilelemente und architektonische Ausführungen sind dabei oftmals alleine dem Geschmack des Bauherren und weniger der Tradition verpflichtet. Dabei bleibt es nicht aus, dass so die Grenze zum Kitsch und der „Disneylandisierung", auch unter formell korrekter behördlicher Aufsicht, nicht selten überschritten wird.

Wenn wir nun abschließend die kulturpolitische Situation der UNESCO Weltkultuerbestätte Göreme – Kappadokien genauer betrachten, so vermissen wir zum einen klare Konzepte, die eine Antwort darauf geben können, in welcher Art und Weise die Bau- und Landschaftsdenkmäler geschützt und aktuell genutzt werden können, andererseits aber auch Ideen, wie man den besonderen spezifischen Charakter Kappadokiens dem interessierten

Kulturtouristen gegenüber präsentieren kann. Es ist insbesondere auch diese fehlende Klarheit bezüglich einer modernen gemeinsamen Linie (Masterplan), die den Kernpunkt der gegenwärtigen politischen und ökonomischen Verwirrungen und Fehlentwicklungen in dieser Region bildet. Wünschenswert wäre eine gemeinschaftliche Zusammenarbeit aller Verantwortlichen mit den unterschiedlichen Interessengruppen. Kappadokien könnte so als ein eigenes „Markenzeichen" definiert werden, welches auch die kulturelle und ethnisch- religiöse Toleranz und Vielfalt der letzten Jahrhunderte widerspiegelt. Das griechisch-türkische Mit- und Nebeneinander, wie auch der armenische Einfluss, oder die später sich hier niedergelassenen muslimischen Sunniten oder Aleviten aus der Haci Bektaş- und Avanos-Region; sie alle haben über einen langen Zeitraum durch ihr kulturelles Gemenge und ihre Andersartigkeit die regionale Kultur Kappadokiens befruchtet.
Nur so kann eine nachhaltige Entwicklung, sowie eine Vielfalt kultureller Ausdrucksformen im Sinne der UNESCO ermöglicht werden.

Der deutsche Ethnologe Dr. Andus Emge wohnt seit 1997 in Kappadokien, schrieb hier seine Dissertation über das „Wohnen in den Höhlen von Göreme" und ist seit vielen Jahren um den Schutz des Weltkulturerbes bemüht. Weiter Informationen über die Aktivitäten von Andus Emge erhalten sie im Internet unter:
www. fairychimney.com

Die Webseite der UNESCO erreichen sie unter:
www. unesco.de

Kritisches zum Nationalpark Göreme

Wer sich im Göreme Nationalpark selbstständig bewegen möchte, wird auf so mancherlei Hindernisse stoßen. Busfahrpläne hängen nicht aus, Wegweiser fehlen und Wanderrouten sind nicht markiert. Kein Wunder, denn die Tourismuslobby vor Ort ist mächtig. Taxifahrer wollen Fahrgäste erhaschen, die Reiseagenturen ihre Ausflugsfahrten verkaufen und die türkischen Fremdenführer sind auch nicht daran interessiert, dass sich der Besucher eigenständig im Gelände bewegt, ohne ihre Dienste in Anspruch zu nehmen. Aber das sind noch die kleineren Übel. Die türkischen Nationalparks leiden, wie so viele Einrichtungen im Lande, unter der mangelhaften Kontrolle bestehender Bestimmungen. Forstbeamte oder gar Park-Ranger werden Sie hier nicht antreffen. Und so werden die vielen Gesetze und Verordnungen zum Schutze des Parks von Teilen der Bevölkerung nicht wirklich ernst genommen. Wilde Müllentsorgung und illegale Bauten innerhalb des Nationalparks sind keine Seltenheit. Die Militärpolizisten, die man immer wieder zu Gesicht bekommt, dienen nur der öffentlichen Sicherheit und kümmern sich nicht um Müllfrevel oder Bausünden.

Aber nicht nur der einfache Bürger ignoriert die Maßnahmen zum Erhalt der Landschaft. Auch die Gemeindeverwaltungen innerhalb der Parkgrenzen haben keine Schwierigkeiten damit, Neubausiedlungen auf geschütztem Territorium zu errichten.

So hatte die Gemeinde von Uçhisar keinerlei Bedenken, im Jahr 2007 Schneisen durch das viel besuchte Taubental zu schlagen, um mit schwerstem Gerät dort eine neue Abwasserleitung zu verlegen. Von den vormals verwunschenen Gärten und schattigen Pappelhainen war nichts mehr übrig geblieben. Mal ganz davon abgesehen, dass die Brühe jetzt irgendwo stinkend im Gelände versickert. Eine vorhergehende Absprache mit der Parkverwaltung oder gar den Unesco-Mitarbeitern kann hier nicht stattgefunden haben.

Die mangelnde Kontrolle der Parkverwaltung sorgt auch dafür, dass regelrecht kriminelle Auswüchse nicht geahndet werden. So werden Warnschilder vor steilen Abhängen, an denen es halsbrecherisch bergab geht, regelmäßig abmontiert, um sich dem Touristen, natürlich gegen Entgelt, als Führer oder Retter in der Not aufzuspielen. Hier wird eiskalt mit dem Leben der Fremden gespielt!

Bedauerlicherweise wird der Nationalpark Göreme nicht als Gesamtprojekt und Chance für alle angesehen, sondern oftmals nur zum eigenen finanziellen Vorteil genutzt. Daher gibt es immer noch Hoteliers, die ihren Müll wild entsorgen, Souvenirhändler, die schäbige Wellblechbaracken vor Höhlenkirchen errichten und Fremdenführer, die Wegweiser verschwinden lassen. Und solange es keine Parkverwaltung gibt, die gewillt ist, die gesetzlichen Vorgaben robust zu vertreten, so lange wird es weiterhin einige Leute geben, die diese Schwäche im System rücksichtslos ausnutzen.

Geologische Entstehung und Vulkanismus

Eines Tages, so lautet die Sage, baten drei Baumeister Gott um Material. Daraufhin ließ Gott die Vulkane Erciyes und Hassan so viel Material ausspucken, dass die drei Baumeister - der Wind, der Regen und der Schnee - noch heute an dieser verwunschenen Landschaft bauen und formen.

Wie schon im Kapitel Geografie erwähnt, ist vom aktiven Vulkanismus in Kappadokien heute nichts mehr zu spüren. Das sah vor ein paar Millionen Jahren aber noch ganz anders aus. Die weitläufige und sehr dicke Tuffsteinschicht Kappadokiens und die umliegenden erloschenen Vulkane zeugen von einer ehemals regen vulkanischen Aktivität.
Dabei sah Kappadokien ursprünglich ganz anders aus als heute. Eine ausgedehnte Fluss und Seenlandschaft bedeckte die Gegend, in der nur ein paar kleinere Berge die Ebene überragten. Reste dieser Feuchtgebiete könnten die Sultanssümpfe südlich des Ercyies gelegen und der große Salzsee 100 km entfernt im Nordwesten sein. Ein Beweis für eine ehemalige Seenplatte sind die Obsidianvorkommen vor Ort. Dieses, schon in der Steinzeit für den Werkzeugbau begehrte Mineral, entsteht durch schnell abkühlende Lavamassen. Dort, wo die flüssige Lava auf Wasser trifft, erstarrt sie zu einem sehr harten, glasartigen Gestein.
Vor langer Zeit also brach die Erde auf und Vulkane entstanden, die immer wieder über einen Zeitraum von mehreren Millionen Jahren hinweg etliche Schichten Staub und Asche über Kappadokien auswarfen.
Dabei müssen die Eruptionen besonders stark gewesen sein. Der Tuffstein besteht aus so genannten Pyroklastiten, also Partikel, die durch extrem starke Ausbrüche über viele Kilometer hinweg über die Gegend verstreut werden. Dabei müssen pyroklastische Wolken eine große Rolle gespielt haben. Diese extrem heißen und sich explosionsartig ausbreitenden Wolken sind eine Emulsion aus heißen Gasen, zerstäubten Magmafetzen bzw. -tropfen und Aschepartikeln. Ein Beleg dafür, dass die Tuffsteinschichten hauptsächlich aus den Ablagerungen dieser mörderischen Feuerwalzen bestehen, ist die Verteilung der Ausstoßmassen: Pyroklastische Wolken können sich zwar mit einer Geschwindigkeit von mehreren hundert Stundenkilometern vorwärts bewegen, aber sie sind so schwer, dass sie es nur sehr selten schaffen, höhere

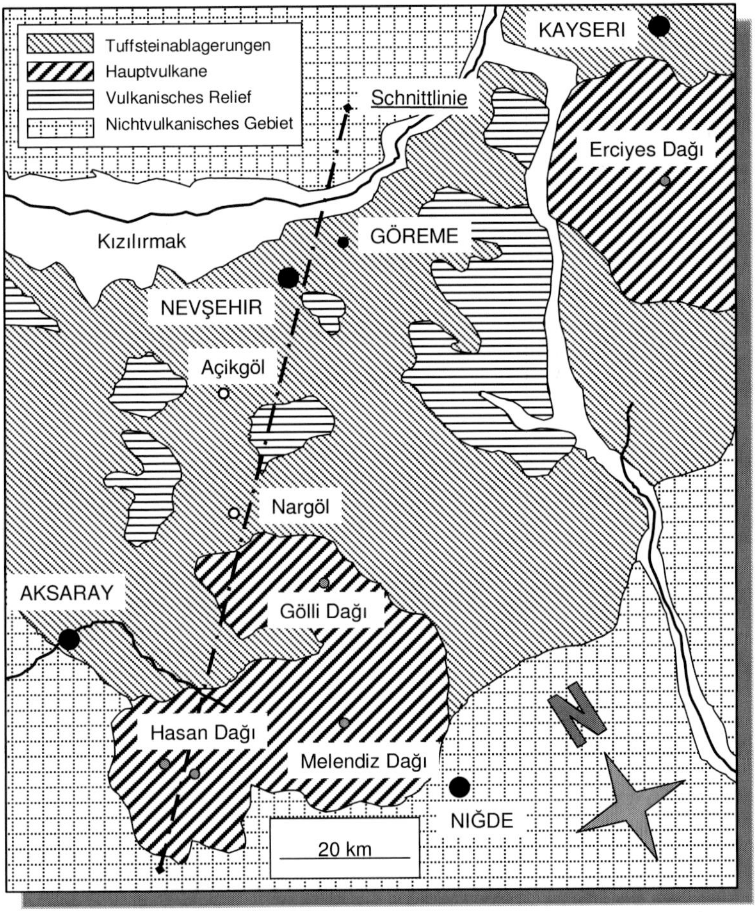

Verteilung der Tuffsteinablagerungen über Kappadokien

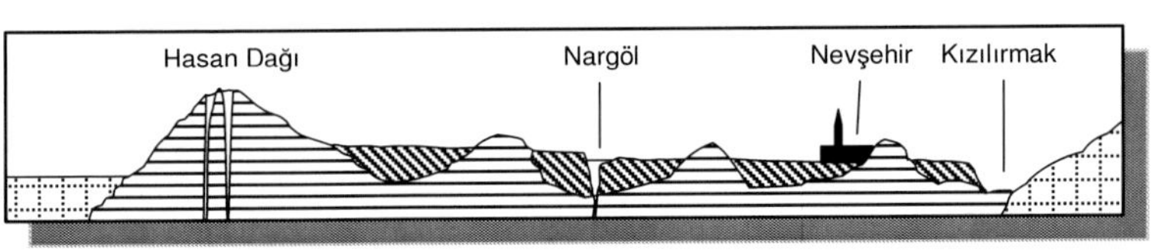

Hindernisse, also auch kleinere Bergketten, zu überwinden. So ragen heute in dem Gebiet zwischen Kirşehir, Niğde, Aksaray und Kayseri immer wieder Bergkuppen aus der Landschaft heraus, die nicht oder nur sehr dünn mit einer verfestigten Ascheschicht überzogen sind.
Bemerkenswert ist auch die Tatsache, dass alle großen Vulkanberge am Rande des Gebietes mit Tuffsteinablagerungen liegen, gerade so, als hätten sie sich abgesprochen ihren Auswurf zentral in ihrer Mitte abzulagern (s. Karte Seite 31).
Ausschlaggebend für die Entstehung der gewaltigen Tuffschichten scheinen eher die kleinen Maare gewesen zu sein. So gab es vor wenigen Jahrzehnten noch den Açik-Göl an der Straße zwischen Nevşehir und Aksaray, der mittlerweile ausgetrocknet ist, und an der Straße zwischen Derinkuyu und Güzelyurt liegt das Maar Nar-Göl. Beide liegen inmitten der weit ausgedehnten Tuffsteinlandschaft. Maare umgeben sich mit einem Tuffring, der wiederum ein Beleg für extrem starke Eruptionen ist. Regelmäßig wurden

Entstehung der Feenkamine

1. Tafelberg

Durch hohen Druck und große Hitze werden Ascheschichten aufeinander gepresst und versteinern zum Tuff. Eine härtere Gesteinsschicht schützt das weiche Gestein ganzflächig.

2. Abkalbung

Erste Risse bilden sich in der harten Schutzschicht und lassen Wasser eindringen, das kleine Kanäle im weicheren Gestein gräbt. Langsam bilden sich die „Kamine" aus dem Berg heraus.

die anwachsenden Tuffkegel an ihrem Rand weggesprengt. Kurz gesagt, diese Vulkanschlote hatten nie die Möglichkeit, zu einem Berg heran zu wachsen. Etwas Vergleichbares findet man in der Eifel, wo der Laacher See vor geologisch gesehen nicht langer Zeit die Landschaft gestaltete und riesige Mengen Tuffide, in diesem Fall Bimse, ablagerte.

Weltweit findet man die meisten Vulkane auf so genannten tektonischen Spalten oder Gräben, also an den Stellen, an denen die Kontinentalplatten sich reiben, auseinander ziehen oder aufeinander gepresst werden. Aber Vulkanismus außerhalb dieser Reibungszonen, also inmitten der Kontinentalplatten, ist nichts Ungewöhnliches. Um dieses Phänomen zu verstehen, muss man sich die Bewegungen der tektonischen Platten um Kleinasien herum anschauen. Die große Afrikanische Platte bewegt sich nach Norden auf die Eurasische zu. Dazwischen eingeklemmt liegt die kleine Anatolische Platte, und die ist widerspenstig. Sie will partout nicht unter

3. Gruppierung

Erste Feenkamine verschwinden bzw. werden durch Regenwasser abgetragen. Turmgruppen bleiben zurück, deren einzelne Türme sich gegenseitig gegen die Winderosion schützen

4. Vereinzelung

Immer mehr Schutzsteine fallen herunter, bis nur noch vereinzelte Türme übrig bleiben, die der Winderosion schutzlos ausgesetzt sind.

5. Einebnung

Ohne schützende Steinhaube wird der weiche Tuff innerhalb kürzester Zeit komplett abgetragen und die Landschaft eingeebnet

oder über eine der anderen Platten hinweg gleiten. Sie hält sich für einen kleinen Keil, der halt eben nach Westen weggedrückt wird. Und das klappt natürlich nicht so einfach, schon allein aus der Tatsache heraus, dass sie gar nicht keilförmig ist. So muss sich erst einmal ein ungeheurer Druck in ihrem Inneren aufbauen, damit sich überhaupt etwas bewegt. Mitunter ist dies auch der Grund, warum es in der Türkei so viele verheerende Erdbeben gab und wohl auch immer geben wird. Aber manchmal baut sich auch ein solch großer Druck innerhalb einer Kontinentalplatte auf, dass das Gefüge in ihrer Mitte Risse bekommt und so vulkanische Tätigkeit dort entstehen kann. Dies geschah auch in Kappadokien, und die Vulkane Ercyies-, Hassan-, Göllü- und Melendiz Dağı entstanden, zusammen mit den vielen kleinen Schloten in ihrer Mitte.

Allerdings bezweifeln Wissenschaftler mittlerweile, dass der Ercyies Dağı bei der Entstehung der kappadokischen Tuffschichten eine tragende Rolle spielte. Betrachtet man die historischen Gebäude um den Berg herum genauer, so wird man bemerken, dass diese aus einem etwas anderen Gestein erbaut sind. Diese Steine sind viel dunkler und härter als der gewöhnliche Tuffstein, der in Zentralkappadokien verwendet wurde.

Irgendwann muss es einen Ausbruch gegeben haben, der ein anderes Gesteinsmaterial über Kappadokien verteilte. Vielleicht besaß der Ercyies eher eine beschützende Rolle innerhalb dieses Naturschauspieles. Eine härtere, basalthaltige Schicht legte sich über die mürbe Tuffsteinmasse, versiegelte sie und schützte sie vor der Erosion. Wie wichtig diese Schutzschicht ist, zeigt sich heute noch an den Feenkaminen. Viele Meter hoch ragen sie schlank in den Himmel und verjüngen sich dabei zum oberen Ende hin auf ein Minimum. Auf dieser wackligen Fläche liegt dann die kegelförmige Spitze aus härterem Gestein, überkragend wie eine schützende Mütze. Rutscht dieser Schutzstein einmal ab, so verschwindet der ganze mächtige Turm innerhalb kürzester Zeit.

Die Ausgestaltung der heutigen Landschaft begann mit dem Eindringen des Flusses Kızılırmak nach Kappadokien. An seinen Rändern bekamen Wind und Wasser die Möglichkeit, an das weiche Untergestein zu gelangen. Kleine Bäche und Rinnsale knabberten ständig am Material und trugen es ab. Alte Flussbettreste findet man im oberen Teil der Altstadt von Avanos, etwa 30 m über dem heutigen Flussniveau gelegen. Der Çakılkaya (Kiesfels), ein Gemisch aus grobem Kies und versteinerten Sedimenten mit der Festigkeit von Beton, bildet dort eine mehrere Meter dicke Schutzschicht über dem weichen Tuff.

Schon einige Kilometer hat sich heute die Erosionslandschaft vom Fluss zurückgezogen. Dies ist ein Indiz dafür, dass es früher ein feuchteres Klima gegeben haben muss. Nur so lässt sich die Breite der Haupttäler, die von Süden an den Fluss heranrücken, erklären. Die kläglichen Rinnsale, die heute oft im Sande verlaufen - vorausgesetzt, sie führen überhaupt noch Wasser - tragen nicht mehr viel zur Erosion bei. Die größte Arbeit beim Abtragen der Landschaft haben der Wind und der Regen übernommen. Ständig weht der Wind durch die Schluchten, unermüdlich das weiche Gestein glatt schleifend und die Riefen des Regens einebnend. Am eindrucksvollsten ist die Neugestaltung der Landschaft in Paşabağı, an der Straße nach Zelve gelegen, zu beobachten. Dort stehen die mächtigen Feenkamine und strecken ihre dunklen Zipfelmützen dem Himmel entgegen. Südlich erstreckt sich die Abbruchkante eines Tafelberges, an der sich hervorragend die schrittweise Herausbildung neuer Türme erkennen lässt. Nach und nach schnitzen Wind und Regen sie aus der Wand heraus. Hier kann von einem kalbenden Berg gesprochen werden.

Neues Baumaterial haben die Vulkane allerdings schon lange nicht mehr geliefert. Die erste und auch letzte Überlieferung eines Ausbruchs haben die Einwohner von Çatal Höyük vor etwa 8000 Jahren hinterlassen. Sie verewigten diese letzte große Eruption in einem Wandgemälde. Immerhin, Çatal Höyük liegt in der Nähe von Konya, etwa 150 km von Kappadokien entfernt.

Aber in geologischen Zeiträumen gedacht, ist die Region nur in eine Ruhephase getreten, die in ein paar tausend Jahren schon wieder zu Ende sein kann.

Geschichte

Kaum ein anderes Land der Welt kann mit so viel historischem Hintergrund aufwarten wie die Türkei. Viele berühmte Persönlichkeiten, von denen wir es vielleicht nicht vermutet hätten, kommen von hier. Ob nun der heilige Nikolaus, der in Myra Bischof war, oder Diogenes, der von der Schwarzmeerküste stammte - überall trifft man auf ihre Namen. Auch Antonius und Kleopatra hatten hier ihr heimliches Liebesnest. Und immer wieder wurde Anatolien von zahlreichen Völkern erobert und beherrscht. Seit Jahrtausenden zogen hier die verschiedensten Kulturen hindurch und hinterließen ihre Spuren. Darunter Kulturen und Völker, von denen viele Leser wahrscheinlich noch nie etwas gehört haben. Und hier, mitten in Anatolien, an der Kreuzung der großen Karawanen und Handelswege liegt Kappadokien. Die Geschichte dieses Landstriches ausführlich und in allen Einzelheiten niederzuschreiben, würde den Rahmen dieses Buches sprengen. Dieses Kapitel kann nur als kleine Orientierungshilfe für den historisch interessierten Reisenden betrachtet werden. Deshalb wird hier auch nur ein grober Überblick über die Machtverschiebungen und deren Folgen für Kappadokien wiedergegeben.

8000 bis 3000 v. Chr. - Die prähistorische Zeit

Schon in der Jungsteinzeit war die Gegend besiedelt. Bei Ausgrabungen in Aksaray und in der Nähe von Gülşehir fanden Archäologen einfache Gefäße und Werkzeuge aus Knochen und Obsidian. Besonders in Aşıklı-Höyük, bei Aksaray gelegen, waren die Funde zahlreich. Mehrere tausend Artefakte wurden hier an die Oberfläche befördert, darunter auch schwach gebrannte Tonfiguren und Schmuckgegenstände aus Knochen. Ebenso kamen frühzeitliche Lehmbauten bei diesen Ausgrabungen ans Tageslicht. Es gab schon sehr früh Handelsbeziehungen mit Mesopotamien und den Völkern des östlichen Mittelmeerraumes, da diese den harten Obsidian, der hier schon damals abgebaut wurde, zur Herstellung von Werkzeug und Ackergerät benötigten.

3000 bis 1200 v. Chr. – Die Bronzezeit

Wie der Name schon verrät, setzte sich die Bronze allmählich zur Herstellung von Werkzeug, Waffen und Schmuck durch und verdrängte das bis dahin verbreitete weichere Kupfer. Dabei verstärkte sich der Handel mit Mesopotamien. Gold, Silber und Kupfervorkommen waren in Kappadokien ausreichend vorhanden, jedoch fehlte das Zinn zur Herstellung von Bronze. Dieses lieferten assyrische Kaufleute, und sie waren es, die eine andere wichtige Erfindung mit im Gepäck hatten: die Schrift. Heute sind Tontafeln mit assyrischer Keilschrift bekannt, welche die Steuer-, Zoll- und Zinsbestimmungen zwischen den Händlern und den Bewohnern Kappadokiens regelten. Auch Tafeln mit Eheverträgen fand man, worin die Rechte der anatolischen Frauen gesichert werden sollten, die einen assyrischen Händler heirateten.

Das hethitische Löwentor in Hattuscha, 150 km nördlich von Kappadokien gelegen

Das damals dominierende Volk war das der Hatti, das sich bis etwa 1600 v. Chr. behaupten konnte. Langsam aber stetig waren in den vorhergegangenen Jahrhunderten Gruppen indogermanischer Hethiter aus dem Kaukasus eingewandert. Sie übernahmen das Reich der Hatti und gründeten ihre erste Hauptstadt Kanisch in der nähe von Kayseri. Die Hethiter vergrößerten im Laufe der Zeit ihren Einflussbereich ständig. Sie gründeten eine neue Hauptstadt im Norden mit dem Namen Hattuscha, 200 km östlich vom heutigen Ankara. So entstand ein Reich, das fast die gesamte heutige Türkei umfasste und im Süden an das Ägyptische angrenzte. Dadurch waren Streitigkeiten mit dem südlichen Nachbarn vorprogrammiert. Berühmtheit erlangte die Schlacht von Kadesch, im heutigen Syrien gelegen, um 1285 v. Chr. Wähnte man lange Zeit die Ägypter als die Sieger, da Ramses der II. sich in seiner Heimat als erfolgreicher Feldherr feiern ließ, so weiß man heute, dass diese Darstellung altägyptischer Innenpolitik entspricht. In Wirklichkeit unterlagen die Truppen des Pharaos und konnten ihre Haut nur mittels eines schnell unterzeichneten Waffenstillstandsabkommens retten - nebenbei das erste historisch belegte der Menschheitsgeschichte.

1200 bis 585 v. Chr. - Die Eisenzeit

Um 1200 v. Chr. zerbrach das Hethiterreich. Vom Westen drang das Volk der Phrygier in die anatolische Hochebene vor und eroberte große Teile davon, und im Osten zwackten sich die Assyrer Teile des Hethiterreiches ab. Zurück blieben kleine hethitische Fürstentümer im südlichen Anatolien, die sich noch ein paar Jahrhunderte halten konnten. Bekannt ist das Tabal-Reich, das sich über das Gebiet Kayseri, Nevşehir und Niğde ausdehnte. Die Hauptstadt lag in der Nähe von Niğde und hieß Tyana (Tuwanuwa), das heutige Kemerhisar. Bis ins 7. Jahrhundert v. Chr. konnten sich hier hethitische Sprache und Kultur behaupten. Danach fielen die Kimmerer, ein Reitervolk von der Schwarzmeerküste, über Anatolien herein und sorgten für neue Machtverhältnisse.

585 bis 334 v. Chr. – Die Perser

Das Volk der Meder aus Persien vertrieb die Kimmerer und baute Kappadokien zur westlichen Provinz aus. Ihre Provinzverwaltung siedelten sie in Pteria, nicht weit der alten Hethiterhauptstadt Hatuscha entfernt, an. Sie bauten die so genannte Königsstraße aus, welche die Provinz mit der ägäischen Küste im Westen und dem Stammland im Osten verbinden sollte. Die Grenze im Süden bildete der Fluss Halys, der heutige Kızılırmak. Zweimal wurde das Reich der Meder von den Lydern im Südwesten

angegriffen, wobei die erste Attacke durch eine Sonnenfinsternis beendet wurde. Als König Kroisos von Lydien den zweiten Angriff plante, war er schon vorsichtiger geworden, und befragte vorher das Orakel von Delphi über den Ausgang der Schlacht. Die Antwort des Orakels war sehr diplomatisch formuliert: "Wenn du den Halys überschreitest, wirst du ein großes Reich zerstören". Kroisos interpretierte diese Weissagung falsch und wurde vernichtend von den Medern geschlagen, so dass sein eigenes Reich versank.
Auch ihre Religion, die Lehre des Zarathustra, brachten die Meder mit. Besonders die Vulkane hatten es den Glaubensgemeinschaften angetan, handelte es sich bei dieser Religion doch um einen Feuerkult.
Erst die Truppen Alexander des Großen beendeten 334 v. Chr. den Einfluss der Meder in Zentralanatolien.

334 v. Chr. bis 17 n. Chr. – Alexander der Große und das Kappadokische Königreich

Alexander hat Kappadokien nie zu Gesicht bekommen - er zog entlang der Südküste - aber die Truppenteile, die er entsandte, hatten große Schwierigkeiten, Kappadokien zu erobern. Er unterstellte das damals noch nicht eroberte Gebiet seinem General Sabiktas, was eine heftige Gegenwehr der Bevölkerung zur Folge hatte. Als Anführer der Kappadokier galt der persische Adlige Ariarathes, der jedoch zuerst einmal zusammen mit seinem Verbündeten, König Dareios, den Makedoniern weichen musste. Im Jahre 332 v. Chr. kehrte er zurück und gründete das Kappadokische Königreich. Als begabter Staatsmann und Krieger erweiterte er während seiner Regentschaft seinen Einflussbereich. Seine Dynastie regierte bis ins Jahr 17 n. Chr. Er selbst saß jedoch nur 10 Jahre lang auf dem Thron. Das makedonische Geschlecht der Seleukiden herrschte zwar noch lange Zeit über weite Teile Anatoliens und Syriens, doch ihren Machtanspruch auf Kappadokien konnten sie nur bedingt durchsetzen. Unter Ariarathes V. kam es im 2. Jahrhundert zu einer leichten Urbanisierung der Gegend. Zentralanatolien besaß bis dahin nur wenige Städte. Die Hellenisierung des Landstriches war nicht mehr aufzuhalten, und so hielten Sprache, Philosophie und Architektur aus Griechenland Einzug. Trotzdem blieben die Zeiten unruhig. Auseinandersetzungen mit den Armeniern, Völkern aus dem Schwarzmeerraum und erste Spannungen mit Rom bedrohten immer wieder die Stabilität des Reiches. 188 v. Chr. fiel Kappadokien in den Einflussbereich von Pergamon (Bergama) und bildete dessen Ostgrenze. Das Bündnis zwischen dem Herrschergeschlecht der Attaliden dort und Rom sorgte für intensive Handelskontakte zwischen Kappadokien und dem römischen Reich. Unterbrochen wurden sie 96 v. Chr. durch die Eroberung großer Teile Anatoliens durch die Armenier. Auch Kappadokien wurde dabei wieder dem Einflussbereich der westlichen Großmacht entzogen.

17 bis 400 n. Chr. – Die römische Zeit

Kaiser Tiberius war es, der Kappadokien als römische Provinz annektierte. Kurz zuvor war der letzte kappadokische König gestorben, und so nutzten die Römer das Machtvakuum aus. Für Rom war die Provinz von großer Bedeutung, da durch sie hindurch die wichtigsten Handelswege mit dem Osten verliefen, woher Rom Gewürze, Stoffe und Öl bezog. In den folgenden Jahren änderten die Römer des Öfteren die Zuständigkeiten einzelner Provinzen und Prokuratoren. Im Jahre 113 änderte Kaiser Trajan erneut die provinzialen Grenzen und erklärte Kappadokien zum Truppenaufmarschgebiet gegen die immer gefährlich werdenden Parther im Osten. Aber die Gegend blieb trotzdem nicht von kurzen Überfällen anderer Mächte verschont. Die arabische Königin Zenobia aus der syrischen Oasenstadt Palmyra erhob sich gegen Rom und konnte erst kurz vor dem heutigen Ankara geschlagen werden. Kurz darauf fielen die Sassaniden aus dem Iran in Zentralanatolien ein und eroberten auch kurzzeitig Kappadokien. Mit der Besetzung durch die Römer zog auch deren Kultur in Anatolien ein. Städte wurden ausgebaut und mit den modernen Errungenschaften des mächtigen Roms versehen. Bibliotheken, Bäder und Schulen hielten Einzug ins öffentliche Leben, aber auch die Wehrtüchtigkeit der Städte wurde erhöht.
Die ersten Christen zogen schon sehr früh durch Kleinasien. Bekannt geworden sind die Reisen des Predigers Paulus. Zwar gibt es keine Belege für einen Besuch Kappadokiens, aber auf dem Weg zu den Galatern im Nordwesten von Kappadokien liegt es nahe, dass er hier durch gekommen sein muss. Ansonsten blieben die Christengemeinden eher klein, da sie als aufrührerische Sekten von Rom verfolgt wurden. Überhaupt bestimmte ein

wildes Gemisch von Religionen das Bild. Neben den offiziellen römischen Gottheiten existierten immer noch der persische Feuerkult und der Glaube an alte hellenistische Götter, denen Tieropfer gebracht wurden. Sogar der alte Kybele-Kult, die Anbetung einer Fruchtbarkeitsgöttin aus der hethitischen Ära, konnte sich bis in diese Zeit hinein halten. Die jungen christlichen Gemeinden hatte es angesichts dieser Religionsvielfalt zuerst sehr schwer. Im 3. Jahrhundert fand unter dem römischen Kaiser Diokletian die Christenverfolgung nicht nur in Kappadokien einen Höhepunkt. Zahlreiche Christen wurden wegen ihres Glaubens getötet, darunter auch der heilige Hieronymos, der hier aus Göreme stammte. Er war der erste, der die Einsamkeit einer abgelegenen Tuffsteinhöhle aufgesucht haben soll. Aber die neue Religion ließ sich nicht aufhalten und Kayseri wurde zu einem Zentrum christlicher Theologie.

Römisches Felsengrab in einem Tuffkegel in Göreme

Der Gelehrte Alexander von Caisareia und sein Glaubensbruder Firmilian wurden berühmte theologische Vordenker, und hier lag auch der Ausgangspunkt der späteren armenischen Kirche. Einer der größten Heiligen der christlichen Kirche stammte ebenfalls aus Kappadokien, der heilige Georg, auch bekannt als Georg der Drachentöter. Obwohl er ein römischer Offizier war, zeichnete er sich durch sein mutiges Auftreten für die Gemeinde Christi aus. Seine direkte Kritik gegenüber Kaiser Diokletian und dessen Christenverfolgung kostete ihn jedoch im Jahre 303 den Kopf. Nur 10 Jahre später erklärte der neue Kaiser Konstantin das Christentum zur

Staatsreligion. Jetzt drehten sich die Verhältnisse um und die anderen Glaubensgemeinschaften, die so genannten heidnischen Kulte, sahen sich einer Drangsalierung durch die Christen ausgesetzt. 363 wurde der Tempel der Göttin Fortuna in Kayseri zerstört. Seine Zerstörung bildete den Schlussakt der Zerschlagung heidnischer Bräuche und Riten in Kappadokien. Aber auch innerhalb der Kirche entstanden erste Spannungen zwischen den einzelnen Gruppen verschiedener theologischer Auslegungen. Während die orthodoxe Richtung von der Göttlichkeit Jesu Christi ausging, erklärten die Arianisten ihn zum einfachen Menschen, den man mit Gott nicht gleichsetzen könne. Die Spannungen wurden so groß, dass Kaiser Valens 371 die Provinz Kappadokien aufteilte. Im Norden festigte sich die orthodoxe Gemeinde, wogegen bei Niğde in der neuen Provinz Cappadocia Secunda die arianische Auffassung gelehrt wurde. Auf dem Großen Konzil in Konstantinopel im Jahre 381 setzten sich die Orthodoxen durch. Einige der größten Fürsprecher dieser theologischen Überlegung bezüglich der Wesenseinheit von Gott, Christus und dem heiligen Geist, kamen aus Kappadokien. Dazu gehörten der Bischof von Kayseri, Basileios der Große und sein jüngerer Bruder Gregor von Nyssa, der Gemeindeführer in der Nähe von Nevşehir war. Der Dritte im Bunde war der griechische Theologe Gregor von Nazianz, der in der Nähe des Ihlara-Tales wirkte und es bis zum Erzbischof von Konstantinopel schaffte. Sie gehörten zu den eifrigsten Verfechter dieses Glaubensbekenntnisses von Nicäa.

400 bis 1071 n. Chr. – Die byzantinische Zeit

Nach dem Tod Kaiser Theodosius d. Gr. begann der Zerfall des römischen Imperiums in zwei Teile. Konstantinopel wurde die Hauptstadt des neu gegründeten Ostroms. Aber auch die Spaltung der Kirche in eine oströmisch-orthodoxe und in eine weströmische Kirche päpstlicher Prägung war in dieser Zeit schon absehbar. Ein Grund für die vielen religiösen Spannungen in Kappadokien mögen vielleicht auch die letzten Jahrzehnte der außenpolitischen Ruhe gewesen sein. Im 5. Jahrhundert war es aber vorbei mit dieser trügerischen Ruhe. Wie auch der Rest Europas, wurde Kleinasien von der „Geißel der Menschheit“ heimgesucht. Die Hunnen überrannten die anatolische Hochebene und hinterließen zerstörte und geplünderte Städte. Vermutlich waren dieser Sturm, aber auch die darauf folgenden feindlichen

Invasionen anderer Mächte, die Auslöser, welche die Christen zum Rückzug in die unzugänglichen Täler von Göreme trieb. Die Mehrzahl der Kirchen und Klosteranlagen wurden in den folgenden Jahrhunderten aus dem Fels geschlagen. Besonders die Klöster sind unter verteidigungstechnischen Gesichtspunkten gebaut worden. Oft liegen sie hoch oben im Fels, nur über eine Leiter zu erreichen und mit Fluchttunneln versehen. Die Verbindungen zwischen den einzelnen Etagen bestehen aus senkrechten Schächten, die nur mittels einer Leiter überwunden werden können und sich hervorragend verteidigen lassen.
Im 6. Jahrhundert regierte wieder einmal ein armenisches Herrschergeschlecht über Kappadokien und führte kurzzeitig die armenisch-orthodoxe Kirche ein. 611 fiel Kayseri den persischen Truppen der wieder erstarkten Sassaniden für wenige Jahre in die Hände. Der byzantinische Kaiser Herakleios konnte jedoch die feindlichen Truppen 12 Jahre später vertreiben und die alten Landesgrenzen wieder herstellen. Der Friede im Land sollte jedoch nicht lange vorhalten. Ein neuer mächtiger Feind formierte sich an den östlichen Landesgrenzen. Es folgten Jahrhunderte steter Überfälle durch arabische Eroberer. Im Jahre 636 erlitt das byzantinische Heer eine schwere Niederlage gegen sie, und 647 stand zum ersten Mal ein islamisch-arabisches Reiterheer vor den Toren des christlichen Kappadokiens. Aber auch die Sassaniden versuchten einen erneuten Angriff, der aber abgewendet werden konnte. Diese ständigen Attacken von außerhalb führten erheblich zur Schwächung Konstantinopels bei, denn eine Bevölkerung, die in ständiger Angst und Unsicherheit lebt, ist nicht mehr in der Lage, den wirtschaftlichen Bedürfnissen eines Staatswesens genüge zu tun. Regelmäßiger Ackerbau war zu dieser Zeit kaum möglich, das Handwerk in den Städten konnte unter diesen Randbedingungen kaum existieren und die wichtigsten Handelsrouten waren ständig unterbrochen. Die Angriffe setzten sich bis in das 9. Jahrhundert fort. Erst 863 konnte Kaiser Michael III. die arabischen Heere in der Nähe der Ihlara-Schlucht so vernichtend schlagen, dass sie von weiteren Eroberungen in Richtung Westen ganz absahen.
Diese unruhigen Zeiten sollten die verschiedensten christlichen Glaubensrichtungen nicht davon abhalten, sich untereinander zu zerstreiten. In den Jahren zwischen 726 und 842 entbrannte der große Bilderstreit. Dieser gipfelte im Bilderverbot durch Leon II. Dessen Entschluss, keine bildlichen Darstellungen mehr zuzulassen, war wohl vom islamischen Verbot der Darstellung Allahs und seines Propheten Mohamed stark beeinflusst. Immer mehr Gegner des Ikonoklasmus ließen sich zwischen den Felsen Göremes

nieder. Viele alte Kirchenmalereien wurden damals zerstört und durch eine schlichte Ornamentik ersetzt. Nur einfache und symbolhafte Tierdarstellungen waren erlaubt. Die ikonenartige Malerei blieb daneben jedoch erhalten und wurde im Geheimen weiter betrieben. Sie ist es auch, die sich später wieder durchsetzte und zu großer Blüte gelangte. 1054 kam es zum endgültigen Bruch in der Kirche. Die griechisch-orthodoxe etabliert sich mit Ihrem Patriarchen in Konstantinopel und die römisch-katholische mit ihrem Papst in Rom.

1071 bis 1400 n. Chr. – Die seldschukische Zeit

Um diese Zeit herum eroberten die Seldschuken, ein zentralasiatisches Turkvolk, Anatolien. Zuvor hatten sie erfolgreich Mesopotamien erobert und waren bis Jerusalem vorgedrungen. Sie brachten den Islam nach Kappadokien. Im Gegensatz zu den Arabern, die Ihren Glauben mit Feuer und Schwert in die Welt hinaustrugen, gaben sich die neuen Herren sehr tolerant. Die Christen konnten weiterhin unbehelligt ihrem Glauben nachgehen. Nur eine Sondersteuer für Nichtmuslime wurde ihnen auferlegt. Die Seldschuken entwickelten eine einzigartige Architektur, die noch heute zu bewundern ist. Unter ihnen entstanden die zahlreichen Karawansereien, die Kappadokien von Ost nach West durchziehen. Immer im Abstand einer Tagesreise erbauten sie diese mächtigen Bollwerke, um die reisenden Händler vor räuberischen Banden zu schützen. Zu ihren Zentren erkoren sie Konya, Sivas und Kayseri.

Seldschukische Karawanserei in der Nähe von Avanos

Dort schufen sie neue islamische Schulen und Orden, wobei der Orden der tanzenden Derwische in Konya bis heute aktiv blieb und einen großen Bekanntheitsgrad genießt.
Bis zum Ende der Seldschukenherrschaft im Jahre 1243 erlebte das Christentum in Kappadokien noch einmal eine Blütezeit, in der zahlreiche neue Kirchen entstanden. Christliche Offiziere kämpften in der Armee des Sultans und stiegen bis in hohe Regierungsämter auf.
Die Mongolen machten dem ein Ende und der christliche Einfluss verlor in Kappadokien langsam an Bedeutung. Viele Mönche verließen Kappadokien und gründeten neue Klostergemeinschaften weiter westlich außerhalb des islamischen Einflussbereiches. Nach dem Abzug der Mongolen zerfiel Anatolien in viele winzige turkmenische Kleinemirate.

1400 bis 1918 n. Chr. - Die osmanische Zeit

Aus der Reihe dieser Kleinstemirate tat sich das von Osman I. besonders hervor. Osman schaffte es durch geschickte Politik, aber auch als genialer Feldherr, die meisten Turkmenen unter sich zu vereinigen. Wann genau Kappadokien unter osmanische Herrschaft geriet, ist nicht mehr eindeutig festzustellen. Nach und nach vergrößerten sie ihren Machtbereich, dehnten sich auch nach Europa aus und eroberten schließlich 1453 Konstantinopel, wo sie das Schicksal des Oströmischen Reiches besiegelten.
Von all den vielen Eroberungen im Laufe der osmanischen Regentschaft bekam Kappadokien nicht viel mit, und für mehrere Jahrhunderte sollte Frieden in diesem Landstrich herrschen. Dies hatte zur Folge, dass die Menschen sich nicht mehr in ihren Höhlen verstecken mussten und anfingen, sich auch in der Hochebene niederzulassen. Das Nomadentum wurde immer mehr verdrängt und der Hausbau gewann an Bedeutung. Nur im 17. Jahrhundert wurde Kappadokien wieder unsicher. Aber diesmal kam der Feind von Innen. Wahrscheinlich führten eine ungerechte Steuerpolitik oder Repressalien seitens der regionalen Machthaber dazu, denn anders ist es nicht zu erklären, dass sich eine bis zu tausend Mann starke Räuberbande bilden konnte. Diese, als Filzfüße bekannte Gruppierung, brachte sogar eine gut befestigte Stadt wie Kayseri in Bedrängnis. Den Namen Filzfüße bekamen sie, weil sie sich Filzlappen um die Füße banden, um sich an ihre Opfer anschleichen zu können.

Bis in das Jahr 1918 blieb Kappadokien von fast allen Geschehnissen in der Welt unberührt. Erst mit der Kapitulation des Osmanischen Reiches im Oktober 1918 und der damit verbundenen Besatzung durch die Staaten der Entente kamen - wenn auch nur kurzzeitig - wieder fremde Herrscher ins Land.

1918 bis heute – Die türkische Republik

Der osmanische Rumpfstaat wurde, wie Deutschland 1945, in Besatzungszonen aufgeteilt. Allerdings übten die Sieger ihre Macht nur in den großen Städten des Landes aus. Eine vollständige Kontrolle bis in die kleinsten Dörfer hinein war mit den durch den großen Krieg geschwächten Armeen nicht möglich.
1919 begann Griechenland seinen Angriff auf die türkische Ägäisküste, um ein so genanntes Großgriechenland zu schaffen. Dabei drangen sie weit ins Landesinnere vor. Der Hass auf die Türken war durch 4 Jahrhunderte osmanischer Besetzung Griechenlands geschürt worden. Trotz Zerschlagung und Entwaffnung der osmanischen Armee bildete sich sehr schnell der organisierte Widerstand gegen die Besatzer. Von Anfang an war der General Mustafa Kemal Paşa eine der bedeutendsten Persönlichkeiten dieses Widerstandes. Anfang 1921 wurde unter seiner Führung die griechische Invasion gestoppt, und im September 1922 fiel Izmir, die letzte Bastion der Griechen in Kleinasien, wieder in die Hände der türkischen Armee. Ihre Erfolge versetzten die türkischen Befreier in die Lage, ihren Forderungen nach der Einheit des türkischen Staates und dessen Selbstbestimmung Nachdruck zu verleihen. In Lausanne setzten sie sich mit der Revision des Kapitulationsvertrages von Sevres durch.
1923 wurde von der Nationalversammlung das Sultanat abgeschafft und die Republik ausgerufen. Ihr erster Präsident wurde Mustafa Kemal, der später den Ehrennamen Atatürk (Vater aller Türken) erhielt.
Ein Teil der Absprache mit den Siegermächten des 1. Weltkriegs umfasste die Umsiedlung der griechischen Minderheit in ihr Mutterland und die Rücksiedlung der dortigen türkischstämmigen Bevölkerungen nach Anatolien. So fand 1923 ein großer Bevölkerungsaustausch statt, bei dem 1,7 Millionen Griechen, die meist friedlich mit den Türken zusammengelebt hatten, Kleinasien verlassen mussten. Davon war auch Kappadokien

betroffen. Viele Ortschaften hier besaßen griechische Namen, und Dörfer wie Mustafapaşa, das frühere Sinasos, zeugen noch heute von der Kultur und der christlichen Religionsausübung der Griechen bis 1923.
Aber auch der türkischstämmigen Bevölkerung blieben große Umwälzungen nicht erspart. Die neue Republik unter Mustafa Kemal Atatürk begann mit großen Schritten das Land zu reformieren und sich nach dem Westen zu orientieren. Zur neuen Hauptstadt wurde Ankara auserkoren. Die umfassendsten Reformen betrafen die Trennung von Staat und Religion, die Einführung des Frauenwahlrechts und Abschaffung der Vielweiberei, die Übernahme der christlichen Zeitrechnung sowie die Abschaffung der arabischen Schrift und Einführung des lateinischen Alphabetes. Alle diese Neuerungen setzten sich im traditionellen und bäuerlichen Kappadokien nur sehr langsam durch, da vieles von der Bevölkerung nicht verstanden wurde oder dem jahrhundertealten Denkschema widersprach.

Foto:
Urheber unbekannt

Der Gründer der Republik unterwegs im Land

Als der letzte Invasor, der Kappadokien eroberte, kann der Tourismus angesehen werden. Er veränderte die Gesellschaftsstruktur der Bevölkerung nachhaltig, aber brachte den Menschen auch neue Möglichkeiten sich ihren Lebensunterhalt zu sichern. Waren die Ortschaften in den sechziger Jahren des vergangenen Jahrhunderts noch halbverlassen und nur schwer erreichbar, so ist Kappadokien heute ein prosperierendes Touristikzentrum, das vielen Bewohnern Wohlstand oder zumindest eine gesicherte Existenz verschafft.

Architektur

Die Höhlen

Das Aushöhlen der kappadokischen Felslandschaft hat wahrscheinlich schon in der Zeit der Hethiter vor etwa 3500 Jahren begonnen. Sicher belegt ist dies nicht. Den ersten schriftlichen Beweis über das Leben unter der Erde liefern die Schriften des Griechen Xenophon, die von einer Umsiedlung der Hellenen im 4. Jahrhundert v. Chr. in unterirdische Städte berichten. Am intensivsten betrieben die Christen in der Zeit zwischen dem 3. und 13. Jahrhundert die Durchlöcherung, wobei sie neben den gewöhnlichen Wohnanlagen hunderte von Kirchen in den Fels trieben. Bis heute hat das Untergraben Kappadokiens kein Ende gefunden, und in Ortahisar und einigen Nachbarorten werden noch immer große Stollen in den Fels geschnitten, um die natürliche Kühle des Berginneren für die Lagerung von Südfrüchten und Kartoffeln zu nutzen.

Klöster, Kirchen und Einsiedeleien

Der heilige Hieronymus soll einer der ersten Christen gewesen sein, der die Stille und Abgelegenheit der Täler von Göreme zur Einsiedelei nutzte. Da dies aber noch in den Zeiten der Christenverfolgung im 3. Jahrhundert geschah, ist davon auszugehen, dass er nicht der Einzige war, der hier Zuflucht gesucht hatte. Aber diese gläubigen Männer waren noch weit davon entfernt, Kirchenräume in den Fels zu treiben. Das laute Klopfen des Ausschlagens der Höhlenkirchen hallte erst im 9. bis 11. Jahrhundert durch die Täler. In dieser Zeit entstanden die meisten der über hundert Kirchen, die bis heute entdeckt wurden. Waren die Eremiten zuerst zur Einsamkeit verdammt, so entwickelten einige aus dieser Askese heraus eine Lebensphilosophie. Schließlich hat ja auch die Läuterung Jesu in der Einsamkeit der Wüste stattgefunden. Ein sehr schönes Beispiel für eine solche Einsiedelei ist der Simeonturm in Paşabağı. Er vereint eine kleine Kapelle im Fuße dieses Feenkamins mit einer schwer zu erklimmenden Wohnstatt kurz unterhalb der Spitze.

Irgendwann begannen die Einsiedler, Glaubens- und Klostergemeinschaften zu bilden. Dies hat aller Wahrscheinlichkeit nach auch etwas mit den ständigen Überfällen fremder Heere zu tun gehabt. Nur in der Gemeinschaft Gleichgesinnter und in einer gut gesicherten Wohnanlage waren sie in der Lage, ihr Leben zu verteidigen. So entstanden die Klosteranlagen, die - hoch oben im Fels und über mehrere Etagen verteilt gelegen - nur sehr schwer zu erobern waren. Wie überall, wo sich Menschen in Kappadokien gegen Aggressoren versteckten, findet man auch hier die berühmten Rollverschlusssteine. Dies sind runde Steinscheiben, die aussehen wie Mühlräder. Sie sind bis zu 2 Meter im Durchmesser und Tonnen schwer. Sie laufen oben und unten in einer Führung, mittels derer sie vor einen Eingang gerollt werden können. In ihrer Mitte haben sie ein Loch, durch das man beobachten konnte, was sich vor dem Eingang abspielte und durch das man ab und an und unerwartet auch einmal eine Lanze durchstecken konnte. Die einzelnen Etagen wurden meist durch senkrechte Schächte miteinander verbunden, die an den Wänden kleine Griffmulden besaßen. Lasten mussten mit Seilen heraufgezogen werden, da beim Heraufklettern keine Hand für Gepäck frei war. Also auch nicht für das Führen einer Waffe. Dagegen hatten die Verteidiger leichtes Spiel, denn sie konnten die Schächte mit langen und spitzen Stangen hervorragend von oben verteidigen. Ein solcher Schacht ist ebenfalls im Simeonturm zu besichtigen. Die Klosteranlagen waren mit allem versehen, was zu einer autarken Existenz der Gemeinschaften notwendig war. Küchenräume, Stallungen, Refektorien und sogar eine Weinpresse gehörten zu der Grundausstattung, und natürlich durfte eine Kapelle nicht fehlen.

Mit dem Nachlassen der Angriffe durch arabische Reiterheere im 10. Jahrhundert begann das Zeitalter des Kirchenbaus. Dabei wurden diese im Innenraum so gestaltet, als wären sie auf dem freien Felde gebaut. Es wurden Säulen im Fels stehen gelassen, als müssten diese eine große und schwere Kuppel tragen. Die heutzutage oft fehlenden und zerstörten Säulen bezeugen das Gegenteil. Aber irgendwie war eine christliche Kirche ohne Säulen einfach nicht vorstellbar. So entstanden Kirchenräume unterschiedlichster Größe im Felsgestein Kappadokiens. Kleine Gebetsräume, in denen bis zu vier Stützen eine winzige Kuppel zu tragen scheinen und große Kirchenschiffe, die ein riesiges Tonnengewölbe überspannt. Die verschiedensten Baustile sind hier erkennbar: vom kreuzförmigen Grundriss einer Basilika, einer Dreischiffigkeit romanischen Einflusses bis hin zum schlichten Flachdeckenbau ist alles vertreten. Aber eines trifft man in allen Kirchen: die geheiligten Räume

wurden mit einer Apsis und einem kleinen Altar ausgestattet. Und besonders gläubige Menschen wurden im Boden der Kirchen begraben, wovon noch heute die zahlreichen Graböffnungen zeugen.
Allerdings wurden damals auch einige Kirchen aufgegeben, bzw. neue und größere in der Nachbarschaft gegraben, und die alten nur noch als reine Grabeskirchen genutzt.

Höhlenkirche bei Ortahisar - wenn Statik zum Schmuck wird

Aber das Faszinierendste all dieser Gotteshäuser sind deren oft hervorragend erhaltenen, fast tausend Jahre alte Wandmalereien und Fresken. Die Pracht der Farben einiger Kirchen verschlägt dem Besucher den Atem. Kräftig und satt strahlen sie von den Decken und Wänden herab und erzählen die Leidensgeschichte Jesu in allen Einzelheiten. Dabei sind drei Arten von Malereien zu unterscheiden. Bei der ältesten wurde die figürliche Darstellung direkt auf den Fels aufgetragen. In der anschließenden Zeit entbrannte der Bilderstreit, in dem laut offizieller

Lehrmeinung nur eine schlichte Ornamentik zugelassen war. Damals wurden viele alte Bemalungen mit Putz verdeckt, um die neue Ornamentik aufzutragen und die alten Bilder für immer verschwinden zu lassen. Der Bilderstreit endete zu Gunsten der bunten und reich geschmückten Fresken, die den Höhepunkt der kappadokischen Kirchenmalerei kennzeichnete. Diese Bilder sind auf einer Putzschicht aufgetragen und unterscheiden sich stark von den eher erdfarbenen Bildern der Anfangszeit. Tiefe Blautöne und Purpur tauchen in ihnen auf und auch die einzelnen Motive wurden immer filigraner. Ein hervorragendes Beispiel hierfür ist die Tokali Kirche im Museumstal von Göreme. Im 13. Jahrhundert endete diese große christliche Kunstfertigkeit mit dem Einfall der Mongolen in Anatolien.

Wohnhöhlen und unterirdische Städte

In Derinkuyu und Kaymaklı liegen die großen und am meisten besuchten unterirdischen Städte der Region. Sie wurden senkrecht und über viele Etagen ins Erdinnere getrieben. Im Grunde besaß hier in Kappadokien jeder Ort seine eigene im Erdinneren verborgene Verteidigungsanlage. Oft bestand diese aus horizontal in den Fels geschlagenen Räumlichkeiten, die mittels eines ausgeklügelten Gängesystems miteinander verbunden waren. Ortahisar und Uçhisar weisen eine besonders exponierte Form auf. In Notzeiten zogen sich die Bewohner dieser Orte in ihre weit über der Landschaft herausragenden, riesigen Felsblöcke zurück. Wie immer diese Fluchtburgen auch angelegt waren, so haben sie alle eines gemeinsam: sie liegen im natürlichen Fels, sind gut belüftet, haben ihre eigene Wasserversorgung und sind schwer zu erobern. Diese vier Grundkriterien zeichnen eine unterirdische Stadt in Kappadokien aus. Zu erkennen sind diese Verteidigungsanlagen an den Rollsteinen zum sicheren Verschluss der Eingänge, da Türen, die nur von innen zu bedienen sind, keiner anderen Funktion dienen können als der Abwehr von Eindringlingen. Einige unterirdische Städte entwickelten dabei verschiedene Verteidigungstechniken. An einigen Rollsteinen sind schmale Seitenkammern zu erkennen, die mit einer kleinen Öffnung versehen sind. Von hier aus hatten die Verteidiger eine gute Sicht auf das, was sich direkt vor dem Stein abspielte und konnten dann entsprechend handeln. Für jeden

Angreifer war es lebensgefährlich, sich in unmittelbarer Nähe des Rollsteines aufzuhalten. In Özkonak gibt es sogar kleine Nischen oberhalb der Eingänge, von denen aus man Eindringlinge mit heißem Wasser oder Öl traktieren konnte.

Die Zufluchten waren mit allem versehen, was eine Dorfgemeinschaft zum Überleben brauchte. Es ist davon auszugehen, dass einige Einrichtungen sogar ständig genutzt wurden. Stallungen lagen zumeist in der Nähe der Eingänge, um die Tiere tagtäglich dort unterzubringen. Unwahrscheinlich ist auch der Gedanke, dass es eine Mühle für Getreide oder Öl zweimal gegeben haben soll, eine für Friedenszeiten an der Oberfläche und eine im Inneren des Berges. Auch die Lagerung der Vorräte im Erdinneren macht Sinn, denn im Falle eines Angriffs war die Versorgung der Belagerten so gesichert. Dass die Menschen jedoch auch in Friedenszeiten in den tiefen Höhlen gewohnt haben sollen, scheint unwahrscheinlich. Es wird vermutet, dass sie in verteilt liegenden Einzelanlagen lebten.

Stallungen erkennt man gut an den in die Wände getriebenen Futterkrippen. Die Ränder dieser Aushöhlungen weisen oft eine Durchbohrung auf, um das Vieh festzubinden. Diese Räume sind dann auch sehr groß gehalten, um möglichst viele Tiere aufnehmen zu können. Dahinter liegen die Vorratsräume, die man an den kreisrunden Vertiefungen im Boden erkennt, in denen große Tongefäße gestanden haben. Ihnen angeschlossen sind oft eine Mühle und eine Weinpresse. Die Weinpresse besteht aus einem Becken, in dem die Menschen die Trauben mit den Füßen stampften. Durch ein Loch am tiefsten Punkt des Beckens floss der Most dann in einen bereitgestellten Tonkrug. Noch tiefer im Inneren folgen dann die Notquartiere der Menschen, in denen man sich auf kleinstem Raume zurechtfinden musste. Zu diesem Bereich gehörte auch ein Versammlungsraum, oder wie in Derinkuyu eine Kirche.

Allerdings müssen einige Darstellungen und Behauptungen, die durch Publikationen oder die Reiseleiter vor Ort Verbreitung finden, kritisch betrachtet werden. Sehr gerne wird dabei mit großen Zahlen hantiert. Zehntausende sollen in diesen Anlagen Zuflucht gefunden haben - und das über Monate hinweg. Über 200 unterirdische Städte soll es geben, die alle miteinander verbunden gewesen sein sollen. Wer jedoch mit einer großen Reisegruppe die Höhlen und Gänge besucht, wird sehr schnell merken, wie unwahrscheinlich und übertrieben dies alles ist. Kaum hat eine Busladung Urlauber die Räumlichkeiten betreten, ist es auch schon vorbei mit der frischen Luft und der Kühle: die Luft wird stickig und erwärmt sich rapide.

Jetzt stelle man sich nur einmal vor, wie hunderte verängstigter Menschen, von Panik ergriffen, durch die engen Gänge hasten. Die Wärme der Fackeln und Öllampen erhöht außerdem die Temperatur, und der Atemluft wird immer mehr Sauerstoff entzogen. Spätestens nach einem Tag ist die Anlage vom Gestank menschlicher Exremente erfüllt und macht das Leben unter der Erde sicherlich zu einer Qual, während aus den oberen Etagen das Geschrei eines wilden, auf Leben und Tod geführten Kampfes zu den Eingeschlossenen herunter dringt.
Auch die Geschichten über kilometerlange Verbindungsgänge zwischen den Anlagen gehören in den Bereich der Sagen. Spätestens nach wenigen hundert Metern wäre der Sauerstoffgehalt in ihnen so gering, dass die Menschen darin unweigerlich ersticken würden.
Berücksichtigt man jetzt noch die damalige, geringe Bevölkerungsdichte in Kappadokien, dann erkennt man sehr schnell, wie übertrieben die Zahlenangaben sind, mit denen so mancher Reiseleiter seine Zuhörer in Erstaunen versetzt.

Wie die Menschen in Friedenszeiten wohnten, kann im Museumsdorf Zelve besichtigt werden. Die Höhlen dieses Dorfes wurden noch in den fünfziger Jahren bewohnt, und es gab so gut wie keine oberirdischen Bauten. In allen Wohnhöhlen findet man kleine in den Fels geschlagene Nischen oder Fächer. Diese nahmen die wenigen Gegenstände auf, die eine Familie für den Alltag benötigte. Eine Möblierung wie wir sie heute kennen gab es damals nicht, da die Menschen noch sehr stark vom Nomadentum geprägt waren. Alles, was ein Familienclan besaß, konnte in kürzester Zeit zusammengepackt und in Sicherheit gebracht werden. Schlafstätten, Sitze oder Arbeitsflächen wurden zum Teil beim Ausschlagen der Wohnhöhlen herausgeformt, aber den meisten Bewohnern reichte das Leben auf Decken und Teppichen am Boden.
Die Beleuchtung der Räume erfolgte durch kleine Lichtöffnungen oder mittels Öllampen. Türen und Fenster wurden sehr klein gehalten, um die Höhlen besser verteidigen zu können, aber auch um sie besser zu beheizen. Überhaupt stellen die Höhlen einen guten Schutz gegen extreme Temperaturen dar. Egal wie kalt oder heiß es draußen auch sein mag, in ihrem Innern herrscht immer eine gleichmäßige Temperatur von ungefähr 12 °C vor. Im Winter wurden die Außenöffnungen mit Klappen oder dicken Stoffen gegen die eindringende Kälte verschlossen. Geheizt wurde mit einem offenen Holzkohlebecken (mangal). Dabei nutzte man die Glut,

die beim Kochen mit Holz entstand, da glühende Holzkohle keinen Rauch entwickelt. Das Zubereiten der Speisen am Feuer musste allerdings vor der Wohnhöhle unter einem Felsvorsprung stattfinden, weil die Räumlichkeiten nicht mit einem Rauchabzug zu versehen waren.
Noch heute werden viele Höhlen auf Grund ihrer stabilen Temperaturen als Lagerräume für Ernten oder Lebensmittel genutzt. Und einige Strukturen aus der Zeit der Wohnhöhlen schlugen sich auch in der späteren traditionellen Hausarchitektur nieder.

Zerfallene Wohnhöhlen in Zelve

Taubenschläge

Der karge Boden der kappadokischen Ebene förderte die Haltung einer besonderen Tierart. Um ihn fruchtbar werden zu lassen, bedurfte es der speziellen Düngung durch Vogelkot. So wurde Mitte des 19. Jahrhunderts die Taubenhaltung ein wichtiges Instrument der Landwirtschaft. Als Taubenschläge nutzte man oft alte Klöster und Kirchen, deren Eingänge und Fenster man vermauerte und nur schmale Schlupflöcher für die Tiere offen ließ. Nur ein einziger in Bodennähe liegender Eingang wurde mit einer Holztür versehen. Durch ihn wurde das Innere der Taubenschläge einmal im Jahr betreten, um den Kot zu entnehmen. In den Wänden der Räume wurden mehrere Reihen kleiner Nischen angelegt, in denen die Vögel nisten konnten, und bei Bedarf zog man zusätzlich hölzerne Sitzstangen quer durch den Raum. An einigen Taubenschlägen mit eingestürzter Front wird dieser Aufbau gut sichtbar. Bei intakten Systemen fallen nur die alten vermauerten Öffnungen auf, die mit bunten Motiven geschmückt sind. Diese Verzierungen wurden von hiesigen Künstlern im Stil der zeitgenössischen islamischen Malerei angefertigt und sollten dem Besitzer eine reiche Ernte garantieren. Die Taubenhaltung spielt heute, im Zeitalter des Kunstdüngers, so gut wie keine Rolle mehr und Taubenschwärme bekommt man daher nicht mehr so oft zu Gesicht.

Von der Erosion freigelegte Taubenschläge

Bewässerungskanäle

Durch sie sollte die Bewässerung der Nutzgärten in den kleinen Nebentälern vereinfacht, aber auch das notwendige Nass verlustfrei zu den Anbaugebieten in den Mündungen der Täler transportiert werden. Die kleinen vorhandenen Rinnsale lagen viel tiefer als die Gärten und versickerten oftmals schon auf halber Strecke im Geröll. Die Kanäle wurden ebenfalls versteckt im Fels angelegt und waren so groß, dass sie bequem begangen werden konnten. Im oberen Teil eines Tals wurde der kleine Fluss in einen solchen Kanal umgeleitet und langsam nach unten geführt. Dabei wurde darauf geachtet, dass das Wasser immer oberhalb der Gärten floss. Kleine verschließbare Öffnungen im Fels sorgten nun für eine geregelte und mühelose Bewässerung. Das qualvolle Wasserschöpfen aus den tief liegenden Bachbetten hatte damit ein Ende. Heute sind große Teile der unterirdischen Kanäle durch die Erosion freigelegt worden und lassen deren Verlauf gut erkennen.

Heutige moderne Höhlennutzung

Die letzten großen Höhlen wurden im 20. Jahrhundert geschlagen. Im Zeitalter der modernen Landwirtschaft entstanden in Teilen Kappadokiens unterhalb der Oberfläche riesige Lagerhallen. Hier nutzt man die natürliche Kühle einer solchen Höhle, um abwechselnd Kartoffeln und die Zitrusfrüchte der Küstenregion zu lagern. Fast die gesamte türkische Zitronenernte wird hier im Frühjahr eingelagert, um innerhalb der nächsten sechs Monate auf den Märkten des ganzen Landes zu landen. Im Herbst löst die Kartoffelernte diese Früchte ab, um die Versorgung der Türkei mit Kartoffeln auch im Winter zu garantieren. Hunderte solcher Anlagen gibt es in Kappadokien. Die kleineren und älteren Lager haben nur kleine Eingänge und sind noch mit der Hand ausgeschlagen worden. Hier müssen die Früchte noch mühsam und Sack weise vom LKW entladen und hineingeschleppt werden. Die neueren Anlagen sind um ein Vielfaches größer und wurden mittels moderner Maschinen in das Felsgestein hinein geschnitten. Ihre Eingänge sind durch große Stahltore gesichert, durch die mit Leichtigkeit ein ganzer LKW hindurchpasst. Das größte Lager liegt in der Nähe des Dorfes Kavak und umfasst ein Areal von ca. 10.000 m². Hier können die LKWs auf einer U-förmigen Trasse das ganze Lager einmal durchfahren und mit beweglichen Fließbändern entladen werden. Zu beiden Seiten der Trasse liegen die einzelnen, mittels Stahlgitter abgetrennten Lagerräume, deren Grundfläche etwa 8 mal 15 Meter beträgt. Wer ein Lager sieht, dass gerade bestückt wird, sollte sich ruhig hineintrauen und es sich ansehen. Allein die frühkapitalistischen Arbeitsbedingungen dort sind sehenswert.

Vor einigen Jahren hat sich eine kleine Gruppe meist ausländischer Architekten, Soziologen und Ethnologen zusammengefunden, mit dem Ziel, neues Leben in die kappadokischen Höhlen zu bringen. Sie zeigen an Hand von Plänen und Modellen, wie die klimatischen Vorteile einer Höhlenwohnung mit den Bequemlichkeiten unseres modernen Zeitalters kombiniert werden können. Leider gibt es noch keine Piloteinrichtungen dieser Art, da von Staatswegen das Ausschlagen neuer Wohnhöhlen in Kappadokien immer noch verboten ist.

Traditionelle Architektur und Wohnen

Die Geschichte der Architektur reicht in Kappadokien nicht besonders weit zurück. Abgesehen von den großen Städten wie Nevşehir und Kayseri war dieser Landstrich nur wenig urbanisiert. Die wenigen Dorfgemeinschaften, die dazwischen lagen, bestanden aus einer reinen Ansammlung von Höhlenwohnungen. Viele Jahrhunderte der Eroberung Kappadokiens durch fremde Mächte und die damit zusammenhängenden Zerstörungen hatten die Menschen dazu gebracht, ihre Behausungen unauffällig zu bauen. Dabei bot sich der weiche Tuffsteinfels geradezu an, um ganze Dörfer unter das Erdreich zu verlegen oder hinter Felswänden verschwinden zu lassen. Erst in der osmanischen Periode begannen die Kappadokier Häuser zu bauen. Denn die Osmanen waren die letzten, die diesen Landstrich für sich beanspruchten, und unter ihnen begann die bis heute hin andauernde Ära des Friedens in Kappadokien.

Typische kappadokische Rundbogenkonstruktion

Es wurden nicht sofort ganze Häuser gebaut, denn die Angst vor Überfällen schwand nur sehr langsam. Zuerst wurden nur schlichte Mauern vor die Höhleneingänge gezogen, die dem Zweck einer besseren Verteidigung dienten. Nur allmählich trauten die Einwohner der Ruhe und begannen Häuser vor ihren Höhlen zu errichten. Später wurden Mauern um Haus und Höhleneingang gezogen, um einen Hof (avlu) zu erhalten. Diese Abtrennung zur Außenwelt findet man in der gesamten islamischen Welt wieder. Das Aufstocken einer weiteren Etage stammt frühestens aus dem 19. Jahrhundert. Im Laufe der Zeit entstand so vor jeder Höhle und rund um den Innenhof eine Ansammlung von kleinen Gebäuden, die zu einem Komplex zusammenschmolzen. Die alten Höhlen verloren ihren Nutzen als Wohnraum und wurden nur noch als Lagerraum oder zur Haltung von Vieh benötigt.

Das Material

Tuffstein ist ein hervorragend zu bearbeitendes Material. Mit Leichtigkeit lässt er sich aus der Wand eines Steinbruchs herausschneiden und auf ein handliches Maß bringen. Zu Quadern von 30 x 60 cm und einer Dicke von 20 cm geliefert, eignet er sich hervorragend zum Mauern und ist mit einfachsten Werkzeugen auf ein passendes Maß zu bringen. Allerdings wiegt ein solcher Stein immer noch seine guten 40 kg. Erst nach längerem Kontakt mit der Luft beginnt das Gestein richtig auszuhärten. Der Tuffstein besitzt gute Wärme dämmende Eigenschaften. Räume aus diesem Material lassen sich blitzschnell mit einem einfachen Ofen auf angenehme Temperaturen bringen. Je dicker die Wände, umso besser hält sich auch die Wärme. Freunde von uns heizen ihr Bad im Winter mit der Zündflamme der Gastherme. Von Nachteil ist die mäßige Festigkeit dieser Gesteinsart, so dass die tragenden Mauern des Erdgeschosses sehr dick ausgeführt werden müssen. Was Tuff überhaupt nicht mag, ist Wasser. Aufgrund seiner porösen Struktur und des hohen Kalkanteils saugt er das Wasser auf wie ein Schwamm. Der Kalk dehnt sich dabei aus und lässt das Gestein in kürzester Zeit weich werden und zerfallen. So unvorstellbar es auch sein mag: der Zerfall vieler alter Wohngebiete stand in direktem Zusammenhang mit der Einführung von fließendem Wasser aus

Rohrleitungen. Das Fehlen einer Abwasserkanalisation, das Zerfrieren der Wasserrohre im Winter und ein verschwenderischer Umgang mit dem anfangs noch kostenlosen Nass ließen nach und nach ganze Viertel zusammenbrechen.

Auch nachträglich lassen sich noch tragende Bögen einziehen

Bautechnik

Wie schon oben erwähnt, ist die Tragfähigkeit von Tuff wesentlich geringer als die anderer Felsgesteine, weshalb das Mauerwerk der unteren Etagen immer sehr dick ist. Besonders bei der Konstruktion der für Kappadokien typischen Flachdach-Gewölbe-Häuser, bei denen auch große horizontale Lasten auf das Mauerwerk treffen, sind die Grundmauern manchmal bis zu einem Meter stark. Wann man begann, diese Bauweise einzuführen, ist nicht bekannt. Aber da Holz als Baustoff immer schon sehr rar war, ist davon auszugehen, dass diese Technik sehr früh eingesetzt wurde.

Zuerst werden mehrere, den gesamten Raum überspannende Rundbogengürtel (1) gemauert. Diese stehen so dicht nebeneinander, dass im Anschluss die verbliebenen Freiräume zwischen ihnen mit einer weiteren Steinschicht (2) abgedeckt werden können und sich so die Gewölbedecke schließt. Auch hier zeigt sich wieder der sparsame Umgang mit dem teuren Baustoff Holz. Muss bei einem glatten und durchgehenden Gewölbe die ganze Decke verschalt werden, so braucht man beim kappadokischen System nur ein kleines Gerüst für einen einzelnen Bogen. Anschließend werden die seitlichen Außenmauern (3) über die Höhe des Gewölbes hinaus aufgemauert, und der so entstandene Hohlraum mit gestampfter Erde (5) aufgefüllt, bis man ein Flachdach erhält. Die dicke, tonhaltige Erdschicht verhindert ein Eindringen des spärlichen Niederschlags. Diese Flachdächer waren schon immer sehr beliebt: als Aufenthalts- und Arbeitsflächen, auf denen man Früchte trocknen und Wäsche aufhängen konnte und die sich hervorragend reinigen ließen

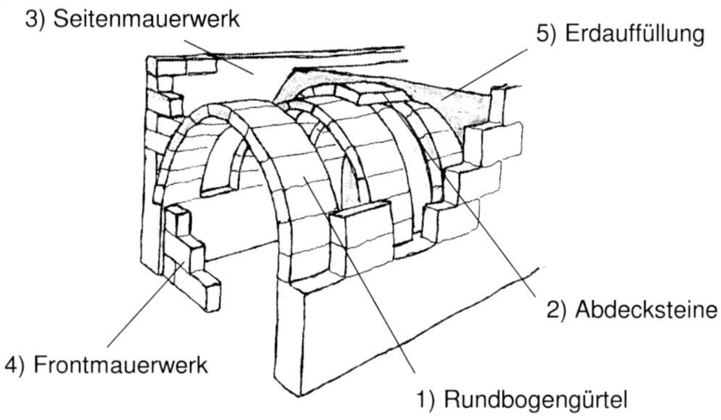

Das Errichten weiterer Etagen stammt aus späterer Zeit. Sie sind von Seiten der Konstruktion her einfacher gehalten. Hier ist das Mauerwerk aus Gewichtsgründen oft dünner und manchmal nur eine Steinbreite dick. Die Decke wird von einfachen Pappelrundstämmen getragen, auf denen Tuffsteine flach ausgelegt wurden. Manchmal sind auch verzierte Holzdecken eingezogen worden. Das Flachdach der oberen Etage ist jedoch nicht regendicht, so dass darüber immer ein Dachstuhl gebaut werden musste, der mit Ziegeln gedeckt war. Kennzeichnend für die oberen Räume sind die größeren Fenster, die oft nach Süden zeigen und das wärmende Sonnenlicht hereinlassen. Die Einführung dieser Fenster hängt mit dem Beginn der industriellen Fertigung von Glasscheiben zusammen. Zu früheren Zeiten wurden Fenster und Türen sehr klein gehalten, da sie nur mit einer Holzklappe oder gar nur mit einem dicken Stoff verschlossen werden konnten.

Die reich verzierte Fassade eines Obergeschosses

Gebäudeaufteilung

Das Zentrum eines traditionellen kappadokischen Hauses bildet immer der Innenhof (avlu) mit seinem Eingang. Eine Haustür von der Straße direkt ins Haus gibt es nicht. Um den Hof herum gruppieren sich wild zusammen gewürfelt die Räumlichkeiten auf mehreren Etagen. Es gibt keine Durchgangszimmer und alle Räume sind vom Innenhof aus zu erreichen. Wer hier die Toilette sucht, findet sie immer an der äußeren Ummauerung in der Nähe des Eingangs, separat gebaut und immer mit größter Distanz zum Wohnbereich. Sie besteht nur aus einem Loch, das in eine tiefer liegende Kammer führt. Diese besitzt eine Klappe zur Straße hin, durch die sie entleert werden kann.

Bis heute werden sämtliche Hausarbeiten, so weit die Witterung es zulässt, im Innenhof erledigt. Dafür wurde oft ein überdachter, aber offener Vorbau errichtet. Dieser Vorbau (çardak) ist in vielen Fällen auch als

Gewölbe ausgebildet, da er im Erdgeschoss gegenüber des Eingangs liegt. Er spendet im Sommer Schatten und hält im Winter den Regen ab. Hier findet man bei alten Häusern auch immer die Kochstelle (tandir). Dies ist ein einfacher Tontopf, der in die Erde eingegraben wurde und in dem das Feuer brannte. War das Feuer erloschen, so nutzte man die Resthitze dieses Topfes, um Brot darin zu backen. Im Erdgeschoss gruppieren sich ansonsten die Arbeits- und Vorratsräume, eventuell zusammen mit einem Raum, um im Winter Gäste zu empfangen. Eine Steintreppe im Innenhof führt in die 1. Etage zu den Privaträumen der Familie und auf die Dachterrassen. Interessant ist, dass die verschiedenen Bereiche des Hauses den Willkommensgrad eines Besuchers widerspiegeln können. Ein unliebsamer Besuch wird vor der Hoftür abgefertigt. Ein kurzer und freundlicher Informationsaustausch findet oft im Eingang statt, und gern gesehene Gäste dürfen sich im Innenhof oder gar im Empfangszimmer niederlassen. Diesen Bereich des Hauses nennt man Selamlik. Die oberen und meist sehr privaten Räumlichkeiten heißen Haremlik und sind für Gäste tabu.

Der traditionelle Wohnraum

In den alten Zeiten waren Möbel in einem normalen Haushalt eine Seltenheit. Man lebte in einem mit dicken Teppichen und Kissen ausgestatteten Raum am Boden. In heutigen modernen Zeiten sind Wohnzimmergarnituren oder einfache Bettgestelle dabei, den Wohnraum zu erobern. Diese Zimmer sind der zentrale Punkt jeden Hauses. Hier wird geschlafen, gegessen und auch der Rest des Tages verbracht. Besonders im Winter, wenn der Innenhof wegen der Kälte nicht genutzt werden kann, spielt sich das Familienleben hier ab. Dazu muss das Zimmer allerdings ständig umgeräumt werden. Der kleine Tisch, um den sich die Familie beim Essen am Boden versammelt, wird sofort nach Beendigung des Mahls weggeräumt. Die Betten, in Form einfacher leichter Matratzen, werden jeden Abend ausgebreitet und morgens wieder weggepackt. So wird die Raumausstattung ständig den veränderten Bedürfnissen angepasst. Selbst der Ofen verschwindet im Frühjahr in einem der zahlreichen Vorratsräume. Der Eingang in dieses sprichwörtliche Wohnzimmer liegt meist seitlich in einer Ecke. Die ersten ein bis zwei Quadratmeter liegen etwas tiefer als der restliche Boden und dies nennt sich Sekialti. Spätestens hier müssen die Schuhe ausgezogen werden. An der Stirnseite gegenüber den Fenstern befindet sich eine schrankgroße Vertiefung im Mauerwerk. Dies ist das Yüklük, in welchem tagsüber die Ausstattung für das Nachtlager verstaut wird. Dieser so genannte Schrank kann mit Holztüren versehen sein, wird aber meistens nur mit einem Vorhang verschlossen. An den Wänden verteilt findet man noch andere kleinere Mauerwerks-aussparungen vor. Da das Mauerwerk oft sehr dick ist, erspart man sich dadurch den Raum mit Schränken und Regalen zu versperren. In diesen Fächern befinden sich Gegenstände des täglichen Bedarfs, die schnell zur Hand sein müssen. Der gesamte Raum ist entlang der Wände mit Sitzgelegenheiten versehen, wobei der Platz diagonal gegenüber der Tür meist am prächtigsten ausgestattet und dem Hausherrn vorbehalten ist. Oft ist dieser Platz auch noch ein wenig höher angelegt. Sollte dieser Raum zum Bereich des Selamliks gehören, so gehört der Platz rechts und links neben dem Patriarchen den Gästen. Die rangniederen Familienmitglieder, wie Frauen und kleine Kinder, sitzen immer in der Nähe der Tür, was den Weg zur Küche erheblich verkürzt.

Abschließend muss gesagt werden, dass sich diese traditionelle Form des familiären Zusammenlebens auch in der westlich eingerichteten Wohnung fortsetzt, wenn auch nicht immer in allen Details. Noch heute sitzt das Familienoberhaupt, auch wenn die komplette Einrichtung aus einem schwedischen Möbelhaus stammen sollte, immer so, dass die Zimmertür im Auge behalten wird. Gerade so, als säße man in einer turkmenischen Jurte, die jeden Augenblick von einem verfeindeten Familienclan gestürmt werden könnte.

Das traditionelle Wohnen findet am Boden statt - auch die Hausarbeit

Land und Leute

Politik und Verwaltung

Ungefähr 70 Millionen Türken teilen sich eine Fläche von fast 780.000 km². Rein rechnerisch kommen so 90 Einwohner auf einen km². Die Wirklichkeit sieht jedoch ganz anders aus. Große Teile der anatolischen Hochebene und der Osten des Landes sind ausgesprochen dünn besiedelt. Dagegen drohen die großen Städte aus allen Nähten zu platzen. Die Jahrzehnte lange Landflucht und eine hohe Geburtenrate sorgten dafür, dass auch kleinere Städte mittlerweile die Milliongrenze überschreiten. Ein gutes Beispiel ist Kayseri, das 1970 gerade einmal 168.000 Einwohner zählte. Besonders die verbesserte ärztliche Versorgung seit der Gründung der Republik 1923 ließ die Kindersterblichkeit stark sinken und bescherte dem Land einen hohen Bevölkerungszuwachs. 1927 zählte man gerade mal 13,6 Mil. türkische Staatsbürger. Die größten Städte des Landes sind Istanbul, Ankara und Izmir mit mehreren Millionen Einwohnern und den dazugehörigen urbanen Problemen.
Hauptstadt ist seit 1923 Ankara, das damals nur eine unbedeutende Kleinstadt war. Der Gründer der türkischen Republik Mustafa Kemal Atatürk hegte damals ein großes Misstrauen gegen die alte Sultanshauptstadt Istanbul und deren dortige Seilschaften. So nahm Ankara einen raschen Aufschwung und wuchs auf 3 Mil. Einwohner an. Von hier aus wird das Land zentralistisch regiert. Immer wieder vernimmt man bei Behördengängen, dass der Vorgang nach Ankara geschickt wurde und dort entschieden werden muss. Die Türkei ist zwar in über 80 Gouverneursdistrikte aufgeteilt, jedoch erledigen diese eher die verwaltungstechnischen Aufgaben. Die politischen Entscheidungen bleiben der Hauptstadt vorbehalten.
Alle fünf Jahre wird in der Türkei ein neues Parlament gewählt. Dieses wiederum wählt mit einer Zwei-Drittel-Mehrheit den Präsidenten, der wiederum den Ministerpräsidenten (Kanzler) ernennt. Auf Vorschlag des Ministerpräsidenten ernennt der Präsident anschließend die Minister. Der Präsident wird für 7 Jahre ins Amt gewählt und darf nur eine Amtszeit regieren. In der Türkei gilt bei den Parlamentswahlen die 10% Hürde, was manchmal zu seltsamen Ergebnissen führt. So gewann die gemäßigt

religiöse AK-Partei 2003 die absolute Mehrheit im Parlament, obwohl sie nur 34% der Stimmen im Land erhielt. Soweit hört sich alles sehr demokratisch an, aber einen Pferdefuß hat das ganze System. Seit dem Militärputsch im Jahre 1980 tagt neben dem Parlament regelmäßig der nationale Sicherheitsrat, der seine Mitglieder selbst bestimmt und hauptsächlich von Militärs gebildet wird. Er ist in der Lage, die Entscheidungen der Minister oder Parlamentarier außer Kraft zu setzen. Dieser Rat versteht sich als Wächter der atatürkschen Anweisungen und unterbindet alles, was diesen widerspricht.

Das Militär
- Wächter atatürkscher Richtlinien

Damit hat das Militär immer noch einen großen Einfluss auf das Land und die Regierung. Allerdings wird dieses von der Bevölkerung nicht unbedingt als nachteilig empfunden. Trotz des Putsches 1980 und dessen brutale Auswirkungen genießt die Armee einen guten Ruf unter den Menschen. Die allgemeine Wehrpflicht ist nicht gerade beliebt, jedoch wird ihre Notwendigkeit in keiner Weise durch die Bevölkerung angezweifelt. Für den einfachen Rekruten beginnen mit der Wehrpflicht 24 Monate harter Entbehrungen, fern der Heimat und getrennt von Familie und Freunden, der Willkür der Vorgesetzten ausgesetzt und mit einem Sold ausgestattet, der gerade mal für ein paar Päckchen Zigaretten reicht. Auch kann der Wehrdienst in der Türkei schnell zu einem Kriegsdienst werden, wie die jahrelangen Auseinandersetzungen mit der PKK im Osten des Landes gezeigt haben. Aber das Militär hat in der Vergangenheit auch für

die Einhaltung der demokratischen Richtlinien gesorgt. So putschte es 1960 gegen die damalige Menderes-Regierung, die dabei war, die Grundrechte der Bevölkerung auszuhebeln und gab anschließend eine neue und fortschrittliche Verfassung in Auftrag. Mitte der neunziger Jahre musste es gar nicht erst zu einem Staatsstreich kommen. Als die Armee ihre Panzer „vor“ den Kasernen parkte, reichte dies, um die damalige religiöse Regierungspartei unter Ministerpräsident Erbakan zur Vernunft zu bringen und den demokratischen Pfad nicht zu verlassen.
Die Türkei ist mit ihrer etwa 700.000 Mann starken Streitmacht seit 1952 Mitglied der NATO und war im Kalten Krieg ein wichtiger Horchposten für die USA. Wie wichtig das Land von Anfang an für die Amerikaner war zeigte 1963 die Kubakrise. Die Aufstellung von nukleartauglichen amerikanischen Jupiter-Raketen an der Grenze zur Sowjetunion war der ursprüngliche Auslöser für diese höchst gefährliche Situation. Auch heute noch überzieht ein dichtes Netz von NATO- und US-Einrichtungen das Land. Am bekanntesten ist wohl die Air-Force Basis in Incirlik bei Adana, die eine große Rolle in den Irak-Kriegen spielte.
Überhaupt ist die Türkei sehr westlich orientiert und dringt dabei vehement auf eine Mitgliedschaft in der EU. Gegenüber ihren östlichen Nachbarn hegen die Türken große Skepsis. Der einzige Staat, mit dem die Türkei ein normales Verhältnis pflegt, ist Georgien. Die Grenzen zum nordöstlichen Nachbarn sind geöffnet und ohne Probleme zu passieren.
Spannungen zeichnen die Beziehungen zu Armenien aus. Zurückzuführen ist dies auf den Völkermord an den Armeniern im Jahre 1915, den die Türkei bis heute nicht einzugestehen vermag. Eine direkte Einreise nach Armenien ist von der Türkei aus nicht möglich. Die Grenzen zum Iran sind zwar offen, aber die säkulare Republik schaut misstrauisch in Richtung des islamischen Gottesstaates. Das Verhältnis zum Irak war schon immer stark getrübt, da das Land im Süden schon seit Jahrzehnten ein Rückzugsgebiet aufständischer Kurden ist. Besonders nach dem Sturz von Saddam Hussein und der Bildung eines de facto autonomen Kurdengebietes hält die Türkei mehr als nur ein wachsames Auge auf den Norden des Iraks. Die Beziehungen mit Syrien können auch nicht als besonders glücklich bezeichnet werden. Ein Grund dafür ist der 1938 erfolgte Anschluss der Region Hatay (Antakya) an die Türkei. Die damalige Kolonialmacht Frankreich schenkte der Türkei diesen südlichen Küstenzipfel im Zuge des türkisch-französischen Freundschaftsvertrages. Bis heute erkennt Syrien diese Gebietsübergabe nicht an. Die Wasserpolitik der Türkei, bzw. die

Stauung des Euphrats haben die Lage nicht gerade entspannt. Das Verhältnis zu Griechenland dagegen hat sich in den letzten Jahren erheblich verbessert. Makaber dabei ist, dass erst eine Katastrophe wie das verheerende Erdbeben von 1999, mit über 14000 Toten, die Türkei heimsuchen musste. Die griechischen Hilfskräfte waren die ersten Ausländer vor Ort, um die zahlreichen Verschütteten zu bergen und brachten so die verfeindeten Nationen einander näher. Mit Bulgarien wird die Türkei nicht besonders warm. Dies hat mit der türkischen Minderheit zu tun, die noch aus osmanischer Zeit stammend, im Südosten Bulgariens lebt und dort nicht besonders angesehen ist. Alles in Allem können die Beziehungen zu den Nachbarländern als nicht gerade freundschaftlich bezeichnet werden, was auch die hohe Truppenstärke der Türkei zu erklären vermag.
Zu erwähnen wäre noch das ausgesprochen gute Verhältnis des Landes zu Israel, welches für ein islamisches Land nicht gerade typisch ist. Die Türkei beliefert Israel, mittels Tankschiffen, mit großen Mengen an Trinkwasser, unterhält militärische Kontakte und treibt regen Handel mit dem ansonsten in der Region isolierten jüdischen Staat.
Der Drang des Landes in Richtung EU hat zu großen demokratischen Reformanstrengungen geführt. Auch wenn dies auf die strengen Mitgliedsbedingungen der Europäer zurückzuführen ist, so sind die ersten Schritte in diese Richtung getan. Abschaffung der Todesstrafe, Reform des Justizwesens und einige Verfassungsänderungen dürfen jedoch nicht darüber hinwegtäuschen, dass dem Land noch ein langer Weg in Richtung Europa bevorsteht. Leider sind Behördenwillkür und Amtsmissbrauch immer wieder anzutreffen. Ein Wandel in den Köpfen der Menschen kann nun mal nicht per Gesetz verordnet werden.

Wie schon oben erwähnt, ist die Türkei in Provinzen (il) aufgeteilt. Das Kerngebiet Kappadokiens liegt in der Provinz Nevşehir, und in der gleichnamigen Provinzhauptstadt hat der Gouverneur (vali) seinen Sitz. Die Provinzen sind alphabetisch durchnummeriert, wobei Nevşehir der 50'te Distrikt ist. Zu erkennen ist dies an den Autonummernschildern. Alle dort gemeldeten Fahrzeuge tragen die Nummer 50 am Anfang ihrer Kennzeichnung und alle Postleitzahlen beginnen hier ebenfalls mit der 50. Einige entfernter liegende kappadokische Touristenattraktionen befinden jedoch schon in anderen Provinzen. Das Soğanlı-Tal und der Ort Incesu unterliegen schon der Zuständigkeit von Kayseri (38), das Gebiet um den

Göllü-Dağı gehört zu Niğde (51) und das Ihlara-Tal liegt im Bereich von Aksaray (68). Wundern Sie sich nicht, dass ein Ort, der mit A anfängt die Nummer 68 bekommen hat, denn zu Beginn der Republik gab es nur 67 Provinzen. Alle höheren Nummern entstanden durch spätere Gebietsreformen.
Die Provinzen sind in Landkreise (ilçe) unterteilt, die eine Kleinstadt und mehrere Dörfer umfassen. Sie betreiben Einrichtungen wie z.B. das Grundbuchamt (tapu). Die nächst kleineren Einheiten sind die Stadtkommunen (şehir) und Dörfer (köy). Alle Orte mit mehr als 2000 Einwohnern besitzen ein Rathaus (belediye), das von einem Bürgermeister (başkan) und dem Gemeinderat geleitet wird. Mittlere Ortschaften unterteilen sich noch in Stadtteile (mahalle), in denen ein Stadtteilvorsteher (muhtar) für die Sorgen seiner Mitbürger der direkte Ansprechpartner ist. Von hier aus gehen die Anfragen, Bitten und Belange der Bürger ihren zähen Weg durch die Bürokratie, wobei der Amtsschimmel in der Türkei nicht unbedingt schneller trabt als sonst wo auf der Welt.

Der Islam

98 % der türkischen Bevölkerung ist islamischen Glaubens. Vor über 900 Jahren hatten die Seldschuken ihn in Anatolien eingeführt. Von Anfang an zeigte er sich hier in der Türkei von seiner toleranten Seite, so dass über all die Jahrhunderte ein friedliches Zusammenleben zwischen Muslimen und Christen möglich war. Von der Entstehung des Osmanischen Reiches an bis zur Bildung der Türkischen Republik unter Atatürk wurden die weltliche und die geistliche Führung des Landes vom Sultan in Istanbul wahrgenommen. 1924 wurde von der Nationalversammlung das Kalifat, also die geistliche Führung, durch die Regierung abgeschafft. Diese Trennung von Staat und Religion war für viele Muslime bis dahin völlig undenkbar. 1928 verlor der Islam sogar den Status als Staatsreligion. Aber die breite Masse der Bevölkerung hatte damit keine Probleme, da ihr Glaube sehr volkstümlich geprägt war. Der schwer arbeitende anatolische Bauer glaubt zwar an Allah und seine Gebote, ist jedoch sehr flexibel in der Befolgung der religiösen Regeln. So werden das islamische Alkohol- und Glücksspielverbot hier in der Türkei nicht sehr genau genommen.
Der Islam ist die jüngste der drei großen monotheistischen Glaubensrichtungen. Die Muslime, die Anhänger des Islams, glauben an den Einen

und Allmächtigen Gott Allah und an die Gebote, die er aus dem Munde seines Propheten Mohamed verlauten ließ. Dieser Mohamed ist der letzte aus einer langen Reihe von Propheten, zu denen auch Abraham (Ibrahim), Moses (Musa) und Jesus (Isa) gehören. Dadurch wurden die Geschichten des Alten und des Neuen Testaments zu Teilen des islamischen Glaubens. Das Christentum nimmt deshalb auch eine Sonderstellung bei den Muslimen ein, da es wenigstens einen Teil der göttlichen Wahrheit für sich in Anspruch nehmen kann.
Der Islam stützt sich auf die fünf Grundpflichten, die jeder gläubige Moslem zu erfüllen hat:

1. Das Glaubensbekenntnis für den Einen und Allmächtigen Gott Allah
2. Einhaltung der fünf Gebetszeiten am Tage und deren vorgeschriebene Gebetsformeln
3. Einhaltung der Fastenregeln im Fastenmonat Ramasan
4. Das Spenden von Almosen an die Armen
5. Die Reise (Hadsch) nach Mekka, die jeder gläubige Muslim wenigstens einmal im Leben getätigt haben sollte.

Das Glaubensbekenntnis allein reicht, um Muslim zu sein oder zu werden. Spricht man es vor Zeugen und dem Vorbeter der Moschee - dem Imam -, so ist man Mitglied der Islamischen Gemeinde.
Fünfmal am Tag soll der gläubige Muslim gen Mekka beten. Dabei sind die Rituale und Gebetsformeln eindeutig vorgeschrieben. Zum Ritual gehört auch die Waschung, die vor dem Gebet durchzuführen ist. Dafür stehen an allen Moscheen Waschgelegenheiten parat, an denen der Besucher sich an Füßen, Händen und im Gesicht reinigen muss, bevor er den Gebetsraum betritt. Das Gebet kann jedoch auch in den eigenen vier Wänden stattfinden. Sollten Sie auf einen betenden Muslim treffen, so stören Sie ihn nicht. Und falls Sie zu den Gebetszeiten einen Laden betreten, üben Sie sich ein wenig in Geduld, denn manchmal ist der Ladenbesitzer in einem Hinterzimmer im Gebet vertieft. Die Gebetszeiten werden laut und deutlich von den Minaretten herab ausgerufen.
Der Fastenmonat Ramasan stellt eine besondere Herausforderung dar. In diesem Monat ist es den Gläubigen untersagt, zwischen Sonnenauf- und Sonnenuntergang zu essen oder zu trinken oder gar zu rauchen. Fällt der Ramasan in den Juni, also in die Zeit der längsten Tage des Jahres, wird es

besonders hart für die Gläubigen. Dieser islamische Monat richtet sich nach dem Mondkalender und verschiebt sich deshalb jedes Jahr um etwa 11 Tage nach vorne. In dieser Zeit gibt es für den Touristen auch tagsüber etwas zu essen, jedoch sollte man sich nicht demonstrativ an die Tische zur Straße hin setzen. Die Stimmung unter der Bevölkerung ist in dieser Zeit

Die große Moschee in Avanos

nicht ganz so gut, da ein Großteil der Türken dem Nikotin verfallen ist und unter starkem Entzug leidet. Erst zum Sonnenuntergang trifft sich die gesamte Nation in den Restaurants oder am familiären Essenstisch. Jetzt wird alles das nachgeholt, was man den lieben langen Tag entbehren musste. Dies ist dann auch der Moment, an dem so manche türkische Stadt schlagartig in einem Dornröschenschlaf zu versinken scheint. Fröschequaken, Grillenzirpen und Blätterrauschen sind dann hier zu hören, und man meint das Klappern von tausend Essbestecken in der Ferne wahrzunehmen. Spätestens früh morgens, zwei Stunden vor Sonnen-

aufgang, ist es vorbei mit der Ruhe. Ein Trommler holt die Gläubigen unsanft aus ihrem Schlaf, damit sie sich vor Sonnenaufgang noch ordentlich für den Tag stärken können. Auch der Tourist bleibt von dieser Weckmethode leider nicht immer verschont. Das Ende des Fastensmonats wird durch das anschließende dreitägige Zuckerfest (Şeker Bayramı) versüßt. An diesen Tagen wird ordentlich geprasst, die Kinder mit Süßkram überfüttert und so mancher Familienvater guckt dann zu tief in die Flasche. Auch werden solche Feiertage zu Familienausflügen genutzt, unter anderem nach Kappadokien. Die genauen Termine der religiösen Feiertage für die nächsten Jahre finden Sie unter dem Kapitel *„Feiertage und Feste"* (S.129).
Das Spenden von Almosen an Bedürftige hat im Islam große Tradition. Deshalb hat der Berufsstand des Bettlers in islamischen Staaten einen nicht zu unterschätzenden Stellenwert. Gerade Alte und Behinderte sind aus dem Glauben heraus zu unterstützen. Dies geht teilweise so weit, dass alleinstehende alte Menschen von der Nachbarschaft mitversorgt werden. Weitere Informationen stehen im Kapitel *„Betteln"* (S.100) für den Leser bereit.
Einmal im Leben eines gläubigen Muslims sollte die Wallfahrt nach Mekka stattfinden. Dies passiert dann im letzten Monat des islamischen Kalenders. Der Höhepunkt dieses Pilgermonats ist das „Kurban Bayramı" (Opferfest), das wichtigste Fest der Muslime. Zurückzuführen ist dieses Fest auf die alttestamentarische Geschichte von Abraham, der Gott seinen Sohn Isaak opfern sollte. Da Gott auf dieses Opfer jedoch verzichtete, schlachtete Abraham letztendlich aus Dankbarkeit ein Schaf. So kommt es, dass an diesem Festtag Millionen von Schafe innerhalb der gesamten islamischen Welt aus dem Leben scheiden.
Ein Muslim, der von der Hadsch nach Mekka zurückkommt, genießt anschließend ein hohes Ansehen innerhalb seiner Gemeinde und darf den Titel Hadschi (haci) seinem Namen zufügen. Zu erkennen ist ein Hadschi an der kleinen kreisrunden Kopfbedeckung, zumindest bei den Männern.
80% der Türken gehören zu der Religionsgemeinschaft der Sunniten und sind damit Anhänger der „Sunna". Sie glauben an die Rechtmäßigkeit der Nachfolge Mohameds durch die Kalifen. Die restlichen Muslime im Land nennen sich Aleviten und gehören zu der Gemeinschaft der Schiiten. Sie zweifeln die Nachfolge des 4. Kalifen nach Mohamed an und halten dessen Schwiegersohn Ali für den rechtsgültigen Nachfolger. Doch er und seine Söhne wurden im Laufe dieser Machtkämpfe getötet und gelten seither als

Märtyrer. Allerdings haben die Aleviten wenig gemeinsam mit ihren Glaubensbrüdern im konservativ schiitischen Iran. Sie kennen kein Gebetsvorschriften, halten sich nicht an den Fastenmonat Ramasan, haben keine Moscheen und dürfen Alkohol trinken. Außerdem zelebrieren sie noch einige Bräuche und Riten, die aus der vorislamischen Zeit der Turkvölker stammen. All das setzte sie über Jahrhunderte hinweg der Verfolgung durch die so genannten Rechtgläubigen aus (S.302).

Aleviten-Heiligtum in Hacıbektaş

Im Allgemeinen ist der Islam in der Türkei sehr volkstümlich geprägt. Strenggläubige Imame, welche die Volksmassen gegen die Regierung aufhetzen, gibt es hier selten. Zum einen liegt dies natürlich am harten Durchgreifen des Staatsapparates gegen die Feinde des Kemalismus, zum anderen ist die Trennung von Staat und Kirche in der Bevölkerung mittlerweile fest verankert.

Der Besuch einer Moschee stellt für uns Christen kein Problem dar. Nur ein paar Regeln sollte man beherzigen. Tragen Sie immer langärmlige Oberbekleidung und lange Hosen, wenn Sie ein solches Gotteshaus betreten. Frauen müssen ein Tuch über ihr Haar binden und bitte, ziehen Sie unbedingt die Schuhe am Eingang aus! Nur zu den Gebetszeiten werden Andersgläubige in einer Moschee als störend empfunden. Ansonsten wird der Tourist auf seiner Reise durch Kappadokien auf einen toleranten Islam treffen.

Wirtschaft

Die Türkei ist, entgegen vieler Meinungen, schon lange kein Entwicklungsland mehr. Sie ist ein so genanntes Schwellenland, das mit 6 bis 9 % jährlichem Wirtschaftswachstum aufwarten kann. Sozusagen ein kleiner Tiger, wie man früher die kleinen aufstrebenden asiatischen Nationen nannte. Dass es das Land nicht schon weiter gebracht hat, ist ein Erbe des Osmanischen Reiches. Als Atatürk vor 80 Jahren die Republik gründete, konnte er auf keinerlei nennenswerte Industrie oder Unternehmertum zurückgreifen. Sämtliche Technologien kauften die Osmanen bis dahin bei den westlichen Großmächten ein. Atatürk wollte sein Land aus dieser Abhängigkeit befreien und begann staatliche Betriebe zu gründen. Fast fünfzig Jahre lang unterlag die türkische Wirtschaft der Lenkung durch den Staat. Der griff in die Preis- und Lohnpolitik ein und erstellte Fünfjahrespläne, um möglichst viel Autarkie gegenüber dem Ausland zu erzielen. Mit hohen Schutzzöllen wurde die eigene Wirtschaft vor ausländischen Produkten geschützt. Bis heute verlangt die Zollbehörde bei der Einfuhr eines gebrauchten KFZ bis zu 100% Zoll auf den Neuwert des Fahrzeugs.
Gegen Ende der 70'er Jahre konnte das Land jedoch seine Auslandsschulden nicht mehr bezahlen. Der Internationale Währungsfond IWF griff der Türkei unter die Arme, wobei er jedoch Auflagen erteilte. So durchzieht seit Jahrzehnten eine Liberalisierung der Wirtschaft das politische Geschehen. Dazu gehören auch die schrittweise Privatisierung der staatlichen Betriebe und der Abbau von Handelsbarrieren.
Wie hoch technisiert und modern das Land heute ist, zeigt sich den Reisenden, die über Rumänien und Bulgarien die Türkei erreichen. Auch wenn diese Länder seit Januar 2007 in die EU aufgenommen wurden, so liegen doch Welten und Jahrzehnte zwischen den neuen Mitgliedsstaaten und dem kleinen Tiger am Bosporus.

Die Wirtschaft teilt sich in drei große Bereiche ein: Landwirtschaft, Industrie und Dienstleistung. Die Bedeutung der Landwirtschaft am Bruttosozialprodukt der Türkei ist in den vergangenen Jahren immer weiter geschrumpft. Zwar sind über 40% der Bevölkerung in der Landwirtschaft tätig, jedoch erwirtschaften sie gerade einmal 15% des Bruttosozialproduktes. Die Industrie dagegen erwirtschaftet doppelt so viel mit der

Hälfte an Beschäftigten. Ein immer weiter steigender Wirtschaftszweig ist die Dienstleistung. Der Hauptgrund dafür sind die stetig wachsenden Besucherzahlen. Der Tourismus ist für die Türkei zu einem wichtigen Wirtschaftsfaktor geworden.

Hier wird mit Deko-Stoffen gehandelt

In Kappadokien sind Landwirtschaft und Tourismus die Haupteinnahmequellen. Industrie findet man nur im Bereich um Kayseri und in Form von Ziegeleien am Rande von Avanos. Dafür gibt es zahlreiche kleinere Handwerksbetriebe in den Kleinstädten. Diese liegen meist etwas außerhalb der Ortskerne in so genannten Gewerbegebieten (sanai) und bestehen oft nur aus dem Besitzer und ein oder zwei Gehilfen. Der Drang zur wirtschaftlichen Selbstständigkeit ist groß, und so versucht jeder der Lohnabhängigkeit möglichst zu entgehen. Bei Minimallöhnen und fehlenden Sozialstandards ist dies auch nicht weiter verwunderlich. Das gleiche Bild bietet der Handel. Auch hier versucht jeder seinen eigenen kleinen Laden aufzubauen. Und wer sich kein Ladenlokal leisten kann, zieht mit einem Handkarren oder einem Bauchladen durch die Straßen der Stadt. Leerstehende Ladenräume sind hier in Kappadokien eine Rarität.

Die Landwirtschaft ist auch in Kappadokien auf dem Rückzug, da die kleinen bäuerlichen Betriebe kaum mehr in der Lage sind, die Familie zu ernähren.

Ein Grund dafür ist das türkische Erbrecht, das vorsieht, dass alle Geschwister einen gleichgroßen Erbteil erhalten und so die Betriebe immer mehr schrumpfen. Andererseits können diese Höfe nicht mehr mit den großen Anbietern von der Küste mithalten, denen ganz andere Produktionsmittel zur Verfügung stehen. So gedeiht z.B. in den Gewächshäusern der Küstenregion das ganze Jahr über die Tomatenernte, während in Kappadokien das rote Gemüse nur einmal im Jahr geerntet wird. Während dieser Erntezeit wird der Markt mit Tomaten geradezu überschwemmt, was die Erzeugerpreise in den Keller treibt. Einzig der Wein- und Kartoffelanbau lohnt noch. Die Weintrauben finden rege Abnahme durch Keltereien im Umkreis und der gekelterte Wein wird im ganzen Land vertrieben. Im weiten Umfeld Kappadokiens werden große Ackerflächen mit Kartoffeln bestellt. Ein wichtiger Grund dafür sind die zentralen Lagermöglichkeiten. Bei Ortahisar, Kavak und einigen anderen Orten befinden sich riesige unterirdische Lagerräume, in denen eine konstante Temperatur von 4°C herrscht. In ihnen wird im Herbst die Ernte eingelagert, um sie dann innerhalb der nächsten sechs Monate nach und nach in der gesamten Türkei auf den Markt zu bringen. Allerdings hat der Kartoffelanbau in den letzten Jahren derart Überhand genommen, dass der Grundwasserspiegel um Kappadokien herum extrem stark gesunken ist. Kleinere Felder oder die schattigen Gärten in den Schluchten der kappadokischen Erosionslandschaft dienen dagegen ausschließlich der Selbstversorgung oder als kleines Zubrot, wenn Überschüsse auf dem lokalen Markt verkauft werden können.

Der Tourismus ist die Haupteinnahmequelle der Region und bietet die begehrtesten Jobs. Hier sind die Verdienstaussichten am höchsten, man muss sich meist nicht zu Tode schuften, das Arbeitsumfeld ist sauber und der offenherzige Umgang mit, für türkische Verhältnisse, leicht bekleideten Touristinnen ist garantiert. Wer hier eine Stelle gefunden hat oder gar ein Geschäft aufbauen konnte, hat es geschafft. Aber die Goldgräberzeiten sind auch hier vorbei. Die Zahl der Langzeittouristen ist geringer geworden und die Reisekonzerne, welche die Besucher von der Küste für zwei Tage nach Kappadokien verfrachten, diktieren die Preise. So wird der Kampf um den Touristen mit immer härteren Bandagen ausgefochten und für einen Neuling wird es sehr schwer werden, in die abgesteckten Reviere einzudringen.

Der familiäre Alltag

Das Leben in Kappadokien ist trotz Tourismus immer noch sehr traditionell geprägt. Die Großfamilie ist der bestimmende Mittelpunkt, um den sich alles dreht. Auch wenn sich hier schon die ersten Auflösungserscheinungen zeigen, so ist das Zusammenleben von mehreren Generationen unter einem Dach noch üblich. Dabei ist der Familienaufbau streng hierarchisch strukturiert. Das Familienoberhaupt ist meist der Ehemann, Vater oder Großvater. Ihm obliegt es, die Entscheidungen zu fällen, die das Wohl der Familie betreffen. Im höheren Alter überträgt der Patron die Entscheidungsmacht auf seinen ältesten Sohn oder berät sich zumindest mit seinen Söhnen. Die Frauen werden in solche Prozesse nicht miteinbezogen und haben die Beschlüsse des Familienoberhauptes hinzunehmen.

Brotbacktag mit der Nachbarin

Soweit das einschlägige Bild, das dem normalen Mitteleuropäer im Kopf herumspukt. Im Groben mag dies auch alles stimmen, aber hier kommt es auf die Feinheiten an. Aus alter Tradition kehrt der Mann immer den Chef heraus. Aber im Hintergrund sind die Frauen der Familien aktiv dabei, die Entscheidungsprozesse nach ihrem Willen zu formen und zu beeinflussen. Und dazu haben sie viele Gelegenheiten. Ihnen wird auffallen, wie viele Männer den ganzen Tag über draußen unterwegs sind, und wie selten Ihnen Frauen begegnen, die nur zum Zeitvertreib die Straße bevölkern. Tagsüber sind die Aufenthaltsbereiche klar gegliedert. Die Frau hütet das Haus und

versorgt die Kinder, während der Mann sich um das Einkommen zu kümmern hat. Dies macht er selbstverständlich nicht zuhause, so dass er den ganzen Tag abwesend ist und die Frauen ihr Reich für sich haben. Viele Hausarbeiten werden von den Frauen in Gemeinschaftsarbeit verrichtet, so dass Verwandte, Bekannte oder Nachbarinnen sich hierzu treffen. Bei diesen Gelegenheiten wird diskutiert, getratscht und so mancher Sachzwang in Familienfragen geschaffen. Ein türkischer Ehemann, der nun unverhofft nach Hause käme, würde es nicht lange aushalten und einen triftigen Grund finden, das eigene Heim schnell wieder verlassen zu können. Die Macht solcher Frauentreffen ist nicht zu unterschätzen. Hier werden unter anderem traditionell die ersten Gespräche über mögliche Ehepartner für die Kinder geführt, aber oft genug geht es auch ans Eingemachte. Probleme mit den Ehemännern, deren Entscheidungen oder Unzulänglichkeiten werden in solchen trauten Kreisen offen besprochen.
Wenn dann der Gatte abends, von der Last des Tages erschöpft, mit der Familie zusammen sitzt, werden gezielt und wohl dosiert die Informationen gestreut, welche die Dinge schon in die richtige Richtung lenken werden. Später wird das Oberhaupt der Familie dann „seine“ Entscheidung zur Sache der Familie bekannt geben, ohne auch nur im Geringsten zu ahnen, dass man(n) ordentlich manipuliert wurde. Oder ahnt er vielleicht doch etwas? Sie sehen, die Patriarchen in der Türkei haben es gar nicht so leicht, wie unsereins immer glaubt

Der Kartoffelhändler ist im Ort – Zähes Ringen um den Preis bestimmt die Verhandlungen

Die Erziehung der Kinder obliegt der Frau. Erst wenn die männlichen Nachkommen mit sechs oder sieben Jahren aus dem Gröbsten heraus sind, nimmt sich der Patriarch ihrer an, um aus ihnen „echte" Männer zu machen. Aber ob dies gelingt, wenn Mutti ihrem 14-jährigen Liebling immer noch die Schuhe zubindet, bleibt dahin gestellt. Ab diesem Alter wird auch schon langsam nach einem Ehepartner Ausschau gehalten. Natürlich nicht von den Jugendlichen, sondern von der Familie. Allerdings enden solche Geschichten heute nur noch selten in so genannten Zwangsehen. In weiten Teilen der Gesellschaft haben die jungen Leute mittlerweile eigene Vorstellungen und der Partner fürs Leben wird von den Eltern nur noch abgesegnet. Das Gedankengut der Zwangsehe überlebt hauptsächlich noch in den abgelegenen Dörfern Ostanatoliens, und leider auch in den Köpfen der ins Ausland emigrierten Türken.
Zumindest werden es jene Männer in nächster Zeit schwer haben, die von ihren Eltern immer recht schön verhätschelt wurden. Die jungen Frauen des Landes entwickeln zurzeit ein sehr eigenständiges Denken, in dem ein Leben als Dienerin des Mannes keinen Platz mehr findet.
Die Familie finanziell zu versorgen, bleibt jedoch auch weiterhin die Pflicht des Mannes, wobei es den Frauen im Grunde egal ist, wie er das nun schafft. Leider ist das Fristen als Tagelöhner hier im Land noch recht häufig anzutreffen. Die große Arbeitslosigkeit in der Türkei sorgt dafür, dass sich früh morgens am Hauptplatz des Ortes viele müde und recht orientierungslos herumlaufende Männer in Arbeitskleidung einfinden. Hier warten sie auf die Gelegenheit, einen der rar gesäten Jobs zumindest für einen Tag zu ergattern. Und wenn es nicht geklappt hat, dann ist das nächste Teehaus meist nicht weit. Allerdings abends nach Hause zu kommen und kein Geld mitzubringen, birgt viel Zündstoff in der ehelichen Harmonie.

Es ließe sich noch sehr viel zu diesem Thema schreiben, da die familiären Strukturen auch hier in Kappadokien aufzuweichen beginnen und das übliche und Vorurteil behaftete Bild, das in unseren europäischen Köpfen herum schwirrt, oft schon lange nicht mehr stimmt. Aber vielleicht hatte der eine oder andere Leser dieses Kapitels ja ein „Déjà vu"- Erlebnis und einige Passagen dieses Textes sind ihm wohl bekannt vorgekommen.

Ein paar Worte noch zum nichtfamiliären Umfeld, nämlich der Nachbarschaft. Nachbarschaftshilfe wird hier groß geschrieben. Besonders die Frauen erledigen oft ihre größeren haushälterischen Aufgaben mit ihren

Nachbarinnen zusammen. So gibt es Brotback- oder Waschtage, die von mehreren Frauen aus dem näheren Umfeld zusammen erledigt werden. Zwar gibt es auch hier kleine Kabbeleien zwischen den Familien, aber es muss schon sehr arg kommen, wenn eine Familie aus dieser Gemeinschaft ausgeschlossen wird. Meist sind der Konflikt oder die Schande dann so groß, dass jene Familie aus dem Viertel wegzieht. Eine Vertiefung des nachbarschaftlichen Verhältnisses entwickelt man zum „kapıkomşu“, dem direkten Türnachbarn. Zu ihm baut man meist eine sehr innige Bindung auf, die schon wieder an familiäre Strukturen erinnert. Und zu ihm geht man, wenn der Haussegen schief hängt oder größere Probleme aufgetreten sind. Allerdings kann der „kapıkomşu“ nicht immer der beste Freund sein, denn Freunde kann man sich bekanntlich aussuchen.

Knochenarbeit auf den Baustellen Kappadokiens

Tourismus

Vor etwa 35 Jahren galt die Türkei unter jugendlichen Rucksackreisenden als der absolute Geheimtipp. Es galt als höchst verwegen und abenteuerlich, in ein Land zu reisen, das sich kulturell und gesellschaftlich doch so sehr von unseren mitteleuropäischen Gepflogenheiten unterschied. Zudem lockten die kilometerlangen menschenleeren Strände, die kleinen verschlafenen Fischerorte und die unendlich weite und intakte Natur. Wer heute an die Plätze seiner jugendlichen Abenteuerreisen zurückkehrt, wird oft herbe enttäuscht. Dort, wo man damals in einem kleinen romantischen Strandcafe mit anderen entdeckungsfreudigen Leuten aus aller Welt nächtelang zusammen saß und feierte, wo man nachts in der Stille der Natur im Meer badete - dort steht heute eine Nobeldiskothek für Yuppis, eingerahmt von gigantischen Hotelkomplexen und umspült vom Verkehr einer vierspurigen Schnellstraße.

Ganz so hart hat es Kappadokien nicht erwischt. Selbstverständlich hat sich auch hier einiges verändert, aber die Auswüchse der türkischen Riviera blieben der Region weitgehend erspart. Auch hier waren es Mitte der 70'er Jahre die Rucksacktouristen, die Kappadokien entdeckten. Anfangs noch ohne Bars und Pensionen, nur mit einem Teehaus und einfachen Familienunterkünften versehen, nahmen sie als erste Ausländer am schlichten Dorfleben teil. Und wie das so mit Geheimtipps für Reisende ist, war an Kappadokien sehr schnell nichts mehr geheim, so dass immer mehr junge Leute in die Dörfer einfielen. Ganz besonders der Ort Göreme wurde zum Ziel dieser Invasion. „Wir fahren nach Göreme" hieß die Losung, von Kappadokien war noch nicht die Rede. Da die Türken im Allgemeinen sehr findige und geschäftstüchtige Menschen sind, schossen die Pensionen und Privatunterkünfte wie Pilze aus dem Boden. Sehr schnell entdeckten sie, wie man mit einfachen Mitteln aus den alten Vorratshöhlen und Stallungen kleine Unterkünfte für anspruchslose Touristen macht und damit gutes Geld verdient. Der Sommer 1989 bildete einen Höhepunkt. Alle Pensionen waren bis in die letzten Winkel hinein belegt. Mit bis zu sechs Leuten teilte man sich die Zimmer und selbst die Schlafplätze auf den Dachterrassen drohten knapp zu werden. Einen solchen Boom sollte Kappadokien allerdings nie wieder erleben. Zum einen waren die Ansprüche der Reisenden gestiegen, zum anderen ließen purzelnde Preise im Luftverkehr weit exotischere Reiseziele in die Nähe rücken. Und so sank jedes Jahr die Zahl derer, die längere Zeit ihre Ferien hier verbrachten. Aber auch die Kappadokier selbst haben für einen Rückgang der Touristenzahlen gesorgt. Das schnelle Geld verführte einige dazu, die Touristen bei geringst möglichem Aufwand zu melken wie die Kühe. Dies führte zu einigen unschönen Begebenheiten, die sich selbstredend in der Gemeinde der Traveller schnell herumsprachen. Auch der ungewohnte Umgang mit den, für zentralanatolische Verhältnisse, recht unkonventionellen Touristinnen sorgte immer wieder für Aufregung. Die türkischen Männer waren gnadenlos im Anbaggern der jungen Frauen, ungeachtet ob nun Freunde oder Ehemänner daneben saßen. Aber daran waren viele Touristinnen in ihrer Naivität auch nicht ganz unschuldig. Was die Kappadokier jedoch auch nicht bemerkten, war der Wechsel, der schleichend einsetzte. Ein anderer Typus von Tourist tauchte vermehrt auf. Der war nicht mehr mit den schlichten und manchmal auch unhaltbaren Zuständen in den Unterkünften einverstanden. Er verlangte nach sauberen Betten, einer eigenen Dusche im Zimmer und gehobenerem Standard. Viele Pensionsbesitzer verstanden die Welt nicht mehr, war doch der Goldesel Tourist jahrelang zur Zufriedenheit bei ihnen untergekommen. So schafften es nicht alle, die vom Tourismus lebten, den Wechsel zu vollziehen. Und so mancher, der vorher gut davon leben konnte, schlidderte in den Ruin. Heute sind die billigen und schlichten Herbergen zum größten Teil verschwunden und Hotels und Pensionen haben sich auf die gestiegenen Ansprüche ihrer westlichen Gäste eingestellt.

Souvenir-Zeile in Göreme

Das organisierte Tourismusgeschäft entdeckte Mitte der neunziger Jahre Kappadokien. Die Zahl der Urlauberübernachtungen an der Küste stieg innerhalb weniger Jahre ins Unermessliche und man begann Ausflüge ins Inland zu organisieren. Neben solchen Bustouren nach Pamukkale oder Konya rückte auch Kappadokien immer mehr ins Licht der Tourismusbranche. Für die meist zwei bis dreitägigen Ausflugsfahrten mussten entsprechende Unterkünfte her. So entstanden einige größere Hotelanlagen, die sich auf den Kurzzeitbesucher einstellten. Die Architektur dieser Urlaubersilos war nicht immer von Vorteil für die Umgebung, da auch hier einige vermögende Türken das schnelle Geld lockte. Dass sich hierbei nicht wenige verkalkuliert haben, bezeugen ein paar Bauruinen, die schon seit Jahren zum Verkauf stehen und keine Abnehmer finden.

Bis heute hat sich der Trend zum Kurzbesuch von Kappadokien fortgesetzt. Bis zu einer Million Besucher jährlich werden so gezählt. Doch so mancher, der einmal hier war, spielt mit dem Gedanken, diese faszinierende Landschaft länger zu besuchen. Viele wussten bisher nicht, wie sie dies anstellen sollten, da das Informationsangebot für Individualreisende sehr spärlich war. Letztendlich ist die Türkei außerhalb der touristischen Hochburgen an der Küste für viele ein unbekanntes und fremdes Land geblieben.

Wer vor vielen Jahren als junger Mensch schon einmal hier war, kann Kappadokien beruhigt erneut besuchen kommen. Es hat sich etwas verändert, aber der Schock der Küstenregion bleibt einem hier erspart. 30 Jahre Tourismus haben ihre Spuren hinterlassen. Dem Charme der Landschaft und der Gastfreundlichkeit der Menschen aber hat er nichts anhaben können.

Reiseangebote

Diese gibt es für Kappadokien mittlerweile wie Sand am Meer. Angefangen von VIP-Reisen, inklusive Helikopterflug über die Region und Beluga-Kaviar auf dem Zimmer, über seriöse Angebote, die über 1000 € kosten, bis hin zu Offerten, für die nur wenige hundert Euro verlangt werden oder Ihnen sogar eine Gratisreise anbieten.

Ja, Sie haben richtig gelesen: umsonst nach Kappadokien. Haben Sie eine Zeitschrift abonniert, das Häkchen zur Weitergabe Ihrer Daten übersehen und gehen einer akademischen Tätigkeit nach, dann wird auch Ihnen früher oder später ein solches Angebot in die Hände fallen. Große türkische Teppichkonzerne kaufen in Europa Kundenlisten auf und schreiben gezielt potenzielle Kunden an. Wodurch sich eine solche Reise dann im Nachhinein finanziert, das ist ja wohl eindeutig.

Aber auch bei Offerten, in denen für eine 8-tägige Reise deutlich weniger als 700 bis 800 Euro verlangt werden, ist Vorsicht angebracht. Die Türkei, und ganz besonders Kappadokien, ist schon lange kein preiswertes Reiseland mehr. Die Teuerungsrate ist in den letzten 5 Jahren erheblich gestiegen.

Wieso sich preiswerte Urlaubsangebote für den Veranstalter rentieren, möchten wir mittels der nun folgenden „Übersetzung" aus einer ganzseitigen Anzeige verdeutlichen. Diese 8-tägige Reise wurde 2008 unter dem Titel „Faszination Kappadokien" für 299,- € angeboten. Hier nun der beschriebene Reiseverlauf und was Sie in Wahrheit erwartet:

1. Tag: Anreise, Flug nach Antalya. Empfang und Transfer zum Hotel an der türkischen Riviera.	Also, der erste und der letzte Tag fallen immer flach als An- und Abreisetag. Aber wollten wir nicht eigentlich ins 800 km entfernte Kappadokien?
2. Tag: Stadt der tanzenden Derwische. Fahrt zur ehemaligen Hauptstadt des seldschukischen Reiches nach Konya. Bei Aksaray sehen Sie die berühmte Karawanserei Sultanhane und das Mevlana Museum.	Sie sind immer noch 300 km von Kappadokien entfernt, obwohl Sie schon den ganzen Tag im Bus gesessen haben. Das Mevlana Museum liegt übrigens in Konya, nicht in Aksaray, und tanzende Derwische bekommen Sie hier auch nicht zusehen.
3. Tag: Die Mondlandschaft in Kappadokien. Ausflug in die berühmte Mondlandschaft von Kappadokien und zur unterirdischen Stadt Kaymaklı sowie Besichtigung von Göreme mit seinen vielen Felsenkirchen.	Endlich angekommen! Allerdings füllen diese zwei Besichtigungspunkte nicht gerade den Tag aus. Sitzen wir wieder den halben Tag im Bus, oder in einem der zahllosen Souvenirgeschäfte Göremes?
4. Tag: Die Mondlandschaft von Kappadokien mit Wanderung. Fahrt in das Tal der Mönche. Wanderung zum Tal von Zelve. Besichtigung der drei verschiedenen Täler und leichte Wanderung zum weißen Tal. Später Besichtigung einer Teppichknüpferei.	Ah, hier kommt die Katze endlich aus dem Sack! Sich zwischen den einzelnen Besichtigungspunkten zu bewegen, kann kaum als Wanderung bezeichnet werden, da alles in einem Radius von nur einem Kilometer liegt. Die Hälfte des Tages verbringen Sie in einem Teppichladen.
5. Tag: Kappadokien – Antalya. Weiterfahrt entlang der malerischen Natur an der türkischen Riviera.	Ganz Toll! Wir würden es eine verfrühte Rückfahrt nennen. Sie sitzen mal wieder 12 Stunden im Bus, und überwinden weitere 1000 km. Dabei schauen Sie auf eine mit Bettenburgen völlig verbaute Küstenlandschaft. Meeresblick hat hier Seltenheitswert.

6. Tag: Perge – türkische Riviera: Fahrt zu der berühmten antiken Stadt Perge. Danach Besuch eines typisch türkischen Marktes und eines Wasserfalls sowie eines Juwelierzentrums mit eigener Herstellung. Hier bietet sich auch die Gelegenheit an einer Ledermodenschau teilzunehmen.

Auch Perge liegt weit entfernt von Kappadokien, vor dem Wort „Markt“ haben die Autoren vergessen „Super“ zu schreiben, denn dieser „typisch türkische“ Markt wird ausschließlich von Touristen besucht. Was man beim Juwelier und dem Lederladen soll, das ist wohl auch klar!

7. Tag: Tag zur freien Verfügung oder fakultativer Ausflug

Ups, dem Reiseunternehmen gehen schon die Ideen aus. Wird etwa der Besuch einer weiteren Handelskette angeboten?

8. Tag. Rückflug nach Deutschland

Fazit: in der wunderschönen Landschaft Kappadokiens bewegen Sie sich maximal 1,5 Tage. Den Rest der Zeit sitzen Sie im Bus und legen über 2000 km zurück, oder Sie bewegen sich sonst wo im Lande. Hier nehmen Sie an einer reinen Verkaufsfahrt teil!
Zu all diesem Übel kommt es oft genug vor, dass Ihr Reiseleiter von der Agentur keinen Cent für seine Arbeit bekommt. Er verdient sich sein Geld, indem er die Reisenden in spezielle Läden und Restaurants führt, mit denen er vorher eine Provision ausgehandelt hat.
Es sollte jedem Reisenden klar sein, dass solch eine Reise für 299,- € grundsätzlich von irgendeiner Seite gesponsert sein muss. Als Super-Schnäppchen erweisen sich diese Reisen im Nachhinein auf jeden Fall nicht, und die angebotenen Waren müssen überteuert sein, um die Kosten des Veranstalters wieder herein zu spielen.
Ab 800,- € für eine achttägige Kappadokienreise kann von einem seriösen Angebot ausgegangen werden. Oftmals sind in diesem Preis jedoch die Eintritte und das Mittagessen nicht enthalten, so dass sich die reellen Reisekosten dann letztendlich doch in einem vierstelligen Betrag bewegen. Wie gesagt, eine seriöse Kappadokienreise gibt es nicht zum Schnäppchenpreis.
Bevor Sie also eine Reise ins wunderschöne Kappadokien buchen, lesen Sie bitte sorgfältig das Ihnen vorliegende Angebot.

Zuletzt noch ein wenig Werbung in eigener Sache. Wir Autoren veranstalten in den Sommerhalbjahren selbst Reisen nach Kappadokien. Unter **www.kappadokya-travel.com** finden Sie Angebote zu Kleingruppenreisen und Kreativkursen, an denen maximal 8 Personen teilnehmen, und Individualangebote mit maximal 4 teilnehmenden Personen.

Foto: Kapadokya-Balloons

Anreise

Mit dem Flugzeug

Die schnellste und wohl bequemste Art Kappadokien zu erreichen und die über 3000 km lange Strecke zu überwinden ist das Fliegen. Kappadokien besitzt seit einigen Jahren sogar einen eigenen Flughafen in der Nähe von Gülşehir, der jedoch noch recht selten angeflogen wird und daher keine echte Alternative darstellt.
Der nächstgelegene Flughafen, der regelmäßig angeflogen wird, liegt im 60 km entfernten Kayseri. Ihn fliegt Türkish Airlines THY (Türk Hava Yoları) vier Mal täglich von Istanbul aus an. Aber auch von europäischen Großstädten gehen täglich Flüge nach Kayseri. Sollten Ihnen diese Direktflüge auf den ersten Blick sogar preiswerter erscheinen, so unterliegen Sie da einem großen Irrtum. Die An- und Abflugszeiten liegen oft mitten in der Nacht. Wenn die Maschine dann um 3^{oo} Uhr morgens in der Türkei landet, krabbelt der Gast frühestens zwei Stunden später, um 5^{oo} Uhr in sein Bett. Wie der nächste Urlaubstag dann verläuft, kann man sich lebhaft vorstellen. Auch die Kosten für diese Flüge sind in Ihrer Gesamtrechnung nicht unbedingt geringer. Im Urlaubs- wie auch im Heimatland verkehren zu diesen Zeiten keine Nahverkehrsmittel mehr, und man ist auf teure Taxis angewiesen.
Hier nur einmal kurz die Odyssee eines guten Freundes. Er wollte von Kappadokien aus nach Hamburg fliegen und buchte einen preiswerten Nachtflug nach Hannover. Ergebnis: Ein teures Taxi, plus Nachtzuschlag nach Kayseri, anschließend fuhren die S-Bahnen nachts um 3^{oo} Uhr in Hannover nicht mehr. Also wieder ein teures Taxi zum Hauptbahnhof nehmen, wo er dann zwei Stunden auf den nächsten Zug nach Hamburg warten durfte. Fazit: Kosten- und Zeitersparnis sind gleich Null und der nächste Tag ist gelaufen.
Die Linienflüge mit Türkish Airlines, über Istanbul, dagegen liegen oft so, dass man vormittags in Deutschland abfliegt und abends in Kappadokien ankommt. Die Umsteigezeiten in Istanbul dauern dabei meist nicht länger als 2,5 Stunden. Ein weiterer Vorteil liegt in dem kostengünstigen Transfer den die Fluggesellschaft für Ihre Flüge anbietet. Die Reiseagentur „Argeus“ führt diesen Service im Auftrag von THY durch, der von zuhause aus per Internet

gebucht werden kann. Für 10 € pro Person erreichen sie so schnell und zuverlässig jedes Hotel innerhalb Kappadokiens.
Wer den Transfer nicht in Anspruch nehmen kann, weil er mit einer anderen Fluggesellschaft fliegt, kann für 30 TL ein Taxi zum Busbahnhof (Otogar) nehmen und steigt von dort, für weitere 10 TL, in den Überlandbus nach Kappadokien. Aber Achtung: Der letzte fährt um 20^{30} Uhr in Kayseri ab.
Hilfreich ist es oft auch eine Transferleistung mit seinem Hotel oder der gebuchten Pension zu vereinbaren.
Selbstverständlich kann man Kappadokien auch über jeden anderen Flughafen in der Türkei mittels der zahlreichen Überlandbusse erreichen, aber 10 bis 13 Stunden Fahrtzeit sind da nicht jedermanns Sache. Nur für jemanden, der seine Kappadokienreise mit einem Badeurlaub an der Küste verbinden möchte, für den kommt diese Option in Frage.

Eine Variante für die Freunde öffentlicher Verkehrsmittel möchten wir trotzdem erwähnen. Es bietet sich geradezu an, eine Kappadokienreise mit ein paar Tagen in Istanbul zu verbinden. Von Istanbul aus verkehren preiswerte Nachtzüge mit Schlafwagen bis Kayseri. Ca. 60 TL kostet so eine Fahrt pro Person. Vom Flughafen Istanbul aus nimmt man die moderne Metro, steigt an der Endstation „Aksaray" in die Straßenbahn und erreicht nach Überquerung der Galatabrücke die Fähranleger in Karaköy. Von hier aus gelangen Sie mittels der Fährschiffe nach Haydarpaşa, zum Ostbahnhof auf der asiatischen Seite.
Die THY-Flugpreise von Deutschland nach Kayseri via Istanbul lagen 2008/2009 zwischen 330 und 550 € (Hin- und Rückflug p.P.) Die Preise variieren, je nach dem wann man fliegt (Ferienzeit), von wo aus und wie früh man bucht. Auf Last-Minute Schnäppchen sollte man dabei nicht hoffen, da die türkischen Maschinen meist restlos belegt sind. Im Gegenteil: Frühbucher haben da eher Preisvorteile.

Webseite mit günstigen Flugangeboten:	www.fluege.de
Webseite von Türkish Airlines mit Flugplan:	www.thy.com
Agentur in Kappadokien für den Transfer vom und zum Flughafen-Kayseri:	www.argeus.com.tr

Mit dem eigenen Auto

Alle weiter genannten Anreisevarianten haben eines gemeinsam: sie brauchen Zeit. Wer weniger als 4 Wochen Urlaub hat, sollte auf jeden Fall das Flugzeug nehmen. Auf allen unseren Fahrten in die Türkei mit dem eigenen Wagen haben wir immer 4 Tage bis Kappadokien gebraucht, wobei wir es vermieden, bei Nacht zu fahren. Nur einmal haben wir die Strecke Düsseldorf – Avanos durch das ehemaligen Jugoslawien hindurch in 52 Stunden geschafft. Dies jedoch mit einem VW-Bus, nonstop und fünf Leuten, die alle einen Führerschein besaßen. Hinten schliefen 3 Leute, und vorne bekasperte immer einer den Fahrer, der alle vier Stunden wechselte. Zu empfehlen ist eine solche Strapaze nicht, da spätestens auf der Rückfahrt die gesamte Erholung vom Urlaub futsch ist. Auch wenn ein Großteil der Strecke heutzutage als Autobahn ausgebaut ist, so dürfen Sie die Geschichten einiger unserer türkischen Mitbürger nicht ernst nehmen. Sie erzählen immer wieder gerne, dass sie die Strecke in weniger als 2 Tagen geschafft hätten.

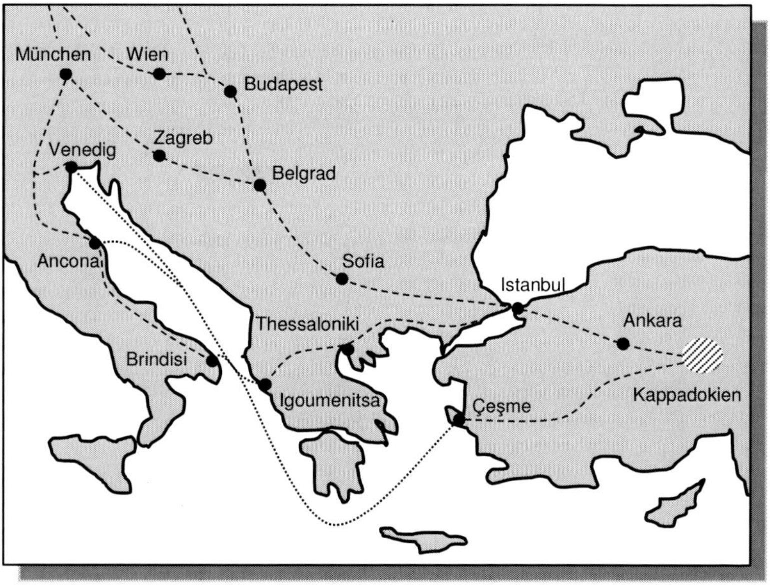

Drei Hauptrouten führen in die Türkei. Auf der ersten durchquert man Ungarn (bzw. Österreich und Kroatien), Serbien und Bulgarien und folgt so größtenteils dem alten jugoslawischen Autoput.
Alternativ bietet sich der Seeweg über die Adria, mittels der recht preiswerten griechischen Fähren an, die zwischen Italien und Griechenland pendeln.
Von Venedig, Ancona und Brindisi setzen die Schiffe nach Igoumenitsa im Norden Griechenlands über. Am günstigsten haben wir immer die Abfahrt von Venedig empfunden. Der Preis ist kaum höher als von Ancona und man spart 300 km Autofahrt. Aber Geld, Zeit und Benzin sparen Sie mit der Fähre nicht. Der Landweg über den Balkan ist genauso lang wie die Anfahrt über Nordgriechenland. Die Fähre gibt Ihnen nur die Möglichkeit, sich auf halber Strecke etwas zu erholen. Wenn Sie nach vielen Stunden Autofahrt in Venedig oder Ancona ankommen, erwartet Sie eine 20-stündige Pause auf nicht gerade unluxuriösen Schiffen. Fast wie Kreuzfahrtschiffe sind diese Fähren mit allem Erdenklichen ausgestattet. Ein besonderes Highlight bietet sich den Fahrern von Campingmobilen und Kleinbussen: Camping an Deck. Das bedeutet, dass Sie in Ihren eigenen Betten die Nacht verbringen können. Sogar einen Stromanschluss bekommt Ihr Gefährt. Allerdings gilt dies nur zwischen Mai und November. Angeboten werden diese Überfahrten von SUPERFAST-LINES, ANEK-LINES und MINOAN-LINES. Eine Vorausbuchung von Zuhause aus lohnt nur zu den Hauptreisezeiten, also zu Ostern und in den Monaten Juli und August. Während der anderen Zeiten sollten Sie Ihre Passage besser vor Ort buchen. So bleiben Sie flexibel und können jederzeit Ihre Reisepläne ändern. Sollte eine Fähre trotz allem einmal ausgebucht sein, so fährt am nächsten Tag schon die nächste. Ein romantischer Abend in Venedig hat schließlich auch seine Reize. Wenn Sie die Rückfahrt gleich mitbuchen, dann wird diese bis zu 30% preiswerter, wobei Sie sich dabei nicht auf einen festen Termin festlegen müssen. Geben Sie als Rückreisetermin einfach „Open Date“ an.
Vorbei sind bald die Zeiten, in denen man anschließend durch den Norden Griechenlands über windige Passstraßen stundenlang hinter Lkw-Kolonnen herschleichen musste. Die Griechen bauen zurzeit fleißig an einer durchgehenden Autobahn zwischen Igoumenitsa und der türkischen Grenze. Allerdings möchten wir für einen Fertigstellungstermin nicht unsere Hand ins Feuer legen. Schließlich war die Planung schon auf unserer ersten Griechenlandkarte von 1980 eingezeichnet.

Eine weitere Fährlinie verbindet Brindisi, im Süden Italiens, mit dem Badeort Çeşme bei Izmir an der türkischen Westküste. Der Vorteil: süditalienische Autobahnen werden nur schwach frequentiert und sind auch bei Nacht gefahrlos zu befahren. Des Weiteren werden sie immer kostengünstiger, je länger man auf ihnen fährt. Vom Brenner bis Venedig zahlt man ungefähr 20 €, dagegen bis Brindisi nur ca. 60 € Autobahngebühr. Nach eineinhalb Tagen auf See legt man entspannt mit der MARMARA-LINE in Çeşme an und hat nur noch 800 km gut ausgebaute Landstraße vor sich. Allerdings ist diese Fähre etwas teurer, fährt nur im Sommerhalbjahr und bietet kein Camping an Deck an.

Camping an Deck
- die Fensterplätze sind hart umkämpft

Der Weg über Ex-Jugoslawien ist mittlerweile wieder frei, und der Autoput von damals hat seinen Schrecken verloren. Die alte Betonplattenpiste mit ihrem klassischen Dehnungsfugengerappel ist größtenteils Autobahnen oder hochmodernen Landstraßen gewichen.
Wer sehr viel Zeit mitbringt, dem möchten wir die „Ostblockroute" empfehlen. Hier können Sie bei der Durchquerung von Rumänien und Bulgarien in ein anderes Jahrhundert eintauchen, um dann festzustellen, wie modern die Türkei ist. Ein ernst zu nehmender Warnhinweis: Achten sie auf freilaufende Hausschweine! Besserungen können wir aus Bulgarien

vermelden. Mussten wir in unserer ersten Auflage noch vor der Durchquerung des Landes auf der Europastraße 80 warnen, so hat sich die Sicherheitslage dort endlich entspannt.
Allerdings sollte man sich im Klaren darüber sein, dass nicht alle osteuropäischen Transitländer Mitglied der EU sind, die Grenzkontrollen deshalb entsprechend streng ausfallen können und der Euro in den meisten Staaten noch nicht eingeführt worden ist.

Superfast-Ferrys:	www.superfast.com
Marmara-Lines:	www.marmaralines.com
Minoan-Lines:	www.minoan.gr
Anek-Lines:	www.anek.gr

Mit dem Bus

Die Firma TOURING bietet europaweit Busverbindungen in alle großen Städte an, darunter auch nach Istanbul. Mehrere Busse sammeln in ganz Deutschland die Fahrgäste ein, die dann in München in einen modernen türkischen Bus umsteigen müssen. Dabei kann ein mehrstündiger Aufenthalt dort entstehen. Aber dann geht es zügig Richtung Türkei. Der Preis liegt für die einfache Fahrt bei 160 €, zuzüglich der Fährkosten von 55 € für die Überfahrt von Brindisi nach Igoumenitsa. Für Leute mit einer Größe von über 1,80 m kann die Fahrt jedoch zu einer Tortur werden, denn die Sitze sind für kleine stämmige Türken gebaut, und zweieinhalb Tage in ergonomisch unpassenden Sitzen lassen einen in Istanbul auf allen Vieren aussteigen. Zu warnen wäre auch vor den Billiganbietern, denn deren Sicherheitsstandards lassen zu wünschen übrig, und sie sind nur Leuten zu empfehlen, die lange Grenzaufenthalte lieben. In Touring-Bussen dagegen wird nur selten das Gepäck kontrolliert, und die Zöllner geben sich meist mit einer Passkontrolle im Bus zufrieden.

Deutsche Touring GmbH: www.touring.com

Mit dem Zug

Vorbei die Zeiten, als der Istanbul-Express von München aus abfuhr. Er wurde ein Opfer des Jugoslawienkrieges, ebenso wie sein Gegenstück der Hellas-Express, der von Dortmund nach Athen fuhr. Eine direkte Verbindung von Deutschland in die Türkei gibt es nicht mehr. Man verfällt in nostalgische Erinnerungen an damals: man war jung, reiselustig und die Ansprüche waren gering. 3 Tage in einem Sechsmannabteil, das Gepäck wurde unter den Sitzen verstaut, vier Leute konnten so auf den ausgezogenen Sitzen schlafen und zwei rollten ihre versandeten Iso-Matten aus und verkrümelten sich in die Gepäcknetze.
Wer heute unbedingt solche Eisenbahnromantik erleben möchte, sollte über den Osten Europas fahren. Ab Polen fahren Kurswagen Richtung Istanbul, wobei sich der Zug in allen östlichen Hauptstädten langsam zum Balkan-Express formt. Das bedeutet: lange Aufenthaltszeiten, ewiges An- und Abkoppeln und eine garantierte mehrstündige Verspätung im zweistelligen Bereich.
Für betuchtere Leute gibt es noch die Variante des Autoreisezuges. Dieser fährt vom österreichischen Villach aus bis Edirne, der ersten Großstadt hinter der türkischen Grenze. Liege- und Schlafwagen stehen bereit. Aber über 1300 € für Hin- und Rückfahrt, für eine vierköpfige Familie und einen PKW, sind nicht gerade wenig Geld.

Ausgeschlafen am Ziel ankommen
- der Schlafwagen-Express macht es möglich

Eine reizvolle Idee ist es, innerhalb des Landes mit dem Zug zu reisen. Von Istanbul aus verkehren regelmäßig Nachtzüge in den Osten des Landes und machen Zwischenstation in Kayseri. Dem Fahrgast stehen dabei 2-Personen-Schlafwagenabteile zur Verfügung. In der Mitte des Zuges befindet sich immer ein Speisewagen, in dem zu vernünftigen Preisen landestypische Kost angeboten wird. Und während Sie sich noch eines der vielen zuckersüßen Desserts gönnen, hat ihr Zugbegleiter schon die Betten bereitet. 18 Stunden braucht der Zug allerdings bis Kappadokien, so dass Sie noch ausreichend Zeit haben, sich auf die anatolische Hochebene einzustimmen.

Deutsche Bundesbahn: www.bahn.de
Türkische Staatsbahnen TCDD: www.tcdd.gov.tr
Optima-Tours, Autoreisezüge in die Türkei: www.optimatours.de
Und wer das Extravagante liebt,
bzw. wenn Geld keine Rolle spielt: www.orient-express.at

Sonstige Möglichkeiten

Denen sind keine Schranken gesetzt. Wir haben auf unseren Reisen schon Leute getroffen, die mit dem Fahrrad angereist waren. Die meisten befanden sich aber nur auf der Durchreise zu entfernteren Zielen. Aber auch Leute, die aus Europa getrampt kamen oder zu Fuß unterwegs waren, haben wir schon getroffen. Die Problematik dieser Arten der Anreise hier zu behandeln würde jedoch den Rahmen sprengen. Daher verweisen wir nur darauf, sich vorher die entsprechende Fachliteratur oder Fachzeitschriften zu besorgen. Infos gibt es auch bei den entsprechenden Vereinen für Wanderer und Radfahrer.

Automobiles

Mit dem Auto im Land unterwegs

Als wir Mitte der achtziger Jahre das erste Mal in die Türkei reisten, gehörten wir mit unserem alten VW-Bus zu den schnellsten Verkehrsteilnehmern, da man im Land erst vor ein paar Jahren begonnen hatte, eine eigene Automobilindustrie aufzubauen. Ständig überholte man alte russische Motorräder, klapprige Fiat-Lizenz-Nachbauten und LKWs, die bei der kleinsten Steigung in den ersten Gang schalteten, wobei sie ihre überschüssige Kraft sofort in Lärm umsetzten. Dies ist schon lange vorbei. Auch hier beginnen die Japaner den Markt zu erobern. Und wenn wir heute brav und vorschriftsmäßig mit 90 km/h auf den türkischen Landstraßen daherzuckeln, kommen wir uns vor wie ein rollendes Verkehrshindernis. Wie sehr es in den letzten Jahren im Land geboomt hat, zeigt sich an den Massen von Kraftfahrzeugen auf den Straßen. Dabei handelt es sich nicht ausschließlich um preiswerte Kleinwagen. Auch jede Menge Edelkarossen tummeln sich im Straßenverkehr.
Die große Anzahl der Neuzulassungen hat zu einem rapiden Verfall der Gebrauchtwagenpreise geführt. Jetzt kaufen sich besonders junge und unerfahrene Türken einen alten und rostigen Tofas oder Murat aus einheimischer Produktion. Leisten können sie sich diese Autos im Unterhalt oft genug nicht, und so wird mit diesen Gefährten meistens auch nur das eigene Viertel unsicher gemacht. Wichtiger als die Fahrtauglichkeit des Wagens scheint dabei für viele dieser jungen Leute die Watt-Leistung der Musikanlage zu sein, eine Mode, die in Europa zum Glück wieder im Abklingen ist. Allerdings ist der türkische TÜV, den es seit 2008 gibt, schon kräftig dabei diesen Rostlauben den Gnadenschuss zu versetzen.
Ungeduldig werden alle Türken grundsätzlich an der Ampel. Noch nicht ganz auf hellgrün geschaltet, erklingt hinter einem auch schon ein massives Hupkonzert.
Die Türkei besitzt mittlerweile ein sehr gut ausgebautes Straßennetz, dessen Landstraßen gerade vierspurig erweitert werden. Auch der Autobahnbau geht im ganzen Land zügig voran. Zu erkennen sind die Autobahnen an den grünen Verkehrsschildern und sie entsprechen in ihrer Ausstattung europäischem Standard oder sind sogar besser. Mittlerweile gehört der Straßenbau zu den türkischen Exportschlagern.

Schwieriger wird es auf den kleineren Nebenstraßen, wie man sie in Kappadokien vorfindet. Durch den jährlichen Frost entstehen immer wieder die größten Schlaglöcher. Besonders im Frühjahr empfiehlt es sich, sehr vorsichtig zu sein, da die Straßenbaubehörde (Karayolari) nicht sofort alle Nebenstraßen reparieren kann. Aber im Sommer ist wieder alles geflickt, und im Laufe der Jahre sehen diese Straßen aus, als hätte man Tausende von verschiedenfarbigen Teppichen dort ausgelegt. Ein größeres Problem für den verwöhnten deutschen Autofahrer stellt der recht instabile Straßenunterbau auf solchen Strecken dar. Ständig scheint die Straße in Bewegung zu sein, bäumt sich auf und wirft sich in Falten wie ein schlecht verlegter Teppichboden. Hier ist eine vorherige Kontrolle der Stoßdämpfer angesagt. Die auf Ihrer Straßenkarte rot und gelb eingezeichneten Straßen sind ohne Vorbehalte gut zu befahren. Von den weißen sollten Sie absehen, es sei denn, Sie sind stolzer Besitzer eines Geländewagens und haben entsprechende Fahrpraxis.

Die Männer von der „Karayolari“ bei der Arbeit

Ansonsten gelten Verkehrsregeln wie bei uns. Die Höchstgeschwindigkeiten betragen in geschlossenen Ortschaften 50 km/h, auf Landstraßen 90 km/h und auf Autobahnen 130 km/h. In der Türkei gilt ein absolutes Alkoholverbot im Straßenverkehr. Auch wenn Ausländer hier in Kappadokien nie kontrolliert werden, sollten sie vom Genuss von Alkohol absehen, oder es wenigstens bei einem Bier oder Glas Wein belassen.

Es gilt auch die Anschnallpflicht, Helmpflicht und das Mitführen von zwei Warndreiecken. Alles Sachen, die dem türkischen Kraftfahrer allerdings

unbekannt zu sein scheinen. Meist besitzt er noch nicht einmal ein einziges Warndreieck. Als Ersatz halten dann Steinhaufen her, die er als Warnung vor dem liegen gebliebenen Fahrzeug aufbaut, wobei der Verdacht aufkommt, dass es sich nur um eine Barrikade zum Schutz des eigenen Wagens handelt. Abgeräumt werden diese Steinhaufen hinterher dann auch nicht, und so bleiben hervorragende Straßensperren wochenlang liegen.
Zu warnen wäre dann noch vor unbeleuchteten Pferdegespannen oder Traktorenanhängern in der Nacht. Überhaupt ist nachts höchste Vorsicht geboten, da immer einmal auch größere Tiere die Straße überqueren, ganz zu schweigen von Leuten, die zuvor dem Rakı etwas zu sehr zugesprochen haben.

Landstraße durch Zentralanatolien

Als nette Verkehrshindernisse erweisen sich auch die kilometerlangen Straßensanierungsmaßnahmen. Zuerst wird über Kilometer hinweg flüssiger Teer auf die alte Fahrbahndecke gesprüht, wobei der Verkehr normal weiterläuft. Brauchen Sie einen neuen Unterbodenschutz, dann geben sie hier mal richtig Gas. Aber Vorsicht, das Zeug ist glatt. Anschließend wird der Schotter darauf verteilt und nur leicht angewalzt, das richtige Verdichten soll dann der normale Straßenverkehr erledigen. Auf solchen Streckenabschnitten heißt es: Abstand halten und langsam fahren. Einmal hat es ein LKW geschafft, kurz unterhalb der Windschutzscheibe ein Hühnerei großes Loch in unseren Kleinbus zu schießen.
Wie schon erwähnt, hat der Autoverkehr in den letzten Jahren rapide zugenommen. Dies macht sich besonders in größeren Ortschaften stark

bemerkbar. Auf Langstrecken jedoch scheint man manchmal ganz allein auf weiter Flur zu sein. Der Grund dafür sind die extrem hohen Benzinpreise, die sogar über denen in Deutschland liegen. Hält man das viel geringere Durchschnittseinkommen der Türken dagegen, sind diese Preise für den Normalverdiener schlicht unerschwinglich, so dass er sich Fernfahrten meist verkneift.
Die Qualität des Treibstoffes ist einwandfrei, wobei es sich trotzdem empfiehlt, nur bei größeren Tankstellen zu tanken. Besitzer von kleineren Tankstellen neigen ab und an dazu, den Sprit zu strecken. Diesel heißt übrigens in der Türkei „Motorin".
Noch eine Anmerkung zu den amerikanischen Reifenluftautomaten. Sie arbeiten mit der Einheit „psi", wobei 14,5 psi in etwa einem Bar entsprechen. Sie stellen den gewünschten Druck ein und stecken den Schlauch auf das Ventil. Schon fängt der Automat an zu arbeiten bis der gewünschte Druck im Reifen erreicht ist.
Sollten Sie in einen Unfall mit Personen- oder Fahrzeugschäden verwickelt werden, rufen Sie immer die Polizei und lassen diesen protokollieren. Andernfalls könnte es sein, dass Ihre Versicherung den Schaden nicht regelt. Auch erregen beschädigte Touristenfahrzeuge immer wieder das Interesse der Polizei, und dann ist es recht praktisch, das vorhandene Protokoll vorweisen zu können.
Bei Totalschäden oder Schlimmerem ist es von großem Vorteil, Mitglied im ADAC zu sein und einen Auslandsschutzbrief zu haben. Dies erspart einem den Ärger mit dem Zollamt, wenn ihr Wagen verschrottet werden muss. Im Schutzbrief enthalten sind auch die Rückführung des Fahrzeugs und der eventuell notwendige Rücktransport von Verletzten nach Deutschland. Also, der ADAC regelt die schlimmsten Szenarien, die hoffentlich niemals eintreten werden.
Zum Thema Autodiebstahl wäre zu sagen, dass Sie Ihr Auto ruhigen Gewissens aus den Augen lassen können. Nur abschließen sollten Sie es immer! Erstens macht Gelegenheit Diebe und zweitens haben Kinder einen riesigen Spaß daran, Autofahren zu spielen. Einmal haben auch wir vergessen, unseren Wagen abzuschließen: die von innen mit Spuckeflecken übersäte Windschutzscheibe zeugte von einer rasanten kindlichen Autofahrt. Gefehlt hatte im Fahrzeug aber rein gar nichts.

Verkehrs-Hinweisschilder und Ihre Farbgebung:

Grün:	Autobahnschilder
Blau:	Fernstreckenausschilderung
Weiß - Ausserorts:	Ausschilderung kleiner Dörfer
Weiß - Innerorts:	Stadtviertel oder wichtige Institutionen
Braun:	Touristische Sehenswürdigkeit
Orange:	Schilder der Straßenmeisterei
Webseite des ADAC:	www.adac.de

Mit dem Motorrad

Für Motorradfahrer gilt es, äußerste Vorsicht zu wahren. Der türkische Verkehr ist stark hierarchisch gestaltet. Ganz oben an der Spitze stehen die Überlandbusse und LKWs, und Zweiräder kommen in dieser Reihenfolge gleich hinter Eselgespannen vor. Kaum ein Türke würde ein Motorrad fahren, wenn er sich ein Auto leisten könnte. So gelten Kraftradfahrer als eine mindere Klasse, auf die man herabsieht.
Des Weiteren liegen immer wieder Gegenstände auf der Straße: Steine, Äste, Reste von Baustellen oder einfach nur verlorene Autoteile. Die Türkei bietet Traumstrecken für Motorradfahrer mit kurvigen Straßen und ständigem Auf und Ab, aber: Vorsicht, Vorsicht und nochmals Vorsicht!
Sie sollten Ihr Zweirad auch niemals unbeobachtet lassen. Nicht dass gestohlen wird, aber Kinder haben eine helle Freude daran, Ihre Maschine zu besteigen, alles zu verstellen und aus Packgummis lassen sich hervorragende Zwillen bauen. Auch des Nachts, wenn Sie in einer Unterkunft absteigen, sollten Sie alle Gegenstände mitnehmen, die sich ohne Werkzeug entfernen lassen.

Mietfahrzeuge

In Göreme und in Ürgüp gibt es zahlreiche Vermietungsagenturen, welche die verschiedensten Fahrzeuge anbieten. Das gängigste Vehikel ist der Kleinroller, der mit 2 Personen beladen an einigen Steigungen schon recht überlastet ist. Diese Roller können stunden-, aber auch tageweise gemietet werden. Je länger man sie mietet, umso mehr kann man über den Preis verhandeln. Besonders in der Nachsaison sind die Mietpreise sehr variabel.

Die technische Zuverlässigkeit ist dabei allerdings nicht sehr hoch und daher sollte man sich vom Zustand des Fahrzeugs vorher ein genaues Bild machen. Von den chinesischen Modellen, die in der Regel günstiger sind, sollte man lieber die Finger lassen, da sie recht unzuverlässig und regelrechte Schluckspechte sind. Unerfahrene Mopedfahrer sollten am Anfang sehr vorsichtig und langsam agieren, da der Straßenzustand, der für Autofahrer ausreichend ist, dem Lenker eines Kleinrollers schon erhebliche Aufmerksamkeit abfordert. Bodenwellen und Schlaglöcher, die besonders an den Straßenrändern gedeihen, sind für die überlasteten Fahrzeuge und deren Passagiere oft nicht ganz ungefährlich. Bei der Unterzeichnung des Mietvertrages ist meist schon die Bezahlung fällig, plus 50 TL Kaution, und ein Pass muss abgegeben werden. Ein Führerschein ist nicht erforderlich.

Für Freunde der deutschen Ostalgie stehen ab und zu noch MZ-Motorräder aus türkischer Produktion zur Verfügung. 1993 hatte ein türkischer Geschäftsmann den Markennamen und die komplette Fertigung aufgekauft und in Istanbul die Produktion mit viel Erfolg wieder aufgenommen. Entgegen dem Kleinroller muss hier ein Motorradführerschein vorhanden sein. Wer ein Auto bei einer der kleinen Agenturen mietet, sollte sich ebenfalls vom technisch einwandfreien Zustand überzeugen. Selbstredend darf man hier nicht mit deutscher Pingeligkeit vorgehen. Die Autos fahren, bremsen und lassen sich lenken, das muss reichen. Auch wenn bei den Sicherheitsfanatikern des ADAC jetzt das große Aufheulen losgeht, wir sind in der Türkei und fahren dann eben etwas vorsichtiger und langsamer als sonst. Wer damit Probleme haben sollte, für den gibt es noch die großen europäischen Autovermieter „Avis“ und „Eurocar“ in Ürgüp, aber dort liegen die Mietpreise dann auch schon erheblich höher. Allerdings kann man den Wagen schon von Europa aus über die heimische Filiale buchen.

Ein besonderes Schmankerl bietet die „Görtur“-Agentur am Busbahnhof von Göreme an. Der Besitzer dieser Agentur ließ vor vielen Jahren seinen alten Ford M20, Bj. 73, zum Cabrio umbauen und vermietet diesen auch. Mitarbeiter des TÜV müssen ihn ja nicht mieten, aber Spaß macht’s schon, gell?

Betteln

Das Betteln ist in Kappadokien eigentlich kein großes Thema. Einzig bei kleinen Kindern hat es sich herumgesprochen, dass Touristen manchmal Bonbons mitführen. Leider konnten wir schon des Öfteren beobachten, wie Touristen ohne weiteren Anlass, nur weil die Kinder ja so niedlich wirkten, massenhaft Süßwaren unter der Meute verteilten. Wir möchten den Leser bitten, von einem solchen Unterfangen abzusehen. So viele Bonbons können Sie gar nicht mitführen, wie Sie bei dieser Aktion loswerden können, denn die Kinder werden nicht aufhören, Sie weiter zu bedrängen, bis das letzte Bonbon herausgerückt ist. Außerdem wird der Pulk der Kleinen immer größer, so dass es bald sehr schattig um Sie herum werden kann. Das Beenden einer solchen Raubtierfütterung kommt dann immer einer schnellen Flucht gleich. Wenn Sie schon etwas spenden wollen, dann verbinden Sie dies immer mit der Vergabe einer Aufgabe. Lassen Sie sich von größeren Kindern etwas besorgen und verzichten hinterher auf das Wechselgeld oder bitten Sie um die Bewachung Ihres Fahrzeugs, so unnötig dies auch sein mag. Das unwillkürliche Verteilen von Gaben bringt Kinder nur auf dumme Gedanken und dazu, den nächsten Touristentrupp zu belagern.

Anders verhält es sich bei alten und gebrechlichen Menschen oder manchmal auch bei allein stehenden Frauen mit Kindern. Deren Versorgung ist in der Türkei nicht immer gewährleistet. Besonders dann, wenn keine Familienangehörigen mehr existieren, sind sie auf die Großzügigkeit anderer angewiesen. Dazu gehört auch das Betteln an exponierten Stellen, wie der Moschee oder am Markt. Das Betteln dieser Leute genießt nicht den gleichen schlechten Ruf wie bei uns, sondern wird von der Bevölkerung als bittere Notwendigkeit angesehen. Ein wichtiger Grund für diese Akzeptanz liegt im Islam begründet, zu dessen fünf tragenden Säulen die Armenspende gehört. Der Bettelnde hat ein im Koran verbürgtes Recht auf eine kleine Spende, so dass er auch nicht zu großen Dankesreden dem Spender gegenüber verpflichtet ist. Auch Touristen sollten in solchen Fällen etwas geben, wobei ein paar kleine Münzen völlig ausreichen. Bitte zücken Sie keinen großen Geldschein, denn Sie würden die Menschen damit nur beschämen, und erwarten Sie auch nicht, dass ein Bettler Ihren Schein wechseln kann. Wir haben es schon erlebt, dass unsere Geldspende als zu groß empfunden und empört abgelehnt wurde.

Mit dem Bus durchs Land

Überlandbusse

Die Türkei besitzt ein gigantisches Busnetz, das den ganzen Staat engmaschig durchzieht. Problemlos lässt es sich damit von einer Ecke des Landes in die andere reisen. Atatürk, der Gründer der Türkischen Republik, sah es als vordringlich an, die Infrastruktur des Landes zu verbessern. Deshalb räumte er dem Bau von Straßen größte Priorität ein. Das Eisenbahnnetz war zu osmanischen Zeiten größtenteils vom deutschen Kaiserreich finanziert worden und einen weiteren Ausbau konnte sich die junge Republik nicht leisten. So wurden massenhaft Pisten kreuz und quer durch Kleinasien geschoben. Dies brachte pfiffige Unternehmer auf die Idee, Buslinien zu gründen, um die großen Städte miteinander zu verbinden. So kommt es, dass bis heute alle Fernbusse in privater Hand sind und deren Anzahl kaum mehr zu überblicken ist. Allein der Besuch des Busbahnhofes von Ankara oder Istanbul vermittelt einen Eindruck der Angebotsfülle. In einer unendlichen Reihe ziehen sich die Kartenverkaufsschalter durch die lang gezogenen Hallen, wobei sich einige kleinere Linien die Schalter sogar noch teilen. Allein die Ausmaße dieser Bahnhöfe zeigen, wie wichtig der Bus als Transportmittel hier ist. Kein Flughafenterminal in der Türkei ist so gewaltig. So sind diese Busbahnhöfe dann auch wie ein Flughafen aufgebaut: oben die Abfahrt, darunter der Ankunftsbereich und ganz unten liegt der Wartungs- und Reparaturbereich. Allerdings fallen die Terminals der kappadokischen Kleinstädte alle wesentlich dezenter aus.
Die Busse sind in aller Regel neuwertige Fahrzeuge, die peinlichst genau gewartet werden. Unbequemlichkeiten für die Passagiere oder gar Unfälle können sich die Unternehmen wegen des harten Konkurrenzkampfes nicht leisten. Trotzdem wird immer wieder von bösen Unfällen mit türkischen Überlandbussen in deutschen Medien berichtet. Dazu muss man sich vor Augen führen, dass Tag und Nacht hunderte dieser Fahrzeuge in diesem riesigen Land unterwegs sind, und das 365 Tage im Jahr. Hinzu kommt, dass die Busse keine eigene Trasse besitzen wie die Eisenbahn und so immer wieder in Konflikt mit anderen Verkehrsteilnehmern geraten. Bei etwa 10000 Fahrten pro Jahr enden dann einige in größeren Unfällen, was dann von den

Medien begierig aufgenommen wird. Daher kann keine Rede davon sein, dass das Busfahren in der Türkei hochgradig gefährlich sei.
Busfahren ist auch deshalb so beliebt, weil das Preisleistungsverhältnis unübertroffen ist. Die Linien fahren pünktlich, die Verbindungen sind schnell und zügig und der Preis ist für die Türken bezahlbar. Konkurrenz belebt halt das Geschäft. Eine Fahrt über 800 km von Istanbul nach Kappadokien kostet so etwa nur 30 €.
Wie kommt man nun nach Kappadokien? Im Busbahnhof jeder größeren Stadt geht man zu den Schaltern der kappadokischen Busgesellschaften NEVŞEHIR-SEYAHAT, NEVŞEHIR-METRO oder KENT. Hat man dort eine Fahrkarte gekauft, so begibt man sich zu den Bahnsteigen und sucht den Bahnsteig (peron) auf, dessen Nummer auf dem Fahrschein aufgedruckt ist. Dort halten die Busse dieser Linien fast im Stundentakt. Die Sitzplatznummer steht ebenfalls auf Ihrem Fahrschein.

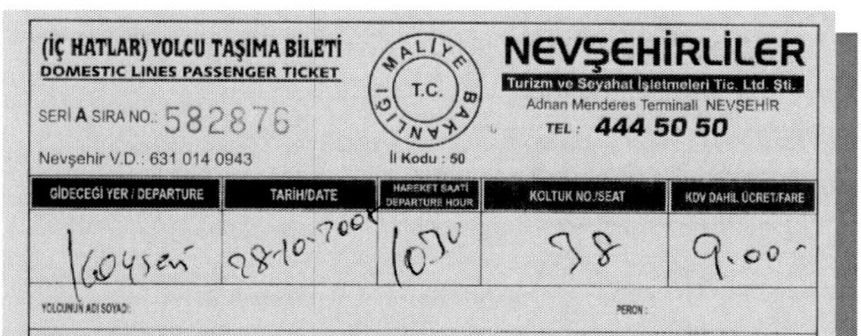

Bus-Ticket mit Angaben zu:
Fahrziel / Datum / Uhrzeit / Sitzplatznummer / Preis

Und jetzt die Begründung dafür, warum Sie auf keinen Fall auf einer anderen Linie buchen sollten. Da Sie vielleicht am späten Nachmittag oder am Abend in den Bus steigen, werden Sie Kappadokien mitten in der Nacht erreichen. Fremdlinien werden Sie dann irgendwo in der stockfinsteren Landschaft absetzen. Nicht so bei den empfohlenen Unternehmen. Eventuell müssen Sie in Nevsehir noch einmal in einen Minibus umsteigen, aber der bringt Sie dann zu Ihrem Ziel, und das ist im Preis enthalten. Ebenso ist der Busbahnhof Ihres Zielortes die ganze Nacht mit Personal besetzt, Taxis stehen vor Ort und es finden sich immer noch Leute, die einem auf der Suche nach einer Unterkunft helfen können.

Die Fahrt von Ankara bis zur Provinzhauptstadt Nevşehir dauert etwa 4 Stunden, von Antalya aus 10 Stunden und von Istanbul aus etwa 12 Stunden. In Nevşehir werden die Fahrgäste auf diverse Kleinbusse verteilt, was etwa eine halbe Stunde dauert. Wenden Sie sich an das Buspersonal und sagen Sie deutlich, in welchen Ort Sie gebracht werden wollen, denn der große Bus steuert ebenfalls noch diverse Orte an. Dies sind meistens Uçhisar, Göreme, Çavuşin und Avanos.
Kleiner Tipp noch: Korrekter Weise sollte die Frau immer einen Fensterplatz erhalten, geschützt vor den Blicken der neugierigen männlichen Passagiere, oder immer zusammen mit einer anderen Frau in den vorderen Reihen. Bei einem Nickerchen einem fremden Mann in die Arme zu fallen, wäre ausgesprochen peinlich - für beide Seiten.

Webseiten der drei kappadokischen Überland-Buslinien

NEVŞEHIR-SEYAHAT:	www.nevsehirseyahat.com.tr
KENT :	www.kentturizm.com.tr
NEVŞEHIR-METRO:	www.metroturizm.com.tr

Nahverkehrsbusse

Wer vom Überlandbus in einen kappadokischen Nahverkehrsbus umsteigt, begeht eine Zeitreise zurück in die Achtziger. Schluss mit Bordservice und Klimaanlage, stattdessen lautes Gedröhne, viel Zugluft und das zielsichere Auffinden von Schlaglöchern. Eine einheitliche Lackierung oder gar eine Durchnummerierung der Fahrzeuge sucht man vergeblich, und das Fahrtziel steht meist auf einer kleinen Tafel, die hinter die Windschutzscheibe geklemmt wurde. Dieser enorme Unterschied im technischen Standard erklärt sich daher, dass diese Buslinien von den einzelnen Stadtgemeinden oder Ortschaften betrieben werden und deren Kassen sind meist klamm. So werden die Fahrzeuge gefahren bis sie auseinander fallen, wobei so wenig wie nur möglich investiert werden soll.
Und so besitzt fast jede Gemeinde in Kappadokien seine eigenen Busse, die den Ort mit der Provinzhauptstadt Nevşehir verbinden. Wer also z.B. nach Ürgüp möchte, sollte auf den Bus mit der seitlichen Aufschrift „Ürgüp Belediye“ (Stadtverwaltung Ürgüp) achten.
Alle Linien enden in Nevşehir an der Kreuzung zur Lale Caddesi im Zentrum der Stadt (s. Stadtplan Nevşehir S.243). Einige kleinere Busunternehmen

unterhalten hier ihre Büros und Warteräume. Der Busbahnhof wird von den Nahverkehrslinien nicht direkt angefahren. Wer aus Ürgüp, Göreme oder Avanos kommend mit dem Überlandbus weiter fahren möchte, der steigt hinter der großen Straßenkreuzung vor dem Tansaş-Supermarkt, bzw. der Total-Tankstelle aus und begibt sich ca. 100 m bergab Richtung Umgehungsstraße zum Busbahnhof.
Das öffentliche Nahverkehrssystem ist jedoch nicht so starr, wie wir es aus Europa kennen. Die Busse verkörpern eine gute Mischung aus Bussystem mit festen Fahrzeiten und windschiefen Wartehäuschen, und trotzdem kann man sie auf freier Strecke wie einen Dolmuş anhalten. Das große Gepäck wird übrigens, wie bei den Überlandbussen im unteren Gepäckraum verstaut, wobei Ihnen immer jemand hilft. Die Fahrkarten löst man beim Schaffner

Der Bus der
Gemeinde Mustafapaşa

während der Fahrt, der wie in alten Zeiten seine Runden durch das Fahrzeug macht. Besonders zur Hauptverkehrszeit kann es eine Weile dauern, bis er zu Ihnen vorgedrungen ist. Und bitte, halten Sie das nötige Kleingeld bereit, denn mit großen Scheinen bringen Sie ihn in arge Verlegenheit. Bei den kleineren Bussen fährt oft kein Schaffner mit. Hier bezahlt man beim Verlassen des Fahrzeugs vorne beim Fahrer.
Die hier in diesem Kapitel von uns angegebenen Fahrzeiten gelten von $8^{\circ\circ}$ morgens bis $18^{\circ\circ}$ abends und für die Tage Montag bis Samstag. Nach späteren Bussen, dem Winter- oder dem Sonntagsfahrplan sollte man sich rechtzeitig erkundigen. Besonders auf den letzten Fahrten des Tages werden Zeiten und Strecke von den Fahrern gerne sehr individuell ausgelegt. Und im Fastenmonat Ramasan gibt es für die Chauffeure dann überhaupt kein Halten mehr, wenn es auf das abendliche Fastenbrechen zugeht.

Übersichtskarte der Busverbindungen innerhalb Kappadokiens

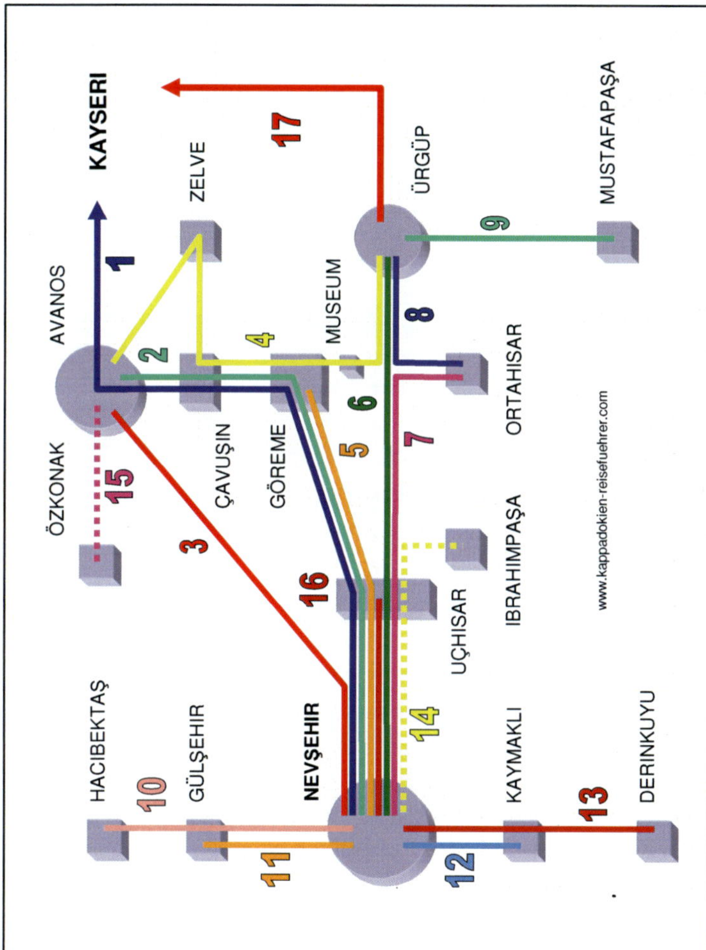

	Verbindungen von - nach	Takt	Abfahrten an den	Endpunkten
1	**Nevşehir** – Kayseri*	alle 60 Min.	00	00
2	**Avanos** – Çavuşin - Göreme – Uçhisar - Nevşehir	alle 60 Min.	00	00
3	**Avanos** - Nevşehir	alle 60 Min.	30	30
4	**Avanos** – Zelve – Çavuşin – Göreme**- **Ürgüp**	alle 120 Min.	00 nur jede unger. Std	00 nur jede gerade Std
5	**Göreme** - Nevşehir	alle 30 Min.	30 / 00	30 / 00
6	**Ürgüp** - Nevşehir	alle 15 Min.		
7	**Ortahisar** - Nevşehir	alle 60 Min.	00	00
8	**Ortahisar** - Ürgüp	alle 30 Min.	30 / 00	30 / 00
9	**Mustafapaşa** - Ürgüp	alle 60 Min.	45	15
10	**Hacıbektaş** - Gülşehir- Nevşehir	alle 60 Min.	00	00
11	**Gülşehir** - Nevşehir	alle 30 Min.	30 / 00	30 / 00
12	**Kaymakli** - Nevşehir	alle 15 Min.		
13	**Derinkuyu** – Kaymakli - Nevşehir	alle 60 Min.	30	00
14	**Ibrahimpaşa** – Nevş.	unregelm.	2–3 mal	täglich
15	**Özkonak** - Avanos	alle 60 Min.	00	30
16	**Uçhisar***** - Nevşehir	alle 30 Min.	30 / 00	30 / 00
17	**Ürgüp** - Kayseri	alle 60 Min.	00	00

*) hält auch in Uçhisar, Göreme, Çavuşin und Avanos
**) hält nur an der Kreuzung zum Museum, nicht am Busbahnhof
***) fährt als einziger Bus ins Zentrum von Uçhisar, alle anderen Busse halten nur an den Umgehungsstraßen

Fett gedruckte Orte = Gemeinde ist Betreiber der Buslinie

Fahrplan Avanos – Nevşehir (2)

Alle 60 Min.	Richtung **Nevşehir**	Richtung **Avanos**
Avanos	00	30
Çavuşin	15	20
Göreme	20	15
Uçhisar	25	10
Nevşehir	35	00

Fahrplan Avanos – Ürgüp (4)

Alle 2 Std.	Richtung **Ürgüp** Nur jede ungerade Stunde	Richtung **Avanos** Nur jede gerade Stunde
Avanos	00	40
Zelve	10	30
Göreme	20	20
Museum	25	15
Ürgüp	40	00

Camping

Die Türken sind weit davon entfernt, diesen Begriff mit einer Lebensphilosophie auszufüllen, wie es bei uns in Deutschland der Fall ist. Niemals würden sie freiwillig unter eine flatternde Stoffhülle kriechen, um darunter die Nacht zu verbringen und um sich dann einzureden, was für tolle Naturburschen sie doch sind. Auf einen Campingplatz geht man nur, wenn man sich ein Hotel oder eine Pension nicht leisten kann. Und selbst dann mietet man sich dort eine feste Unterkunft. So bestehen viele Plätze dann auch mehr aus einer Ansammlung von kleinen und einfachen Häuschen. Oft werden solche Plätze auch von Tagesausflüglern besucht. Die Türken lieben nichts mehr als ein Picknick im Freien und so haben einige Campingplätze vor lauter Grillstellen kaum noch Stellplätze. Türken, die mit dem Wohnwagen oder gar Wohnmobil verreisen, die gibt es so gut wie gar nicht. Entsprechend klein ist dann auch das Angebot an Campingplätzen. Kappadokien bildet dabei die Ausnahme, denn allein im Umkreis von 10 km gibt es 8 Plätze.

Bevor wir die einzelnen Plätze vorstellen, noch ein paar Worte zum wilden Campen. Grundsätzlich ist dies möglich, es sei denn, es ist ausdrücklich durch ein Schild verboten. Es gibt zahlreiche Feldwege, an dessen Rand man sich stellen kann, oder sonstige staubige Freiflächen. Wohnmobilfahrer mögen bitte daran denken, die Wege nicht zu versperren, sonst könnte die Nacht kurz werden, denn morgens um 5 kommt garantiert ein Traktor vorbei. Auch sollten Sie sich darauf vorbereiten, dass Sie abends kurzen und neugierigen Besuch bekommen. Seien Sie trotz der Ruhestörung nett zu den Leuten, es könnte der Besitzer des Grundstückes darunter sein.

Kurzer Hinweis zur Gasversorgung. Das türkische Gasflaschensystem ist mit unseren europäischen Anschlüssen nicht kompatibel, Wohnmobilfahrer sollten sich daher vor Antritt der Reise vergewissern, dass ihre Gasflaschen gefüllt sind.

Jetzt die Campingplätze im Einzelnen, wobei sich die Preisangaben in Euro und auf die Kosten für ein Wohnmobil und zwei Personen beziehen:

➔ PANORAMA-CAMPING (Göreme)

Kleiner terrassierter Platz oberhalb der Straße Göreme-Uçhisar. Der Name ist Programm. Von hier aus hat man einen wunderbaren Ausblick auf Göreme und es gibt sogar einen kleinen Pool. Auch die Bäume sind in den letzten 15 Jahren etwas gewachsen, so dass es einige schattige Plätze gibt. Der Weg in den Ort ist nur kurz, aber steil. Von Nachteil ist die Lage kurz oberhalb der Straße, auf der auch nachts noch etwas Verkehr rollt, und leider ist die Anlage auch etwas in die Jahre gekommen. Preis 10 €.

Tel.: 0090 384 271 2352
Fax: 0090 384 271 2632
E-Mail: panoramacamping@hotmail.com

➔ BERLIN-CAMPING (Göreme)

Der Platz liegt am Nordende von Göreme. Er bietet ein wenig Schatten und für Wohnmobile ist auch genügend Platz vorhanden. Ideal ist das Camp für Nachtschwärmer, die das Partyleben von Göreme genießen wollen. Nur 5 Gehminuten liegt es vom Ortskern entfernt, wo die Discotheken und Bars liegen. Für Camper ohne Fahrzeug sind die Einkaufswege auch entsprechend kurz. Preis 12 €.

Tel.: 0090 384 271 2249

➔ KAYA-CAMPING (Göreme – Ortahisar)

Mit Abstand der beste Platz vor Ort. Leider liegt er abseits jeglicher Ortschaften. Aber daher vielleicht der ideale Platz für Freunde von Natur und Ruhe. Auf der kleinen Straße dorthin schläft der Verkehr nachts fast völlig ein. Da der Platz sehr hoch liegt, hat man von dort aus eine herrliche Aussicht auf die umliegenden Hügel und Täler, die sich im Sonnenuntergang tief rot färben. Der Platz verfügt über moderne und saubere Sanitäranlagen und ihm angeschlossen sind ein Restaurant und ein kleiner Laden. Große Schatten spendende Bäume findet man überall, und einen Pool gibt es auch. Von Göreme kommend, folgt man der Ausschilderung zum Museum, fährt daran vorbei und erklimmt dann auf der kurvigen und extrem steilen Straße den Berg. Von Göreme bis zum Platz sind es etwa 2,5 Kilometer. Den Fahrern von Wohnwagengespannen wird empfohlen, den Platz von der anderen Seite anzufahren. Das heißt, von der Straße Ürgüp - Nevşehir kommend, bei Ortahisar der Ausschilderung nach Göreme folgend. Preis 15 €.

Tel.: 0090 384 343 3100 oder 3983
Fax: 0090 384 343 3984
E-Mail: kayacamping@www.com

➔ ADA-CAMPING (Avanos)

Ein etwas größerer Platz bei Avanos, nur durch einen schmalen Schilfgürtel vom Fluss getrennt und abseits von jedem Durchgangsverkehr gelegen. Der Platz weist einige schattige Stellplätze auf, aber der Clou ist der große 25 m lange Pool. Jede Woche wird seine Füllung mittels Brunnenwasser gewechselt. Dieser Platz ist ideal für ein paar faule Tage am Wasser und dem dazugehörigen Sonnenbaden. Tagsüber kann es etwas lauter werden, da der Pool gegen Eintrittsgebühr auch von Nichtcampern genutzt wird. Aber die Gebühr ist so hoch, dass sich nur betuchte Kappadokier diesen Luxus leisten können. Angeschlossen ist auch ein kleines Restaurant. Da der Platz etwas außerhalb liegt, braucht man ca. 10 bis 15 Minuten zu Fuß in den Ort. Freunde des Angelns sind hier gut aufgehoben, da der Fluss nebenan voller Fische ist und man keinen Angelschein benötigt. 10 € verlangt der Besitzer pro Nacht und hält dabei seinen Platz von April bis Oktober geöffnet.

Tel.: 0090 384 511 2429
E-Mail: info@adacampingavanos.com
Web: www.adacampingavanos.com

➔ GREEN HOTEL (Çavuşin)

Das Camp ist an ein Motel angeschlossen. Leider ist dort sehr wenig Grün und der Schatten spärlich, aber der Preis von 6 TL (3 €) p. P. in Kappadokien fast unschlagbar. Wer für sein Wohnmobil unbedingt Strom braucht, zahlt noch einmal 5 TL. Ohne Stromanschluss können Zelte oder Fahrzeuge jeglicher Art kostenfrei aufgestellt werden.

Tel.: 0090 384 532 7050
Fax: 0090 384 532 7032
E-Mail: info@motelgreen.com
Web.: www.motelgreen.com

„Wildes“ Campen inmitten einer grandiosen Landschaft: noch wird man dafür bestaunt

➔ SEVIN ROCK HOUSE (Göreme)

Wie beim Green Motel bietet auch hier ein Pensionsbetreiber Campingmöglichkeiten in seinem großen Gartenareal an. Der Vorteil hier ist, dass man mitten im Ort Göreme mit seinem Camper steht und die Wege daher sehr kurz sind. Zum Platz gehört ein kleiner Pool und der Preis bricht alle Rekorde: 5 TL p. P. inklusive Stromanschluss.

Tel.: 0090 384 271 2462
E-Mail: sevinrock@hotmail.com

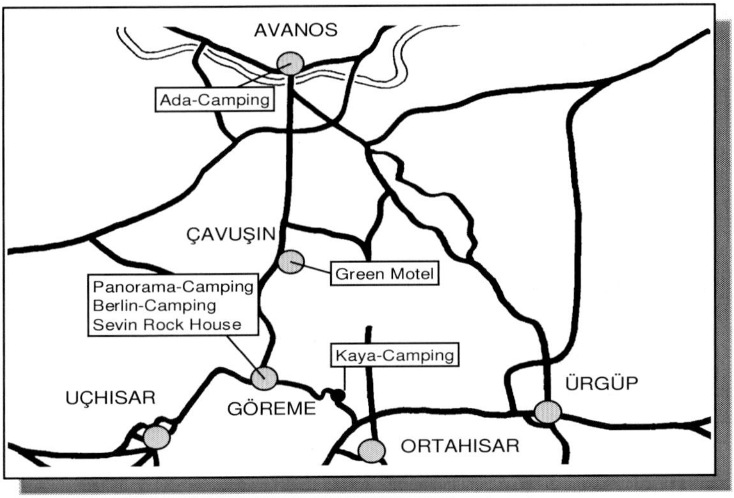

Einkaufen

Das Thema Einkaufen richtet sich in erster Linie an den Selbstversorger. Zum Erwerb von Souvenirs finden Sie auf Seite 178 das entsprechende Kapitel.

Wer frische Lebensmittel einkaufen möchte, sollte vormittags den wöchentlichen Markttag der einzelnen Orte abpassen. Der Wochenmarkt ist in Frische der Ware und im Preis nicht zu schlagen. Der Beweis dafür ist der Ansturm der Einheimischen an so einem Tag, so dass man dort kaum einen Fuß vor den anderen bekommt. Die Kappadokier kaufen auf dem Markt oft ihren ganzen wöchentlichen Bedarf an frischem Obst oder Gemüse ein.

Haben Sie keine Hemmungen, die angebotenen Früchte ausgiebigst mit den Händen zu prüfen. Sollte ein größerer Andrang an einem Stand sein, so lassen Sie sich im Voraus eine Plastiktüte geben und suchen Sie sich ganz in Ruhe die besten Früchte aus. Erfahrungsgemäß versuchen es oft die älteren Händler, Touristen zu beschummeln, indem sie perfekte Ware vorführen, aber aus einer anderen Kiste schlechtere Ware einpacken. Es empfiehlt sich, eine große Einkaufstasche mitzunehmen, da Sie an jedem Stand mindestens ein bis zwei Plastiktüten erhalten und das Handling mit zunehmender Anzahl von Tüten immer schwieriger wird. Hier auf dem Markt lassen sich auch hervorragend Gewürzvorräte für das ganze Jahr einkaufen, denn die Auswahl ist riesig, und der Preis liegt ein Vielfaches unter dem deutscher Supermärkte. Ansonsten bietet der Wochenmarkt noch Haushaltsbedarf, Textilien, Schuhe und Werkzeuge. Eigentlich kann man hier alles erwerben, was man zuhause vergessen hat einzupacken, vom einfachen Nähzeug bis hin zum 10-Kilo-Vorschlaghammer. Das Einzige, was Sie auf dem Markt nicht bekommen ist Fleisch.

Markttage in Kappadokien

Montag	-	Nevşehir
Dienstag	-	Uçhisar
Mittwoch	-	Göreme
Donnerstag	-	Gülşehir
Freitag	-	Avanos
Samstag	-	Ürgüp

Wer keine Möglichkeit haben sollte, einen Wochenmarkt zu besuchen, muss trotzdem nicht verhungern. In den Ortschaften gibt es Händler, die kleinere Mengen an Obst und Gemüse die ganze Woche hindurch verkaufen. Daneben haben sich einige Mini-Märkte etabliert, die den täglichen Einkauf ermöglichen und auch alles führen, was das Herz begehrt. Diese Geschäfte haben oft an sieben Tagen in der Woche geöffnet und das mindestens von morgens acht bis abends acht. Auch frisches Brot bekommen Sie hier fast den ganzen Tag über, denn Bäckereien in der uns bekannten Form gibt es nicht. Einige dieser Läden führen auch Frischfleisch, allerdings ist es in Folie eingeschweißt oft gar nicht mehr so frisch oder kommt sogar aufgetaut aus der Tiefkühltruhe. Da ist man beim Fleischer (kasab) besser bedient, vor rausgesetzt der letzte Schlachttag liegt nicht eine ganze Woche zurück. Mit Vorliebe wird das Fleisch von den Türken in kleine Stücke geschnitten. Sollten Sie Schmacht auf ein großes Steak habe, müssen sie den Fleischer bremsen.
Bier und Wein bekommen Sie auch bei einigen Mini-Märkten, aber eigentlich gibt es dafür spezielle Alkoholläden. Sie erkennt man an der übergroßen Werbung für das leckere Efes-Pilsener, und sie führen auch die härteren Sachen wie Rakı oder schrecklich süße Liköre. Echte Weinliebhaber werden in Kappadokien schwer enttäuscht werden, denn der Wein ist teuer und mittelmäßig. Wenn man bedenkt, dass man sich in einem ausgesprochenen Weinanbaugebiet befindet eigentlich ein Unding.
Erschrecken Sie bitte nicht, wenn ein Händler beim Preis von Millionen oder Tausenden redet. Dies stammt noch aus der Zeit vor der Währungsreform von 2005, als die Geldscheine noch sechs Nullen mehr besaßen.

Hier nun noch einige wichtige Ladenbezeichnungen ins Deutsche übersetzt:

kasab	Schlachter
eczane	Apotheke
bakal	größerer Kiosk mit riesigem Sortiment
pastahane	Konditorei (keine Bäckerei)

Einreisebestimmungen

Zur Einreise ohne Fahrzeug benötigen deutsche Staatsbürger lediglich einen Personalausweis, der noch drei Monate gültig sein muss. Kinder bis 16 Jahre benötigen einen Kinderausweis, wobei ab dem zehnten Lebensjahr ein Foto im Pass enthalten sein muss. Bis zu 3 Monate darf man sich dann visumfrei im Land aufhalten. Eine Verlängerung ist in allen Provinzhauptstädten des Landes möglich, aber der bürokratische Aufwand ist gigantisch.
Reisende aus anderen europäischen Staaten unterliegen jedoch zum Teil abweichenden Bestimmungen. So müssen Österreicher einen Reisepass mit sich führen und am Flughafen für 15 € ein Visum erwerben. Niederländer dagegen brauchen nur ihre Identiteitscard vorzuzeigen und bezahlen 10 € für die Einreiseerlaubnis. Erkundigen Sie sich bitte im Vorfeld Ihrer Reise nach den Ihrer Nationalität entsprechenden Einreisebestimmungen.

Wer mit seinem eigenen Kraftfahrzeug einreist, muss einen Reisepass vorweisen können. Weiterhin benötigt man die grüne Versicherungskarte für das Fahrzeug. Die schickt Ihnen Ihre Versicherung auf Nachfrage kostenlos zu. Bitte teilen Sie der Versicherung mit, dass Sie in die Türkei einreisen wollen und deshalb die große Versicherungskarte benötigen. In der kleinen sind nur die europäischen Länder eingezeichnet, wozu die Türkei noch nicht zählt. Ansonsten reichen nationaler Führer- und Fahrzeugschein. Ein „Carnet de Passage" ist für die Türkei nicht erforderlich. Von all den aufgeführten Papieren sollten Sie unbedingt Fotokopien mitführen und gesondert aufbewahren. Sollten Ihnen die Originale abhanden gekommen sein, so erleichtert dies die Wiederbeschaffung durch die Konsulate erheblich.
Im Zollgebäude angekommen kontrolliert zuerst die Polizei Ihre Pässe und trägt den Einreisestempel ein. Dann kommt der Zoll an die Reihe. Der zeigt meist sehr wenig bis gar kein Interesse an der Ladung von Touristenfahrzeugen. Zum Schluss werden die Daten Ihres Fahrzeugs im Computer festgehalten und der Reisepass des Fahrzeughalters bekommt einen weiteren Stempel, in dem eine laufende Nummer und das Datum, an dem Sie das Auto spätestens wieder außer Landes gebracht haben müssen, hineingeschrieben werden. Zu beachten gilt, dass Ihr Fahrzeug nur maximal **180** Tage im Land verbleiben darf. Jeder Tag mehr kostet Sie ein Vermögen an Strafgeldern.

Für Hunde muss ein Internationaler Impfpass vorliegen. Darin muss der Nachweis einer Tollwutimpfung vermerkt sein. Diese Impfung muss mindestens 14 Tage vor der Einreise erfolgt sein und auch noch mindestens drei Monate Gültigkeit besitzen. Des Weiteren muss ein amtstierärztliches Gesundheitszeugnis vorliegen, das - und jetzt kommt's - nicht älter als **24 Stunden** alt sein darf. Wer mit dem Flieger einreist, mag dieser logistischen Herausforderung vielleicht gewachsen sein, Autofahrer aber werden jetzt in Nöte kommen. Sollten Sie das Datum Ihrer Einreise im Voraus wissen, dann bitten sie den Amtstierarzt einfach darum, das Zeugnis vor zu datieren. Bei den meisten Veterinären werden Sie auf Verständnis stoßen. Etliche Male sind wir schon mit unserem Hund in die Türkei eingereist und die Praxis sah immer vollständig anders aus. Nur einmal wollte ein Zöllner den Impfpass sehen. Er bemerkte schnell, dass er ihn nicht deuten konnte und erkundigte sich mit aller Liebenswürdigkeit nach dem Namen des Hundes, der ja groß und breit auf dem Umschlag prangte. Mit der Bemerkung, dass dies ja ein entzückendes Tier sei, gab er uns den Impfausweis zurück und wünschte eine gute Reise. Ansonsten hat sich in all den Jahren kein Grenzer für den Hund interessiert.

Ab 2011 gilt innerhalb der EU übrigens die Chippflicht für Ihren Liebling auf vier Pfoten.

Was darf eingeführt werden? Prinzipiell alle Dinge, die für den persönlichen Bedarf bestimmt sind, wobei illegale Drogen selbstredend davon ausgenommen sind. Campingbedarf, eine Fotoausrüstung, eine Videokamera oder ein Laptop stellen kein Problem dar. Bei professionellem elektronischem Equipment sieht die Sache schon etwas anders aus. Zwar darf es eingeführt werden, alles wird jedoch in den Pass eingetragen und muss bei der Ausreise vorgezeigt werden.

Jagdwaffen können eingeführt werden, die erforderliche Erlaubnis muss aber im Vorfeld der Reise beim türkischen Konsulat eingeholt werden.

Immer wieder spielen einige Leute mit dem Gedanken, ihr Fahrzeug in die Türkei zu exportieren, um vom Verkaufserlös den Urlaub zu finanzieren. Solchen Vorstellungen schieben die türkischen Zollbehörden einen kräftigen Riegel vor. Erstens darf das Fahrzeug nicht älter als 6 Jahre sein, und zweitens kassiert die Behörde 100% Zoll auf den Neupreis. Von Gewinn kann da nicht mehr die Rede sein.

Geschenke für Freunde dürfen im Wert von 300 € (Kinder unter 15 Jahre maximal 145 €) zollfrei mitgeführt werden. Führen Sie die Kaufbelege bitte mit. Ausländische und türkische Devisen dürfen in unbegrenzter Höhe ein- und bis zu einem Wert von 5000 US Dollar ausgeführt werden. Allerdings sollten Sie bei der Ausreise aus der Türkei, auf Anfrage der Zöllner hin, Tauschbelege in Höhe der in türkischer Lira mitgeführten Barbeträge vorweisen können.

Was ist bei der Ausreise zu beachten

Auf keinen Fall sollten Sie sich dazu hinreißen lassen, illegale Drogen auszuführen. Die Strafen darauf sind sehr empfindlich und beinhalten immer einen mehrjährigen Aufenthalt auf Staatskosten. Türkische Gefängnisse sind bekannt für ihr exorbitantes Ambiente: fließend Wasser an den Wänden, frische Luft durch fehlende Fensterscheiben, was besonders im Winter gut kommt, und ein hervorragendes Unterhaltungsprogramm mit 40 raubeinigen Gesellen in einer Zelle gehören zum Standard.
Die Ausfuhr von Antiquitäten ist ebenfalls ein heikles Thema. Die Pressemeldungen in Deutschland über so genannte Räuber antiker Steine sollten Sie etwas sensibilisiert haben. Auch hier wurden Haftstrafen verhängt. In Nevşehir, direkt im Archäologischen Museum, gibt es eine Außenstelle der Behörde für Altertümer. Im Zweifelsfalle fragen Sie dort nach und lassen sich eine Ausfuhrerlaubnis ausstellen. Zum Schluss ein letzter Tipp: nicht alles, was aus der Türkei ausgeführt werden darf, darf auch in die EU eingeführt werden. Besonders die Richtlinien zum Schutz exotischer Tiere und Pflanzen ist hier zu beachten. Bei weiteren Fragen wenden Sie sich an den WWF oder einen Zöllner Ihres Vertrauens.

World Wildlife Fund:	www.wwf.de
Auswärtiges Amt:	www.auswaertiges-amt.de
Deutscher Zoll:	www.zoll.de

Kopie eines antiken Mosaiks

Elektrizität

Auch in der Türkei werden elektrische Geräte mit 230 V Wechselstromspannung betrieben. Im Großen und Ganzen passen die Eurostecker unserer Geräte in die dortigen Steckdosen. Mittlerweile werden auch vermehrt so genannte Schutzkontakt-Steckdosen verbaut. Aber Vorsicht: dies bedeutet noch lange nicht, dass auch ein Erdungskabel angeschlossen ist. Besonders bei älteren Gebäuden ist dieser Standard oft noch nicht anzutreffen.
Mit Stromausfällen, die einen ganzen Ort oder zumindest Ortsteile betreffen, muss leider ab und an immer noch gerechnet werden. Aber meist dauert dieser Zustand nicht sehr lange. Waren diese Stromausfälle vor 20 Jahren noch an der Tagesordnung, so sind sie heute selten geworden und werden von der Bevölkerung gelassen mit einem Achselzucken hingenommen. Nur Touristen, die gerade eine unterirdische Stadt besichtigen und ihre Taschenlampen vergessen haben, finden dies dann gar nicht so komisch.

Zähler- und Sicherungskasten in einem Margarinekanister

Kappadokischer Wein

- altes Wissen neu entdecken

von Ines Rebentrost

Die Wiege des Weinanbaus liegt in Kleinasien. Seit Tausenden von Jahren werden im Einzugsgebiet von Euphrat und Tigris Weinreben kultiviert. Von hier aus traten sie Ihren Siegeszug, zuerst durch die Griechen und später durch die Römer, nach Europa und in die ganze Welt an. Dadurch wurden Anatolien, und ganz speziell Kappadokien, sehr früh zu einem Weinanbaugebiet.
Trotz religiöser Einschränkungen durch das Aufkommen des Islam als Staatsreligion im 12. Jahrhundert konnte sich der Rebbau in der Türkei halten. Allerdings lag der Schwerpunkt in den letzten Jahrhunderten in der Produktion von Tafeltrauben und Rosinen, und das alte Wissen der Weinherstellung ging verloren. Eine eigentliche Weinkultur konnte sich erst wieder in den letzten 70 Jahren, seit Atatürks Säkularisierungsbestrebungen, von neuem entfalten.
Rebbau zur Weingewinnung ist allerdings, gemessen an der gesamten türkischen Rebfläche, immer noch von verschwindend geringer Bedeutung. So ist die Türkei zwar nach wie vor der viertgrößte Traubenproduzent der Welt, aber was die Weinproduktion betrifft, so ist die Türkei in den Statistiken oftmals noch nicht einmal zu finden, und wenn doch, dann unter „ferner liefen". Gerade einmal 3% des Rebanbaus macht derzeit die Weinproduktion im Lande aus, allerdings mit stark steigender Tendenz. Bei der neu entstehenden und gut verdienenden städtischen Mittelschicht erfreut sich der Wein immer größerer Beliebtheit.
Obwohl der Weinanbau in Kappadokien eine große Tradition besitzt, sieht die junge Generation allerdings heutzutage kaum mehr Perspektiven in der landwirtschaftlichen Produktion. Sie wendet sich der Tourismusbranche zu oder wandert in die Städte ab. Kein Wunder! Ein Landwirt, der seine Trauben an Rakı- oder Weinfabriken verkauft, kann nicht einmal mehr seine Grundkosten damit decken. Deshalb sind viele der alten Rebgärten heute

verwildert. Bis in die 1960er Jahre hinein gab es in jeder größeren Gemeinde eine Weinfabrik, heute jedoch kann man diese an 5 Fingern abzählen.
Was unglaublich schade ist, denn als Weinfachleute sind wir uns sicher, dass die geologischen und klimatischen Gegebenheiten Kappadokiens ganz besonders gut für die Herstellung von Spitzenweinen geeignet sind:
Bei einer Höhenlage von 800 bis 1200 m über dem Meeresspiegel wechseln sich während der Vegetationsperiode kühle Nächte mit heißen und trockenen Tagen ab. Diese Tagnachtschwankungen fördern in idealer Weise die Aromenbildung in den Trauben während der Reifezeit und vermindern einen zu starken Abbau der Säuren, wie es z.B. an der türkischen Ägäisküste der Fall ist. Dort ergeben sich eher plumpe und langweilige Kompott-Weine.
Die Böden Kappadokiens sind vulkanischen Ursprungs. Meterdicke Tuffsteinschichten, die aus vulkanischem Ascheregen entstanden, bedecken das ursprüngliche Sedimentgestein. Diese „Pomsa"- Böden sind tiefgründig und leicht zu durchwurzeln. Zudem haben sie die Fähigkeit aufgrund ihres porösen Aufbaus Feuchtigkeit zu speichern, die so der tief wurzelnden Rebe auch in der trockenen Sommerzeit zur Verfügung steht. Auf eine künstliche Bewässerung, die ökologisch gesehen aus Gründen der Versalzung und der allgemeinen Wasserknappheit unsinnig wäre, kann so verzichtet werden. Sie würde die Rebe nur zur „Faulheit" verleiten, so dass die Wurzeln eher oberflächig blieben. Und gute, konzentrierte Weine geben überall auf der Welt diejenigen Reben ab, die auf eher kargen Böden wachsen – durch positiven Stress sozusagen.
Die großen Niederschläge beschränken sich in Kappadokien auf den Winter und das Frühjahr, dann wird der Boden quasi aufgetankt.
Die trockenen Sommer vermindern die Problematik des Pilzbefalls erheblich, so dass ein ökologischer Traubenanbau möglich ist, der im Vergleich zu Mitteleuropa mit sehr wenigen Pflanzenschutzmassnahmen auskommt, was natürlich den Winzer freut.
Warum also hinken die Weine der Türkei und Kappadokiens der restlichen Weinwelt so hinterher? Und warum sind sie noch dazu so teuer, so dass sich ein äußert schlechtes Preisleistungsverhältnis ergibt? Viele Wein interessierte Touristen probieren sich am Anfang ihrer Reise tapfer durch die türkischen Produktionen, um dann enttäuscht ganz schnell zu Bier oder Rakı zu wechseln.

Für die hohen Preise können die Weinproduzenten nichts, sie sind eine Folge der momentan islamisch ausgerichteten Regierungspartei, die zusätzlich zu der 20%-tigen Mehrwertsteuer nochmals eine immens hohe Luxussteuer auf alkoholische Getränke erhebt.
Wohl aber können sie etwas für die schlechte Qualität. In den letzten fünf Jahren ist hier immerhin eine positive Entwicklung zu beobachten: in den Weinkeltereien wird sauberer gearbeitet und es gab einen Technologie-Sprung. Oftmals beschäftigen größere Firmen ausländische Önologen als Berater. So z.B. die Familienbetriebe „Turasan“ in Ürgüp und „Kocabağ“ in Uçhisar. Auch der Konzern „Kavaklıdere“ aus Ankara investiert seit kurzem in Kappadokien. Diese Unternehmen haben natürlich das entsprechende Geld im Hintergrund, um in neue Technologien und gekauftem Wissen zu investieren. Aber auch viele kleinere Betriebe, z.B. in Ürgüp und Mustafapaşa geben sich große Mühe, die Qualität ihrer Produkte zu verbessern. In Mustafapaşa gibt es seit einigen Jahren sogar eine Weinfachschule. Der Grund dafür ist eben der, dass in Sachen Rebbau keine Gegend in der Türkei den Qualitäten Kappadokiens so leicht das Wasser reichen kann.
Trotzdem: einen kappadokischen Wein, der so richtig Freude macht, vielschichtig und spannend ist, während des Trinkens sich in seinen Facetten sogar noch steigert und dabei ehrlich gemacht ist, haben wir noch nicht gefunden. Man kann sagen, dass der türkische Weinanbau dem Europas und der neuen Welt um ein paar Jahre hinterherhinkt. Noch vor 15 Jahren galten deutsche Durchschnittsweine oftmals als sauer im Vergleich zu den Produkten der berühmten Weinnationen Frankreich oder Italien. Erst die wachsende Konkurrenz und das veränderte Konsumverhalten – weniger trinken, nur zu besonderen Anlässen, dafür besser – war für eine Qualitätssteigerung bei den deutschen Weinen verantwortlich. Auch der Türkei muss man deshalb diese Lernphase zugestehen, da sie aufgrund der Jahrhunderte dauernden osmanischen Herrschaft keine kontinuierliche Weintradition entwickeln konnte.
Es wäre auf jeden Fall außerordentlich schade und die Verschwendung eines Riesenpotentials, wenn ein so perfektes Weinanbaugebiet wie Kappadokien keine Spitzenweine hervorbrächte. Weine die international hohes Ansehen genießen würden, vor allem aber uns, den türkischen wie ausländischen Weinliebhabern, großen Spaß bereiten würden!

Die deutsche Önologin Ines Rebentrost lebte viele Jahre in der Region. Zurzeit pendelt sie mit ihrem schweizer Partner und Önologen Philipp Gfeller zwischen der Schweiz und Kappadokien, um in der Nähe des Ortes Ortahisar eine neue Winzerei aufzubauen. Hier ist in den nächsten Jahren mit einem hervorragenden kappadokischen Wein zu rechnen. Alles zum Stand der Entwicklung erfährt man im Internet unter:

www.ortahisarwine.com.

Essen und Trinken

Der Feinschmecker spricht von den drei großen Weltküchen mit hervorragendem Ruf. Dazu gehört die chinesisch-asiatische Küche, die Kochkunst Frankreichs und zu guter Letzt auch die türkisch-osmanische Art der Speisenzubereitung. Sie sehen: alles Länder, in denen monarchistische Prunksucht und Dekadenz über Jahrhunderte ihre Blüten trieben. Und wie der Gelehrte Ibn Haldun einmal schrieb: „Das Volk nimmt mit der Zeit die Religion seines Herrschers an", so passierte dies auch mit der türkischen Küche. Addiert man nun noch die reiche Flora und Fauna der Türkei und ihre regionalen Unterschiede dazu, so hat man alles, was eine Küche von Weltrang ausmacht. Bei all der großen Kreativität, welche die Köche am Hofe des Padischa entwickelten, um dessen verwöhntem Gaumen zu huldigen, so waren sie auch sehr erfindungsreich in der Namensgebung ihrer Gerichte. Gefüllte Auberginen nennt man „Dem Imam war schlecht", oder „Der Imam fiel in Ohnmacht". Andere Speisen heißen „Frauenschenkel" oder Süßwaren tragen den Namen „Nachtigallennest", „Gewundener Turban" oder gar „Frauennabel".
Selbstredend hat sich die aufwendige Kochkunst aus dem Istanbuler Topkapı-Palast nicht eins zu eins auf die Schüsseln der anatolischen Bauern übertragen. Hier in Kappadokien ist der Speiseplan den saisonalen und geografischen Besonderheiten unterworfen. Wintertags aus Südafrika eingeflogene Erdbeeren sucht man hier vergebens. Stattdessen kommt das auf den Tisch, was günstig und in großen Mengen auf dem Wochenmarkt zu erwerben ist. Besonders im Winter bestimmt Eingelegtes oder schon im Herbst Vorbereitetes den Essenstisch.

Die türkische Küche gilt als sehr ausgewogen. Traditionell sind große Fleischberge auf dem Teller hier nicht anzutreffen. Den Döner – manch einer hält ihn für das türkische Standardgericht - findet man nur in den Großstädten oder in Gebieten, in denen der Tourismus eingezogen ist. Vor 25 Jahren waren die sich im Schaufenster drehende Riesenspieße hier in Kappadokien eine Seltenheit. Gemüse, Reis und Kartoffeln stellen auf dem anatolischen Teller immer noch die Mehrheit. Eine 5-köpfige Familie verbraucht pro Woche mindestens 10 kg Tomaten, und als so genannte „Sättigungsbeilage" dient hier das allgegenwärtige Weißbrot. In jedem Restaurant gehört es auf den Tisch, untrennbar mit einer Flasche Wasser verbunden. Auf der Rechnung sollte beides allerdings nicht stehen.
Die einfachste Art der öffentlichen Beköstigung ist das Lokanta. Hier liegen die lokalen Speisen direkt am Eingang in einer Warmhaltetheke aus. Bevor man sich setzt, sucht man sich seine Mahlzeit dort aus. Anschließend bringt der Kellner das Gewünschte an den Tisch. Wir Europäer sind dann oft ein wenig enttäuscht, da die Portionen nicht besonders groß sind. Aber zum Sattwerden liegen halt die Berge von Brot zum Zugreifen parat. Auch ist das Essen wie bei uns nicht heiß, sondern - wie das Wort Warmhaltetheke schon sagt – halt nur warm. Gezahlt wird übrigens nicht am Tisch sondern an der Kasse, die direkt am Eingang steht und an der, unter dem Konterfei Atatürks, der Chef des Hauses meist selbst kassiert.

Das Lokanta mit seinem typischen Kantinenflair

Eine türkische Besonderheit ist das morgendliche „Suppentrinken". Die Linsensuppe (mercimek) kommt unseren mitteleuropäischen Essgewohnheiten dabei noch am nächsten. Die „Paça", eine Schafskopfsuppe, deren fleischliche Bestandteile man lieber nicht genauer untersuchen sollte, oder gar die (işkembe), eine Kuttelsuppe, sind jedoch nicht jedermanns Sache. Die Türken schwören allerdings darauf. Besonders nach einer durchzechten Nacht ersetzen diese Süppchen jeden Kaffee oder jede Kopfschmerztablette.

Ob ein solches Lokanta eine saubere und gute Küche führt, erkennt man an der Anzahl der einheimischen Gäste. Eine morgens und mittags gut besuchte Lokalität können Sie bedenkenlos aufsuchen. Abends ist es allerdings ratsam in ein Restaurant zu gehen, da die Auswahl im Lokanta dann nicht mehr besonders groß ist und die Speisen recht verkocht sind. Auch sollte man mit der Wahl der dortigen Speisen in den ersten Tagen etwas vorsichtiger sein. Die Gründe dafür erfahren Sie in den Kapiteln *„Medizinische Versorgung"* und *„Toiletten"* auf den Seiten 170 und 187.

Im Restaurant geht es etwas gediegener zu. Auch hier sollte man schauen, ob es von Türken frequentiert wird. Die Türken sind sehr kritisch, was Qualität und Frische der Speisen angeht, und Unzulänglichkeiten eines Lokals sprechen sich bei ihnen schnell herum. Im Restaurant gibt es auch wieder eine Speisekarte, wobei es allerdings kein Problem ist, falls Sie mit der Bedienung Sprachschwierigkeiten haben, mal eben kurz die Küche aufzusuchen. Der Speiseplan sieht hier schon etwas anders aus, als in einem Lokanta. Fleischgerichte stehen vermehrt auf der Karte. Hier findet man das bekannte „Şis-Kebab" in den verschiedensten Variationen, aber auch Besonderheiten wie das „Saçtava", ein Fleisch-Gemüse-Mix, der auf einem gewölbten Blech gegart und serviert wird. Die lokale Spezialität „Güveç", ein Eintopf, der stundenlang in den speziellen Tontöpfen aus Avanos köchelt, findet man hier genauso wie den weithin bekannten Dönerspieß. Eine besondere Attraktion ist das „Testi Kebab". Hier werden Fleisch, Kartoffeln, Knoblauch, Zwiebeln und Tomaten mit Salz und Pfeffer gewürzt und garen anschließend zweieinhalb Stunden lang im Backofen. Der Clou: das Ganze steckt in einem Tonkrug, dessen Öffnung mit Brotteig verschlossen ist. Erst am Tisch und vor den Augen der staunenden Gäste wird dem Gefäß - theatralisch und mit einem schwungvollen Hieb - der obere Teil mit einem Messer abgetrennt und der köstliche Inhalt landet dampfend auf dem Teller. Die Straßen vor den Restaurants sind gesäumt von diesen „geköpften" Krügen, die nur in Avanos und alle in Handarbeit hergestellt wurden.

Nach dem Essen fragt Sie der Kellner meist, ob Sie ein Dessert wünschen. Angeboten wird frisches Obst, das zuckersüße Baklava (ein in Honig getränkter Blätterteig mit Nüssen und Pistazien) oder Sütlaç (ein im Ofen gebackener Milchreis). Wenn es Sie zu mehreren nach einem Nachtisch verlangt, sollten Sie als krönenden Abschluss unbedingt eine Obstplatte bestellen.
Neben dem Restaurant gibt es noch den „Pide-Salonu". Hier erwartet Sie die türkische Variante der Pizza. Länglich ist sie und wird mit Käse, Hackfleisch oder gebackenem Ei belegt angeboten. Heiß und in mehrere handliche Stücke zerschnitten landet sie letztlich beim Gast auf dem Tisch.
Für Naschkatzen hat der Türke die „Pastahane" erfunden. Hier werden Konditorwaren angeboten und die Freunde von Kaffee und Kuchen kommen hier voll auf ihre Kosten. Neben dem schon oben erwähnten „Baklava" liegen hier auch Torten, Kekse und weiteres Kleingebäck aus. Aber Vorsicht: türkische Backwaren sind fast immer zuckersüß. Der Kuchen hier erinnert eher an die gute alte Buttercremetorte mit ihrer exorbitant hohen Kalorienzahl.
Zu empfehlen wäre noch der Besuch eines fahrenden „Köfteci". Dort werden auf einem kleinen Handwagen direkt an der Straße und über Grillkohle die kleinen Mettbällchen – das Köfte - gebraten. Anschließend werden diese zusammen mit Zwiebeln, Paprika und Tomaten in ein aufgeklapptes halbes Weißbrot gelegt und dem Kunden in Zeitungspapier eingewickelt zum Essen überreicht. Das Köfte-Brot ist eine preiswerte und sehr schmackhafte mittägliche Alternative zum Restaurantbesuch.

Doch kommen wir nun zu den Getränken. Alkohol werden Sie im Lokanta nicht bekommen. Eine Tatsache, die ein Abendessen dort auch nicht gerade attraktiver macht. Hier stehen Kaffee, Tee, Säfte oder die üblichen internationalen Brausegetränke zur Auswahl. Zu empfehlen wäre der „Ayran", ein Getränk aus verdünntem Yoghurt. Einen besseren Durstlöscher gibt es - kalt serviert - weit und breit nicht.
Im Restaurant dagegen bekommen Sie die gesamte Spannbreite an alkoholischen Getränken. Neben einheimischem Wein und dem leckeren Efes-Pilsener steht selbstverständlich die türkische Löwenmilch – der Rakı - auf der Karte. Löwenmilch deshalb, weil der hochprozentige Anisschnaps mit Wasser gemischt getrunken wird, sich dabei milchig einfärbt und angeblich Löwenkräfte verleiht. 40% Alkoholgehalt hat der Rakı - wenn nicht sogar manchmal mehr – und es kann vor übermäßigem Genuss nicht

genug gewarnt werden. Die Kräfte, die Sie am Vorabend beim Rakı trinken gezeigt haben, werden Ihnen am nächsten Tag garantiert fehlen. Allerdings sind alkoholische Getränke mit sehr hohen Steuern belegt, so dass das obligatorische Glas Rakı am Abend für viele Einheimische nicht mehr erschwinglich ist; umso mehr machen Sie mit einer Einladung vielen Türken eine echte Freude.

Kappadokien ist mit seiner Höhe von durchschnittlich 1000 m ü. NN, seiner heißen Sonne und den porösen Böden das ideale Weinanbaugebiet. Weinreben überziehen die Hänge und wachsen fast an jeder Hauswand. Die Trauben sind süß und saftig und ein echter Genuss. So mancher Haushalt hatte früher seine eigene Weinkelterei. Die großen Keltereien Kappadokiens verkaufen ihre Ware im ganzen Land. Also sollte Kappadokien ein Dorado für echte Weinliebhaber sein – das ist aber leider nicht so.

Was die Keltereien aus der süßen Traube machen, ist einfach schleierhaft. Mancher spanische Tütenwein ist besser als die Weine, die hier für 8 € pro Flasche im Laden verkauft werden. Für einen guten Wein muss man in Kappadokien schon eine Stange Geld hinlegen und oft kommt dieser Wein dann auch noch aus anderen Teilen der Türkei. (Mehr zum Thema Weinanbau in Kappadokien finden Sie auf Seite 118.)

„Normal-Çay oder „Elma-Çay ?"
Der Çaycı bei der Arbeit

Also essen Sie die Trauben lieber frisch und trinken einen schönen Tee (çay) dazu. Er ist das Nationalgetränk der Türken und gedeiht im feucht-tropischen Klima der Schwarzmeerküste. Das war nicht immer so. Eigentlich ist der türkische Mokka (kahve), der bis zum Ende des osmanischen Reiches massenhaft getrunken wurde, ja viel bekannter. Doch Atatürk, der Gründer

der türkischen Republik, erkannte sehr schnell, dass der Import des Kaffees viel zu teuer war. So gab er die Order, Teepflanzen im Norden des Landes anzubauen, um seinem Volk eine preiswertere Alternative zum Mokka zu bieten. Der Erfolg dieses Planes war Bahn brechend und innerhalb weniger Jahre wurde aus den Türken ein Volk der Tee-Trinker. Selbstverständlich bekommt man immer noch den berühmten schwarzen und starken türkischen Mokka serviert. Menschen mit Bluthochdruck sollten hier jedoch sehr vorsichtig sein, denn das schwarze Gift hat es in sich.

Zum Schluss haben wir noch ein Güveç-Rezept für Sie parat. Fast alle notwendigen Zutaten bekommen Sie auch in einem gut sortierten deutschen Supermarkt. Nur den traditionell notwendigen Güveç-Topf, den sollten Sie als Souvenir vorher in Avanos erworben haben.

Güveç – für 2 Personen
Von Ayşe Neumüller aus Avanos

Man nehme einen Original-Güveç-Topf von etwa 16 cm Durchmesser und mit einem Fassungsvermögen von ca. 1,5 Liter.

Zutaten:
3 mittelgroße Kartoffeln, 2 Zwiebeln, 1 Aubergine, 3 Tomaten, ½ Knoblauchknolle, 4 grüne schlanke Paprikaschoten (nicht scharf !!!), 1 Esslöffel türk. Tomatenmark (salça – evtl. im türkischen Laden kaufen), Gewürze und Kräuter: u.a. Majoran, Thymian, Petersilie, Salz und Kırmızı-Biber (In Kappadokien auf dem Wochenmarkt kaufen), 300g Lammfleisch.
Zubereitung:
Kartoffeln und geschälte Auberginen längere Zeit in kaltem Salzwasser ziehen lassen. Danach das Gemüse klein schneiden und in den Topf geben. Das Lammfleisch in grobe Stücke schneiden und oben drauflegen. Tomatenmark, Kräuter und Salz mit einem ¼ Liter Wasser vermengen und darüber gießen. Alles zusammen bei kleiner Hitze 1 Stunde kochen lassen und ggf. etwas Wasser nachgießen.

Den Topf kann man ohne Bedenken auf die Herdplatte stellen. Ansonsten kann er auch wie ein Römertopf in den Ofen geschoben werden. Wer das Rezept schon im Urlaub ausprobieren möchte, kann die fertige Mischung im nächsten „Pide-Salonu“ mit in den Backofen geben lassen.

Exotische Dienstleistungen

Der Berber (Friseur)

Das Wort Berber ist die türkische Ableitung von Barbier. Da man sich in alten Zeiten aus religiösen Gründen nicht den Bart schor, ist dieser Berufsstand noch nicht sehr alt. Erst mit der Gründung der Republik und den damit verbundenen Umwälzungen erfreute sich die Zunft des Friseurhandwerkes verstärkter Beliebtheit. Heute gehört es zum guten Ton, sich regelmäßig rasieren zu lassen. Rasierapparate wird man in einem türkischen Haushalt nur sehr selten vorfinden, oft auch keine Ausrüstung für die Nassrasur. Und da man es sich nicht leisten kann, jeden Tag zum Berber zu gehen, tragen viele Türken einen mehrere Tage alten Stoppelbart.

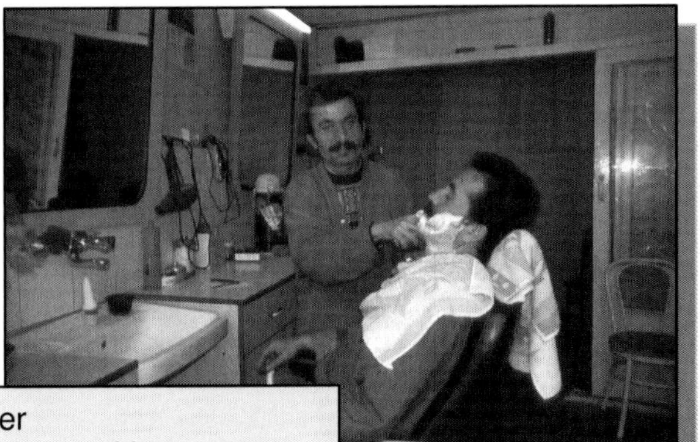

Der Berber
- der Mann Ihres Vertrauens

Für den Touristen ist der Besuch einer dieser Friseursalons ein Muss. Hier kommt man sich vor wie im wilden Westen. Rasiert wird noch mit der altbekannten Klinge, die ab und an mittels eines Ledergurtes geschärft wird. Eingeschäumt und mit einer Schürze abgedeckt sitzt man auf dem Stuhl, das Messer am Hals und der ruhigen Hand des Meisters ausgesetzt. Die Rasur erfolgt gründlich und fast immer unblutig. Anschließend wird der Restflaum mittels in Alkohol getauchter und angezündeter Wattestäbchen abgeflämmt.

Letztendlich wird die geschundene Haut mit Rasierwasser eingerieben und leicht eingepudert, und schon ist man ein neuer Mensch. Bei der angebotenen Massage sollte man vorsichtig sein, denn das kurzzeitige Ausrenken eines Halswirbels ist nicht jedermanns Sache.
Seit Neuestem hat sich der Berber für die männliche Jugend zum „Show-Kuaför" gewandelt, bei dem man sich abends trifft. Bis spät in die Nacht hinein kann man die jungen Männer dort sitzen sehen, wie sie diskutieren, herumscherzen und sich allerlei Cremes und andere Pflegemittel auftragen lassen. Wundern Sie sich also nicht, wenn Sie durch die Schaufensterscheiben eines Friseurladens hindurch die mit Gurken belegten Gesichter dieser Youngster erblicken.

Der Ayakkabı Boyacısı (Schuhputzer)

Dieser Beruf ist in Mitteleuropa gänzlich unbekannt und den meisten Reisenden höchst suspekt. Dies liegt aber oft nur an der an Unterwürfigkeit erinnernden Arbeitshaltung. Wem diese peinlich ist, aber dennoch blank geputzte Schuhe wünscht, kann sich vom Schuhputzer Plastiklatschen geben lassen. Dann kann man sich etwas abseits setzen und der Putzer nimmt die Schuhe in die Hand. Ein weiterer Vorteil dieser Technik ist, dass Ihre Socken sauber bleiben. Gerade bei Kindern, die besonders in der Ferienzeit verstärkt als Schuhputzer auftreten, sollte so vorgegangen werden. Die Grenze zwischen schwarzen Schuhen und weißen Socken, eine von Türken gerne getragene Kombination, wird von ihnen gerne überputzt. Man sollte keine Skrupel haben, diese Arbeit von Kindern machen zu lassen, denn sie kommen oft aus armen Familien und bessern so die Haushaltskasse auf. Dies gilt aber nur während der dreimonatigen Sommerferien. Zu anderen Zeiten herrscht Schulpflicht, die nicht unterwandert werden sollte.

Der Çaycı (Teemann)

Haben Sie Lust auf ein Glas Tee und wollen sich nicht extra in einen Teegarten oder ein Teehaus setzen? Dann suchen Sie einen Çaycı auf. Ihn zu finden, ist ganz leicht. Halten Sie an einem beliebigen Geschäftseingang Ausschau nach einer Sprechanlage und folgen Sie dem Kabel. Immer mehr Kabel kommen zusammen und zweigen irgendwann in einen dunklen Eingang ab. Dort arbeitet er auf oft nicht mehr als drei Quadratmetern zusammen mit seinem Austräger. Hier bekommen Sie am schnellsten einen Tee. Aber eigentlich versorgt der Çaycı die Geschäftsleute innerhalb eines festgelegten Bezirks, wozu die vielen Sprechanlagen dienen. Die Geschäftsinhaber oder ihre Angestellten machen sich mit leichtem Klopfen am Gerät bemerkbar und geben Ihre Bestellungen durch. Kunden, die länger im Laden verweilen, bekommen immer einen Tee angeboten, und dies gilt natürlich auch für Touristen. Sollte es zu mehreren Runden Tee kommen, dann versuchen auch Sie einmal eine Runde zu bestellen und zu bezahlen. Dazu werden Sie zwar keine Chance erhalten, aber der gute Wille zählt.

Feiertage und Feste

An den türkischen Feiertagen sind Banken und Behörden geschlossen. Auch Geschäfte, die nicht die Dinge des alltäglichen Lebens führen, wie Modeboutiquen oder Haushaltswarengeschäfte bleiben zu. An diesen Tagen ist auch verstärkt mit türkischen Besuchern zu rechnen, so dass sämtliche touristische Einrichtungen hoffnungslos überfüllt sind. Sogar aus dem weit entfernten Istanbul kommen die Menschen, um ein verlängertes Wochenende in Kappadokien zu verbringen. Besonders Ürgüp wird dann von ihnen überflutet, da dort Drehort und Kulisse einer beliebten türkischen Fernsehserie stehen.

Aufmarsch der Schulklassen zum Gründungstag der Republik

Zu unterscheiden ist zwischen den nationalen Feiertagen mit festem Datum und den religiösen, die sich nach dem Mondkalender richten und daher jedes Jahr 11 Tage früher stattfinden. Die beiden bedeutendsten religiösen Feste sind das Opferfest (Kurban Bayramı) und das am Ende des Fastenmonats Ramasan stattfindende Zuckerfest (Şeker-Bayramı). Nähere Informationen zu diesen Feiertagen finden sie im Kapitel „*Islam*" (S.68).

Nationale Feiertage:

1.Jan.	Neujahrstag
23.Apr.	Nationaler Unabhängigkeitstag anlässlich der Eröffnung der Nationalversammlung 1923
19.Mai	Atatürk-Gedenktag, Tag der Jugend und des Sports
30.Aug.	Tag des Sieges über die griechische Invasionsarmee 1922
29.Okt.	Jahrestag der Gründung der Republik

Religiöse Feiertage:

	2009	**2010**	**2011**
Beginn des Fastenmonats Ramasan	22.Aug.	11.Aug.	1.Aug.
Zuckerfest und Ramasanende	21.Sept.	10.Sept.	30.Aug.
Opferfest	28.Nov.	17.Nov.	7.Nov.

Einige Orte in Kappadokien veranstalten regelmäßig ein Festival. So findet alljährlich am ersten Augustwochenende in Avanos das Töpfer- und Tourismus-Festival statt. In Hacıbektaş feiert man vom 16.-18. August ein großes Fest mit vielen kulturellen Veranstaltungen zu Ehren des heiligen Hacı Bektaş Veli. Und in Ürgüp findet jedes Jahr im Herbst ein großes Weinfest statt. So stellen fast alle Orte Kappadokiens im Sommer die eine oder andere Festivalität auf die Beine. Nähere Informationen und genaue Termine erhalten Sie an den Tourist-Informationen der jeweiligen Ortschaften.

Fettnäpfchen

Diese sind für Besucher, die das erste Mal ein orientalisches Land besuchen, weit gestreut. Auch auf die Gefahr hin, uns zu wiederholen, da die meisten Punkte in anderen Kapiteln schon erwähnt werden, wollen wir trotzdem die wichtigsten Hinweise zum Umgehen von Fettnäpfchen hier noch einmal aufführen.

1. Tragen Sie angemessene Kleidung. Kurze Hosen und Trägerhemdchen erinnern die Einheimischen eher an Unterwäsche und steigern nicht gerade das Ansehen.
2. Beim Besuch einer Moschee ist Bein und Arm bedeckende Kleidung geboten und Frauen sollten sich ein Tuch über den Kopf binden. Am Eingang werden selbstredend die Schuhe ausgezogen. Vergewissern Sie sich vorher, ob nicht gerade Gebetszeit ist.
3. Sollten Sie in einen Privathaushalt eingeladen werden, so sind ein kleines Gastgeschenk für die Frau (Kosmetika, Konfekt oder Kuchen) und den Patron (ausländische Zigaretten oder Hochprozentiges) gerne gesehen. Auch hier gilt es, beim Betreten der Räumlichkeiten die Schuhe auszuziehen. Die Geschenke werden übrigens nur abgegeben. Erst wenn der Gast wieder gegangen ist werden sie ausgepackt, um nicht gierig zu wirken.
4. Essen oder begrüßen Sie niemals mit der linken Hand, denn die ist zur Reinigung des Allerwertesten vorgesehen und gilt im Islam als unrein.
5. Falls Sie mit mehreren Leuten zusammensitzen, wenden Sie niemandem den Rücken zu oder zeigen Ihre Fußsohlen. Dies wird beides als ein Ausdruck von persönlicher Abneigung gewertet.
6. Sollten Sie zum Essen in einem Privathaushalt eingeladen sein, so sorgen Sie vorher für einen leeren Magen. Ein lustloses Herumgepicke im Essen könnte auf mangelnde Kochkunst der Ehefrau zurückgeführt werden. Da hilft dann auch nicht mehr das obligatorische Lob nach dem Essen. Das glaubt Ihnen dann keiner mehr.

7. Beschäftigen Sie sich nicht zu intensiv mit dem Gastgeber vom anderen Geschlecht. Dies könnte einen falschen Eindruck erwecken. Schmeicheleien oder gar das Flirten mit der Gastgeberin oder anderen weiblichen Familienangehörigen zeugen von größter Respektlosigkeit und bergen ein riesiges Potenzial an Ärger.
8. Der Austausch von partnerschaftlichen Zärtlichkeiten in der Öffentlichkeit gilt in kleinen abgelegenen Dörfern als verpönt. Selbst Händchen haltende Paare werden Sie dort nur sehr selten erblicken. In den meisten touristischen Ortschaften ist dies allerdings kein Problem. Orientieren Sie sich bitte an Ihrem Umfeld, wie man sich dort verhält, oder beschränken Sie ein solches Verhalten auf Ihr Hotelzimmer.
9. Falls Sie Personen fotografieren wollen, fragen Sie sie vorher um Erlaubnis. Streng religiöse Menschen mögen es überhaupt nicht fotografiert zu werden, da dies der Islam verbietet.
10. Sehen Sie bitte vom Nacktbaden ab. Abgesehen davon, dass dies gegen die guten Sitten verstößt, ist es auch noch strafbar, und allein sind Sie in diesem riesigen Land sowieso nie.
11. Wenn Sie zu einem Tee eingeladen werden, versuchen Sie bitte nie ernsthaft die Rechnung zu bezahlen. Abgesehen davon, dass Sie dazu keine Möglichkeit bekommen werden, würden Sie damit den Gastgeber beleidigen.
12. Falls es einmal Probleme geben sollte, so versuchen Sie, ruhig zu bleiben. Seien Sie gelassen aber bestimmt in der Sache. Geschrei und Beschimpfung haben nur die Wirkung, dass beim anderen die Jalousien heruntergehen und die Sache für ihn erledigt ist.
13. Falls Sie etwas kaufen oder eine Dienstleistung in Anspruch nehmen wollen, erkundigen Sie sich bitte vorher immer nach dem Preis. Dies ist eine ganz normale Vorgehensweise im Orient. Nur unbedarfte Touristen tun dies nicht und werden deshalb leider immer noch zu oft übers Ohr gehauen.

Letztendlich möchten wir Ihnen nahe legen, den Menschen hier in Kappadokien offen und freundlich zu begegnen. Höflichkeit dem anderen gegenüber ist im Orient ein gelebtes Gesetz. Wenn Sie jetzt noch mit ein paar Brocken Türkisch aufwarten, könnte dies das eine oder andere Fettnäpfchen, in das Sie trotzdem treten werden, vergessend machen.

Wie Hund und Katze

Sichtweisen zweier Welten

Die gesellschaftlichen Maßstäbe und Normen entspringen im Islam einer völlig anderen Lebenssituation als im christlichen Abendland. Der Islam begründet sich aus den Erfordernissen und Zwängen des Nomadentums. Dagegen sind die Bedürfnisse der westlichen Zivilisation völlig anders angelegt: Das Eigentum, die eigene Scholle sozusagen, eben die Sesshaftigkeit prägt Denken und Fühlen der westlichen Welt.
Auch die Türken waren Nomaden und in der türkisch-islamischen Kultur sind Folgen dieser Wanderschaft auch noch nach 500 Jahren im Alltagsleben manifestiert. Damals lebten die Nomadenstämme in großen Familienverbänden, kein Staat, weder Exekutive noch Judikative schützte sie, wenn sie mit ihren Herden über das freie Land zogen. Es gab also keine übergeordnete Staatsgewalt. Recht und Gesetz mussten innerhalb des Stammes gesprochen werden. Erschwerend für diese Lebensweise kam hinzu, dass es bei allen Nomaden zur guten Sitte gehörte, sich regelmäßig zu überfallen und Beute zu machen; aber auch Frauen zu entführen, um der Inzucht im Stamm entgegen zu wirken. Diese Überfälle konnten ganze Familien zerstören. Wie sollte man dem mit Recht und Gesetz entgegenwirken und wer setzte dieses Recht durch? Da es keine übergeordnete Polizei gab, mussten die Stämme sich selbst helfen und so wurde die Blutrache zum moralischen Gesetz erhoben: Nur die Verpflichtung der Hinterbliebenen, ein ermordetes oder geschändetes Familienmitglied durch Blut und Mord zu rächen, konnte Sicherheit geben, dass nicht jeder jeden umbrachte, wenn es ihm gefiel. Diese Verpflichtung war oft ein hartes Erbe für die folgenden Generationen.
Aber auch andere Vergehen, welche die labilen gesellschaftlichen Normen verletzen konnten, mussten eine starke moralische Verpflichtung nach sich ziehen, der sich auch ohne Polizei keiner entziehen konnte, und sie sollte abschreckend wirken. In den Jahrtausenden des Umherziehens, Plünderns und des Überlebenskampfes der Nomaden hat die so erzwungene Verpflichtung zur Vergeltung den Menschen geprägt. Der Islam, im 7. Jahrhundert durch Mohamed begründet, versuchte die zerstörerische

Kraft mit übergeordneten und barmherzigeren Gesetzen zu mildern und die Stämme zu einigen.
Seitdem sind 1300 Jahre vergangen, aus Stammesgebieten wurden souveräne Staaten, nun gibt es Polizei und Recht und Gesetz: der Bürger muss sich nicht mehr selbst schützen. Aber die ehemaligen Nomaden können nicht aus ihrer Haut.
Und auch wir Sesshaften im Westen erliegen manchen Zwängen: das krampfhafte Festhalten an der Scholle, das absurde Anhäufen von Eigentum und Besitz hat bis hin zum gegenwärtigen Konsumterror schon neurotische Züge angenommen: Schein ist Sein, das gilt besonders in den westlichen Industrienationen, nach dem Motto „Du bist, was du hast“.
In der islamischen Welt dagegen schmücken sich die Menschen mit einem tadellosen und ehrbaren Verhalten, was unbedingte Anpassung innerhalb der Familie bedeutet. Wirkliche Karriere kann man nur innerhalb des Klans machen, die Anerkennung durch die Familie steht im Zenit aller Wünsche. Es gilt die Familie zu schützen, individuelle Freiheiten sind da nicht vorgesehen.
Noch vor 20 Jahren lösten unsere Reisen ganz besonders bei den älteren Frauen in der Türkei immer wieder Mitleid und Unverständnis aus: Waren unsere Eltern durch eine Tragödie ums Leben gekommen? Waren wir von der Familie verstoßen worden? Niemand führt freiwillig ein Leben in der Fremde. Man gab uns dann reichlich zu essen, da man davon ausging, dass wir so allein kaum überleben konnten. Die groß gepriesene Gastfreundschaft in der Türkei und der gesamten islamischen Welt basiert auf der Lebensweisheit, dass Menschen in der Fremde unbedingten Schutz und eine Versorgung in ihrer Notlage benötigen, da sie fern von ihren Familien sonst nicht überleben würden. Uneingeschränkte Gastfreundschaft als eines der höchsten und ehrenhaftesten Gebote galt sogar den Feinden, selbst wenn es den eigenen Ruin bedeutete.
Vergeltung oder christliche Nächstenliebe! Frei von sozialen oder frei von materiellen Zwängen! Ruinöse Gastfreundschaft oder kaltherziges Besitztum! So lange diese beiden Kulturen sich nicht verstehen, benehmen sie sich wie Hund und Katze: wedelt der Hund freundlich mit dem Schwanz, geht die Katze zum Angriff über.

Fotografieren

Der Freund wild-romantischer Landschaftsaufnahmen kommt in Kappadokien voll auf seine Kosten. Besonders gegen Abend, wenn die untergehende Sonne die bizarren Felsen in ein tiefes Rot taucht, lohnt es sich, mit der schweren Fotoausrüstung durch die Hügellandschaft zu kraxeln. Mit Stativ, langer Belichtungszeit und großer Blendenzahl gelingen jetzt die stimmungsvollsten Aufnahmen. Wer eher zur Mittagszeit unterwegs ist, der sollte einen Polfilter benutzen, denn die starke Sonneneinstrahlung lässt zu dieser Tageszeit die ansonsten farbigen Felsformationen etwas blass aussehen. Auch ist mittags immer mit starken Helligkeitskontrasten zu rechnen.

Zum Thema Menschenfotografie möchten wir daran erinnern, dass die Türkei ein islamisches Land ist, und das Abbilden von Menschen dem Gläubigen verboten ist. Ein Imam mag es daher überhaupt nicht, fotografiert zu werden. Dies gilt oft auch für ältere Menschen und in abgelegenen Dörfern. Aber ansonsten ist der Kappadokier nicht fotoscheu. Im Gegenteil, oft wird man regelrecht aufgefordert, ein Bild zu machen. Das liegt daran, dass Kameras in der Türkei sehr teuer und daher selten sind. So sehen viele Türken die Chance, an ein Bild von sich oder ihrer Familie zu kommen. Abzüge, die nach dem Urlaub verschickt werden, sind ein willkommenes, nachträgliches Gastgeschenk. Aber im Zeitalter der Fotohandys könnte auch dies bald vorbei sein.

Sollte keine eindeutige Aufforderung zum Fotografieren zu erkennen sein, dann gebietet es die Höflichkeit, vorher um Erlaubnis zu fragen. Eigentlich weltweit eine Selbstverständlichkeit, die leider immer wieder vergessen wird.

Darf ich Sie fotografieren ? ➔ foto çekebilir miyim ?

Wenn Sie wirklich gute Aufnahmen von Menschen machen wollen - und ein Mann sind - schicken Sie Ihre Partnerin mit der Kamera los. Fotografinnen haben viel leichter Zugang zu allen Lebensbereichen und damit auch zum Umfeld der Türkinnen. Und knipsen Sie bitte nicht unverhofft auf die Leute los, sondern beginnen Sie zuerst eine kurze Konversation mit Ihrem „Opfer“. Damit erhöhen Sie die Bereitschaft dieser Menschen, sich als Motiv zur Verfügung zu stellen.

Falls Sie noch nicht in die Welt der digitalen Fotografie eingestiegen sind, dann sollten Sie genügend Filme einpacken, denn gute Filme, die nicht überaltert sind oder ewig in der Sonne gelegen haben, sind schwer zu bekommen. Gerade an den zahlreichen Souvenirständen sollte man vom Kauf von Filmmaterial absehen. Außerdem sind Filme hier sehr teuer und Dia-Filme überhaupt nicht zu bekommen. Denken sie bitte auch daran, ein paar Ersatzakkus oder Batterien bzw. genügend Speichermedien einzupacken, denn die sind hier auch alles andere als preiswert.

Es empfiehlt sich, die Kamera in einer Schutzhülle zu transportieren, da Kappadokien recht staubig ist. Ein Apparat, der ständig den hiesigen Umwelteinflüssen ausgesetzt ist, kann sehr schnell seine Funktionen einbüßen.

Wenn Sie keine großen Ansprüche an Ihre Urlaubsbilder stellen, können Sie diese in Fotogeschäften vor Ort entwickeln lassen. Hier sollte man dann auch die fehlenden Filme kaufen oder seine zuhause vergessene Speicherkarte.

In Kappadokien sind fotografierende Touristen nun schon seit Jahren ein gewohntes Bild und eigentlich gibt es hier auch nichts, was nicht schon von irgendjemandem mit der Kamera festgehalten worden wäre. Nur vom Ablichten militärischer Anlagen möchten wir Ihnen abraten. Das Militär versteht da keinerlei Spaß.

Kappadokien – Motive ohne Ende

Foto: Uwe Schmitz

Frauen und Islam

- einmal anders betrachtet

von Susanne Oberheu

In den meisten Gesellschaften der Erde sind die Aufgaben von Frauen und Männern strikt getrennt und den Zwängen des Alltags unterworfen: Männer ernähren die Familie, Frauen kriegen die Kinder. Da gibt es kaum Platz für Experimente.

Nur die gut ausgebildeten Frauen in der westlichen Welt, in der Muskelkraft immer weniger eine Rolle spielt, können es sich ökonomisch leisten, auf Männer zu verzichten. Ihre Beziehung zu Männern ist daher eine ganz andere als im Rest der Welt. Ihr Verhältnis zu den Männern wird in erster Linie von Zuneigung und Gefühlen geprägt. In Gesellschaften, in denen die Frau nicht die Möglichkeit einer guten Ausbildung und einer beruflichen Karriere hat, sind die Männer, was sie im Patriarchat schon immer waren: die Versorger, die wirtschaftliche Absicherung, oft nicht mehr. Liebe und Zuneigung zu Männern spielt dann eine untergeordnete Rolle. Westliche Frauen können diese armen Geschöpfe nun bemitleiden, aber vielleicht haben unsere Schwestern im Islam uns doch noch etwas voraus. Dazu möchte ich von zwei Schlüsselerlebnissen in Kappadokien berichten:

Michael und ich wurden eines Tages von einer Familie in ihr Haus eingeladen. Wir hatten uns aber vorher so schlimm gestritten, dass ich schließlich allein hinging, was mir ausgesprochen peinlich war. Die Hausherrin sah sofort mein verheultes Gesicht und fragte mich erschrocken nach dem Grund meiner Trauer. Als ich ihr sagte, dass mein Mann mich nicht verstehen würde, schüttelte sie erheitert den Kopf und rief: „Warum weinst du? Es ist doch nur dein Mann!"

Ein weiteres Mal wurde ich, diesmal allein zu einer Frau nach Hause eingeladen. Viele Frauen, Freundinnen und Nachbarinnen hatten es sich bereits am Boden auf weichen Teppichen und Kissen bequem gemacht und es herrschte eine ausgelassene Stimmung: der Tee dampfte, reichlich Gebäck wurde herumgereicht und schließlich wurde unter großem Hallo die Rakı-Flasche unter dem Bett hervorgeholt; dazu wurden Zigaretten gereicht. Wir alle waren außer mit Reden damit beschäftigt, ein Essen für uns vorzubereiten. Schwangerschafts- und Kaiserschnittnarben wurden stolz gezeigt, Häkeleien ausgetauscht. Die Stimmung konnte besser nicht sein, es wurde viel gelacht. Und dann das Unfassbare: Der Hausherr kam völlig unerwartet nach Hause, er hatte Hunger. Mit Bestürzung sah er seine Rakı-Flasche, sagte aber nichts. Die Stimmung war sofort im Keller. Die bissigen Blicke der Frauen machten ihre Missachtung deutlich und noch deutlicher wurde die Hausherrin selbst, in dem sie ihren Mann einfach rausschmiss. Ich als westliche Frau war fassungslos, wie ohnmächtig die so genannten Patriarchen im eigenen Haus waren.

Dass dieses Ehepaar sich nicht gerade innig liebte, war offensichtlich, aber für das Selbstverständnis der Frauen wohl auch nicht notwendig, jedenfalls machten sie nicht den Eindruck schwacher unterdrückter Weibchen. Hätte der Ehemann allerdings Besuch mitgebracht, so hätten die Gäste sicherlich einen völlig entgegen gesetzten Eindruck erhalten: die Frau, die demütig den Tee serviert und den Mund hält; der Mann, der keine Gelegenheit auslassen würde, den Gästen zu zeigen, wer der Herr im Hause ist, kleine Racheakte inbegriffen.

In der Öffentlichkeit wird das trügerische Bild einer heilen Welt mit starkem Patriarchen und gehorsamer Familie gern immer wieder vom Mann bemüht und das leider mit Erfolg. Männer und Frauen leben in der Türkei traditionell in völlig anderen Sphären. Der Alltag trennt sie, aber in der gemeinsamen Bewältigung vereint er sie auch, wie ich genauso immer wieder erleben konnte: zärtlicher Respekt zueinander ist selbst in Ehen zu sehen, die noch von den Eltern geschlossen wurden.

Zärtlichkeiten zwischen Mann und Frau in der Öffentlichkeit sind tabu. Dagegen sieht man Männer Hand in Hand durch die Straßen ziehen; würden Sie sie als homosexuell bezeichnen, hätten Sie wohl sehr schnell ein Problem am Hals.

Die Öffentlichkeit gehört den Männern, wie das Zuhause den Frauen. Deshalb sehen wir Touristen oft nur Männer am Straßenrand oder in den Cafes und Teehäusern rumlungern. Selbst zum Essen kommen die Männer tagsüber nicht nach Hause, dafür gibt es aller Orten Lokantas - Kantinen, welche die Männer mit billigem Essen versorgen. Außerdem müssen die Männer sich um das Geldverdienen kümmern. Auch da kennen die Frauen kein Erbarmen. Kommt der Mann abends ohne Geld nach Hause, das die Hausfrau für Öl, Gasflaschen und den nächsten Marktbesuch benötigt, so

gibt es lautstarken Krach. Ein Mann, der seine Familie nicht ernähren kann, ist nichts wert – jedenfalls bei den Frauen – und es wird dann ziemlich ungemütlich vor dem heimischen Fernseher.
So sind Männerfreundschaften genauso wie Frauenfreundschaften im Islam von einer viel tieferen Qualität als in der westlichen Welt. Trotz ihrer ökonomischen Unabhängigkeit ist der Fokus der westlichen Frauen immer noch ausschließlich auf den Mann der Liebe gerichtet. Freundschaften unter Frauen sind zweitrangig, wenn sogar im täglichen Konkurrenzkampf, auch um die Männer, unmöglich geworden. Was uns westliche Frauen von Frauen im Islam unterscheidet, ist nicht die durch patriarchalisches Gesetz verordnete Unterwürfigkeit, die in der Bibel und der christlichen Kirche übrigens genauso gefordert wird: Frauen im Islam sind nicht ständig mit der Welt der Männer beschäftigt. Wenn Frauen im Islam zu wirtschaftlicher Unabhängigkeit gelangen, haben sie uns westlichen Frauen auch die emotionale Unabhängigkeit von Männern voraus. Vielleicht ist das der Grund, warum es in der islamischen Welt wesentlich mehr Frauen in politischen Ämtern gibt, als im christlichen Abendland - bisher jedenfalls. Bildung und Vermögen vorausgesetzt, haben sie kein schlechtes Gewissen den Männern gegenüber. Für Frauen im Islam wirkt der Umgang der westlichen Frauen mit Männern wie Anbiederei. Eine islamische Frau ist in der Öffentlichkeit eher kühl und unnahbar. Zu Männern wird auf Distanz gegangen, nicht weil sie Angst vor ihnen haben, wie im Westen oft vermutet, sondern weil sie einfach nicht so wichtig sind. Das Leben der islamischen Frauen findet unter Frauen statt, die Nachbarin kann daher einen höheren Stellenwert bekommen als der eigene Mann. Das würde der islamische Mann natürlich ganz anders sehen. Und weil wir im Westen so auf die Männer fixiert sind, hören wir nur ihnen zu. Darin liegt die Crux.

Auch halten sich westliche Frauen für sexuell freier denkend, weil sie die Verhüllungen der islamischen Frauen mit Prüderie gleich setzen. Das Gegenteil ist der Fall: gerade im Islam ist Sex ein echtes Frauenthema, das zwischen Kochrezepten und Freundinnentratsch detailliert erörtert wird. Auch hier wird der Gatte nicht geschont. Funktioniert es im Ehebett nicht, bespricht frau dieses Thema ungeniert beim nächsten Teekränzchen. So ist es wohl kein Wunder, dass die Männer dem heimischen Herd gerne entfliehen. Das Tragen von Kopftüchern ist in Kappadokien kein Thema und vor allem kein Ausdruck von besonderer Religiosität. Die Älteren

tragen Kopftuch, die Jüngeren nicht. Unter sich und zuhause hängen die liebevoll umhäkelten Tücher dann locker über der Schulter. Gerade in den ländlichen Gebieten schützen Kopftücher vor allem auch vor Staub und Dreck, da es in vielen Häusern kein Badezimmer gibt und der einzige Wasserhahn draußen auf dem Hof installiert ist – auch im Winter und immer mit kaltem Wasser. Ein wöchentlicher Hamambesuch muss für die Pflege der dichten Mähne ausreichen. Aber Kopftücher sind Tradition und hat frau sich seit frühester Kindheit daran gewöhnt, fühlt sie sich ohne fast wie ausgezogen. Keine moderne, blond gefärbte Tochter würde das von ihrer Mutter verlangen. Barhäuptig vor die Tür zu gehen kostet nicht nur Überwindung sondern auch den Besuch beim Frisör, den es vermehrt für Frauen auch in den Dörfern gibt – ein Zeichen für den Wandel. Übrigens werden in Kappadokien die Kopftücher auf eine in dieser Region ganz eigenen Art gebunden. Eine traditionell gekleidete türkische Frau trägt ein Kopftuch, eine bequeme türkische Pluderhose (şalvar) oder einen langen Baumwollrock mit langer Unterhose darunter, einen Pullover und wenn nötig eine Strickweste darüber, dazu Latschen. Nicht gerade der letzte Schrei der Modewelt, aber bequem und wen stört es? Wie Männer das sehen spielt ja bekanntlich keine Rolle. Nie habe ich diese Frauen deswegen für weniger stark, mutig oder lebenslustig gehalten. Im Gegenteil hat ihr schwerer Arbeitsalltag, die Bewältigung der familiären Probleme ohne Kranken- und Sozialversicherung mir allergrößten Respekt abverlangt. Diese Frauen tragen noch die volle Verantwortung für ihr Tun, mit allen tragischen Konsequenzen und ohne Hilfe von außen. Dass so manche Großmutter dabei zum alten Drachen wird und Jüngere unter dieser Last zerbrechen ist vorstellbar.
Zumindest in der Türkei ist nicht der Islam schuldig am harten Alltag der Frauen, sondern ihre wirtschaftlichen Umstände; nicht die Männer an ihrer Abhängigkeit, sondern ihre mangelnde Bildung. Doch die nächste Generation der Frauen, unterstützt von ihren Kopftuch tragenden Müttern, würde alles anders machen. Leider sind höhere Schulen in der Türkei noch kostenpflichtig und deshalb für die Ärmeren oft unbezahlbar.

Frauen auf Reisen

Auch türkische Frauen reisen allein, zu ihren Verwandten oder ins weit entfernte Krankenhaus und Studentinnen erkunden ihr eigenes Land. Aber immer gilt der Grundsatz, dass Frauen sich an Frauen, Männer sich an Männer zu halten haben. Setzen Sie sich also immer zu Frauen, ob im Bus oder Cafe oder auf einer Parkbank. Haben Sie die Wahl, sprechen Sie Frauen an, fragen Sie Frauen nach dem Weg.

Im Islam, also auch in der Türkei, gibt es eine gelebte Frauensolidarität, vielleicht eine aus der Not im Patriarchat geborene Tugend. Frauen sind füreinander da und helfen sich gegenseitig. Im türkischen Bad, dem Hamam, waschen sich Frauen sogar gegenseitig. Frauen untereinander gehen vertrauter und zärtlicher miteinander um, als wir westliche Frauen es kennen.

Warten auf den Bus

Und beim Einkaufen helfen Ihnen die Frauen, damit Sie von den Händlern nicht übers Ohr gehauen werden. Türkische Frauen sind von uns westlichen Frauen oft irritiert, wenn sie sehen, mit welchem Aufwand wir versuchen, unsere Männer zu verstehen oder gar ein partnerschaftliches Leben mit ihnen zu führen. Auf diesen absurden Gedanken würden sie nie kommen.

Werden Sie in eine traditionelle Familie eingeladen, so führen hier die Männer das Wort. Versuchen Sie Kontakt mit den Frauen aufzunehmen.

Setzen Sie sich zu ihnen, loben Sie ihr Essen, die Handarbeit und die wohlgeratenen Kinder. Bieten Sie einen gemeinsamen Spaziergang an. Die Innenausstattung des Heimes ist im traditionellen Wohnen ausschließlich funktional und eine Bemerkung über das schöne Haus, wie bei uns üblich, stößt hier auf Unverständnis, könnte sogar beleidigend wirken, da in den traditionellen Häusern meistens nicht die Reichsten wohnen.
Lassen Sie bei einem Besuch in einer traditionellen Familie die Männer links liegen und zeigen den Frauen ihre Sympathie. Und oft ist es dann in der Frauenecke lustiger als in der Patriarchenecke. Zum Abschied wird schließlich die neue Frauenfreundschaft mit mehreren zärtlichen Küssen auf die Wangen besiegelt. Küssen Sie aber nie einen fremden Mann auf die Wangen. Deutet der Patriarch diese Freundschaftsgeste an, so halten Sie sich vornehm zurück: ein kurzes Lächeln, ein Nicken und ein Dankeschön für die Gastfreundschaft reichen.
Frauen in der Türkei begegnen sich auf einer sehr emotionalen Ebene: zeigen Sie Herz, zeigen Sie Gefühl, suchen Sie den Blickkontakt, lächeln Sie und sofort wird eine warme Vertrautheit Sie durchfluten, dazu brauchen Sie nicht die Sprache zu verstehen.

Beim Treffen der Nachbarinnen geht so richtig die Post ab

Gegenüber Männern gelten genau die entgegen gesetzten Verhaltensregeln. Nur Frauen mit offensichtlich unsittlichen Absichten würden sich gern in der Welt der Männer aufhalten, also auf der Straße, wozu wir Touristinnen wiederum gezwungen sind. Aber auch eine anständige türkische Frau muss manchmal das Haus verlassen. Sie würde aber nie darauf kommen, Männer in der Öffentlichkeit anzulächeln oder mit ihnen mehr zu reden, als die Höflichkeit es gebietet. Ein anständiger Mann behandelt eine Frau dann mit Respekt, wenn er sich in einem gewissen Abstand leicht verneigt, die Dame begrüßt ohne sie dabei anzustarren und in einem ernsten Tonfall sich nach ihrem Wohlergehen erkundigt. Die Frau kann in der Öffentlichkeit ernst und direkt alle Wünsche äußern. Dem Gentleman ist es geboten, ohne großes Aufsehen allen Forderungen der Dame sofort nachzugehen. Ein kurzer Dank reicht für seine Bemühungen.

Also zeigen Sie in der Öffentlichkeit Männern gegenüber nicht zuviel Gefühl. Komplimente oder gar Berührungen von fremden Männern sind als frech und ungehörig anzusehen und müssen von den Frauen lautstark zurückgewiesen werden, auch um den Umstehenden die Respektlosigkeit anzuzeigen. Fremde Männer, die einer Frau auf offener Straße ins Gesicht lachen, zeigen dieser Frau, was sie von ihr halten: nämlich gar nichts. Wehren Sie sich, schimpfen Sie laut, zeigen Sie ihre Empörung und behandeln Sie diese Wüstlinge wie Ungeziefer bzw. verjagen Sie sie: erst dann haben Sie ihre Ehre und Ihr Gesicht gerettet und einer Freundschaft mit Männern, die es ernst mit Ihnen meinen, steht nichts mehr im Wege. Dazu müssen Sie kein Kopftuch tragen, nur Ihr Benehmen gibt Auskunft über Ihre Stellung als Frau. Aber das sollte uns im westlichen Kulturkreis nicht unbekannt sein. Dieses Verhalten gilt aber nur fremden Männern gegenüber. Haben Sie Freundschaften geschlossen, so unterscheidet sich das Benehmen zwischen Mann und Frau in Nichts von unseren Gewohnheiten: Man umarmt sich, küsst sich auf die Wangen und macht auch schon mal derbe Witze. Unter Freunden ist es immer lustig in der Türkei.

Freizeitaktivitäten

Wandern

Strand, Sonnenbaden und Meer sind die Begriffe, die das touristische Bild der Türkei prägen. Leider ist nur den Wenigsten bekannt, welche Möglichkeiten dem Wanderer hier geboten werden. So gibt es im Südwesten der Türkei den „Lykischen Wanderweg". Hervorragend ausgeschildert, mit vielen Rast- und Unterkunftsmöglichkeiten versehen, erstreckt er sich mittlerweile über mehrere hundert Kilometer entlang der fast unberührten Küste. Dabei trifft man unterwegs immer wieder auf die Reste historischer Monumente.

Auch Kappadokien ist ein Traumziel für Wanderer, aber das hat sich noch nicht weit genug herum gesprochen. Kein Wunder, denn wer das "Kappadokien in zwei Tagen" - Programm bucht, findet keine Zeit zum Wandern. Auch wird der Wandertourismus von den offiziellen Stellen nicht besonders beworben oder gefördert. So gibt es kaum Ausschilderungen und die Wege werden nicht gepflegt. Trotzdem, oder gerade deswegen, sind Touren zu Fuß durch die verschlungenen Täler ein einmaliges Naturerlebnis. Ausschilderungen sind auch unnötig, wenn man den Schluchten bergab folgt. Wie die Äste eines Baumes, die sich zum Stamm hin zusammenfinden, stoßen hier die vielen kleinen Seitentäler aufeinander und bilden dann zum Ende hin ein breites Tal. Verlaufen kann man sich hier einfach nicht. Meist gibt es sogar zwei Wege. Der erste führt durch die Gärten, die sich durch alle Täler ziehen. Man muss schon manchmal genau hinschauen, wo dieser Weg weiterführt, dient er den Einheimischen doch nur als Trampelpfad. Der zweite führt entlang des trockenen Bachbettes und geht oft durch den Fels, durch den das Wasser in Jahrtausenden große Tunnelsysteme gegraben hat. Über eines muss man sich jedoch im Klaren sein: dies sind keine offiziellen Wanderwege, sondern diese Pfade verlaufen meist durch die Gärten anderer Leute. Probleme entstehen aber dadurch nicht, vorausgesetzt man läuft nicht durchs Gemüse. Wer in solchen Gärten auf Einheimische trifft, und ein freundliches „Merhaba" verlauten lässt, hat nur ein Problem: er wird bis zum Umfallen mit Obst und Gemüse eingedeckt.

Die Täler bergauf zu begehen ist schwieriger, da viele Seitentäler abrupt aufsteigen und der Weg damit endet. So kann es sehr lange dauern, bis Sie

einen Ausstieg gefunden haben, und oft steht man dann weit entfernt von jeglicher Straße oder Ortschaft.
Es soll Wanderer geben, die das Doppelte an Zeit für eine solche Wanderung brauchen. Dies liegt an den vielen Höhlen zu beiden Seiten der Täler. Selbst hier in der Abgeschiedenheit, weit weg vom touristischen Trubel, gibt es alte Kirchen mit Fresken zu entdecken. Ganze Klosteranlagen liegen versteckt im Felsen, über mehrere Etagen verteilt und mit geheimnisvollen Gängen verbunden. Meist zieht sich ein altes verfallenes Bewässerungssystem entlang des Tals durch den Tuffsteinfelsen, das man ab und an auch noch begehen kann. So ist es auch kein Wunder, wenn eine solche Wanderung einen ganzen Tag in Anspruch nimmt. Haben Sie jetzt auch noch einen Hobbyfotografen in Ihrer Wandergruppe, dann ist an ein Vorwärtskommen überhaupt nicht mehr zu denken. Unzählige wilde Felsformationen in allen Farbschattierungen zu beiden Seiten der Täler lassen das Herz eines Fotofetischisten höher schlagen. Alle fünf Minuten wird er sein Stativ von neuem aufbauen und die Geduld der Mitreisenden arg strapazieren. Fotofreunde sollten solche Wanderungen höchstens mit Ihren Ehepartnern unternehmen, vorausgesetzt, dass die Verständnis für ein solches Hobby zeigen.

Pfade, die durch enge Tunnel führen, sind nicht selten

Foto: Uwe Schmitz

Alle großen Täler enden letztendlich an einer asphaltierten Straße, die Sie in die Zivilisation zurück bringt. Oft ist es dann nicht weit bis in den nächsten Ort. Die längste Wanderung dauert höchstens 3 Stunden, allerdings ohne Höhlenforscher und Hobbyfotografen an Ihrer Seite.
Wer sich eine solche Tour nicht allein zutraut, kann eine geführte Wanderung buchen. Der Vorteil dabei sind die guten Ortskenntnisse der Führer. Sie zeigen einem, was ungeübten Augen entgehen würde. Die Führer kennen die geheimen und versteckt liegenden Eingänge vieler Höhlen. Auch sind sie gerne bereit, Fragen zu beantworten oder den Sinn und Zweck der verschiedenen Höhlen zu erklären.
Gut auf den Beinen zu sein ist auf allen Routen Vorraussetzung. Der schwierigste Teil ist oft der obere Einstieg. Dort geht man über steilen und bröseligen Tuffstein. Die erodierenden Steinkrümel bilden eine rutschige Schicht auf dem Felsen, wie die Kugeln eines Kugellagers. Nur selten sind Stufen ins Gestein geschlagen worden, und wenn, dann sind diese nach wenigen Jahren ausgetreten oder Opfer der Erosion geworden. Auch gibt es Abschnitte, an denen es über eine Leiter weitergeht, oder es wurde ein steiler mit Knüppeln befestigter Weg angelegt, so dass man nur auf allen Vieren vorwärts kommt. Deshalb sind strapazierfähige Hosen genauso wichtig wie stabiles Schuhwerk. Ansonsten sollten Sie möglichst leichte und weite Kleidung tragen, um dem Körper Kühlung zu verschaffen. Auch eine Kopfbedeckung ist unbedingt erforderlich. Zwar gibt es unterwegs genügend schattige Plätze, aber sie befinden sich immerhin auf einer Höhe von etwa 1000 m über dem Meeresspiegel. Zuletzt das Wichtigste: Nehmen Sie immer genügend Wasser mit, denn aus den Zisternen, die manchmal am Rande des Weges liegen, raten wir ihnen nicht zu trinken. Die Folgen wären spätestens am nächsten Morgen in ungewohnter Konsistenz sichtbar.
Wer ohne Führer die Täler Kappadokiens erwandern möchte, findet im hinteren Teil dieses Reiseführers, ab Seite 318 einige Routenvorschläge mit genauen Beschreibungen, Zeitangaben und jeweils einer kleinen Orientierungskarte. Brauchbare offizielle Wanderkarten gibt es leider immer noch nicht.

Ballonfahren

Es ist noch sehr früh und die Hähne der umliegenden Dörfer haben gerade erst ihr morgendliches Konzert begonnen. Die Stille der Landschaft liegt im ersten Lichtschimmer des Tages weit ausgebreitet vor uns. Wir haben die Nacht in unserem Wohnmobil auf einer Anhöhe oberhalb des Museums von Göreme verbracht, um einem einmaligen Schauspiel beizuwohnen. Da unterbricht das knatternde Geräusch eines Propellers die Morgenstimmung. Ein zweiter wird angeworfen, und immer mehr Kleinflugzeuge scheinen aus den Tälern um uns herum starten zu wollen. Kurz darauf hören wir das Fauchen eines Furcht erregenden und Feuer speienden Drachens. Wird er die Flugzeuge angreifen? Immer mehr verdrängt das Fauchen die Propellergeräusche bis nach und nach alle schweigen. Wie jeden Morgen hat der Drache auch heute gewonnen. Zwischen dem Grün der Täler ist sein Feuerschweif jetzt gut zu erkennen. Es müssen mehrere Ungeheuer sein, denn die Feuer verteilen sich um unsere Anhöhe herum. Plötzlich wachsen riesige Pilze aus dem Boden, und je mehr die Drachen ihr Feuer speien, umso größer werden die Pilze. Im ersten Lichte der Morgendämmerung stehen sie vor uns, prall und von innen durch Feuer erleuchtet: die Heißluftballone.

Kurz vor Sonnenaufgang wird abgehoben

Nichts hat die morgendliche Landschaft Kappadokiens so nachhaltig verändert wie sie. Über 20 von ihnen starten jeden Morgen in aller Frühe zu einem Rundflug. Das Ballonfahren ist zu einer der größten Attraktionen geworden, mit der die Region auch kräftig wirbt. Dabei fing alles so harmlos an. Vor 16 Jahren realisierten die Betreiber des damaligen „Club Mediterranee" die Idee, Ballonflüge für ihre Gäste anzubieten. Sofort wurde die erforderliche Ausrüstung besorgt und es wurden zwei Piloten angeheuert. Die Aufregung in den umliegenden Gemeinden war groß. Viele Menschen waren erschrocken über die riesigen unbekannten Flugobjekte, die jetzt über ihren Häusern schwebten. Die meisten von ihnen hatten noch nie etwas von Heißluftballons gehört und das laute Fauchen der Gasbrenner trug nicht gerade zur Beruhigung bei. Heute sind sie ein fester Bestandteil Kappadokiens und außer den Hunden fühlt sich niemand mehr von ihnen bedroht. Als vor 10 Jahren die Clubanlage verkauft wurde, machten sich die beiden Piloten selbstständig und gründeten „Kapadokya Balloons". Bis heute betreiben die beiden ihre Firma mit großem Erfolg. Aber auch andere clevere Geschäftsleute hatten sehr schnell erkannt, dass sich hiermit viel Geld verdienen lässt. So gibt es heute mehrere Anbieter, die Flüge offerieren.
Das Ballonfahren in Kappadokien ist etwas ganz besonderes. Hier steigt man nicht auf, fliegt etwas über die Landschaft und landet wieder: hier ähnelt es mehr einer nicht enden wollenden Seilbahnfahrt. Durch tiefe Täler, über die Gipfel der umliegenden Berge und durch die Baumwipfel grüner Gärten streift der Korb mit seinen Fahrgästen. Stetig steigt und fällt das Fahrzeug, als ob unsichtbare Schienen es festhalten würden. Für Verpflegung ist auch gesorgt, denn die Piloten pflücken während des Fluges leidenschaftlich gern Obst aus den Bäumen. Zum Ende hin steigen die Ballone bis auf 1000 m auf und geben den Blick frei auf die gesamte zerklüftete Landschaft. Winde aus den verschiedenen Richtungen ermöglichen in Kappadokien eine große Beweglichkeit der Gefährte. Die sich in der aufgehenden Sonne erwärmenden Hänge erzeugen eine Thermik, die es erlaubt, auch gegen die Hauptwindrichtung zu fahren. In den Tälern passen sich die Luftströme den geografischen Gegebenheiten an und oftmals bläst in den höheren Lagen ein anderer Wind als in Bodennähe. So lässt sich ein Ballon hervorragend, nur durch das Verändern der Flughöhe, in drei Himmelsrichtungen lenken.
Ein preiswerter Spaß ist das Ballonfahren allerdings nicht. Die kostengünstigste Variante liegt bei 130 € und der exklusivste Flug kostet zurzeit 230 €. Die extremen Preisunterschiede existieren nicht ohne Grund. Ausschlaggebend sind der technische Zustand der Ausrüstung und das

fliegerische Können der Piloten. Bei beiden Faktoren weisen die verschiedenen Anbieter erhebliche Unterschiede auf. Böse Zungen behaupten, dass einige der Hüllen aus europäischen Altkleidersäcken stammen würden. Zumindest werden manchmal überalterte Hüllen aus Europa importiert, was nicht ganz ungefährlich ist. Von unserem morgendlichen Aussichtspunkt aus ließen sich die Fähigkeiten der einzelnen Piloten gut unterscheiden. Ein Ballon trieb träge über eine Hügelkette hinab ins Tal, stieg wieder auf und mühte sich den Rest der Stunde qualvoll langsam damit ab, seinen Startplatz wieder zu erreichen. Die Passagiere hatten ihr Geld hier sprichwörtlich in den Wind geschossen. Andere boten ein wenig mehr und flogen manchmal ein ganzes Tal ab. Aber auch hier ließen die Piloten keine große Freude am Beruf erkennen.
Mittlerweile sind einige Unternehmen sogar dazu übergegangen, mit Ihren Ballons eine Zwischenlandung einzulegen, um die Passagiere auszutauschen.

Manchmal ist es ziemlich voll am Himmel über Kappadokien

Doch nun zum besten Anbieter. Seine Ballone hüpfen über die Bergkämme, tauchen in die verschiedensten Täler ab, gehen wieder auf große Höhe, um dann wieder einen anderen Teil der Landschaft aus der Luft zu präsentieren. Auch wenn diese Tour viel Geld kostet, man sollte hier nicht am falschen Ende sparen.

Wer einen solchen Flug buchen möchte, sollte dies rechtzeitig tun, denn die Nachfrage ist trotz der stolzen Preise sehr hoch. Auch sollte man Frühaufsteher sein, denn die Flüge finden bei Sonnenaufgang statt. Im Preis inbegriffen sind die Abholung von der Unterkunft - ca. 1 Stunde vor Sonnenaufgang - und der Rücktransfer. Die Flugzeit liegt bei einer bis anderthalb Sunden. Ab und zu kann es aber auch länger dauern. Besonders im Frühling, wenn die Felder frisch bestellt sind, haben die Piloten es etwas schwerer, einen Landeplatz zu finden.
Noch zwei Dinge zum Schluss. Sie sollten sich warm anziehen, denn die Temperaturen können in großer Höhe empfindlich niedrig liegen. Und Passagieren mit schwacher Blase raten wir vom Genuss von Kaffee oder Tee vor der Fahrt ab, denn Toiletten werden sie dort oben vergeblich suchen.

Hier nun die drei größten Anbieter:

KAPADOKYA BALLOONS

Erstes und bestes Unternehmen vor Ort. Die Agentur liegt in Göreme, 150 m vom Zentrum entfernt, rechter Hand an der Straße nach Uçhisar. Die Besitzer, Lars-Eric Möre und Kaili Kidner, betreiben das Unternehmen seit über 15 Jahren und können beide eine mehr als 25-jährige Flugerfahrung vorweisen. Ihre Fluggeräte befinden sich immer auf dem neusten Stand, denn Sicherheit wird hier groß geschrieben. Zwei Varianten werden angeboten. 175 € kostet die einstündige Fahrt im Großkorb für 20 Personen. 230 € bezahlt man für die Fahrt mit einem der beiden kleineren Ballone. Hier haben nur 8 Passagiere Platz, aber dafür sind sie wesentlich wendiger und die Flugmanöver sind erheblich spektakulärer. Meist fliegen zwei Ballone dicht beieinander, so dass man fast von einer Flugschau reden kann. Beide Piloten bilden ein hervorragend aufeinander eingespieltes Team. Die Flugzeit dauert hier mindestens anderthalb Stunden.

Tel.: 0090 384 271 2442
Fax: 0090 384 271 2586
www.kapadokyaballoons.com

ANATOLIAN BALLOONS

2005 wurde die Agentur gegründet und sorgt nun dafür, dass es langsam eng wird am Himmel über Kappadokien. Mit großem Investitionsvolumen wurden 8 nagelneue Ballone und der dazugehörige Fuhrpark angeschafft. Ob sich mit der Zeit auch die entsprechend guten Piloten einfinden werden, bleibt abzuwarten. Der knapp 1-stündige Normalflug kostet 150 € und der 1,5-stündige Delux-Flug wird für 225 € angeboten.

Tel.: 0090 384 271 2300
Fax.: 0090 384 271 2588
www.anatolianballoons.com.tr

GÖREME BALLOONS

Auch dieses Unternehmen macht den Himmel über Kappadokien jetzt schon seit mehr als 12 Jahren unsicher. Der einstündige Flug kostet hier 160 € und für den so genannten Delux-Flug werden 230 € verlangt. Kinder unter 6 Jahre können allerdings kostenlos mitfliegen und bis zum 12'ten Lebensjahr wird nur der halbe Preis verlangt.

Tel.: 0090 384 341 5661 und 62
Fax.: 0090 384 341 7245
www.goremeballoons.com

Radfahren

Das Radfahren ist in Kappadokien kein großes Thema. Zwar gibt es in einigen Orten einen Fahrradverleih für Touristen, aber diese Art der Fortbewegung überlässt der Türke im Allgemeinen den Kindern. Schon allein die geografischen Gegebenheiten machen es dem Freund des Radsports nicht leicht. Hinzu kommt die oft gnadenlos vom Himmel scheinende Sonne und damit verbundene höllische Hitze. Enge und kurvige Straßen zwischen den Ortschaften und deren starker Verkehr vermiesen einem den Spaß grundsätzlich. Radfahrer stehen in der Hierarchie des türkischen Verkehrs an letzter Stelle und Radwege sind hier ein Fremdwort. Allein mit dem Mountain-Bike lohnt es sich, ein wenig die Landschaft zu erkunden. Aber auch das hat seine Grenzen. Meist endet das Vorwärtskommen in den vielen kleinen Seitentälern nach kurzer Zeit an den Terrassen der dortigen Gärten. So genannte Down-Hill-Strecken für Mountain-Biker gibt es nicht. Die Wege, die wir im Kapitel über das Wandern beschrieben haben, führen im oberen Teil immer durch bewirtschaftete Gärten. Dort sind wild abwärts rasende Biker, die die Tomatenernte zerpflügen, höchst unerwünscht. Allerdings werden so genannte Off-Road-Touren von den ortsansässigen Reiseagenturen angeboten. Diese Touren sind jedoch nur etwas für erfahrene Mountain-Biker, da diese Wege schon allein dem Wanderer einiges abverlangen.

Eine gut sortierte Fahrradwerkstatt

Wer mobil sein will, um sich zwischen den Ortschaften zu bewegen, ist mit einem Mietroller besser bedient, und für Touristen, die dem Radsport lieber zuschauen möchten, wird jedes Jahr im Spätsommer die Kappadokien-Rundfahrt veranstaltet. Start und Zielpunkt ist dabei Ürgüp.

Schwimmen

Die Bademöglichkeiten in Kappadokien sind sehr beschränkt. Zwar gibt es einige Stauseen und sogar einen Kratersee in der Region, aber deren Ufer sind allesamt verschlammt und lassen keine großen Badefreuden aufkommen. So werden am Eingang zum Damsa-Stausee 1 TL Eintritt p.P. verlangt, aber das Baden ist dort trotzdem verboten.

Eine Möglichkeit ist der Kızılırmak. Etwa einen Kilometer, bevor der Fluss die Stadt Avanos erreicht, gibt es ein paar Badestellen. Sie liegen allerdings recht versteckt hinter einem breiten Grünstreifen, weit ab vom Weg. Man fährt ab der Hängebrücke in Avanos ostwärts eine kleine Straße am Fluss entlang. Ein Tunnel führt unter der Umgehungsstraße hindurch und nach etwa 500 m geht es, an einer Ranch vorbei, rechts ab über einen Feldweg, der durch Brachland führt, zum Fluss. Allerdings ist das Wasser das ganze Jahr hindurch sehr kalt und im Frühling sollten Sie aufgrund der starken Strömung grundsätzlich auf ein Bad im Fluss verzichten. Und baden Sie niemals unterhalb von Avanos, die Gemeinde hat keine Kläranlage. Alternativ zum Fluss bietet sich noch der Pool des Ada-Campingplatzes an. Gegen ein Eintrittsgeld von 10 TL kann die gepflegte Anlage von jedermann genutzt werden. Ansonsten sollten Sie schon im Vorfeld bei der Auswahl Ihres Hotels oder Campingplatzes darauf achten, ob ein Pool vorhanden ist. Eine weitere Bademöglichkeit finden Sie auf Seite 258 unter dem Stichwort *„Bayramhaçı“* beschrieben.

Badevergnügen im Pool des
Ada-Campings

Reiten

Angeblich heißt Kappadokien „Das Land der schönen Pferde" (Katpatuka), aber dies scheint recht lange her zu sein. Es existieren mehrere Reitställe, die speziell für den Fremdenverkehr aufgebaut wurden. Dort werden mehrstündige Ausritte angeboten, die querfeldein und abseits aller Wege durch die kappadokische Landschaft führen. Auch Tages- oder Wochentouren können gebucht werden. Edle Rösser sollten Sie allerdings nicht erwarten. Die Türken haben vor über 500 Jahren damit begonnen, sesshaft zu werden. Reiten ist deshalb im Land nicht mehr so populär und entsprechend sehen die Zuchtergebnisse aus. Das Pferd ist für die Türken ein reines Arbeitstier, das in der Landwirtschaft oder für den Transport genutzt wird. Die Motorisierung der letzten Jahrzehnte hat das ihrige dazu beigetragen, dass das Pferd als Haustier immer seltener geworden ist. Erwarten sie also nicht zuviel von diesen Tieren.
Der etwas rüde Umgang mit der Kreatur erschreckt viele westliche Tierfreunde. Tierliebe in unserem Sinne ist wenig verbreitet.

Zwei Reitställe wollen wir hier erwähnen:

Cecilia und Mehmet Şibik bieten Touren mit dem Pferd durch Kappadokien an, wobei sie sich ganz auf die individuellen Wünsche der Urlauber einstellen. Vom Anfängertraining bis zur 8-tägigen Überlandtouren kann alles organisiert werden. Bei den mehrtägigen Ausritten wird in Zelten wild inmitten der grandiosen Landschaft übernachtet und die Teilnehmer werden von Mehmet mit allem Notwendigen versorgt. Sportives Reiten findet allerdings nicht statt. Maximal 6 Stunden werden Reiter und Ross am Tag strapaziert, denn Cecilia ist Veterinärin und weiß, was für die Tiere gut ist. Die Stunde Reitunterricht kostet 8 € und auf längeren Ausritten ist ein Preis von 50 € pro Tag zu veranschlagen.

Mehmet u. Cecilia Şibek –Çağatay Ranch
Avanos
Tel.: 0090 535 238 8862
E-Mail: cecilia.derveaux@laposte.net

Wer es etwas sportlicher mag, der wende sich an die Agentur „Kirkit-Voyage", die ebenfalls in Avanos ihr Büro hat. Mit über 40 Rössern unterhält sie einen der größten Reitställe in ganz Kappadokien. Auch hier werden Wochentouren angeboten.

Kirkit-Voyage
Avanos
Tel.: 0090 384 511 2135
Webseite : www.kirkit.com

Töpfern

Der Ort Avanos bietet dazu Gelegenheit im Überfluss. An der Hauptstraße in Richtung Kayseri oder im Zentrum der Stadt reiht sich eine Töpferei an die andere. Niemand dort wird Sie davon abhalten, sich an die Töpferscheibe zu setzen. Im Gegenteil: gerne wird man Ihnen einen Klumpen Ton bereitstellen und mit Rat und Tat zur Seite stehen. Die Scheibenköpfe sind gewöhnungsbedürftig, da sie maximal einen Durchmesser von 15 cm aufweisen. Angetrieben werden sie von einem Schwungrad am Boden, das mittels Treten am Laufen gehalten wird und recht schnell seinen Schwung verliert.

Der kappadokische Töpfermeister konzentriert bei der Arbeit

Wer ein längerfristiges Interesse am Töpfern besitzt, kann mehrwöchige Kurse buchen. Im Preis enthalten sind dabei Unterkunft, Verpflegung und etwaige Ausflüge durch Kappadokien. Diese Töpfereien besitzen nebenbei auch die bei uns bekannten Scheiben mit großem Teller und Elektroantrieb.

Mehrtägige Töpferkurse bieten an:

Chez Galip, das Urgestein unter den Töpfern, die ins Touristengeschäft eingestiegen sind. Seit über 25 Jahren ist er nun dabei und bietet eine breite Palette von Freizeitaktivitäten an. Mittlerweile unterhält er sogar ein eigenes kleines Haus für seine Gäste. In das Guinness-Buch der Rekorde kam er schon vor Jahren mit seiner internationalen Frauenhaar-Sammlung: über 10.000 Locken und Strähnen hängen in einer seiner Ausstellungshöhlen, jeweils versehen mit einem kleinen Adresskärtchen. Hier kommt also keine Touristin ungeschoren davon.

Chez Galip
Avanos
Tel.: 0090 384 511 5758
www.chez-galip.com

Erdoğan Güleç „Bei Kaya" betreibt sein kleines Atelier ganz im Zentrum des Ortes, weit abseits der Touristenströme. Er hat sich auf die Herstellung so genannter Reliefbilder aus Tonkacheln spezialisiert und bietet ebenfalls mehrtägige Töpferkurse für Gruppen an. Kombiniert werden diese Kurse mit Tagesausflügen durch Kappadokien.

Erdoğan Güleç - Bei Kaya
Avanos
Tel.: 0090 384 511 3464
www.katpatuka.org/beikaya

Geldfragen

Die Anzahl der Millionäre in der Türkei hat im Jahr 2005 rapide abgenommen. Die Regierung strich in diesem Jahr die unnützen Nullen auf den Geldscheinen. Die Türkei besaß, was die Anzahl der Nullen anging, den bis dahin größten Geldschein der Welt. Dabei hatte dieser 20.000.000 Lira Schein zum Schluss gerade noch einen Wert von 9 €. Jahrzehntelang war die Inflation im Land galoppiert. Auf unserer ersten Reise 1986 bekamen wir 300 türkische Lira für eine D-Mark. 16 Jahre später, kurz vor der Einführung des Euro, wurden uns 750.000 Lira für eine Mark ausgezahlt. Seit der Regierungsübernahme der AK-Partei im Jahre 2003 konnte der Wertverfall der Lira stark gebremst werden und man entschloss sich, sechs Nullen zu streichen. Von nun an hieß die Währung „Neue Türkische Lira“. Anfang 2009 kamen wiederum neue Geldscheine auf den Markt und der Zusatz „Neue“ wurde wieder gestrichen. Damit heißt die offizielle türkische Währung wieder wie früher „Türkische Lira“, abgekürzt TL.

Folgende Münzen und Geldscheine sind zurzeit im Umlauf:

Münzen:	1 / 5 / 10 / 25 / 50 Kuruş und 1 TL
Geldscheine:	1 / 5 / 10 / 20 / 50 / 100 / 200 TL

Anfang 2009 entsprach 1 € ungefähr 1,95 TL
(TL = türk lirası = türkische Lira)

Quelle: www.kemer-tr.info

Das Konterfei des Staatsgründers findet man auf allen Geldscheinen

In Kappadokien wird, im Gegensatz zur Küstenregion, der Euro als Zahlungsmittel selten anerkannt. Manchmal kann man in einem Souvenirshop mit der europäischen Währung bezahlen oder am Ende der Reise seine Hotelrechnung damit begleichen. Um türkische Lira zu erhalten, bieten sich verschiedene Möglichkeiten an. Zuerst gibt es in jedem Ort mehrere Banken, die Kreditkarten akzeptieren, und natürlich auch Bargeld wechseln. Wer längere Zeit in Kappadokien verweilen möchte und von Überweisungen aus dem Ausland abhängig ist, kann ein Konto zur Überweisung von ausländischen Devisen eröffnen. Dies erbringt zwar keine Zinsen, aber dafür wird das Konto in Euro geführt und unterliegt so nicht der Inflationsgefahr. Die Banken haben an allen fünf Werktagen geöffnet, wobei man möglichst nicht montags und freitags gezwungen sein sollte, Geld zu tauschen, da an diesen Tagen der Kundenansturm sehr groß und die Wartezeit extrem lang ist.
Mittlerweile haben alle größeren Banken Geldautomaten installiert, die täglich 24 Stunden zugänglich sind. Leider ist diese Art der Geldbeschaffung mit mindestens 4 € Gebühr pro Abbuchung recht teuer. Die Bedienung dieser Automaten erfolgt auf Wunsch auch in deutscher oder englischer Sprache, und unterscheidet sich im Ablauf kaum von dem uns bekannten europäischen System:

1. Karte einschieben
2. Sprache wählen (deutsch/englisch)
3. Geheimzahl eingeben
4. Barauszahlung wählen
5. Gewünschten Betrag wählen
6. Nach beendetem Vorgang Karte und Geld entnehmen **!!!**

Zum Schluss noch ein Hinweis zum Umgang mit der Scheckkarte. Der Scheckkartenbetrug weitet sich weltweit immer mehr aus, und so bleibt leider auch die Türkei davon nicht verschont. Benutzen Sie Ihre Karte bitte nur dazu, um am Bankautomaten Geld abzuheben. Lassen Sie sich niemals dazu verleiten im Restaurant oder im Geschäft mit der Karte zu bezahlen, denn mit einem einfachen Kartenlesegerät lassen sich alle Daten Ihrer Karte innerhalb von Sekundenbruchteilen abrufen und kopieren. Werden Sie jetzt noch beim Eingeben Ihrer Pin-Nummer beobachtet, haben böse Buben alle Informationen beisammen, um eine so genannte Dublette anzufertigen. Dann kann es Ihnen passieren, dass vielleicht Monate später ihr Konto abgeräumt wird, inklusive der vollen Ausnutzung Ihres Dispo-Kredites. Im Gegensatz zu den europäischen Geldautomaten prüfen türkische nicht die Echtheit einer Karte. Letztendlich sollte der Reisende seine Scheck-Karte behandeln wie ein Bündel 500 € Scheine, nicht nur in Kappadokien oder der Türkei, sondern überall und jederzeit.

Der einfachste Umtausch erfolgt immer noch mittels Bargeld. Neben den Banken gibt es oft noch private Wechselstuben, deren Kurse jedoch wesentlich schlechter sein können als die der Banken. Eine Alternative sind noch die Gold- und Schmuckläden. Deren Kurse liegen nur unwesentlich unterhalb des offiziellen Wechselkurses und sind auch am Wochenende geöffnet. Der Goldladen stellt die schnellste und unbürokratischste Möglichkeit dar, türkische Lira zu erhalten. Welchen Stellenwert Kappadokien übrigens mittlerweile im Land hat, zeigte sich am alten 50 yTL Schein, auf dem Motive der Region ihren Platz fanden. Viele Reisende haben jedoch Angst davor, größere Mengen Bargeld mit sich herum zu tragen. Denen möchten wir das Kapitel „*Sicherheit*"(S.176) ans Herz legen. Wir hatten immer einen Geldgürtel bei uns. Dem sieht man sein Geheimnis von außen nicht an, da er getragen wird wie jeder andere Hosengürtel auch. Der Gürtel ist zweiwandig und von innen durch einen Reißverschluss zugänglich. Man muss die Geldscheine nur auf ein Viertel ihrer Höhe falten und hat so ein ideales Versteck für große Scheine. Wenn Sie jetzt noch den Gürtel allabendlich mit ins Bett nehmen, kann gar nichts mehr passieren. Eines sollten Sie auf keinen Fall machen: auf einer belebten Straße vor einem Souvenirladen den Gürtel aus der Hose nehmen, um mit einem großen Geldschein zu bezahlen. Dass Ihnen dabei die Hose runterrutscht, das ist dann eventuell das kleinere Problem.

Banköffnungszeiten:
Mo-Fr von 9^{00} bis 12^{30} und 13^{30} bis 17^{30}
Sa, So und an den Feiertagen sind die Banken geschlossen.

Hamam

Das Hamam kommt, was das Thema Exotik angeht, für den unbedarften Touristen gleich hinter dem Begriff Harem. Auch wenn beide Worte mit „H" anfangen, so sind doch die Funktionen beider Institutionen sehr unterschiedlich. Während der Harem eine Ausgrenzung von Menschen vornimmt - also Frauen nicht raus und Männer nicht rein lässt - gilt das Hamam als gesellschaftlicher Treffpunkt. Zwar existiert auch hier die strenge Geschlechtertrennung, aber es ist der ideale Treffpunkt, um sich ungestört zu unterhalten, zu klönen und in aller Ruhe Probleme zu besprechen. So manche Ehe wurde hier, in wohliger Wärme und im Nebel des heißen Dampfes von den Müttern der zukünftigen Brautleute eingefädelt. Und so manche Unstimmigkeiten zwischen den Familien haben die Männer während ihrer Phasen des Dösens auf dem heißen Stein beseitigen können.

Dabei ist das Hamam keine osmanische Erfindung. Während ihres Vordringens auf Konstantinopel und der Eroberung Kleinasiens lernten die Osmanen die Vorzüge der alten römischen Bäder kennen und führten deren Tradition weiter.

Kappadokien besitzt nicht viele türkische Bäder. Meist blieb diese Einrichtung den größeren Städten vorbehalten. Eines steht in Nevşehir kurz unterhalb der großen Hauptmoschee. Ein zweites befindet sich in Ürgüp, direkt im Zentrum, und in Avanos ist vor einigen Jahren ein neues errichtet worden. Das Hamam in Avanos ist mehr aus einem touristischen Blickwinkel entstanden. Hier gibt es keine Geschlechtertrennung. Auch nicht, was die Bademeister angeht: hier müssen es sich Frauen gefallen lassen, von einem wildfremden Mann gewaschen oder massiert zu werden. Der ideale Ort, um Touristen Busse weise anzukarren und die Preise sind entsprechend gepfeffert. Türkische Frauen würden hier niemals hingehen.

Die Bäder von Nevşehir und Kayseri sind dagegen alte traditionelle Häuser. Da sie nicht besonders groß sind, haben sie keine nach Geschlechtern getrennten Bereiche. Stattdessen gibt es festgelegte Zeiten für Frauen oder Männer. Sie werden also nie zusammen mit Ihrem Ehepartner gemeinsam ein altes Hamam besuchen können, es sei denn, Sie gehen nach Ürgüp. Dort wurde das alte Bad vor wenigen Jahren privatisiert und die Geschlechtertrennung aufgehoben.

Wie ist nun ein solch traditionelles Bad aufgebaut? Zuerst betritt man die Empfangshalle, an der die Umkleidekabinen angeschlossen sind. Hier legt man seine Kleider ab und wird mit Badeschlappen und Handtüchern versorgt, wobei ein Handtuch, als Ersatz für die Hose, um die Hüfte gebunden wird. Frauen behalten auf jeden Fall immer ihre Unterhose an! Sollte man Wertsachen dabei haben, so können diese an der Rezeption deponiert werden. Nun betritt man einen kleineren Zwischenraum, der die Empfangshalle und das eigentliche Bad voneinander trennt. Hier wird es schon wesentlich wärmer. Oft zweigen von hier auch die Toiletten ab, die bei der Wärme immer etwas müffeln. Jetzt folgt der Hauptraum, von dem aus einem Hitze und Feuchtigkeit entgegenschlagen. In der Mitte befindet sich der große heiße Stein, der den meisten Platz einnimmt. An den Wänden entlang verteilen sich die Waschstellen mit ihren Hähnen für kaltes und warmes Wasser. In den Ecken des Raumes sind kleine Kabinen eingerichtet. Dort wäscht man sich an den Körperstellen, die andere Badegäste nicht sehen sollen. Das Ganze wird überspannt von einer großen Kuppel, die mit kleinen, bunten Lichtöffnungen versehen, das Licht in schmalen Streifen den Dunst durchdringen lässt. Ihre erste Aufgabe ist es, sich zu einem Waschplatz zu begeben und sich erst einmal ordentlich mit Wasser zu übergießen. Dazu stehen kleine Schalen bereit, in denen Sie das Wasser aus den Hähnen selbst mischen müssen. Oftmals ist das warme Wasser am Anfang viel zu heiß. Danach waschen Sie sich, wie von zuhause gewohnt, gründlich. Anschließend legt man sich auf den zentralen heißen Stein und schwitzt erst einmal ordentlich durch. Vorsicht, an diesem Punkt beginnt man sehr schnell einzuschlummern. Dazu trägt die ganze Atmosphäre bei. Oft ist nur das Plätschern von Wasser zu hören. Die Stimmen der anderen Badegäste sind gedämpft und verhallen in der Kuppel. Dazwischen erklingt immer wieder das Plitschen der Tropfen, die an der Decke kondensiert, auf dem Stein aufschlagen. Die feuchtschwüle Luft tut das ihrige dazu. Die Haut öffnet nun ihre Poren und der Schweiß transportiert den restlichen anatolischen Staub an die Oberfläche. Jetzt spülen sie sich noch einmal ordentlich mit Wasser ab und das Gefühl grundtiefer Sauberkeit macht sich breit. Aber das trügt. Der Waschmann hat nun seinen großen Auftritt. Er fordert Sie auf, sich wieder auf den Stein zu legen und beginnt mit seiner Prozedur. Zuerst werden Sie mittels eines gewaltigen Schwammes wieder eingeschäumt bis Sie nichts mehr sehen außer einem Meer von weißen Bergen. Danach werden Sie gnadenlos mit Massen von Wasser überschüttet, um den Schaum zu entfernen. Anschließend schrubbt der Wäscher Sie mit einem rauen Tuch ab. Das ist jetzt die Stunde der Wahrheit, in der es auch uns immer die Schamesröte ins Gesicht treibt. Besonders an Armen und Beinen rollen sich

pechschwarze Hautfetzen vom Körper ab. Von wegen sauber. Im Hamam wird einem die abgestorbene Haut abgeschruppt, und erst danach ist man wirklich porentief rein. Auch wer täglich duscht, ist nach orientalischem Verständnis noch lange nicht sauber.
Als wir mit einem Freund zusammen einmal das Hamam besuchten, hatten wir 14 Tage Betonierarbeiten hinter uns. Jeden Tag hatten wir uns nach der Arbeit unter der Dusche geschrubbt. Im türkischen Bad allerdings bildeten sich trotzdem die gefürchteten Röllchen, und zwar in der grau-grünen Farbe frischen Betons.
Zum Abschluss sollten Sie sich noch einmal auf dem heißen Stein ausruhen und den Schock verdauen. Am Ausgang erwartet man Sie mit frischen, angewärmten Handtüchern, in die Sie kunstvoll verpackt werden. Oft gibt es in der Empfangshalle eine Ruheecke, in der man sich langsam an die normalen Temperaturen gewöhnen und einen Tee bekommen kann. Frauen geben sich nun der Haarentfernung hin. Sollten bei der ganzen Prozedur zwei Stunden vergangen sein, so ist das ganz normal.
An den größeren Bädern anderer Städte sind noch ein Barbier und ein Schuhputzer angeschlossen, die das Pflegeprogramm vervollständigen. Warnen möchten wir vor der Massage. Sie ist nicht jedermanns Geschmack. Sie ist recht hart und erfordert ein gewisses Maß an Masochismus. Besonders bei Touristen zeigen die Masseure gerne sadistische Tendenzen: sie renken einem die Wirbel aus und trampeln sogar auf einem herum.
Eine weitere Möglichkeit, sich im warmen Wasser zu entspannen, finden Sie in Bayramhacı (S. 258).

Die Bäder im Einzelnen:

Ürgüp:

Am Hauptplatz gegenüber der Moschee gelegen, täglich geöffnet von 7°° bis 21°° Uhr, leider wurde hier mittlerweile dem Tourismus Tribut gezollt und die Geschlechtertrennung aufgehoben. Frauen können nur samstags zwischen 12°° und 16°° Uhr ungestört unter sich sein. Eintritt: 20 TL p. P. inkl. Massage und Waschung.

Avanos:

Türkisches Bad, das 1987 auf den Fundamenten einer Anlage aus der seldschukischen Zeit wieder aufgebaut wurde. Heute ist die Anlage voll auf

Touristen eingestellt und die Geschlechtertrennung aufgehoben. Dem Bad angeschlossen ist eine Sauna, die man in traditionellen Bädern nicht vorfindet. Überhaupt scheint man bei der Neuerrichtung voll auf die Vorstellungen der Touristen eingegangen zu sein. Das Bad ist von $8^{\circ\circ}$ morgens bis $2^{\circ\circ}$ nachts geöffnet, wobei jedoch eine Reservierung erforderlich ist. Der Preis pro Person beträgt 40 TL, alles inklusive.
Tel.: 0384 511 5036

Göreme:

Im Frühjahr 2008 eröffnete dieses kleine Bad mit finnischer Sauna und Whirlpool zum ersten Mal seine Pforten. Auch wenn es auf den ersten Blick nicht so aussieht, so handelt es sich hierbei um einen Neubau im alten osmanischen Stil. Eine Geschlechtertrennung werden Sie hier auch nicht vorfinden, da die Anlage ausschließlich für die zahlreichen Touristen, die hier in Göreme absteigen, errichtet wurde. Der Eintritt kostet 35 TL.

Nevşehir:

Traditionelles osmanisches Bad am Ibrahim Paşa Komplex, in der Nähe der Hauptmoschee gelegen, täglich geöffnet von $5^{\circ\circ}$ bis $24^{\circ\circ}$. Frauen haben nur samstags zwischen $10^{\circ\circ}$ und $16^{\circ\circ}$ Zutritt. Hier wird noch die Geschlechtertrennung eingehalten. Eintritt: 15 TL inkl. Massage und einmal Waschen.
Ein weiteres, etwas neueres und mehr frequentiertes Hamam befindet sich direkt an der Endstation der Nahverkehrsbusse an der Lale Caddesi. Auch hier kosten Eintritt, Massage und Waschung zusammen 15 TL

Kayseri:

Ebenfalls ein altes osmanisches Bad mit strikter Trennung zwischen Männlein und Weiblein, täglich durchgehend 24 Stunden geöffnet. Frauenbadezeit ist von $6^{\circ\circ}$ bis $10^{\circ\circ}$ morgens, die restliche Zeit des Tages ist den Männern vorbehalten. Eintritt: 7 TL, Massage oder Waschenlassen kosten 4 TL extra. Das historische Bad gehört ebenfalls, wie in Nevşehir, zu einem Komplex aus Moschee und Medresse.
Ein zweites Hamam, mit gleichen Zeiten und Preisen, liegt im Süden des Stadtzentrums.

Hund auf Reisen

Grundsätzlich muss man sich überlegen, ob man seinem Liebling eine solche Reise zumuten möchte. Diejenigen, die mit dem eigenen Wohnmobil anreisen, müssen sich dabei die wenigsten Sorgen machen. Wer jedoch mit dem Flugzeug anreist, sollte sich überlegen, den Hund besser zuhause bei Verwandten oder Freunden unterzubringen. Hunde können nur bis zu einem Gewicht von 6 kg und in einer speziellen Tasche als Handgepäck mit in den Passagierraum genommen werden. Für alle größeren Hunde muss eine Box für den Transport im Gepäckraum besorgt werden. Informieren Sie sich vorher, wie viele Tiere außer Ihrem eigenen noch an Bord sind, denn mehr als 3 Hunde gleichzeitig werden von den türkischen Fluggesellschaften nicht mitgenommen. Sollte schon eine Katze an Bord sein, werden gar keine Hunde transportiert. Aber damit hat die Odyssee Ihres Lieblings noch kein Ende. Auch in den öffentlichen Verkehrsmitteln des Landes sind Tiere im Passagierraum nicht erlaubt und landen mit ihrer Box im Gepäckbereich. Das heißt, bei Zügen im Gepäckwagen und bei Bussen im unteren Laderaum. Auch Taxifahrer sind vom Transport eines Hundes nicht sehr begeistert.
Informationen zur Einfuhr eines Haustieres und zu den erforderlichen Papieren finden Sie unter dem Kapitel „*Einreisebestimmungen*“ S.114.

Unser Hund in Kappadokien

Der Hund ist im Islam ein unreines Tier und besitzt daher im türkischen Leben einen sehr geringen Stellenwert. Allein der Gedanke, einen Hund zu berühren, lässt viele Türken erschaudern. Frauen und Kinder haben oft

höllische Angst vor ihnen, mögen sie noch so klein und niedlich sein. Bringen sie deshalb bitte nie unaufgefordert Ihren Hund mit in einen türkischen Haushalt.
Eine Unterkunft zu finden wird mit einem Hund auch nicht gerade leichter. Viele Herbergsbetreiber schüttelt es bei dem Gedanken, dass ein Hund in ihren Räumlichkeiten wohnt oder gar noch in den Betten schläft. Sollten türkische Touristen dort wohnen, würden diese sofort ihre Unterkunft aufkündigen. Ihren Hund mit in ein Lokanta oder Restaurant zu nehmen, können Sie komplett vergessen. Nur Restaurants, die auch Tische auf der Straße haben, kommen für Sie noch in Frage.
Nehmen Sie Ihren Hund nur mit, wenn er gut erzogen ist. Hunde, die ständig an fremden Leuten hochspringen oder ohne Leine zu streunen beginnen, bringen Ihnen nur Ärger ein. Allerdings können Sie mit einem intelligenten und gehorsamen Hund Pluspunkte sammeln. So brach bei den Einheimischen immer wieder das große Erstaunen aus, wenn wir unseren Hund ohne Leine durch das Gewühl des türkischen Verkehrs führten. Vor den Geschäften befahlen wir ihm zu warten, worauf er sich dann brav hinsetzte und geduldig auf unsere Wiederkehr wartete. Dann konnten ihn auch keine Zuckerstückchen oder Lockungen irgendwelcher Passanten ablenken. Der Blick blieb starr und wachsam auf den Eingang gerichtet, in dem wir verschwunden waren. So viel Gelehrsamkeit sind die Türken von einem Hund nicht gewohnt, was aber bestimmt nicht an den dortigen Hunden liegt.
Ein Problem stellt auch die Ernährung Ihres Hundes dar. Hundefutter in Dosen oder Trockenfutter findet man nur sehr selten in den Supermärkten einiger Großstädte. Die einzige Möglichkeit, Futter zu organisieren, ist der Metzger (kasab). Dort fragt man nach Knochen (kemik) oder Eingeweiden wie der Lunge (akciğer). Beides sind Schlachtabfälle, die in der türkischen Küche keine Rolle spielen und deshalb oft kostenlos zu bekommen sind. Die Knochen müssen nicht abgekocht werden, da sie nicht vom Schwein sein können. Eine Unart der Türken ist es, Touristenhunde mit den überschüssigen Zuckerwürfeln ihres Tees zu füttern. Versuchen Sie den Leuten klar zu machen, dass diese Art der Fütterung nicht im Sinne des Hundes und auch nicht von Ihnen erwünscht ist. Und halten Sie Ihren Hund von ungebratenen Fleischklopsen (köfte) fern, denn nichts ist schlimmer als ein Hund mit Durchfall, vor allem im eigenen Fahrzeug. Da hätten wir auch eine Geschichte zu erzählen, die wir hier aber besser nicht wiedergeben.

Internet

In mehreren Orten Kappadokiens haben sich mittlerweile Internetcafés etabliert. Jedoch ist das Wort Café hier nicht ganz richtig, da eine solche Einrichtung seitens der Jugend eher als Spielhölle benutzt wird und oft ein beträchtlicher Lärmpegel vorherrscht. Ein ruhiges und konzentriertes Arbeiten ist hier oft nicht möglich. Aber für ein kurzes Einklinken in die eigene Mailbox oder das Versenden von E-Mails sollte es reichen. Technisch sind die Internet-Läden ausreichend gerüstet und die Preise moderat. Die einzige Schwierigkeit stellt die türkische Spracheinstellung auf den Rechnern dar, wobei die Belegung der Symbolleisten jedoch weltweit die gleiche ist. Bei der Tastatur gilt zu beachten, dass das „I mit Punkt" dort liegt, wo sich bei uns das „Ä" befindet. Benutzt man wie gewohnt das „I" oberhalb des „K", erscheint bei Freunden zuhause auf dem Rechner das „Y". Das Wort **„Initiative"** sähe dann so aus: **„Ynytyatyve"** und würde für einige Verwirrung sorgen.

Kleidung

Sollten Sie Kappadokien im Winter besuchen wollen, dann packen Sie Ihre Winterausrüstung ein. Klirrende Kälte mit bis zu minus 20° C, und das über Wochen, sind hier keine Seltenheit und türkische Zentralheizungen sind für ihre Unzuverlässigkeit bekannt.

Aber die meisten Besucher kommen in der warmen Jahreszeit. Dann sind leichte Baumwollstoffe angesagt, die möglichst nicht hauteng anliegen sollten. Eine leichte und weite Kleidung verschafft dem Körper die erforderliche Kühlung. Tragen Sie keine kurzen Hosen oder Trägerhemden. Nicht nur, weil Sie sich sehr schnell den Pelz verbrennen können; hier in Zentralanatolien gilt es schlichtweg als unschicklich, so herumzulaufen. Sie werden keinen Einheimischen in kurzen Hosen antreffen, nur Touristen sind so auf Kilometer zu erkennen. Zu vermeiden ist schwarze oder weiße Kleidung, denn Kappadokien ist eine sehr heiße und staubige Gegend. Schwarze Kleidung heizt sich unter der gleißenden Sonne zu sehr auf und weiße nimmt innerhalb von Stunden die Farbe der Landschaft an. Wanderfreunde sollten eine strapazierfähige Hose tragen, da es auf einigen

Nicht gerade modern aber sehr bequem - die türkische Pluderhose (şalva)

Wegen Stellen gibt, an denen es nur noch auf dem Hosenboden rutschend weitergeht. Festes Schuhwerk sollte ebenfalls zur Ausrüstung gehören. Dies gilt für jeden, der innerhalb Kappadokiens unterwegs ist. Selbst bei der Besichtigung einzelner historischer Stätten muss mit ungepflasterten Wegen oder dem Überwinden kleiner Hindernisse gerechnet werden. Und für Leute, die ein motorisiertes Zweirad mieten wollen, sind stabile Schuhe auch von Vorteil. Das Tragen von Sandalen, des deutschen liebstes Reiseutensil, sollte sich auf das innerörtliche abendliche Flanieren beschränken. Eine Kopfbedeckung ist zwingend notwendig. Erstens steht die Sonne in Kappadokien senkrechter als bei uns am Himmel und zweitens liegt die Landschaft 1000 m über dem Meeresspiegel. Daher sollte die Sonneneinstrahlung niemals unterschätzt werden. Ein Sonnenstich ist eine ganz gemeine und nicht ungefährliche Sache. Auch sollten Sie nicht vergessen, eine Tube Sonnencreme für Ihr Gesicht einzupacken.
Gästen, die im Frühling oder im Herbst anreisen, empfehlen wir, eine Garnitur warmer Sachen für die kühleren Abende mitzunehmen. Frauen sollten immer ein großes und leichtes Tuch mitführen. Spätestens bei der Besichtigung einer heiligen islamischen Stätte, und darunter fallen auch die Moscheen, ist eine Kopfbedeckung zwingend erforderlich. Männer und Frauen müssen bei einer solchen Besichtigung auch langärmlige Oberbekleidung tragen.

Zum Transport Ihrer Ausflugsutensilien eignet sich am besten ein kleiner Rucksack, ein so genanntes Day-Pack. Ob auf Wanderungen oder auf dem Motorroller, nichts ist praktischer als ein Gepäckstück, das man sich auf den Rücken schnallen kann. Und nichts ist unpraktischer als ein Handtäschchen, das man ständig ablegen muss, mit dem man hängen bleibt und irgendwelche Sachen umreißt.

Literatur und Kartenmaterial

Um an weiterführende Literatur über Kappadokien zu gelangen, muss man leider ins Antiquariat gehen. Zurzeit gibt es keine aktuellen deutschsprachigen Bücher über diese Gegend. Im Internet finden sie unter der Adresse **www.zvab.de** (Zentraler Verband Antiquarischer Bücher) eventuell den einen oder anderen Eintrag zu diesem Thema.
Die aktuellste und im normalen Buchhandel erhältliche Informationsquelle ist eine interaktive CD-Rom über Kappadokien. Diese mit vielen Informationen über den Landstrich versehene CD (nur für den PC geeignet), beinhaltet zahlreiche 360° Panoramafotos, mehrere Videoausschnitte und gut verknüpfte, wissenschaftlich fundierte Hintergrundberichte. Unter der ISBN-Nr.: 3-00-013413-1 kann sie für 19,90€ beim Verlag „Media Cultura Jürgen Süß“ bestellt werden **www.mediacultura.de**.
Wer außerhalb Kappadokiens noch weitere Sehenswürdigkeiten in Zentralanatolien besuchen möchte, dem empfehlen wir den **Dumont-Kunstreiseführer – Türkei und Zentralanatolien** von Wolfgang Dorn. ISBN: 978-3770166169. Das Buch ergänzt hervorragend unseren Reiseführer und ist ein Muss für all jene, die sich für weitergehende Informationen zur Geschichte und Kulturlandschaft Anatoliens interessieren.
Zwei weitere Bücher wollen wir hier noch vorstellen, die zwar speziell mit Kappadokien nichts zu tun haben, aber die türkische Lebensart und Denkweise hervorragend beschreiben und erklären.
Zuerst das Buch aus dem Piper-Verlag: **„Gebrauchsanweisung für die Türkei“** von Iris Alanyali. Sie beschreibt in kleinen Geschichten und Anekdoten Begebenheiten aus dem türkischen Alltag ihrer Familie, aber sie berichtet auch vom Clash der Kulturen an den Stränden der türkischen Südküste. ISBN: 978-3492275309

Das zweite Buch ist vom Reise-Know-How-Verlag: **„Kulturschock Türkei“** von Manfred Ferner. Er beschreibt einfühlsam die Kultur, die Denkweisen und den Alltag der Türken. ISBN: 978-3831713165
Beide Bücher sind unverzichtbar, wenn man den Menschen im Lande näher kommen und Irritationen vermeiden möchte.
Ein älteres und seltenes, aber sehr informatives Buch über Kappadokien heißt: **„Kunst in Kappadokien“,** erschienen 1972, also in einer Zeit als es noch keine ISBN-Nummern gab, im Nagel-Verlag Genf. Das Buch ist das Resultat einer mehrjährigen und interdisziplinären Forschungsarbeit italienischer Wissenschaftler. Ihre Forschungen brachten Kappadokien letztendlich auf die Liste des UNESCO Weltnatur- und Weltkulturerbes. Das Buch gilt als das ausführlichste wissenschaftliche Werk, das je über diese Region geschrieben wurde. Allerdings ist der Riesenwälzer auch gebraucht nicht gerade zum Schnäppchenpreis zu bekommen.

Kartenmaterial

Als Kartenmaterial bietet sich die Kappadokien-Karte vom RV-Verlag an. Sie umfasst das Gebiet von Kayseri im Osten bis Aksaray im Westen im Maßstab 1:250.000. Auch wenn diese nicht so top-aktuell ist, so ist sie dennoch eine gute Orientierungshilfe, um alle hier im Buch beschriebenen Orte problemlos aufzufinden. Der Pferdefuß: diese Karte wurde leider nicht mehr neu aufgelegt, so dass auch sie nur antiquarisch zu erhalten ist. Andere Straßenkarten über Kappadokien sind zurzeit in Deutschland nicht erhältlich.
Die alte ISBN-Nr.:3-575-33533-8
Diejenigen, die mit dem eigenen Fahrzeug anreisen, sind mit der Türkei-Karte desselben Verlages gut bedient und welch ein Wunder, sie ist im Buchhandel noch erhältlich. Im Maßstab 1:750.000 ist sie detailliert und recht aktuell. Leider ist der Verlag davon abgegangen, diese Karte als Heft herauszugeben, so dass die jetzige Ausgabe aufgrund ihrer Größe im Notfall auch als Rettungsdecke gute Dienste leisten kann.
ISBN-Nr.: 3-575-22115-5

Medizinische Versorgung und Gesundheit

Es gibt nur zwei Sorten von Menschen, so behaupten die Kappadokier, die hektisch durch den Ort laufen würden. Zu den ersten gehören Diebe auf der Flucht, die anderen sind Touristen auf der Suche nach einer Toilette. Tatsache ist, dass der Durchfall jenes Leiden ist, das den Reisenden am meisten plagt. Mehrere Faktoren spielen hier hinein. Zuerst stellt der rasche Klimawechsel für viele eine Belastung dar. Wer vor wenigen Stunden per Flugzeug dem deutschen Schmuddelwetter entronnen und nun in der trockenen Hitze Anatoliens gelandet ist, unterliegt erst einmal einer starken körperlichen Belastung. Sollte man nun der Meinung sein, aus dem nächst besten Wasserhahn zu trinken, den ersten Köftestand (Bulettenstand) aufzusuchen und das Mahl mit einem Eis und frischem Obst abzuschließen, dann hat man alle Voraussetzungen für einen erfolgreichen Durchfall mit Bravur erfüllt. Es gibt Leute, die diese harte Tour durchziehen und denen nach zwei Tagen des Leidens nichts mehr etwas anhaben kann. Aber das funktioniert nur bei ganz hart gesottenen Gesellen. Besser ist es da schon, alles etwas langsamer angehen zu lassen. Zuerst sollten Sie vorsichtig mit dem Wasser sein. Das Wasser aus den Leitungen oder Brunnen ist nicht verdorben, aber es beinhaltet Stoffe, die unser Verdauungssystem nicht gewohnt ist und die es als Anlass nimmt zu meutern. Deshalb ist auch bei unverpacktem Eis oder Eiswürfeln Vorsicht geboten, da dies alles ebenfalls aus Leitungswasser gemacht ist. Trinken Sie in den ersten Tagen nur Wasser, das es in den Läden in Plastikflaschen zu kaufen gibt. Auch frisches Obst ist in großen Mengen ein hervorragender Katalysator, besonders dann, wenn es vorher nicht gründlich abgewaschen wurde. Beim Einsatz von Pflanzenschutzmitteln sind die Türken gnadenlos. Zuletzt sei der Reisende vor Köfte, den Hackfleischbällchen, gewarnt. Diese Spezialität besteht zwar aus Rind, aber stundenlanges Herumliegen in einer Sonnen beschienenen Auslage macht sie auch nicht gerade genießbarer. Alle diese leckeren Sachen sollten sie anfänglich meiden. Später, wenn sich Ihr Körper den Umweltbedingungen angepasst hat, können Sie sich auch diesen Speisen zuwenden. Allerdings gibt es keine Garantie, dass es Sie nicht doch noch erwischt.

Der Kappadokienreisende muss keinerlei Schutzimpfung über sich ergehen lassen. Krankheiten wie Malaria oder Gelbfieber gehören auf einen anderen

Kontinent. Die einzige unangenehme Krankheit, die in der Türkei weit verbreitet ist, ist die Gelbsucht (Hepatitis). Die Türken leben diese Krankheit aus, wie unsereins den Schnupfen. Entgegen den deutschen Vorschriften fällt sie hier nicht unter das Seuchenschutzgesetz. Da ein Arztbesuch und teure Medikamente stets ein großes Loch in türkischen Haushaltkassen hinterlassen, versuchen die Menschen die Krankheit zu ignorieren. Gar manch einer meint seinen Magen mit viel Rakı beruhigen zu müssen, worüber die Leber aber gar nicht lachen kann. Vermeiden Sie es daher, gemeinsam mit anderen aus einem Glas zu trinken oder aus einer Schüssel zu essen, da Sie die Krankheitssymptome nicht immer erkennen können. Sollte Ihr Gegenüber jedoch leuchtend gelbe Augen haben oder ständig über Magenschmerzen klagen, so ist die Sachlage eindeutig. Eines Morgens kamen wir an einer kleinen Baustelle vorbei, auf der die Arbeiter ihren ersten Tee tranken. Sie winkten uns heran und drückten uns die beiden einzigen Teegläser, die sie besaßen, in die Hand. Wir bedankten uns und tranken unbekümmert unseren Tee. Als wir die Gläser leer zurückgaben, blickten wir in die goldgelben Augen der Arbeiter, die uns freundlich anlächelten. Den Rest des Tages vermiesten wir uns mit Gedanken an Quarantänestationen, einer quiekenden Leber und zwölfmonatiger Diätkost. Aber wir hatten mal wieder mehr Glück als Verstand gehabt - nichts passierte.
Die medizinische Versorgung in Kappadokien kann nicht unbedingt als hervorragend bezeichnet werden, aber sie ist ausreichend für die kleinen Wehwehchen des Alltags. Ärzte der verschiedenen Fachrichtungen sind zahlreich vertreten. Avanos, Ürgüp und Göreme besitzen ein kleines Krankenhaus, Nevşehir eine staatliche und mehrere private Kliniken und in Kayseri steht sogar eine große Universitätsklinik zur Verfügung. Bei wirklich ernsthaften Problemen sollten Sie auf jeden Fall letztere aufsuchen. Ein Allheilmittel scheint bei vielen Ärzten das Antibiotikum zu sein, das sie ohne Zögern sofort verabreichen. Ich litt einmal unter höllischen und mir unerklärlichen Kopfschmerzen und suchte einen Arzt auf. Das einzige Wort, was ich verstand, war Antibiotikum, worauf ich fluchtartig die Praxis verließ. Eine Bekannte gab mir den entscheidenden Tipp, einen Zahnarzt aufzusuchen. Und siehe da, ein böser Zahn musste gezogen werden und die Kopfschmerzen hörten sofort auf. Das Ganze dauerte 20 Minuten und kostete um die 10 €, inklusive Betäubung. Überhaupt sind die Arzt- und Medikamentenpreise für uns Mitteleuropäer sehr niedrig. Falls Sie ein bei uns teures Medikament benötigen, fragen Sie einfach mal in einer türkischen

Apotheke danach. Nur sollten Sie dieses Medikament nicht in Massen einkaufen, da der europäische Zoll etwas dagegen hat.
Behandlungs- und Medikamentenkosten müssen von Ihnen vor Ort direkt bezahlt werden. Deshalb ist es wichtig, seiner Krankenkasse das Reiseziel vor Antritt der Reise mitzuteilen und einen speziellen Krankenschein anzufordern. Nach Ihrer Rückkehr in Deutschland legen sie der Krankenkasse den Kostenbeleg vor, die dann in aller Regel die Behandlungskosten erstattet, selbstredend abzüglich der 10 € „Praxisgebühr". Die Kassen erstatten allerdings nur ambulante oder stationäre Notfallbehandlungen.
Bei ganz schlimmen Fällen sind Besitzer eines ADAC-Auslandsschutzbriefes im Vorteil, denn im Versicherungspaket ist ein Krankenrücktransport nach Deutschland enthalten. Allerdings bedarf es hier der Zustimmung des vor Ort behandelnden Arztes.
Ein unangenehmes Problem sind leider die Sprachprobleme. Zwar sollten die Studenten der Medizin auf der Universität eine Fremdsprache gelernt haben, aber die Sprachkurse dort scheinen für sie nur ein lästiges und ungeliebtes Pflichtfach zu sein. So haben die wenigsten Ärzte im Land ausreichende Fremdsprachenkenntnisse. Falls ein Arztbesuch unumgänglich sein sollte, dann suchen Sie sich besser einen Begleiter, der für Sie übersetzen kann.

Müllprobleme

Auch in Zentralanatolien haben in den letzten Jahren die Einweg-Verpackungen Einzug gehalten, und die damit zusammenhängenden Umweltprobleme. Die Folge sind wilde Müllkippen, von Wind und Wasser mitgeschwemmte Kunststoffverpackungen und mit leeren Wasserflaschen übersäte Straßengräben. Die Älteren unter den Lesern werden sich vielleicht noch daran erinnern können, als auch bei uns in Europa die ersten Spülmittelflaschen und Margarinedosen auf dem Markt erschienen. Auch damals wuchsen bei uns die wilden Müllhalden in den Himmel. Diese Entwicklung macht Zentralanatolien gerade durch, wobei das Umweltbewusstsein in der türkischen Gesellschaft erst noch geschärft werden muss. Noch heute kann man in den ärmeren Bezirken einiger Orte beobachten, wie der Hausmüll mit einem gezielten Wurf über die Hofmauer in den benachbarten Graben oder am Hang entsorgt wird. Vor zwanzig

Jahren stellte dies noch kein Problem dar, da es sich damals hauptsächlich um kompostierbaren Unrat handelte, der entweder verrottete oder von den Tieren im Umfeld gefressen wurde. Leider hat sich auch in Kappadokien noch nicht bei allen Einwohnern herumgesprochen, dass Kunststoffverpackungen eine wesentlich längere Lebensdauer haben oder Batterien Giftstoffe enthalten, die das Grundwasser verseuchen können.

Pfandflaschensysteme sind in der Türkei so gut wie unbekannt, so dass z.B. leere Wasserflaschen nach dem Gebrauch oft achtlos in die Landschaft geworfen werden. Der Wind besorgt dann die gleichmäßige Verteilung dieses Mülls über die Gegend. Nur die Efes-Brauerei unterhält ein funktionierendes Flaschenrückgabesystem.

Aber selbst wenn der Hausmüll ordnungsgemäß in Mülltonnen entsorgt wird, landet er doch noch in irgendeinem kleinen Seitental Kappadokiens, das als offizielle Müllhalde deklariert wurde. Von einer Mülltrennung oder gar einer Wiederverwertung ist das Land noch Jahre entfernt. Ganz im Gegenteil: das kontrollierte Abfackeln dieser Halden gehört leider noch zum Alltag.

Aber wir Touristen sollten nicht zu sehr die Nase darüber rümpfen, denn auch bei uns in Europa sind diese Entsorgungsprobleme erst vor wenigen Jahren einigermaßen vernünftig gelöst worden. Und wer sich über etwaigen Müll in den Straßen beschwert, sollte im Winter einmal einen Blick in die Seitengräben deutscher Landstraßen werfen. Sie werden überrascht sein, was sich dort alles anfindet.

Besonders in ärmeren Stadtvierteln entstehen solche Müllhalden

Museen

Mehrere Orte in Kappadokien unterhalten kleine Museen, die meistens Ausgrabungsstücke aus der näheren Umgebung ausstellen oder Gebrauchsgegenstände aus dem osmanischen Alltag präsentieren. Leider sind die Exponate, die dort in den Vitrinen zu bestaunen sind, nur spärlich beschriftet. Moderne Museumsgestaltung, wie man sie mittlerweile aus europäischen Häusern kennt, sucht man vergeblich. Erklärende Tafeln, kleine Videoschnitte oder gar anschauliche Modelle haben in den kappadokischen Museen noch nicht Einzug gehalten. Trotzdem sollte man sich nicht davon abhalten lassen, die große Handwerkskunst all der vielen Völker Kleinasiens zu bewundern, welche hier ihre Artefakte hinterließen. Die ältesten Funde gehen auf das achte Jahrtausend v. Chr. zurück, eine Zeit, in der wir Europäer noch in zugigen Höhlen lebten und der Ackerbau noch im Entstehen war. Zu empfehlen sind auf jeden Fall die Volkskundemuseen in Ortahisar und Kayseri. Diese Museen zeigen den ehemaligen Alltag der Menschen anschaulich anhand lebensgroßer Darstellungen in historischen Räumlichkeiten.
Grundsätzlich sind die staatlichen Museen montags geschlossen. Einzig das Freilichtmuseum in Göreme hat, genauso wie die privaten, an allen Tagen geöffnet.

Göreme - **Freilichtmuseum :** Höhlenkirchen und Klosteranlagen mit ihren hervorragend erhaltenen Fresken

Nevşehir - **Archäologisches Museum :** Von prähistorischen Funden bis zu osmanischen Alltagsgegenständen

Ürgüp - **Archäologisches Museum :** Römische Funde und osmanische Gebrauchsgegenstände

Ortahisar - **Volkskundemuseum** (privat) : Darstellung traditionellen Lebens in Kappadokien (von 12 bis 17 Uhr geschlossen)

Kayseri - **Archäologisches Museum :** Hauptsächlich hethitische und römische Funde

- **Ethnologisches Museum :** Über das Leben einer reichen osmanischen Kaufmannsfamilie

Parkgebühren

Seit einigen Jahren hat es sich in Kappadokien eingebürgert, vor den touristischen Sehenswürdigkeiten von Autofahrern Parkgebühren zu kassieren. Auch wenn sich einige darüber ärgern, dass ihnen für jeden staubigen Stellplatz 2 bis 3 TL abgeknöpft werden, so ist diese Regelung aus Sicht der Kommunen recht verständlich. Denn von den Eintrittsgeldern haben sie nichts, die fließen alle in die Kassen des Ministeriums für Kultur- und Tourismus. Gleichzeitig müssen die Ortsgemeinden aber die Infrastruktur rund um diese Plätze Instand halten. So ist es nur zu verständlich, dass sich die Dörfer und Städte ein kleines Stück des großen Kuchens abschneiden, um ihre Aufgaben wahrnehmen zu können. Also, denken Sie bitte daran, mit ihrem Parkschein helfen Sie, die Straße, die Sie gerade benutzt haben, in Schuss zu halten.
Erwähnenswert ist vielleicht noch, dass Avanos als erste Gemeinde Kappadokiens überall in der Innenstadt Parkgebühren erhebt. Für eine Lira darf man sein Gefährt eine Stunde dort abstellen.

POST

Sie erkennt man an dem gelben Schild mit den Buchstaben **PTT**. Hier bekommen Sie die Briefmarken für Ihre Postkarten und hier steht auch der Briefkasten. Briefe und Karten müssen gut lesbar und in Großbuchstaben mit der Aufschrift **ALMANYA** (Deutschland) versehen sein. Rechnen Sie damit, dass Ihre lieben Freunde zuhause ziemlich stinkig sein könnten, da Sie ihnen angeblich nicht geschrieben haben. Leider treffen die Ansichtskarten erst Wochen später in Deutschland ein.
Ansonsten können hier Pakete aufgegeben, Telegramme verschickt und es kann Geld überwiesen werden. Auch können Pakete und Geldüberweisungen postlagernd aus Deutschland geschickt werden. Dabei muss die Aufschrift **POST RESTANT** auf der Sendung vermerkt sein. Gegen Vorlage des Ausweises wird die Sendung dem Empfänger ausgehändigt. Übrigens kann man von der Post aus sehr günstig nach Europa telefonieren.

Öffnungszeiten:
Von 8^{30} bis 12^{30} und von 13^{30} bis 17^{30}
Sa, So und an Feiertagen bleibt die Post geschlossen

Sicherheit

Auch von der Türkei kennt man Horrormeldungen über verschwundene oder gar ermordete Touristen. Aber ähnliche Meldungen sind auch aus den USA, Italien oder dem Stadtpark einer deutschen Großstadt zu hören. Eine Reise durch Kappadokien ist nicht gefährlicher als der Aufenthalt in einer deutschen Kleinstadt. Auf all unseren Reisen durch die Türkei sind wir niemals in eine Situation geraten, die irgendwie bedrohlich auf uns gewirkt hätte. Nie sind uns Sachen entwendet worden, obwohl wir schon oft genug vergessen hatten, unser Fahrzeug abzuschließen. Der Verlust von Gegenständen hatte immer etwas mit der eigenen Schusseligkeit zu tun. Einmal haben wir sogar unsere Bauchtasche mit allen Papieren, inklusive Flugtickets, auf der Toilette des Istanbuler Flughafens liegengelassen. Aufmerksam gemacht hat uns dann die Toilettenfrau, die aufgeregt und schwer atmend hinter uns herlief, um die Tasche zu übergeben. Nur einmal wurde uns in einem kleinen Dorf über Nacht vom Gepäckträger unseres Autos ein Spanngummi entwendet. Aber wir sind uns sicher, den hat jemand dringend gebraucht und es nicht geschafft, ihn vor unserer Weiterfahrt am nächsten Morgen zurück zu bringen.

Natürlich gibt es schwarzen Schafe, wie überall auf der Welt. Ganz besonders in den Ecken unseres Erdballs, in denen der Einkommensunterschied zwischen Einheimischen und Besuchern besonders groß ist, werden Begehrlichkeiten geweckt. Deshalb hat das Sprichwort „Gelegenheit macht Diebe“ nicht an Gültigkeit verloren. Den größten Beitrag zu Ihrer Sicherheit können sie selbst erbringen. Lassen Sie Ihre Kronjuwelen zuhause. Sie werden in Kappadokien kaum eine Gelegenheit finden, bei der das Tragen von teurem Schmuck angebracht wäre. Ziehen Sie niemals Bündel voller Euroscheine aus der Hosentasche, sondern tragen Sie nur so viel Geld mit sich herum, wie Sie tatsächlich brauchen. Teure Kameras sollten immer im Ruckssack verschwinden, wenn sie nicht benutzt werden, und auch anderes elektronisches Gerät muss man nicht unnötig provozierend zur Schau stellen. Wir sind sicher: sollten Sie all dies **nicht** beherzigen, wird Ihnen trotzdem nichts abhanden kommen.

Wohin mit Bargeld und Papieren? Wer in einem großen Hotel absteigt, kann diese im Hotelsafe deponieren. Alternativ dazu bietet sich ein Bauchgurt oder ein Brustbeutel unter dem T-Shirt an. Auch eine Bauchtasche, die ständig am Körper getragen wird, macht Sinn. Aber sie hat einen Nachteil: Auf der

Die Militärpolizei hat in der Türkei große Befugnisse

Toilette muss man sie ablegen. Jetzt gibt es Touristen, die nicht wissen, wohin damit. Besonders auf öffentlichen Toiletten mit Hock-Klo und hygienischen Problemen (siehe Kapitel *Toiletten*) verleitet ein Haken an der Innenseite der Kabinentür dazu, sie dort aufzuhängen. Dies ist ein fataler Fehler. Jetzt braucht nur jemand über die Tür hinweg zugreifen und blitzschnell sind alle Papiere und das Geld verschwunden. Bis Sie Ihre Hose wieder oben haben, ist der Dieb schon über alle Berge verschwunden. Aber solche Geschichten hört man aus der ganzen Welt und sie haben speziell mit Kappadokien nichts zu tun. Weltweit gilt die Regel: niemals das Fahrzeug unverschlossen abstellen und immer das Gepäck im Auge haben. Wenn Sie diese Regeln beherzigen, stehen Sie immer auf der sicheren Seite.
Sollten Sie allem zum Trotz doch einmal in Schwierigkeiten geraten, so bitten Sie jemanden, die Polizei zu rufen oder wählen Sie selbst die Tel.-Nr. **155 .** Schauen Sie, ob Ihnen jemand in Ihrer Nähe helfen kann, bzw. suchen Sie jemanden, der Ihre Probleme den eintreffenden Polizeibeamten verdeutlichen kann. Leider besitzen die meisten Polizisten keinerlei Fremdsprachenkenntnisse. Innerhalb des Göreme-Nationalparks ist die Yandarma, die Militärpolizei, für die öffentliche Sicherheit zuständig.

Souvenirs und Teppiche

Gelegenheiten, für sich und seine daheim gebliebenen Freunde kleine Reiseandenken zu erwerben gibt es ohne Ende. Vor den Eingangsbereichen touristischer Sehenswürdigkeiten haben sich zahlreiche Souvenirbuden angesiedelt, vor denen es schlicht kein Entkommen gibt. Auch an den schönsten Aussichtspunkten, und mögen sie noch so weit vom nächsten Ort entfernt sein, haben sich halbe Dörfer aus schnell zusammen gezimmerten Blechhütten gebildet. Wo vor 20 Jahren noch bewirtschafteter Acker war, reiht sich heute ein Stand an den nächsten und parkt ein Touristenbus neben dem anderen. Dabei ist das Angebot nun wirklich nicht so vielseitig. Oft wiederholt sich die Auswahl billigen Nippes, angefangen von in Gips gegossenen Feenkaminen bis hin zu dünnen Blecharbeiten, deren baldiger Rosttod schon jetzt zu erkennen ist. Besonders bei den Samowaren aus Blech, die mit elektrischem Strom betrieben werden, ist große Skepsis angebracht. Sie sind nur etwas für Leute, die Ihr kleines Eigenheim heiß sanieren wollen: Wasser, mangelhafte Isolierung, elektrischer Strom und korrosionsanfälliges Billigblech können eine knisternde Mischung ergeben. Ein großer Anteil der angebotenen Ware besteht aus Onyxarbeiten, Töpferware, die manchmal auch nur aus Gips besteht, und den üblichen Urlaubstextilien. Wer ein Faible für schöne Tücher oder Wandbehänge hat, kann hier jedoch auf seine Kosten kommen. Und vergessen Sie nicht das Handeln, denn viele Preise sind am Anfang gewaltig überzogen und lassen sich noch um ein Drittel nach unten korrigieren. Wer etwas Besonderes sucht, sollte sich in den Antiquitätenläden im Zentrum einiger Orte umsehen. Die führen zwar oft auch einen Teil des üblichen Sortimentes, aber dazwischen lässt sich so manch kleiner Schatz entdecken. Allerdings kennen die Händler die Preise, so dass Schnäppchen nur selten zu machen sind. Sollten Sie doch eine Rarität entdecken, so lassen Sie sich vom Händler eine Quittung mit Preis und Bezeichnung der Ware geben. So haben Sie einen Beleg, den Sie dem Zoll bei der Ausreise vorlegen können. Vorsicht ist bei behauenem Gestein und alten Tongefäßen geboten. Hier sollte man vom Kauf möglichst absehen. Die Pressemeldungen über räuberische Touristen, die das türkische Kulturgut außer Landes schmuggeln, waren vor einigen Jahren nicht zu überhören.

Noch ein paar Bemerkungen zu den angebotenen „Onyx"-Waren. Hierbei handelt es sich nicht um richtiges Onyxgestein, sondern um so genannten Onyx-Marmor. Dabei sind im Mineral weder Onyx noch Marmor vorhanden. Seinen Namen hat es deshalb, weil es dem echten Onyx sehr ähnlich sieht und mit dem Begriff Marmor wird nur auf seine chemische Zusammensetzung hingewiesen. Echter Onyx ist wesentlich härter und kommt nicht in solch großen Mengen vor, um daraus all die vielen schönen Andenken zu produzieren. Vom Erwerb eines solchen Souvenirs sollte dies aber niemanden abhalten. Bestände die Ware aus dem echten Halbedelstein, dann wäre sie nahezu unbezahlbar.

Schachspiele aus Onyx-Marmor

Kein Tourist entkommt dem Teppichhändler ungeschoren. Muss er ja auch nicht. Wem die türkischen Teppiche gefallen, der sollte sich unbedingt einige vom Händler zeigen lassen. Korrekter Weise sollte man ihm aber sagen, dass man nur mit dem Gedanken spielt, sich einen zu kaufen. Die Vorführung der Teppiche fällt deshalb nicht magerer aus, da dies den Teppichhändler besonders anspornt, seine Überredungskünste unter Beweis zu stellen. Er wird alle Register ziehen, um Sie zum Kauf zu bewegen. Sollte der seltene Fall eintreten, dass der Tourist wirklich nichts kauft, ist der Händler auch nicht böse darüber. Auch nach einer stundenlangen Vorführung der Ware und

mehreren Runden Tee müssen Sie kein schlechtes Gewissen haben, das Geschäft ohne Teppich zu verlassen.
Wer wirklich an einem Teppich interessiert ist, dem empfehlen wir, sich in anderen Läden nach Vergleichsangeboten umzusehen, denn auch bei den Teppichen ist Handeln angesagt. Allerdings sind die Preise in Kappadokien nicht unbedingt geringer als in Deutschland, aber die Auswahl ist bedeutend größer. Sie beginnt bei einem kleinen Kelim für 20 € und endet vielleicht bei einem mehrere Quadratmeter großen Seidenteppich für 20.000 €.
Der Ausrede Ihrerseits, dass Sie nicht genügend Geld dabei hätten, kontern einige Händler durch großes Entgegenkommen: sie bieten Ihnen an, die Ware nach Deutschland zu schicken, so dass erst zuhause bezahlt werden muss. Kommen Sie jetzt nicht auf krumme Gedanken, denn in Deutschland sitzt ein Vertrauensmann des Händlers, und der liefert die Ware nur gegen Bares an Ihre Haustür.
Wer sich einen Teppich gekauft hat, bekommt vom Händler ein Zertifikat mit der Bezeichnung der Ware und dem Preis. Den türkischen Zoll interessiert nicht die Menge an Teppichen, die sie ausführen, sondern nur, ob nicht eine Rarität aus dem Sultanspalast dabei ist. Keine Angst, an solche Ware kommen die kleinen kappadokischen Teppichhändler aber gar nicht erst heran. Die europäischen Zöllner sind da schon eher darauf bedacht, dass Sie keinen internationalen Teppichhandel aufmachen.
Zu unterscheiden sind drei grundverschiedene Arten von Bodentextilien. Zuerst einmal gibt es den „Kelim", der ein gewebter, dünner und leichter Teppich ist. Daneben gibt es den „Cicim". Er besteht aus einem einfarbigen gewebten Grundstoff, der mit Motiven bestickt ist. Ihn benutzt man auch als Wandbehang oder findet ihn in Form großer bestickter Kameltaschen vor, die mit weichem Material gefüllt, oft zu Kissen umfunktioniert werden. Der Dritte im Bunde ist der „Halı", der die uns bekannte Art der Teppichherstellung darstellt und aus geknüpften Knoten besteht. Da die Herstellung sehr mühsam ist, immerhin sitzt eine Knüpferin mehrere Monate an solch einem Kunstwerk, ist ein Teppich oft teurer als ein Kelim oder Cicim. Ein kleiner Kelim passt in jedes Gepäck und ist ein schönes Souvenir; echtes Kunsthandwerk, das Sie noch lange an Ihren Urlaub in Kappadokien erinnern wird.
Allerdings müssen wir auf einige Auswüchse hinweisen, die in den letzten Jahren in der Teppichbranche Fuß gefasst haben. So bieten die großen Konzerne mittlerweile jedem, der einen zahlenden Kunden anschleppt, bis zu 40% Provision an! Dass Sie als Kunde dann die Endrechnung, also eine

überteuerte Ware, bezahlen, muss wohl nicht extra erwähnt werden. Für so manchen kleinen Teppichhändler ist es sogar lukrativer, zahlungskräftige Touristen zur großen Konkurrenz zu schleppen, als die eigene Ware zu verkaufen. Oft wird ahnungslosen Urlaubern die Geschichte von der staatlich geförderten Teppichknüpfschule erzählt. Man wird in einen Raum geführt, in dem eine Gruppe junger Frauen an Webstühlen sitzt und Teppiche knüpft. Sinn des Ganzen ist es, dem Touristen Seriosität vorzugaukeln, ihn in Sicherheit zu wiegen und das eigene Unternehmen in ein gutes Licht zu stellen: Sie sollen nicht nur kaufen, man appelliert quasi an Ihre Hilfsbereitschaft, eine Teppichschule mit Ihrem Kauf zu unterstützen. Perfider können Verkäufer nicht handeln! Fakt ist:

Es gibt in Kappadokien keine Teppichknüpfschule !

In der Teppichbranche wird mit den härtesten Bandagen gekämpft, und die Schliche der „Schlepper“ sind für den Besucher nicht erkennbar. Die größten Lügengeschichten werden dabei aufgetischt. Uns gegenüber gab sich einmal ein junger Mann als Mitglied der Touristenpolizei in Zivil aus und wollte uns in den vermeintlich einzigen vertrauenswürdigen Teppichladen der Gegend führen. Hier ist manchmal der gesunde Menschenverstand gefragt. Erstens gibt es in Kappadokien keine Touristenpolizei und zweitens macht ein solcher Beamter in Zivil keinen rechten Sinn. Woran soll der unbedarfte Besucher einen solchen Polizisten denn erkennen, wenn nicht an seiner Uniform?
Wirbt ein ortsansässiger Bekannter oder Reiseleiter all zu hartnäckig für ein Geschäft, wählen Sie kurzerhand einfach die Konkurrenz. Lassen Sie sich nicht „abschleppen“, es verteuert die Ware nur unnötig.

Eine andere schöne Erinnerung an den Urlaub in Kappadokien ist das orientalische Amulett „Gegen den bösen Blick“. Ein aus blauem Glas stilisiertes Auge, das im ganzen Orient den Menschen vor Schaden bewahren soll. Kinder tragen es als Halskette oder ganz klein mit einer Sicherheitsnadel an der Kleidung; es hängt über Türen und an den Rückspiegeln der Autos. Diese Amulette finden Sie für wenig Geld auf allen Märkten und in allen Größen.
Es soll auch vor Neid und Missgunst bewahren – ein passendes Mitbringsel für die Lieben daheim.

Kappadokische Teppiche

- seltene Nomadenmöbel

von Ali Fuat Illeez

Wie jedes andere nomadenstämmige Volk, so haben auch die Turkmenen die Kunst des Teppichknüpfens gepflegt und bis heute erhalten können. Auch, wenn die Menschen hier in Kappadokien schon lange nicht mehr mit ihren Herden über das Land ziehen, so spielt der Teppich für sie immer noch eine große Rolle in ihrem Leben. Ein lediglich mit Teppichen ausgestattetes, aber ansonsten leeres Haus stellt bereits ein bewohnbares Heim dar. Dies ist nicht weiter verwunderlich, spielte sich doch das häusliche Leben bis vor kurzem noch auf dem Boden eines Raumes ab.

Traditionell blieb das Teppichknüpfen immer eine Frauenarbeit. Besonders die jungen Mädchen wurden sehr früh zum Knüpfen herangezogen, da sie mindestens 5 Teppiche als Aussteuer mit in ihre zukünftige Ehe zu bringen hatten. Heiratswillige Männer hatten es da einfacher. Wenn überhaupt, mussten sie nur einen einzigen zum Hausstand beitragen, und der wurde natürlich von der Mutter oder den Schwestern gefertigt.

Die Arbeit begann in aller Regel im Frühjahr mit dem Scheren der Schafe. Anschließend wurde die Wolle gewaschen, durchkämmt, gesponnen und eingefärbt. Zum Färben wurden Pflanzen aus der Region benutzt. Die Brauntöne entstanden durch den Sud der Wallnussschale. Gelbbeeren verliehen der Wolle, wie der Name schon sagt, gelbliche Töne und Blau und Grün entstanden durch Indigofarben, welche die Araber schon sehr früh in Kleinasien einführten. Gesponnen und gefärbt wurde während des Sommers im Freien, so dass für die langen Winterabende genügend Material bereitstand.

Kappadokische Teppiche haben verschiedene blumige Namen, die auf die Art ihres späteren Gebrauchs oder die Musterung hinweisen. Aber einige Techniken und Motive gehen auf ganz bestimmte Lebensabschnitte zurück. So werden die ersten Monate nach der Eheschließung als Cicim-Zeit bezeichnet. Da früher die Eltern die Ehe arrangierten und die Brautleute sich nicht kannten, fand das Kennenlernen zwischen ihnen erst in diesem Zeitraum statt. Die Braut stickte dann die Motive auf einen gewebten Teppich, welche ihren Erwartungen an Leben und Ehe entsprachen. Diese Teppichart nennt man dann auch „Cicim". Oft findet man aber auch Motive gegen Bosheit, Neid und Missgunst oder gar gegen den „Bösen Blick", oder es werden so genannte „Muska", Amulette mit heiligen Schriften, in den Teppich eingearbeitet.

Ein weiteres und nicht seltenes Motiv ist der Lebensbaum. Dieses Motiv fordert das junge Ehepaar auf, Kinder zu zeugen und den Stammbaum zu erhalten.

Wer heute im Laden einen kappadokischen Teppich sucht, muss viel Geduld haben, denn sie sind selten geworden. Schon seit vielen Jahren werden kaum noch welche hergestellt. Schuld daran ist der Tourismus. Die Frauen der Region erkannten sehr schnell, dass sich mit der Herstellung von bunten Pullovern, Tüchern und, wie in Soğanlı, den kleinen Püppchen mehr Geld verdienen ließ. Und das alles mit viel weniger Arbeitsaufwand. Aber auch die damalige Monopolstellung der Teppichhändler vor Ort sorgte für einen Rückgang der Fertigung. Der Handel mit Wolle, Färbemitteln und dem Fertigprodukt brachte die Händler in die Position, die Preise zu kontrollieren. Die Frauen aber, die sich in wochen- oder monatelanger Arbeit die Augen verdarben und den Rücken krumm hockten, erhielten am Ende immer nur ein Taschengeld. So wird der kappadokische Teppich heute nur noch selten produziert und erhält dadurch eine enorme Werksteigerung.

Ali Fuat Illeez betreibt zusammen mit seinem Bruder Ertan ein Teppich-Geschäft im Zentrum von Avanos. Spezialisiert auf exklusive und hochwertige Ware beliefert er mittler-weile eine weltweite Kund-schaft. Die „Galerie Yörük" liegt in der Dere Sok. 31, Avanos – Nevşehir.
E-Mail:
galeriyoruk@yahoo.com

Sprache und Verständigung

Wer sich in Kappadokien nur innerhalb der touristischen Infrastruktur bewegt, wird keinerlei Verständigungsprobleme bekommen. In Restaurants, Hotels und allem, was sich auf Touristen eingestellt hat, spricht man Fremdsprachen. Vorrangig wird Englisch und Französisch gesprochen, aber auch Deutsch ist immer häufiger anzutreffen. Die gesamte Tourismusbranche hat sich auf die westlichen Besucher eingerichtet, schließlich will man ja Geld mit ihnen verdienen.

Bei der einfachen Bevölkerung sieht die Sache schon anders aus. Dort sind Fremdsprachenkenntnisse kaum vorhanden. Zwar wird Englisch schon seit Jahren und ab der 6. Klasse in der Schule gelehrt, aber dieser Unterricht kann oft nur als katastrophal bezeichnet werden. Dort unterrichten Lehrer, die der Sprache, die sie unterrichten sollen, kaum mächtig sind. Das Erlernen von Fremdsprachen ist in der Türkei grundsätzlich nicht sehr beliebt. Auch für angehende Akademiker ist der Fremdsprachenunterricht an den Universitäten ein lästiges Muss, und das wenige Gelernte wird schnell wieder vergessen. Ein wichtiger Grund dafür ist, dass die Türkei in den Bereichen Kultur, Wirtschaft und Politik sehr nach innen orientiert ist. Nur sehr wenige junge Studenten spielen mit dem Gedanken, später ins Ausland zu gehen. Lieber möchte man sich nach dem Studium mit einer eigenen Praxis oder Kanzlei im Land niederlassen oder in einem der großen Konzerne in Istanbul arbeiten. Auch eine gehobene Stellung im Staatsapparat ist hoch angesehen. Wozu braucht man da Fremdsprachenkenntnisse. Selbst jene, die ein Lehrerstudium beginnen, hoffen, dass sie niemals eine Fremdsprache unterrichten müssen. Wenn doch, dann wurstelt man sich halt durch, zum Schaden der Schüler. Deshalb ist die Kommunikation mit Ärzten, Rechtsanwälten und Beamten für den in Not geratenen Touristen nur mit einem Dolmetscher möglich. Wir selbst mussten einmal unsere Visa bei der Ausländerpolizei in Nevşehir verlängern. Über zehn verschiedene Beamte und Schalterstellen mussten wir bei der Prozedur abklappern. Aber kein Mensch sprach dort irgendeine Fremdsprache, weder die einfachen Polizisten, welche unsere Daten aufnahmen, noch der Vizegouverneur, der unseren Antrag unterschreiben musste. Auch Polizisten beherrschen in den seltensten Fällen eine fremde Sprache. Da hat man bei einfachen Soldaten bzw. der Yandarma oft mehr Glück, da zahlreiche Auslandstürken aus aller Herren Länder hier ihren Wehrdienst ableisten müssen. Einmal wurde unser Wagen vor einer Kaserne

von zwei wachhabenden Soldaten angehalten. Als wir hielten, kommentierte ich die Aktion etwas ungehörig und auf Deutsch mit den Worten: „Was wollen die beiden Witzbolde denn jetzt". Die Antwort kam prompt: „Ihre Ausweise bitte", und das in tiefster bayrischer Mundart. Also, seien Sie vorsichtig, man weiß nie, wen man da vor sich hat!
Eine große Hilfe zur Verständigung sind die vielen ehemaligen Gastarbeiter, die in Kappadokien ihre Rente genießen. Auch wenn deren Deutsch trotz langjährigen Exils nicht immer berauschend ist, so können sie einem doch oft weiterhelfen. Überhaupt erzählen sie gerne aus ihrer Zeit in Deutschland, wobei sie dann alles in den höchsten Tönen loben. Auch wenn man weiß, dass das alles so nicht stimmen kann, sollte man ihnen nicht widersprechen. Sie wollen einfach nur höflich sein.
Grundsätzlich möchten wir Ihnen ans Herz legen, die wichtigsten türkischen Redewendungen zu erlernen. Da die Türken nicht wenige Arten der höflichen Begrüßungsformen kennen und auch anwenden, macht es großen Eindruck, wenn Sie als Tourist die entsprechende Antwort darauf parat haben. Im hinteren Teil dieses Buches finden Sie einen kleinen Sprachführer mit den gängigsten Gruß- und Redewendungen des alltäglichen Gebrauchs. Dass man die Zahlen beherrschen sollte, muss wohl nicht weiter erwähnt werden, denn wer will schon gerne beim Einkauf übers Ohr gehauen werden.

Bei guter Verständigung kommt auch das Richtige auf den Tisch

Taxis

Sie erkennt man an ihrer gelben Lackierung und dem umlaufenden schwarz karierten Band. Oben auf dem Dach leuchtet wie bei uns in großen Lettern das Wort **„Taksi“**. Auch alles andere funktioniert wie gewohnt. Sie steigen ein, nennen Ihr Fahrziel, der Fahrer schaltet den Taximeter ein und schon geht es los. Sollte der Fahrer den Taximeter nicht einschalten, so bestehen Sie darauf, andernfalls könnte es am Ziel zu einer bösen Überraschung mit viel Gezeter kommen. Falls der Taximeter angeblich kaputt sein sollte, nehmen Sie sich einfach ein anderes Taxi. Sie können manchmal auch einen Festpreis vor Antritt der Fahrt aushandeln, aber dies ist nur jemandem zu empfehlen, der die Strecke schon einmal gefahren ist und daher den normalen Preis kennt. Nachts gilt ein erhöhter Tarif. So steigt der Preis zu dieser Tageszeit für die 60 km lange Strecke von Göreme zum Flughafen Kayseri von 120 TL auf 180 TL.

Im Großen und Ganzen aber gehören die kleinen Tricks, wie das Fahren von Umwegen oder überhöhte Fahrpreise der Vergangenheit an. Taxis sind eine besonders praktische Angelegenheit für Wanderer, die den Einstieg oberhalb der Täler aufsuchen wollen. Hier erspart man sich das lange Laufen entlang der viel befahrenen Straßen, die gerade mittags unter der erbarmungslos prallen Sonne zu kochen scheinen.

Telefonieren

Das Telefonieren hat sich in den letzten Jahren wesentlich vereinfacht. Dazu hat die Privatisierung der Telekommunikation beigetragen. Heute gibt es zahlreiche Telefonläden, die eine schnelle und gute Verbindung ermöglichen. Man kann sich verbinden lassen oder wählt selbst und bezahlt dann hinterher. Dabei sind die Preise sehr moderat. Für Auslandgespräche muss man sich in die Kabinen mit der Aufschrift ***International*** begeben. Eine andere Möglichkeit bietet die Telefonkarte: diese erhält man ebenfalls in den Telefonläden oder in anderen Geschäften, die mit Unterhaltungsmedien handeln. Eine Karte für 4 TL enthält 50 Gesprächseinheiten, mit denen man mindestens eine viertel Stunde an öffentlichen Fernsprechern in die Heimat telefonieren kann. Diese Karte empfiehlt sich besonders für Leute, die nachts Gespräche führen möchten, da dann die Telefonläden geschlossen sind.

Am preiswertesten telefoniert man direkt vom Postamt aus, in dem mehrere Apparate bereitstehen. Minuten lange Gespräche nach Deutschland kosten hier nur ein paar Kuruş. Leider ist das Amt ab 17°° geschlossen, also zu einer Zeit in der die meisten zuhause gebliebenen Angehörigen gerade erst von der Arbeit kommen. Wer nach Deutschland telefonieren möchte, wählt zuerst die **0049,** dann die Ortsvorwahl, jedoch ohne die **0** und zum Schluss den gewünschten Anschluss. Nach Österreich wählt man **0043**, in die Schweiz **0041** und in die Niederlande **0031.**
Die Türkei selbst ist unter der Vorwahlnummer **0090** zu erreichen.

Die meisten deutschen Handys funktionieren auch in der Türkei, wobei sich der dortige türkische Anbieter beim Einschalten des Geräts anmeldet. Allerdings kosten Auslandsgespräche horrend viel Geld und ebenso teuer sind eingehende Telefonate. Ob das eigene Handy in der Türkei benutzt werden kann und wie hoch die Kosten für ein Telefonat nach Europa sind, darüber sollte man sich vor Antritt der Reise bei seinem Handy-Vertragspartner informieren.
Ein richtig kostspieliger Spaß ist das Abrufen der Mailbox und das Verschicken einer MMS, also mit dem Handy aufgenommene Fotos oder Video-Clips.

Toiletten

Für den erfahrenen Orientreisenden ist das folgende Kapitel ein alter Hut. Den Neuling jedoch wollen wir vor unangenehmen Situationen bewahren. Was touristische Einrichtungen angeht, so können Sie dort den gewohnten westlichen Standard erwarten. Die sanitären Anlagen sind modern und gepflegt. Bei kleineren und preiswerten Pensionen ist das Ambiente vielleicht etwas schlicht, aber auch dort sollte es keine Probleme geben. Öffentliche Bedürfnisanstalten bieten da oft ein ganz anderes Bild. Sie befinden sich an Busbahnhöfen, Rastplätzen oder im Zentrum der Städte. Ihr Zustand ist mit den Worten schmutzig, verfallen und unzumutbar nicht treffender zu beschreiben. Hinzu kommen die für uns Nordeuropäer ungewohnten Hocktoiletten, die quasi ein Loch im Boden darstellen, über das man sich hockt. Aber aufgrund der mangelnden Hygiene in diesen Anlagen sind wir von dieser Toilettenvariante sehr angetan, da man außer mit den Schuhen

keinerlei Körperkontakt damit hat. Trotz der oft miserablen Pflege und Wartung wird am Eingang ein kleiner Geldbetrag kassiert. Dort liegen auch Servietten aus, die zum Händetrocknen gedacht sind. Nehmen Sie auf jeden Fall welche mit, denn Toilettenpapier ist im Orient nicht üblich. Einmal ist es mir passiert, dass ich in der Eile vergaß, daran zu denken. Das Einzige, was ich bei mir trug und das zum Teil aus Papier bestand, war mein Reisepass. So mussten die beiden innersten Seiten, die ich vorsichtig heraus trennte, in meiner Not herhalten. Zur Nachahmung möchte ich dies aber nicht empfehlen. Unabhängig davon, dass Passpapiere recht hart sind, birgt ein fehlender Einreisestempel bei der Ausreise immer ein großes Potenzial an Ärger. Außerdem ist Ihr Pass das Eigentum der Bundesrepublik Deutschland, und daher dessen Beschädigung strafbar!
Der Orientale wäre in ein solches Dilemma gar nicht erst gekommen. Unter der Zuhilfenahme von Wasser, das aus einem kleinen Hahn in Bodennähe fließt, reinigt er sich nach erfolgter Notdurft einfach mit der linken Hand. Deshalb sollten übrigens Linkshänder genau überlegen, welche Hand sie zum Gruße reichen und mit welcher sie essen.
Neben jeder Toilette steht immer ein kleiner Papierkorb. Dort gehört das gebrauchte Toilettenpapier hinein. Bitte werfen Sie es nicht wie gewohnt in den Abfluss, denn die Abwassersysteme in der Türkei sind für den Abtransport des Papiers nicht unbedingt ausgelegt und können innerhalb kürzester Zeit verstopfen. Besonders Damenbinden haben so manchen Hotelier schon in den Ruin getrieben.
Um größeres Geschrei zu verhindern, sollten Männer sich nach dem Eingang mit der Aufschrift ***Erkek*** oder ***Bay*** umsehen. Über den Damentoiletten steht ***Bayan*** oder ***Kadin*** geschrieben.

Trampen

Tramper haben es in der Türkei schwer, zumindest auf Langstrecken. Dazu sind Bus und Bahn im Land einfach zu preiswert. Auch brauchen LKW-Fahrer hier keine Mitfahrer zur Unterhaltung, sie sind sowieso meist zu zweit unterwegs oder haben gar Frau und Kind dabei. Auf kurzen Strecken sieht die Sache ganz anders aus. Oft sieht man Einheimische, von ihren Feldern kommend, am Straßenrand stehen, die einen zum Anhalten auffordern. Dabei wird nicht wie bei uns der Daumen gehoben, sondern die Hand waagerecht in

Richtung Fahrbahn gehalten. Dann bewegt man, den Handrücken nach oben, die Hand leicht auf und ab. Auch als Tourist kann man so kleine Strecken bewältigen. Etwas Geduld ist jedoch erforderlich. Wer gegen Abend den letzten Bus verpasst haben sollte, erweckt besonders viel Mitleid bei den Autofahrern und findet fast immer eine Mitfahrgelegenheit.

Türken sind gesellige Menschen und nehmen gern andere mit

Uhrzeit

Da die Türkei eine Zeitzone weiter im Osten liegt, müssen Sie Ihre Uhr bei der Ankunft am Flughafen eine Stunde weiter stellen, bzw. die Prozedur bei der Ausreise rückgängig machen. Wer mit dem Auto über Griechenland einreist, sollte dies schon dort tun, da das Land ebenfalls in dieser Zeitzone liegt. Die Türkei stellt ihre Uhren einmal im Jahr auf Sommerzeit bzw. auf Winterzeit um. Das passiert zeitgleich mit den anderen europäischen Zeitumstellungen.

Wundern Sie sich nicht, dass es an den Sommerabenden nicht so lange hell bleibt wie bei uns in Deutschland. Kappadokien liegt zwischen dem 39'ten und 38'ten Breitengrad. München, die südlichste deutsche Großstadt, liegt dagegen zum Vergleich auf dem 48'ten Breitengrad. Diese zehn Grad Differenz bewirken, dass der Zeitunterschied zwischen Tag und Nacht hier nicht ganz so extrem ausfällt wie bei uns zuhause. Leider sind Morgen- und Abenddämmerung dadurch auch wesentlich kürzer.

Unterkünfte

In Kappadokien eine Unterkunft zu bekommen, ist ein leichtes Unterfangen. Seit Mitte der achtziger Jahre die ersten Touristen in Massen über Kappadokien hereinfielen, wurden zahlreiche Pensionen gegründet. Ihnen folgten nur wenige Jahre später die ersten Hotels. Heute stehen so viele Touristenbetten zur Verfügung, dass man selbst in der Hochsaison noch ein Zimmer bekommt. Vielleicht nicht gerade in der gewünschten Herberge, aber nur wenige hundert Meter weiter findet sich immer eine entsprechende Unterkunft. Vom Fünf-Sterne-Hotel bis hin zur schlichten Pension mit Gemeinschafts-WC auf der Etage ist das Angebot weit gefächert. Ebenso weit gefächert sind die Preise. Den Anfang machen die einfachen Pensionen, die dem Reisenden ein Bett im Schlafsaal ab 5 € pro Nacht offerieren, und den Schluss nach oben hin bildet ein Hotel, das sein bestes Appartement für 1200 US$ pro Nacht anbietet. Hotel oder Pension, diese Frage ist hier in Kappadokien nicht immer leicht zu beantworten, da sich die Grenzen zwischen beidem verwischen. Besonders seitdem sich in der Türkei immer mehr die so genannten Boutique-Hotels durchsetzen. Sie verbinden den Charakter einer kleinen Pension mit dem Service großer Hotels, wobei hier auf eine Klassifizierung durch Sterne verzichtet wird. Dabei liegen die Übernachtungspreise dieser Hotels manchmal nur wenig über denen von Pensionen. Da die meisten dieser Hotels in den letzten 10 Jahren entstanden sind, unterlagen sie beim Bau den strengen Anforderungen zum Erhalt des Ortsbildes und mussten deshalb die örtliche Architektur übernehmen. Dabei entstanden nicht selten kleine verwunschene Anlagen wie aus „Tausend und einer Nacht", zusammengestellt aus alten Häuserzeilen, mit Gewölberäumen oder gar richtigen Höhlenzimmern für die Gäste. Grundsätzlich muss jedoch gesagt werden, dass Pensionen preiswerter sind. Und mal ehrlich, wer hilft einem bei Problemen oder Fragen besser weiter? Ein liebevoller Herbergsvater oder ein genervter und unterbezahlter Hotelangestellter?

In diesem Reiseführer haben wir es vermieden, jene Hotels aufzuführen, in denen die Reisegruppen von der Küste untergebracht werden, denn nichts ist schlimmer, als schon um 8 Uhr morgens von einer lärmenden Truppe sonnenhungriger Touristen auf ihrem Weg in den Frühstückssaal geweckt zu werden, oder den Dieselruß warmlaufender Busse inhalieren zu dürfen. Auch konnten wir in diesem Buch nicht alle Herbergen aufführen, die in Kappadokien Zimmer anbieten. Das Buch wäre sonst wesentlich dicker

ausgefallen, da es weit über 200 Hotels und Pensionen im Umkreis geben soll. Auf jeden Fall sollte man sich vor dem Einchecken sein Zimmer zeigen lassen, auch wenn die Zeiten vorbei sind, in denen die Bettwäsche gewendet wurde anstatt sie zu waschen. Fragen Sie nach Gewölberäumen oder gar nach einem Höhlenzimmer. Solche Räume vermitteln einen guten Eindruck von der alten kappadokischen Wohnform, ohne auf die Bequemlichkeiten unseres modernen Jahrhunderts verzichten zu müssen.
Im dritten Teil dieses Reiseführers – Orte und Sehenswürdigkeiten – finden Sie zu jedem Ort eine Liste mit Unterkunftsmöglichkeiten, und unter jeder Herbergsbeschreibung befindet sich ein Balken mit Ziffern und Kürzel.

Hier nun die Erklärung dieser Codierung:

Die erste Ziffer dient zur Auffindung der Herbergen auf den Stadtplänen. Dann sind als nächstes die Preise eines Doppelzimmers für 2 Personen und Nacht, inkl. Frühstück in Euro aufgeführt. Auch wenn meist in TL bezahlt wird, so können wir Europäer doch besser mit unserer eigenen Währung rechnen und vergleichen. Die dritte Angabe bezieht sich auf die Größe der Unterkunft und gibt die Anzahl der vorhandenen Doppelzimmer an. Die Zeichen 🍽 und 🍸 stehen für ein angeschlossenes Restaurant oder eine kleine Bar im Hause. D – F – E oder andere Buchstaben stehen für die Fremdsprachenkenntnisse des Personals oder der Herbergsbetreiber. Der Zahlenschlüssel in der letzten Spalte bezieht sich auf diverse Ausstattungsmerkmale.

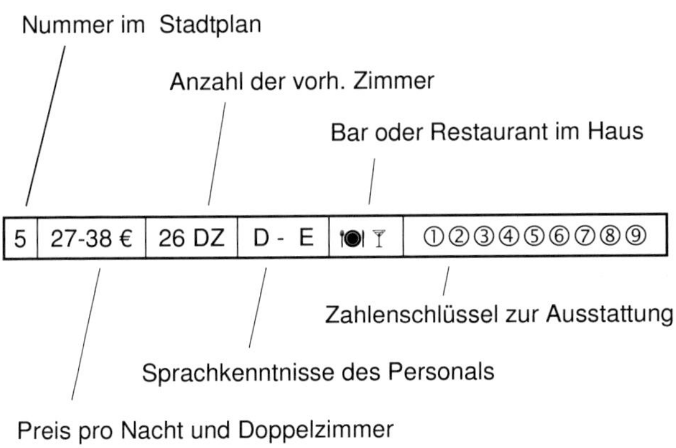

Buchstabenkennung für die Sprachkenntnisse:

D	–	Deutsch
E	–	Englisch
F	–	Französisch
NL	–	Niederländisch
TR	–	leider nur Türkisch

Die Angaben zur Ausstattung haben wir durch einen Zahlenschlüssel ersetzt:

① - ganzjährig geöffnet
② - historischer Altbau
③ - zum Teil sind Höhlenzimmer vorhanden
④ - Schwimmbecken vorhanden
⑤ - Zentralheizung vorhanden
⑥ - deutschsprachiges Fernsehen möglich
⑦ - Internetnutzung möglich
⑧ - Waschmaschine vorhanden oder Abgabe der Wäsche möglich
⑨ - nicht alle Zimmer sind mit eigener Dusche oder WC ausgestattet

Wichtige Adressen und Notrufnummern

Hier nun eine Auflistung der wichtigsten Adressen und Telefonnummern, die Sie als Tourist in Kappadokien hoffentlich nie brauchen werden:

Polizei:	155
Militärpolizei (Yandarma):	156
Medizinischer Notdienst:	112
Feuerwehr:	110
Waldbrandeinheiten:	177
Türkischer Touring und Automobilclub (Ankara):	0312 229 3806 o. 3807 Kültür Sok. 11

Adressen der Botschaften und Automobilclubs

Für deutsche Staatsbürger:

Botschaft in Ankara:	Tel.: 0312 4555 100 Atatürk Bulvari 114 www.ankara.diplo.de
ADAC-Notruf :	0049 89 22 22 22

Für österreichische Staatsbürger:

Botschaft in Ankara:	Tel.: 0312 40551 90 bis 92 Atatürk Bulvari 189 ankara-ob@bmeia.gv.at
ÖAMTC-Notruf:	0043 120

Für schweizer Staatsbürger:

Botschaft in Ankara:	Tel.: 0312 4573 100 Atatürk Bulvari 247 ank.vertretung@eda.admin.ch
ACS-Notruf:	0041 4462 888 99

Voor nederlandse burgers:

Nederlandse Consulaat in Ankara:	Tel.: 0312 4460 470 Uğur Mumcu Caddesi 16 ank@minbuza.nl
ANWB Alarmcentrale:	0031 88 2692 888

... ein wenig Platz für eigene Notizen............

Sehenswürdigkeiten
und
Ortschaften

Ein paar Worte vorweg

Im dritten Teil dieses Buches begeben wir uns nun endlich auf die Reise durch Kappadokien. Hier werden die Ortschaften und die Sehenswürdigkeiten dieses Landstriches beschrieben. Dabei haben wir die einzelnen Ausflugsziele geografisch sortiert, so dass der Reisende sich seine Tagestouren leichter zusammenstellen kann.
Den meisten Ortsbeschreibungen folgt eine Auflistung von Unterkünften, die jedoch nicht vollständig ist, da sonst der Rahmen dieses Buches gesprengt würde. Da wir Autoren jedoch immer mit dem Reisemobil unterwegs waren, können wir keine Aussagen zum Service oder der Freundlichkeit des Personals machen. Wir mussten uns bei den Besichtigungen der Hotels und Pensionen immer auf den ersten Eindruck und auf Äußerlichkeiten verlassen. Für eine weitere Auflage dieses Reiseführers ist es daher dringend erforderlich, dass Sie uns Ihre Erfahrungen, egal ob positiv oder negativ, mitteilen, um schwarze Schafe aussondern zu können, oder um gute Herbergen, die wir Autoren übersehen haben, aufnehmen zu können.

Und nun wünschen wir Ihnen eine gute Reise und einen angenehmen Aufenthalt in Kappadokien.

Uçhisar

Das Wahrzeichen des Ortes ist der 1460 m hohe Felsen, der den Ort überragt. Von hier bietet sich einem ein grandioser Blick weit über das Tal von Göreme hinaus bis hin zum 80 km entfernten und oft schneebedeckten Vulkan Erciyes. Der Felsen, von den Einheimischen liebevoll der „Kale“ (Burg) genannt, diente vor Jahrhunderten den Bewohnern als Fluchtburg vor fremden Eroberern. Heute kann man von außen noch gut die vielen Räume und Gänge erkennen, die damals vom Gestein versteckt den Berg durchzogen. Der Felsen von Uçhisar ist heute eine der großen touristischen Attraktionen in Kappadokien und entsprechend frequentiert. Der Trubel beschränkt sich aber nur auf die Plätze rund um den „Kale“ herum und auf die Hauptverbindungsstraße Göreme – Uçhisar, am Fuße des Felsen. Der Rest des Ortes macht mehr einen verschlafenen Eindruck. Im Westen des „Kale“ entstand vor einigen Jahrzehnten der neue Ortsteil, da der alte

Ortskern im Osten nach und nach dem Verfall anheim fiel - ein Problem, das alle Orte hier im Zentrum von Kappadokien haben. Hier am Osthang, unterhalb des Felsens beginnt sich jedoch seit einigen Jahren das Bild zu wandeln. Zwischen den Ruinen halb verfallener traditioneller Wohnhäuser findet man immer mehr restaurierte und vielleicht auch etwas zu schick herausgeputzte Behausungen. Da die Einheimischen sich diese teuren und mit strengen Auflagen seitens der Behörde belegten Restaurationen nicht leisten können, stecken immer mehr Investoren ihr Geld in den Aufkauf der Grundstücke und errichten Hotels der etwas nobleren Art. So verschwindet langsam auch der letzte Rest dörflichen Lebens und weicht dem Tourismus. Und immer noch kann man zahlreiche Baustellen am Osthang antreffen. Allerdings findet hier kein Massentourismus statt, dafür sorgen die zum Teil hohen Übernachtungspreise und die Sperrung der alten Hauptstraße für Busse und Lkw. Die Lage dort am Hang ist traumhaft. Eine himmlische Ruhe und der unvergleichliche Ausblick machen Uçhisar zu einem der schönsten Orte in Kappadokien. Dabei ist man nicht von der Welt abgeschnitten. Alle 30 Minuten fährt ein Kleinbus nach Nevşehir und der Ort besitzt eine gute Infrastruktur. Post, Bank und einige kleine Läden für den täglichen Bedarf sorgen dafür, dass der Ort eine gute Adresse für Individualtouristen ist. Auf jeden Fall lohnt sich das Besteigen des „Kale“. (Eintritt: 3 TL)

Skurrile Überbleibsel einer Vulkanlandschaft am Fuße des „Kale“

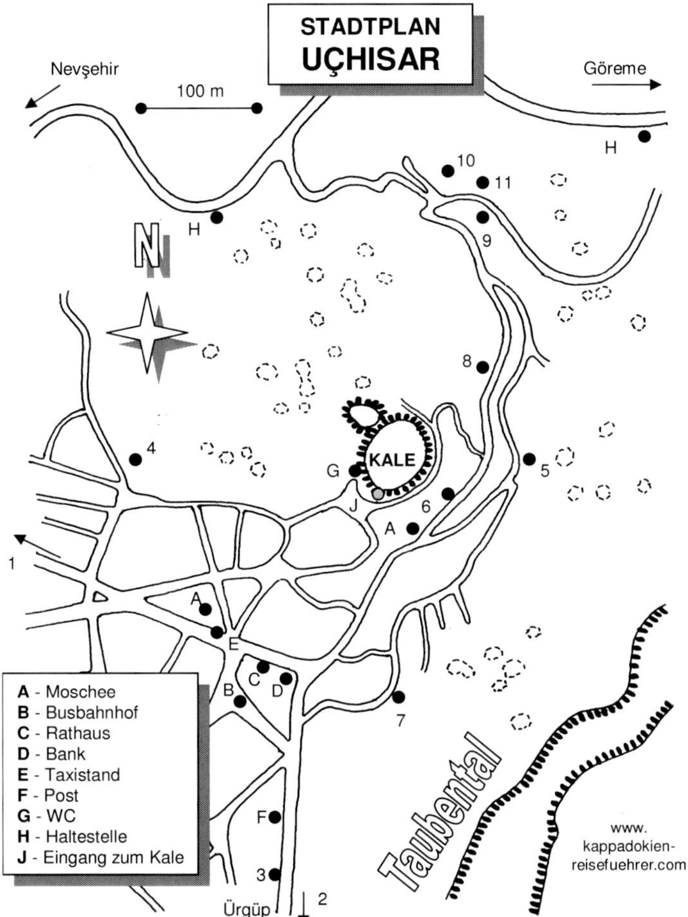

Unterkünfte

1 Anatolia Pension
2 Kaya Hotel
3 Erciyes Pension
4 Ahbap Konagi
5 Hotel Villa Kappadokia
6 Uçhisar Pension
7 Position Uçhisar
8 Les Terrasses d'Uçhisar
9 Lalesaray
10 Buket Pension/Hotel
11 Museum Hotel

Unterkünfte in Uçhisar

➔ ANATOLIA PENSION

Kleine Pension, sehr ruhig in der Neustadt gelegen und daher leider ohne den ansonsten grandiosen Ausblick, den die meisten anderen Pensionen hier im Ort bieten. Der Betreiber macht aber einen sehr engagierten Eindruck, fährt seine Gäste zu den Ausgangspunkten ihrer Wanderungen und holt sie später auch wieder ab. Der Neubau im hinteren Bereich ist nach traditioneller Architektur, also mit Gewölbe errichtet worden. Ein kleiner grüner Garten lädt zum Faulenzen ein.

1	30 €	14 DZ	E – F	🍸 🍽	①⑤⑦⑧

Tel.: 0384 219 2339 www.anatoliapension.com

➔ KAYA HOTEL

Großes Hotel am Rande des Taubentals gelegen. Es ist das älteste Touristenhotel hier in Kappadokien und eröffnete erstmals 1968. Sein Alter sieht man ihm jedoch nicht an, da es fast 30 Jahre lang, und gut gepflegt, vom „Club-Mediterranee" geführt wurde. Dies ist mitunter ein Grund, warum in Uçhisar sehr viele Menschen französisch sprechen. Der damalige Bürgermeister war sehr pfiffig und verband die Vergabe der Hotellizenz und die Bauerlaubnis mit Auflagen. So mussten alle Arbeiter und Angestellten aus Uçhisar sein, und diese mussten auch im Winter, wenn geschlossen war, weiterbeschäftigt werden. So kam es, dass diese dann auf Kosten des Clubs nach Frankreich oder in die Schweiz geflogen wurden, um dort zu arbeiten. Ein Hotel, das keine Wünsche offen lässt, jedoch eine etwas steife Atmosphäre versprüht.

2	110 €	72 DZ	E – F	🍸 🍽	①④⑤⑥⑦⑧

Tel. 0384 219 2007 www.uchisarkayotel.com

➔ ERCIYES PENSION

Echte Alternative für den kleinen Geldbeutel und 100 m vom Zentrum an der Straße Richtung Süden gelegen. Ein richtiger kleiner Familienbetrieb, in dem man das traditionelle Dorfleben noch hautnah mitbekommt. Die Zimmer sind schlicht, aber sehr sauber, und im schattigen Garten kann man miterleben, wie die Frau des Hauses mit den Nachbarn Pekmez für den Winter zubereitet. Man ist mittendrin im kappadokischen Alltag.

3	22 €	6 DZ	TR		⑧

Tel.: 0384 219 2090 erciyespension@hotmail.com

➔ AHBAP KONAGI

Wie das Wort Konak (Palast oder Schlösschen) schon sagt, eine etwas größere Anlage. Sehr schön gelegen mit toller Ansicht auf den „Kale", der bei Sonnenuntergang rot aufglüht. Das Gästehaus wurde 1999 eröffnet und bildet von der Lage her eine Alternative zu den Herbergen, die am Osthang des alten Dorfes liegen. Die Anlage liegt in direkter Nachbarschaft zur Dorfbevölkerung an der Westseite des großen Felsens. Die Betreiber kochen im angeschlossenen Restaurant nicht selbst, sondern haben dazu die Nachbarn eingespannt. Vielleicht ein Grund, warum auch Gäste aus anderen Hotels hier manchmal zu Abend essen. Architektonisch ist die Herberge einfach ein Traum und die Ruhe hier göttlich.

4	70-110€	17 DZ	E – F - I	🍸 🍽	①③④⑤⑥⑦⑧

Tel.: 0384 219 3020 www.ahbapkonagi.com

➔ VILLA CAPPADOKIA

Ein ebenfalls sehr ruhig gelegenes Hotel mit toller Aussicht auf ganz Kappadokien. Schöne Architektur, da die Anlage nur aus alten restaurierten Häusern besteht. Ein schattiger und grüner Garten am Hang ist Balsam für die Seele und die Zimmer, von denen jedes einen offenen Kamin besitzt, sind mit viel Liebe ausgestattet,. Im Winter kann das Hotel auf Anfrage und für größere Gruppen extra geöffnet werden. Dem Haus ist ein öffentliches Höhlenrestaurant angeschlossen.

5	100 €	9 DZ	E	🍸 🍽	②③⑤⑥⑦⑧

Tel.: 0384 219 3133 www.villacappadocia.com

➔ UÇHISAR PENSION

Preiswerte und schlichte Familienpension an der Kopfsteinplasterstraße des Osthanges gelegen. Leider besitzt die Pension nur einen sehr kleinen Innenhof. Mehr Platz bietet da die Dachterrasse mit weiter Aussicht, auf der abends ein reichhaltiges und schmackhaftes Abendessen serviert wird.

6	35 €	8 DZ	E – F	🍽	②③⑦⑧

Tel.: 0384 219 2662 www.uchisarpension.com

➔ POSITION UÇHISAR

Eine kleine und unscheinbare Pension, die es aber in sich hat. Wer kulturell interessiert ist, kommt hier voll auf seine Kosten. Die deutsche Besitzerin, Frau Almut Wegner, ist auf allen Gebieten der Kunst zuhause. Ob Malkurse, Tanzveranstaltungen oder Musikabende - hier kann man sich ohne Ende künstlerisch austoben. Mehrere Musikinstrumente stehen zur Verfügung und wer die zauberhafte Landschaft Kappadokiens auf Leinwand bannen möchte, leiht sich einfach eine komplette Staffelei. Eigentlich gibt es nichts, was Frau Wegner nicht organisieren kann. Fragen Sie sie einfach! Ein weiterer Pluspunkt ist die hervorragende Lage der Pension, sehr ruhig und mit einem fantastischen Ausblick.

7	60 €	8 DZ	E – D – F - I	🍽	①②③⑥⑦⑧

Tel.: 0384 219 2172 www.projekt-uchisar.org

➔ LES TERRASSES DE UÇHISAR

Französisch geführter Familienbetrieb mit großem Aufenthaltsraum und einer schönen Terrasse im Obergeschoss. Im Untergeschoss liegt der Gast- und Speiseraum mit tollem Ambiente, und überhaupt bietet diese Pension ein gutes Preis-Leistungsverhältnis. Der Clou soll allerdings die gute und über die Region hinaus bekannte Küche der Hausherrin und ihrer Tochter sein. Na dann: Bon Appetit.

8	40 €	14 DZ	E – F	🍸 🍽	②③⑤⑦⑧

Tel.: 0384 219 2791 www.terrassespension.com

➔ HOTEL LALESARAY

Ein gutes Stück Luxus ist dieses Hotel, das durch seine Bögen aus schwarzem Basalt auffällt. Die Zimmer sind zum Teil sehr groß gestaltet, geschmackvoll eingerichtet und alle mit einem offenen Kamin ausgestattet. Riesige Whirlpool-Wannen finden ihren Platz in geräumigen Bädern. Architektonisch ist die gesamte Anlage ein Meisterstück und die Aussicht von der Terrasse grandios. Ein Hotel zum Träumen, in dem man ab und an auch etwas traditionelle Live-Musik geboten bekommt.

9	90-250€	14 DZ	E – F	🍸 🍽	①②③⑤⑥⑦⑧

Tel.: 0384 219 2333 www.lalesaray.com

➔ BUKET PENSION und HOTEL

Große Anlage mit Pensions- Hotel- und Restaurantbetrieb. Da ein großer Garten die einzelnen Abteilungen trennt, kommt man sich nicht in die Quere. Während die Pensionszimmer schlicht gehalten sind, hat man sich bei den Höhlensuiten so richtig ins Zeug gelegt: Möbel und Türen sind aus edlem Holz gefertigt, und alle Zimmer besitzen einen offenen Kamin und eine Badewanne. Erst seit 2008 hat die Anlage einen neuen Besitzer bzw. eine Besitzerin.

10	25-80 €	13 DZ	E	🍸 🍽	①②③⑤⑥⑦⑧

Tel.: 0384 219 2490 www.bukethotel.com

➔ MUSEUM HOTEL

Haben Sie im Lotto gewonnen oder sind Sie reich und berühmt, dann sind Sie hier richtig. Ein Hotel der Superlative, was Ausstattung, Architektur, aber auch den Preis angeht. Dem Haus sieht man von außen nicht an, welchen Luxus es bietet. Das Einzige, was man von der Straße erblicken kann, ist die Lobby. Terrasse, Pool mit Ausblick auf die Landschaft und First-Class-Restaurant verbergen sich vor den Blicken Fremder. Der Clou sind jedoch die Höhlenräume, die unterhalb der ganzen Anlage in der Felswand liegen. Große geräumige Höhlensuiten mit großen Fenstern garantieren einem grandiosen Ausblick auf die kappadokische Landschaft und sind einzigartig in der Region. Ein Traum in Tuff.

11	90-880€	72 DZ	E – F - D	🍸 🍽	①②③④⑤⑥⑦⑧

Tel.: 0384 219 2220 www.museum-hotel.com

Göreme

Kaum beginnt man über die Sehenswürdigkeiten des Ortes nachzudenken, gerät man unweigerlich ins Stocken: ja was war denn da noch? Gut, im Zentrum steht ein Felskegel mit einem hoch oben gelegenen römischen Grab, von dem noch die Säulenreste an der Decke kleben. Damit ist das Thema aber auch eigentlich schon erschöpft. Nein nicht ganz. Wer dem Kanal in süd-westlicher Richtung folgt, wird nach einigen hundert Metern auf der rechten Seite die Yusuf Koç Kirche ausgeschildert finden. Nach etwa weiteren dreihundert Metern erreicht man die kleine Kapelle, in der man wieder einmal sehr schön erkennen kann, wie wenig die abgebrochenen Säulen im Grunde zu tragen hatten. Wesentlich interessanter ist allerdings die Kadir - Durmuş Kirche. An der Abzweigung zur Yusuf Koç Kirche geht man geradeaus, weiter am Kanal entlang bis zum nächsten Abzweig. Ein gepflasterter Weg führt zu dieser besonderen Kirche. Sie ist eine der wenigen aus der Zeit des frühen Christentums. Keine bunten Fresken locken hier, sondern meisterliche Steinmetzarbeiten versetzten den Betrachter in Erstaunen. Das Auffälligste in diesem alten Gotteshaus ist jedoch der Ambo, die Kanzel, die in der Mitte des Raumes fein säuberlich aus dem bestehenden Fels heraus geschlagen wurde. Nur selten trifft man hier Besucher an. Der ideale Platz, um eine kurze Auszeit vom Trubel im Ortszentrum zu nehmen.

Göreme muss einmal romantisch zwischen den vielen Felskegeln gestanden haben - anders ist der heutige Andrang im Ort einfach nicht zu erklären - denn der kleine Ort ist schlichtweg das touristische Zentrum Kappadokiens überhaupt. Mit über 70 Herbergen, unzähligen Restaurants und den vielen Souvenirläden bietet Göreme alles, was das Herz der Besucher erfreut. Rund um den zentral gelegenen Busbahnhof warten die Vermieter von Kleinkraftrollern auf Kundschaft und die Reiseagenturen bieten alle Arten von Tagestouren und sonstigen Vermietungen an. Von hier können Bustickets in alle Teile der Türkei erworben werden und am frühen Abend hält hier sogar der Bus nach Damaskus. Im größeren Kreis um das Terminal herum liegen die zahlreichen Restaurants oder Teegärten, die sich den knappen Platz mit nicht weniger vielen Andenkenläden teilen müssen. Den zweiten Kreis bilden die Hotels und Pensionen, die kaum noch Platz für die normale Bevölkerung übrig lassen. So sind manchmal ganze Häuserzeilen aufgekauft worden, um daraus luxuriöse Hotels zu errichten. Dieses riesige, aber sich wiederholende Angebot ist für den Touristen deshalb von Vorteil, weil man hier sehr gut die Preise vergleichen kann und der Konkurrenzdruck unter den Anbietern groß ist. Handeln lohnt sich in der Vor- und Nachsaison allemal, besonders bei den Fahrzeugvermietern ist die Spanne recht groß. Auf jeden Fall sollte man immer beim Dienstleister direkt mieten oder buchen, da sonst ein Vermittler mitverdient, was den Preis erheblich in die Höhe treibt. Göreme ist besonders in der Hauptsaison alles andere als ein ruhiger Ort, aber wer lange Partynächte mag, ist hier richtig aufgehoben, denn der Ort verfügt über ein wenig Nachtleben. Einige Bars im Zentrum sind bis in den frühen Morgen geöffnet und der ideale Treffpunkt für Nachtschwärmer. Wer mehr die Ruhe sucht, sollte deshalb darauf achten, dass seine Unterkunft eher am Rand des Ortes liegt. In der Nachsaison lässt das nächtliche Treiben allerdings stark nach und dann beruhigt sich auch der Stadtkern wieder ein wenig.
Ein paar Tipps noch zu den von den Agenturen angebotenen Tagestouren. Man sollte darauf achten, dass das Mittagessen, ein kundiger Führer und verminderte Eintrittspreise für die Museen im Preis enthalten sind. Auch hier ist die Preisspanne saisonal bedingt größer und ein wenig verhandelbar. Wie gesagt, warum gerade Göreme sich so sehr auf den Tourismus einschießen konnte, bleibt schleierhaft. Aber vielleicht sagt ja der alte Name des Ortes: „Avcilar“, ins Deutsche übersetzt „Die Jäger“, schon alles.

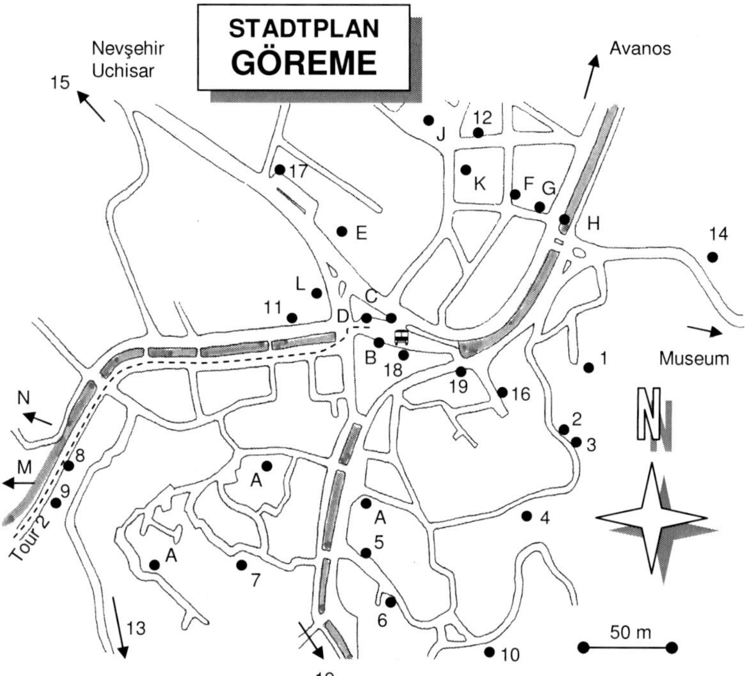

www.kappadokien-reisefuehrer.com

Unterkünfte

A Moschee
B Busbahnhof
C Touristinformation
D Taxi
E Rathaus
F Post
G Yandarma (Polizei)
H Bushaltestelle
J Marktplatz
K Krankenstation
L Hamam
M Durmuş Kirche
N Jussuf Koçk Kirche

1 Sevin Rock House
2 Local Cave House
3 Backpackers Hostel
4 Village Cave House
5 Tabiat Pension
6 Göreme House
7 Shoestring Pension
8 Elif Star Caves
9 S.O.S. Hotel
10 Hotel Lalezar
11 Walnut Pension
12 Köse Pension
13 Fairy Chimney Inn

14 Berlin Camping
15 Panorama Camping

16 Middle Earth Travel
17 Kapadokya Balloons
18 Anadolu Ballooning
19 Alaturca Restaurant

Der „schärfste“ Mietwagen in ganz Kappadokien

Unterkünfte in Göreme

Am Busbahnhof des Ortes steht eine große Tafel, auf der die Hotels und Pensionen auf einem Stadtplan verzeichnet sind, straff durchnummeriert von 1 bis 60. Doch die Bewohner versicherten uns, dass dieses Schild schon 5 Jahre alt sei und es mittlerweile mindestens 20 Herbergen mehr geben soll. All diese hier im Buch aufzuführen würde den Rahmen sprengen, und nicht jede Herberge vor Ort ist unbedingt eine Empfehlung wert. Deshalb haben wir auch nur eine kleine Auswahl getroffen. Über Anregungen von Lesern bezüglich ihrer Erfahrungen mit der Unterkunft würden wir Autoren uns sehr freuen, da auch wir nicht immer hinter die Kulissen eines solchen Herbergsbetriebes blicken können. Die große Anzahl von Hotels und Pensionen hat übrigens zur Folge, dass die Übernachtungspreise in Göreme relativ günstig geblieben sind.

➔ SEVIN ROCK HOUSE

Ein Familienbetrieb, der etwas abseits liegt und ein paar schlichte Höhlenzimmer anbietet. Um das Gebäude herum gibt es ein großes Freigelände, auf dem das Campen möglich ist. Die Attraktion des Hauses sind die aus Tuffstein gebauten Betten und der Pool im Garten.

1	22-30 €	7 DZ	E		①③④⑧

Tel.: 0384 271 2462 sevinrock@hotmail.com

➔ LOKAL CAVE HAUS HOTEL

Neuere Anlage, deren Zimmer sich über 2 Etagen um einen Pool gruppieren. Alles ist nett gestaltet und lädt zu ein paar faulen Tagen mit ständigem Wechsel zwischen Wasser und gemütlichen Sitzecken ein.

2	50-70 €	9 DZ	E – D	🍸 🍽	①②③④⑤⑧

Tel.: 0384 271 2171 www.lokalcavehouse.com

➔ BACKPACKERS CAVE HOSTEL

Direkt nebenan gelegen, bietet einen grünen und schattigen Garten und den kleinsten Pool der Türkei. Einzelbetten im Schlafsaal gibt es ab 13 TL. Schlicht aber ordentlich gehalten.

3	22-30 €	11 DZ	E	🍸 🍽	①②③④⑤⑧

Tel.: 0384 271 2258 www.backpackerscave.com

➔ VILLAGE CAVE HOUSE HOTEL

Schöner historischer Altbau, der von der Wirtin aufs peinlichste sauber gehalten wird. Leider spricht man keinerlei Fremdsprachen, dafür gibt es ein herrliches Panorama über die Stadt und Umgebung.

4	32 €	9 DZ	TR		①②③⑤⑧

Tel.: 0384 271 2182 www.villagecavehouse.com

➔ TABIAT PENSION

Die Pension versteckt sich, nur durch einen kleinen Eingang zu erreichen, hinter der Moschee. Der große Innenhof ist liebevoll gestaltet und mit alten Holzstühlen versehen. Das viele Grün im Innenhof und die Ruhe, die dort herrscht, sind Balsam für die Nerven. Die Zimmer und der Aufenthaltsraum sind schlicht und traditionell eingerichtet und noch nicht kaputt saniert. Das gute Frühstück und die Atmosphäre machen diese Pension zu einem Geheimtipp.

5	20 €	8 DZ	E		②③⑧

Tel.: 0384 271 2267 tabiatpension@yahoo.com

➔ GÖREME HOUSE

Eine etwas bessere Adresse hoch oben am Rande des Ortes gelegen. Die Zimmer sind schön eingerichtet und überhaupt wirkt die gesamte Anlage recht nobel. Der Innenhof ist gemütlich mit Sitzecken versehen und von Bäumen beschattet. Eine Bibliothek und ein gutes Frühstück runden den guten Eindruck des Hotels ab.

6	60-95 €	13 DZ	E – F	🍸 🍽	①②③⑤⑥⑦⑧⑨

Tel.: 0384 271 2060 www.goremehouse.com

➔ SHOESTRING PENSION

Das Kontrastprogramm, denn hier tobt der Bär. Wie ein kleines Tuffsteintal für sich wirkt der große Innenhof, um den sich die Zimmer dieser Backpackerherberge verteilen. Besonders in der Hochsaison sollten ruhebedürftige Touristen hier nicht absteigen. Wie in alten Zeiten kommen hier die Rucksackreisenden aus aller Welt zusammen. Der Wahnsinn ist der Pool hoch oben oberhalb der Pension, der im Sommer vor lauter Besuchern kaum noch Wasser haben dürfte. Ein Muss für jeden, der ein Göreme wie vor 25 Jahren erleben möchte.

7	25 €	16 DZ	E	🍸	①②③④⑤⑦⑧

Tel.: 0384 271 2450 www.shoestringcave.com

➔ ELIV STAR CAVES

Ein restaurierter Höhlenkomplex mit schönen alten und nicht kaputt sanierten Cave-Rooms. Die Gäste vor Ort lobten das Hotel und seine Betreiber in den Himmel. Hof und Zimmer waren wie geleckt und die Aussicht auf die kappadokische Tuffkegellandschaft ist grandios.

8	40-50 €	7 DZ	E - D	🍸 🍽	①②③④⑤⑥⑦⑧⑨

Tel.: 0384 271 2479 www.elifstar.com

➔ S.O.S HOTEL

Es wurde 2005 umgebaut und mit hellen und freundlichen Höhlenzimmern versehen. Viele Blumen und ein herrliches Panorama machen die große Terrasse zu einem gemütlichen Aufenthaltsraum. Das Highlight ist das so genannte Honeymoon-Zimmer mit großer Whirlpoolwanne und einem Privatbalkon mit Blick auf die Felslandschaft.

9	30-60 €	17 DZ	E – F - D	🍸 🍽	①②③⑤⑥⑦⑧

Tel.: 0384 271 2134 www.soscavehotel.com

Ausblick von der Terrasse des SOS - Hotels

➔ LALEZAR HOTEL

Ganz hinten im Ort gelegen zieht sich das neue Hotel über 5 Etagen mit seinen Zimmern und Terrassen den Hang hinauf. Die Zimmer sind geschmackvoll eingerichtet und recht groß.

10	20-40 €	13 DZ	E – D - NL	🍸 🍽	①②③⑤⑥⑦⑧

Tel.: 0384 271 2298 Fax: 0384 271 2679

➔ GÖREME WALNUT HOUSE

Keine 100 m vom Busbahnhof und doch etwas abseits gelegen bietet die Herberge gemütliche Zimmer im alten Gewölbedeckenstil an. 2006 ließ der Besitzer im Garten ein neues Haus bauen. Dort entstand ein sehr geschmackvoller neuer Pensionsteil im alten kappadokischen Stil. Gewölberäume aus Naturstein und eine Fußbodenheizung verbinden Tradition mit modernem Komfort.

11	20-40 €	12 DZ	E – D	🍸 🍽	①⑤⑥⑧

Tel. 0384 271 2235 www.walnuthouse.com

➔ KÖSE PENSION

Hier gibt es tatsächlich noch eine Getränkestrichliste mit Selbstbedienung, wie in alten Zeiten. Im neuen Stadtgebiet am Marktplatz, inmitten eines Wohngebietes gelegen, stellt diese Pension eine echte Alternative dar. Allein die große Auswahl an Frühstücksvarianten ist sehenswert und der große Garten mit Pool rechtfertigt den für Rucksackreisende hohen Preis.

12	30 €	18 DZ	E	🍸 🍽	①④⑦⑧

Tel.: 0384 271 2294 www.kosepension.com

➔ FAIRY CHIMNEY INN

2005 eröffneten Andus und Gülcan Emge ihre Pension in einem Felskegel am Ende des Ortes. Liebevoll eingerichtete Zimmer und ein ganz besonderes Ambiente im Außenbereich machen diese Pension zu einer Oase der Ruhe. Der Begriff „Gästehaus der Kapadokya Akademie" ist hier Programm. Kulturinteressierte Reisende sind hier bestens aufgehoben, denn der Deutsche, Dr. Andus Emge, hat sich jahrelang mit der Kultur, dem Sozialwesen und der Geschichte dieser Gegend auseinandergesetzt und letztendlich auch seine Doktorarbeit darüber geschrieben. Für Fragen zu diesen Sachthemen steht er gerne zu Verfügung.

13	55-110€	6 DZ	E – D	🍽	②③⑤⑥⑦⑧

Tel.: 0384 271 2655 www.fairychimney.com

Restaurant –Tipp: ALATURCA

Wer einen ganz besonderen Anlass zum Feiern hat und deshalb erstklassig essen gehen möchte, dem empfehlen wir das Restaurant „Alaturca". Dieses Restaurant hebt sich durch sein Angebot weit ab von allen anderen im Ort. Natürlich sind auch die Preise etwas anders, aber nicht astronomisch hoch. Hier stehen auch einige der alten Rezepte vom Hofe des Sultans auf der Karte.

Besonders die Terrasse, mit Blick auf das belebte Zentrum des Ortes, ist ein Garant für einen gelungenen Abend. Wundern Sie sich also nicht, wenn plötzlich der Gouverneur der Provinz zusammen mit seinem Hofstaat an Ihrem Nachbartisch Platz nimmt.

Tel.: 0384 271 2882

Göreme – Museum

Ein Muss für jeden, der nach Kappadokien kommt, so zumindest die Meinung der großen Reiseveranstalter. Und so werden täglich etliche Busladungen voller Besucher durch das Freilichtmuseum geschleust. Wer sich die Anlage in Ruhe anschauen will, hat es da schwer. Besonders dann, wenn man zwischen zwei Touristengruppen aus dem Land der aufgehenden Sonne gerät, wird es recht dunkel, aber dafür um so lauter in den kleinen Kirchenräumen. Sakrale Stimmung darf man hier nicht erwarten. Auch die Preispolitik und der Ticketverkauf stimmen einen etwas merkwürdig. So bekommt man für die „Tokalı Kilise“, eine Kirche etwas außerhalb des Museumsgeländes, kein Einzelticket und kann sie nur besichtigen, wenn man das normale für 15 TL kauft und zusätzlich für diese einzelne Kirche noch einmal 8 TL bezahlt. Innerhalb des Geländes gibt es dann noch einen zweiten Kartenschalter für die „Karanlık Kilise“, an dem man noch einmal 8 TL bezahlen soll. Am Eingang wird dem Besucher auf einer Tafel erklärt, dass all die Gelder für den Erhalt der alten Höhlenkirchen in Kappadokien eingesetzt werden. Ärgerlich wird es dann, wenn man nur ein paar Meter außerhalb des Museumsgeländes Kirchenräume betritt, die einzufallen drohen, vollgemüllt, und - der Leser mag die Wortwahl verzeihen - auch manchmal zugeschissen sind. Andere ausgeschilderte Kirchen sind verschlossen oder man wird zum wiederholten Male zur Kasse gebeten, um ein halb verfallenes Kapellchen zu besichtigen. Dies alles stimmt einen schon etwas nachdenklich.

Kleiner Tipp für Ihren Rundgang durchs Freilichtmuseum: Beginnen Sie Ihre Besichtigung des Geländes an der „Carikli Kilise“. Damit bewegen Sie sich entgegen dem Strom der großen Gruppen und erhalten vielleicht eine Chance, die Höhlenkirchen in aller Ruhe betrachten zu können. Andererseits könnten Sie auf eine deutschsprachige Reisegruppe treffen. Der kann man sich dann unauffällig anschließen, um aufmerksam den Ausführungen des Reiseleiters zu lauschen.

St. Basilios-Kirche (1)

Auffällig ist hier die Darstellung des Heiligen Georgs beim Kampf mit dem Drachen. Wie auch in den meisten anderen Kirchen befinden sich hier Grabmulden in den Seitenbereichen. Der Grundriss der Kirche ist mit einem

Tonnengewölbe überspannt und an ihrer Seite befindet sich ein durch Säulen abgetrennter Nebenbereich (Narthex). Der Bau stammt aus dem 11. Jh. und seine Malereien zeigen neben dem Hl. Georg auch den Hl. Theodorus und Maria mit dem Kind.

Elmalı Kilise (2)

Diese „Kirche mit dem Apfel" besitzt einen kreuzförmigen Grundriss, wobei in ihrer Mitte vier Säulen stehen, die jedoch die neun kleinen Kuppeln nicht zu tragen haben. Dem Eingang gegenüber liegen drei Apsen. Diese Kirche gilt als die jüngste hier im Museumsbereich und wird anhand ihrer Malereien auf das 12. Jh. datiert. Auch wenn damals der Bilderstreit schon beendet war, so kann man trotzdem zwei unterschiedliche Bemalungen hier erkennen: auf dem Fels direkt aufgetragene einfache Ornamentik und später auf Putz, über die alte Bemalung aufgebrachte, bildliche Darstellungen.

St. Barbara-Kirche (3)

Auch hier finden wir wieder einen kreuzförmigen Grundriss vor, nur sind hier einige Deckenbereiche als Tonnengewölbe ausgeführt worden. Diese Höhlenkirche ist berühmt für ihre gut erhaltene Ornamentik, aber auch für ihre fast an naive Malerei oder gar Kinderzeichnungen erinnernden Darstellungen. Zumindest lassen diese Malereien viel Platz für Spekulationen und Interpretationen in der Fachwelt der Kirchenhistoriker. Uns haben einige Darstellungen eher an einen Kinderstreich erinnert und alles in allem wirkt das Bauwerk sehr unfertig. Dies liegt vielleicht auch an dem aufgemalten Mauerwerksimitat im Bereich der Tonnengewölbe.

St. Onunphrios-Kirche (4)

Dieser Bau wird auch Yılanlı Kilise (Schlangenkirche) genannt, weil wieder der Hl. Georg im Kampf mit dem Drachen, hier als Schlange dargestellt, zu betrachten ist. Viel interessanter ist allerdings die Geschichte des Hl. Onunphrios, der hier nackt, mit verdecktem Schambereich, und mit weiblichen Brüsten und Bart dargestellt wird. Er soll vorher Onunphria geheißen haben und ein unzüchtiges Frauenzimmer

Kirchenmuseum Göreme

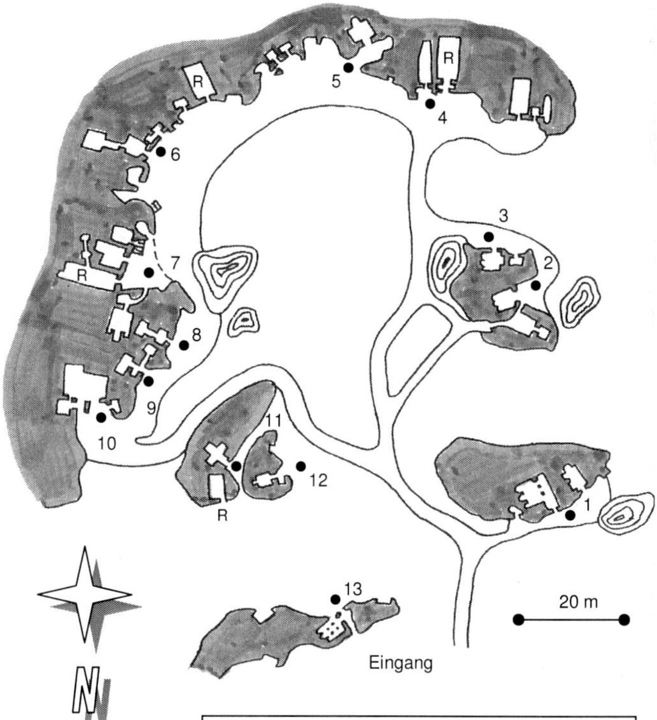

1 St. Basilius Kirche
2 Elmalı Kirche
3 St. Barbara Kirche
4 St. Onunphrius Kirche
5 Grabkapelle
6 Kreuzkuppelkirche
7 Karanlık Kirche
8 St. Katharina Kirche
9 Einschiffige Kirche
10 Çarıklı Kirche
11 Kreuzkirche
12 Einschiffige Kirche
13 Mädchenkirche
R Refektorien

www.kappadokien-reisefuehrer.com

gewesen sein, das sich vor den Nachstellungen der Männer nicht retten konnte. Sie bat Gott um Hilfe und der ließ ihr einen schönen großen Rauschebart wachsen, damit sie sich in die Einsamkeit zurückziehen und ein gottgefälliges Leben führen konnte. Vielleicht ist dies ja die erste von Menschenhand dokumentierte Geschlechtsumwandlung der Welt. Zumindest ist dies die zweifelhafte Geschichte, die so mancher Reiseleiter gerne erzählt. Des Weiteren kann man hier eine Zeichnung von Kaiser Konstantin und seiner Frau Kaiserin Helena entdecken. Beide sollen die Christengemeinden hier in Kappadokien unterstützt haben.

Jesusdarstellung in einer Kuppel

Karanlık Kilise (7)

Auch die „Dunkle Kirche" genannt, weil nur ein wenig Licht durch eine kleine Öffnung der Vorhalle eindringen kann. Dies hatte zur Folge, dass die Farben dieser prächtigen Malereien so gut erhalten blieben. Man betritt den Bau über eine enge gewundene Treppe und einen Vorraum. Auch hier findet man wieder den klassischen Kreuzgrundriss mit seinen Kuppeln und Apsen. Die Malereien geben fast alle Stationen im Leben Jesu wieder, wobei der Sohn Gottes in der Hauptkuppel als der große Pantokrator (Weltenherrscher) dargestellt wird. In dieser Höhlenkirche findet der Betrachter ein wenig Ruhe vor dem Trubel, der ansonsten im Museumsbereich herrscht. Die Reisegesellschaften scheinen den Aufpreis von 8 TL für die Besichtigung zu scheuen.

Çarıklı Kilise (9)

Die Fußabdrücke, die unterhalb der Darstellung über die Himmelfahrt Jesu zu sehen sind, gaben der Kirche den Namen „Sandalenkirche“. Sie ist heute über eine Eisentreppe zu erreichen, da die Erosion die alten Steinstufen schon vor langer Zeit abtrug. Auch hier findet sich der Lebenszyklus von Jesus wieder. Daneben gibt es noch eine Darstellung über die Gastfreundschaft Abrahams, und die 12 Apostel sind hier, namentlich aufgeführt, im Gewölbe zu entdecken.

Die Kirchen in der Umgebung des Freilichtmuseums

Außerhalb des umzäunten Museumsgeländes befinden sich noch zahlreiche andere sakrale Felsbauten, von denen jedoch oft nur noch sehr wenig zu sehen ist. Die Erosion und die Nutzung als Schafställe haben diesen Gebäudefragmenten arg zugesetzt und oft sind Kapellen, die von historischen Reisenden noch aufgelistet wurden, überhaupt nicht mehr zu lokalisieren. Einige wenige erhaltene und besuchenswerte Höhlenkirchen wollen wir hier erwähnen.

Die Tokalı Kilise

Sie liegt auf dem Weg zwischen dem Parkplatz und dem Museumseingang auf der anderen Straßenseite. Ihren Namen „Schnallenkirche“ erhielt sie, wie die meisten Kirchen hier in Kappadokien, durch den Volksmund. Früher soll sich an ihrer Decke eine schnallenförmige Lampenaufhängung befunden haben. Sie gehört zu den größten Felsenkirchen dieser Gegend und ist bekannt für ihre farbenprächtigen Malereien und den reichhaltigen Säulenschmuck. Auch hier war eine lange Zeit der Dunkelheit der Grund dafür, dass die Farben so gut erhalten geblieben sind. Bemerkenswert ist vor allem das viele Blau in den Malereien, was diese Fresken einzigartig macht. Der gesamte Komplex besteht aus der alten Kirche, die heute wie ein Vorraum wirkt, der neuen großen Kirche, sowie einer darunter liegenden Grabkirche, die nicht mehr zugänglich ist, und einer nördlichen Seitenkapelle. Eine Besonderheit sind auch die Darstellungen in so genannten Friesen, reliefartigen Bögen in der Wand, und der reichhaltige Schmuck in Form von Pilastern, Arkaden und Gesimsen. Die Tokalı Kirche gehört zu den eindrucksvollsten Sakralbauten Kappadokiens und eigentlich ist ihr Besuch ein Muss.

Das Kirchental von Göreme

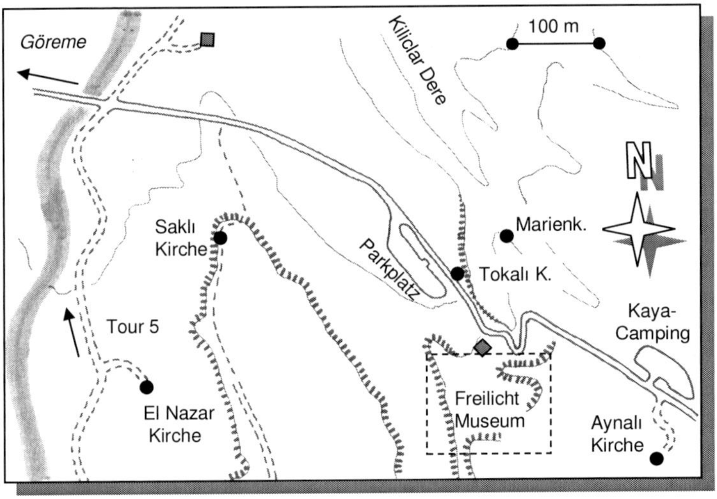

Marienkirche

Sie liegt etwas oberhalb der Tokalı Kirche im Fels versteckt. Von hier hat man einen großartigen Blick auf das Kılıçlar (Schwerter) Tal. Diese Kirche verdankt ihren Namen den vielen Mariendarstellungen an den Wänden. Sie betritt man durch einen niedrigen und nur gebückt zu begehenden Eingang. Ein Rollstein neben dem Eingang zeigt, wie wichtig die Verteidigung zur Zeit ihrer Erbauung noch war. Ein Indiz dafür, dass es sich hier um eine ältere Anlage handeln muss.

Aynalı und Firkatan Kilise

Dieser kleine Kirchenkomplex liegt etwa einen halben Kilometer oberhalb des Göreme Museums gegenüber des Kaya Campingplatzes. Zuerst ist man etwas verwirrt, da große Bäume die Anlage verdecken und man nicht weiß, wohin nun. Aber Süleman, der seit 14 Jahren hier arbeitet und ein wenig Englisch spricht, führt die verwirrten Besucher schon zur richtigen Stelle. Diese Kirchen stammen noch aus unruhigeren Zeiten, was man an der Bauart erkennen kann. Enge Tunnel führen in die oberen Etagen, die hier mit mehreren Verschlusssteinen gesichert werden konnten. Süleman kassiert nicht nur das Eintrittsgeld von 2,5 TL, sondern verteilt auch Taschenlampen. Ohne diese wäre das Betreten der Tunnel und Gänge recht gefährlich. Von einem der oberen Räume führt ein steiler und ungesicherter Steigschacht hinab. Versuchen Sie einmal diesen zu ersteigen und gleichzeitig die Taschenlampe zu halten, dann werden Sie merken, wie gut diese Schächte zu verteidigen waren. Auch findet man hier noch sehr oft die alten Kommunikationsröhren, welche die Etagen verbinden. Diese sollte man zusammen mit seinen Mitreisenden auf die gute Akustik hin testen. Von Oktober bis April macht Süleman Winterpause. Dann ist die Anlage geschlossen.

Saklı Kilise

Vom Museum aus, nach etwa 300 m in Richtung Göreme, ist diese Kirche links ausgeschildert. Neben einem Teehaus führt der Weg noch etwa 250 m den Hang hinauf, wo man den Eingang der „Versteckten Kirche“ findet. Jahrhunderte lang war der Eingang verschüttet, und erst 1956 wurde diese Anlage wieder entdeckt. Die Kirche weist einige untypische Merkmale auf. In ihrer Mitte stehen zwei eckige Pfeiler und ihre Decke ist flach gehalten. Aber auch die Malereien sind anders als die der anderen Kirchen Göremes. Hier muss ein lokaler Künstler am Werk gewesen sein, denn es finden sich Darstellungen von Bäumen, Vögeln und den in dieser Gegend alles beherrschenden Felskegeln. Auch die klassischen Tiere wie Esel und Ochse fehlen bei der Darstellung der Geburt Jesu. Vom Eingang der Kirche aus hat man einen herrlichen Ausblick auf das El Nazar-Tal, dorthin wo ein weiterer Sakralbau aus Fels auf den Interessierten wartet.

Höhlenfresken – zum Teil über 1000 Jahre alt

El Nazar-Kirche

Sie wurde im 10. Jh. in einen freistehenden Felskegel gemeißelt. Eigentlich handelt es sich hier um zwei Kirchenräume, die übereinander im Kegel liegen. Jahrelang lagen diese Räumlichkeiten und ihre Fresken im Freien, da der Kegel teilweise eingestürzt war. 2007 wurde die Kirche restauriert und der Kegel wieder geschlossen. Wer die Wandertour 5 durch das Zemi-Tal macht und wen die 8 TL Eintritt nicht schrecken, sollte den kleinen Abstecher unternehmen und diese Kirche am Wegesrand besichtigen.

Kirchenschiff mit schlichter Ausschmückung:
eine von vielen hundert Kirchen in Kappadokien

Zwischen Extase und Askese

- frühchristliche Gemeinden in Kappadokien

von Bernd Junghans

Um eine Vorstellung vom Zusammenleben dieser frühchristlichen Gemeinden zu bekommen, muss man sich vom Bild der heutigen Kirche lösen. Ohne die Weisungen einer übergeordneten kirchlichen Instanz entwickelten sich innerhalb der jungen christlichen Gemeinde sehr schnell die verschiedensten Auslegungen und Interpretationen darüber, was ein gottgefälliges Leben sei. Eine weit verbreitete Form der Frömmigkeit war der Rückzug in die Einsiedelei. Die 40 Tage, die Jesus in der Wüste verbracht haben soll, waren für viele Gläubige ein Vorbild, um ebenfalls ein Leben in Abgeschiedenheit und Askese zu wählen. Die Abgeschiedenheit der kappadokischen Täler schien für diesen Lebenswandel geradezu ideal zu sein. Der weiche Tuffstein ermöglichte es den Eremiten, kleine Wohnhöhlen zu graben, und Gärten im Talgrund sicherten die Ernährung. Nicht selten wurden so aus den 40 Tagen viele Monate. Dabei trieben es einige Einsiedler so weit, dass sie sich einmauern ließen oder ihren Felskegel über Jahre nicht verließen. Die meisten frühen Christen jedoch suchten wohl eher die Gemeinschaft, und aus dem lockeren Nebeneinander entwickelten sich die ersten Klöster. Der heilige Basilius, Bischof von Cäserea und selbst Kappadokier, gab den neuen Gemeinden ein festes Regelwerk, wie das menschliche Zusammenleben im christlichen Sinne zu gestalten sei.

Die ersten großen frühchristlichen Versammlungsräume sind stark an die antike Markthalle angelehnt und dienten Treffen aller Art, da die heute übliche Trennung zwischen Glauben und weltlichem Leben noch nicht vollzogen war. Aus diesen öffentlichen Versammlungsräumen sollte später das entstehen, was wir heute eine Kirche nennen. Aber auch hier muss man sich zuerst einmal vom gewohnten Bild eines Gotteshauses lösen. Wie in den alten Tempeln der Antike, war ein solcher Raum alles andere als ein Ort der Stille. Schon seine architektonischen Ursprünge lassen ein reges Leben in seinem Inneren vermuten; schließlich war diese Bauform schon vor der Geburt Christi bekannt und als Markthalle oder für sonstige öffentliche Veranstaltungen genutzt worden.

Das beste Beispiel einer solchen Halle in Kappadokien ist die Kadir-Durmuş-Kirche in Göreme. Die Ausgestaltung des Raumes mit Relief besetzten Säulen und Rundbögen lassen einen starken orientalischen Einfluss erkennen. In der Mitte des Raumes befindet sich zudem ein großer Ambo, eine doppelstufige Kanzel, die von beiden Seiten begehbar ist. Außerdem ist der Raum zur Längsseite hin offen, so dass er jederzeit von allen Mitgliedern der Gemeinde betreten werden konnte. Diese architektonischen Besonderheiten lassen ein recht demokratisch orientiertes Zusammenleben im urchristlichen Sinne vermuten. Soziale und geschlechtliche Unterschiede wurden damals kaum berücksichtigt, ganz im Sinne der Bibelworte: „Vor Gott sind alle Menschen gleich“. Im späteren Wandel der Kirchenarchitektur wird der Ambo als Forum für jedermann verschwinden, zugunsten einer Kanzel, die aus dem Innenraum der Kirche nach hinten oder nach oben verlagert wird. Jetzt hat nur noch einer das Sagen und die Hauptrichtung der Kirchen verlagert sich in die Längsrichtung, so dass eine strenge Sitz- und Rangordnung erstellt werden konnte. Konzile und Erlasse der Patriarchen veränderten die Architektur und schufen mit der Zeit das Bild, das wir heute von der Institution und der Gebäudeform Kirche kennen. Die Durchsetzung dieser kirchlichen Edikte geschah oftmals entgegen der mehrheitlichen Glaubensauffassung. Gruppen, die sich den Oberen nicht anpassten, wurden als Abweichler bzw. Haeretiker verfolgt und mussten in den abgelegenen Tälern Kappadokiens Schutz suchen.

Manche dieser Gruppierungen legten dabei recht befremdliche Riten an den Tag. Einigen galt der menschliche Körper als der Feind der Seele, den man mit Geißelung, Fasten oder gar starkem Frieren bändigen müsse. Andere wiederum ließen sich nach der Erwachsenentaufe töten, damit ihre Seele unbefleckt ins Himmelreich aufsteige. Sie ließen sich dann hoch oben in den Felsen offen beisetzen, damit wenigstens die Vögel von ihrem unreinen Körper profitieren konnten. Hierbei zeigt sich, wie sich das frühe Christentum manchmal mit alten Bräuchen und Religionen vermischte: stammt diese Form der Bestattung doch aus dem alten persischen Feuerglauben des Zarathustra.

Aus heutiger Sicht am ungewöhnlichsten kam wohl jene Glaubensrichtung daher, die ihr Heil und Gottes Segen in permanenter sexueller Extase suchte.

Wer historisch fundierte Führungen durch die Kirchenlandschaft Kappadokiens machen möchte, und so manch Verstecktes entdecken will, kann den deutschen Historiker und „Wander-Charismatiker“ Bernd Junghans in Kappadokien kontaktieren und mit ihm Exkursionen und Wandertouren vereinbaren. Er führt Sie über schmale Pfade zu den ungewöhnlichsten frühchristlichen Stätten. Allerdings sollte man gut zu Fuß sein und eine gute Kondition besitzen. Weitere Informationen finden Sie unter:
www.berndputz.de

Çavuşin

Der Ort liegt an der Straße zwischen Avanos und Göreme. Obwohl er mitten im Zentrum von Kappadokien liegt, wirkt er sehr verschlafen. Denkt man sich die Minarette weg und ein paar durch die Straßen trollende trockene Büsche dazu, kommt die Tristesse einer mexikanischen Siesta auf. Dass das Dorf fast nur aus Gebäuden neuerer Zeit besteht, macht es auch nicht gerade hübscher. Der Grund dafür zeigt sich, sobald man am Ende des Ortes die am Berg liegende, zerstörte Altstadt sieht. Das große Erdbeben in Erzerum von 1939 hatte Auswirkungen bis ins 700 km entfernte Kappadokien, wobei es Çavuşin am heftigsten traf. Zwar wurde das Dorf nicht direkt vollständig zerstört, aber die Grundstruktur des Felsens wurde so nachhaltig erschüttert, dass der Hang in den sechziger Jahren endgültig unter staatlichem Druck als Wohnstätte aufgegeben werden musste. Nur wenige alte Häuser gegenüber dem Berg blieben erhalten und konnten weiter bewohnt werden. Hier am Fuße des Felsens trifft man dann auch wieder auf Touristen. Entweder werden sie per Bus gebracht oder kommen am Ende einer Wanderung hier durch das Dorf hindurch. Doch verglichen mit dem Massenandrang in Göreme oder Ürgüp geht es hier ganz beschaulich zu. Nur wenige Souvenirstände oder kleine Cafes säumen den Platz. Die Pferdewagen vor den Häusern stehen hier nicht zur Dekoration, sondern sind noch tagtäglich im Gebrauch. Çavuşin ist ein Ort für Ruhefanatiker, da die ohnehin nur spärlich befahrene Straße von Göreme nach Avanos weit am Ortskern vorbeiführt. Und wenn man tagsüber am Cafe, neben dem Büro des Ortsvorstehers, vorbeikommt und die alten Hodschas davor diskutieren und lamentieren sieht, kommt schon ein etwas archaisches Gefühl auf.

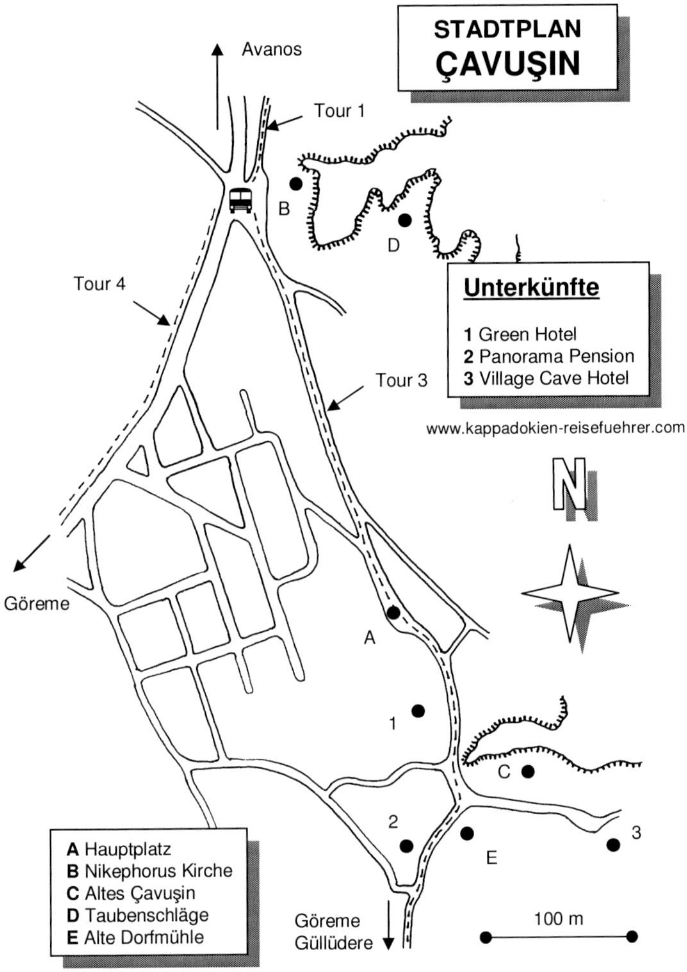
STADTPLAN
ÇAVUŞIN
Avanos
Tour 1
B
D
Tour 4
Unterkünfte
1 Green Hotel
2 Panorama Pension
3 Village Cave Hotel
Tour 3
www.kappadokien-reisefuehrer.com
N
Göreme
A
1
C
2
3
E
A Hauptplatz
B Nikephorus Kirche
C Altes Çavuşin
D Taubenschläge
E Alte Dorfmühle
Göreme
Güllüdere
100 m

Neben dem oben beschriebenen Altstadthang, den man hinaufwandern kann, steht am Ortseingang an der Straße noch eine Kirche zur Besichtigung. Diese wurde dem byzantinischen Kaiser Nikephorus Phokas gewidmet und in den Jahren zwischen 963 und 969 n. Chr. aus dem Felsen herausgeschlagen. Leider ist der Vorraum schon vor vielen Jahren eingestürzt, so dass nur noch eine bemalte Wand dieses Raumes von außen zu sehen ist. Auch fehlen schon seit Langem Teile der dazugehörigen Klosteranlage, so dass einige Zugänge dieser Räume im Nichts eines Abgrundes enden. Überhaupt befindet sich die Kirche in einem ziemlich schlechten Zustand. Ob der stolze Eintrittspreis von 8 TL berechtigt ist, darf bezweifelt werden. Die Malereien in der großen Apsis, die noch in alten Reiseführern beschrieben wurden, sind fast völlig von der Wand gebröselt und große Risse in der Decke des Gebetshauses sind Zeugen des weiteren Verfalls. Warum die Kirche auch Taubenkirche genannt wird, kann man gut an der Eingangswand erkennen: dort wurde brachial eine große unförmige Öffnung durch Gestein und Wandmalerei geschlagen, um ein Einflugsloch für die Tauben zu erhalten. Die Anlage ist von 8^{30} bis 17^{00} täglich geöffnet.

Der zerfallene und verlassene Wohnhügel von Çavuşin

Unterkünfte in Çavuşin

➔ GREEN HOTEL

Seit zwanzig Jahren besteht dieses Hotel und wurde nach und nach erweitert. Es besitzt einen liebevoll eingerichteten Aufenthaltsraum und ein kleines Höhlenrestaurant, in dem traditionelles Essen serviert wird. Das Haus wird von der ganzen Familie geführt und ist sehr sauber. Wie alle Herbergen im Ort liegt es sehr ruhig. Angeschlossen ist ein kleiner Campingplatz, der für 6 TL p.P. benutzt werden kann. Leider müssen die Bäume, um Schatten spenden zu können, noch etwas wachsen, und die Pflege der Außenanlage ist nicht gerade eine Spezialität des Hauses, obwohl der Name eigentlich Programm sein müsste.

1	20-25 €	26 DZ	E – F - D	🍸 🍽	①⑤⑧

Tel.: 0384 532 7050 www.motelgreen.com

➔ PANORAMA PENSION

Preiswerte und ruhige Alternative am Ende des Ortes gelegen. Die Zimmer sind schlicht und sauber mit einem zum Teil wunderbaren Ausblick auf das alte Çavuşin. Für kalte Abende gibt es einen gemütlich gestalteten Höhlenraum. Auch eine jener Herbergen, die an die Boomzeiten Kappadokiens erinnern, als die Backpacker hier übereinander stolperten. Zumindest ist das Preis-Leistungsverhältnis kaum zu überbieten. Der Besitzer ist Blumenliebhaber und sollte versuchen, sein Einkommen vielleicht im Green Hotel aufzubessern.

2	15 €	7 DZ	E – F	🍸 🍽	①⑤⑧

Tel.: 0384 532 7002 Fax: 0384 532 7115

➔ THE VILLAGE CAVE

Luxus pur und eine gelungene Synthese zwischen alter osmanischer Gemütlichkeit und modernster Technik. Hier wurde eine alte Höhlenanlage zu einem Hotel der besonderen Art umgestaltet. Allein der schlichte, aus dem Felsen geschlagene Wendelgang zwischen dem Restaurant und den Zimmern lässt das Gefühl aufkommen, in einer unterirdischen Stadt zu sein. Die Zimmer sind geräumig und zum Teil mit einem offenen Kamin ausgestattet. Die Lage am Fuße der Altstadt in einer Sackgasse verspricht sehr ruhige Nächte, und mit nur 6 Zimmern kann auch im Haus selbst kaum Hektik aufkommen.

3	70-130€	6 DZ	E	🍸 🍽	①②③⑤⑧

Tel.: 0384 532 7197 www.thevillagecave.com

Paşabağı

Dieses kleine Tal, auch Tal der Mönche genannt, liegt zwischen Çavuşin und dem Museumsdorf Zelve und ist bekannt für seine vielen gut erhaltenen Feenkamine. An ihnen kann man den Erosionsvorgang, der typisch ist für Kappadokien, sehr gut erkennen. Hier scheint der Berg im Hintergrund regelrecht zu kalben. Gut sind die einzelnen Gesteinsschichten an den hohen Türmen zu erkennen. Zieht man gedanklich eine Linie einer jeweiligen Schicht von Kamin zu Kamin, so lässt sich hier hervorragend der alte Schichtenverlauf, wie er in jedem Berg dieser Gegend vorzufinden ist, erkennen. Besonders die härteren, zuoberst liegenden Hüte sind es, die den Türmen ihr skurriles Aussehen bescheren und sie auch vor dem Verfall schützen. Der Abbruch eines solchen Hutes würde dafür sorgen, dass der Turm innerhalb weniger Jahrzehnte zu einem kleinen Stumpf schwinden würde.

Zipfelmützentürme in Paşabağı

Auch hier haben die Menschen schon im Altertum diese Gebilde als Wohnraum genutzt. In der süd-östlichen Ecke des Tals befindet sich eine größere Wohnanlage, in die man hinaufsteigen kann und in etwa 15 m Höhe eine Aussichtsöffnung vorfindet. Fast in der Mitte des Tals befindet sich der

Simeonturm. Im unteren Bereich des Turms wurde eine kleine Kapelle angelegt, in der sich eine Darstellung des Säulenheiligen Simeon befinden soll. Interessanter als diese abgesperrte Kapelle ist jedoch der Wohntrakt im oberen Teil des Turms. Der lässt sich nur über einen etwa 5 m hohen und senkrechten Schacht erreichen. Klettergewandte Besucher schaffen es spielend in die seitlichen Einbuchtungen des Schachtes hineinzugreifen und hinaufzuklettern. Oben findet man dann zwei Wohnräume vor, ausgestattet mit einem Bett und einem Sitzplatz, massiv aus Felsgestein gemeißelt.

Von hier aus lassen sich sehr gut die anderen umstehenden Kamine fotografieren. Leider breiten sich im Tal immer unkontrollierter die Verkaufsstände aus. Gab es vor 20 Jahren nur ein paar einfache Zeltstände, so hat sich mittlerweile eine regelrechte Verkaufsstraße gebildet. Und die Stände dringen leider immer weiter in das Tal vor. Beobachtet man das Aufkommen an Touristen am Vor- und Nachmittag, weiß man auch, warum das so ist. Die besten Fotos lassen sich hier vom späten Nachmittag bis zum Sonnenuntergang machen. Dann ist der Andrang nicht mehr so groß und die Türme beginnen in den verschiedensten Farben zu leuchten und zu glühen.

Zelve

Der Ort wurde 1950 von der Regierung geräumt und die Bevölkerung in ein neues Dorf etwa 1,5 km weiter im Norden umgesiedelt. Aktepe, so der Name dieses neuen Dorfes, lässt bei seinem Anblick erahnen, warum es so klein geblieben ist. Im Vergleich mit der alten Heimat seiner Bewohner ist der Ort mit den Worten „staubig" und „trostlos" gut umschrieben. Und so ist es auch nicht weiter verwunderlich, dass viele ehemalige Bewohner Zelves weiter gezogen sind in andere Städte.
Dass jedoch die damalige Räumung nicht ohne Grund stattfand, beweisen die riesigen Felsbrocken auf dem Grund des rechten Tals. All diese Brocken sind in den letzten 50 Jahren von den Wänden des Berges gebrochen und hätten unter der Bevölkerung sicher zahlreiche Opfer gefordert. Auch die dünne Felswand zwischen dem ersten rechten und dem zweiten Tal war bis vor einigen Jahrzehnten noch durchgehend erhalten. Heute ist der vordere Teil des rechten Tals sogar für Touristen aus Sicherheitsgründen abgesperrt. Zelve war keine kleine Gemeinde, wie die zahlreichen Räume und Wohntrakte, die zu beiden Seiten der drei Täler in die Felswände getrieben wurden, belegen. Bis 1923, dem Jahr des großen Bevölkerungsaustausches, lebten im Dorf Christen und Moslems zusammen. Wahrscheinlich haben sich die verbliebenen türkischen Einwohner wohl in ihren kühnsten Träumen nicht vorstellen können, dass auch sie, nur ein viertel Jahrhundert später, ihre Heimat würden verlassen müssen.

Dieser Teil ist akut Einsturz gefährdet und daher für Besucher gesperrt

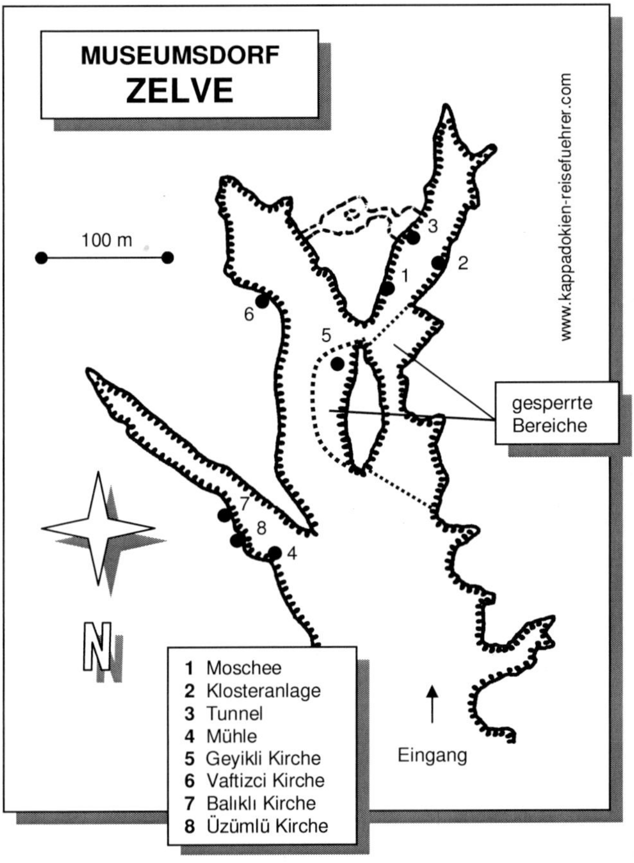

Der Ort besteht aus drei Tälern, die sich von Norden aus in den Berg gefressen haben. Zwei dieser Täler ziehen sich weit in den Berg hinein und haben ihn fast zu einem U geformt. Ganz links das dritte Tal reicht nicht so weit hinein und wird von Besuchern oft übersehen. Dabei befinden sich gerade hier mehrere interessante Felsräume. Die alte Dorfmühle mit ihrem großen Mühlrad, das von einem Zugtier bewegt wurde, blieb erhalten. Gleich nebenan befinden sich zwei Kirchen. Die Bemalung der Kirchen ist jedoch

kaum noch erhalten, und nur wenige Fragmente einer Ausschmückung aus gemalten Weinreben lassen erahnen, warum eine dieser Kirchen Üzümli Kilise (Weintraubenkirche) genannt wird. Überhaupt war man bei der Ausschmückung der Kirchen hier in Zelve sehr sparsam, denn die farbenprächtige Malerei, die nach Beendigung des Bilderstreites verwendet wurde, findet man hier nicht. Das Besondere an Zelve ist mehr die Tatsache, dass man hier, mal abgesehen von der kleinen Moschee im rechten Tal, keinerlei künstliche Bauwerke vorfindet. Bis zuletzt blieben die Menschen hier ihren alten Höhlenräumen treu. Diese Tatsache gewährt uns heute einen kleinen Einblick darin, wie die Kappadokier vor Jahrhunderten in ihren Dörfern gelebt haben müssen. Orte wie Avanos, Göreme oder Ürgüp sahen damals nicht viel anders aus. Zu erwähnen wäre da noch der Verbindungstunnel zwischen Tal eins und zwei. Wie und warum er entstand weiß man heute nicht mehr. Zum einen ist er natürlich eine gute Abkürzung zwischen den beiden Tälern, aber vielleicht steckten auch verteidigungstechnische Überlegungen dahinter. Bei einem Angriff konnten durch ihn hindurch schnell und gezielt die Verteidiger ihre Truppen von einem zum anderen Tal verlegen, gerade dorthin wo sie gebraucht wurden.
Zelve ist heute ein Museum, das für 8 TL zwischen 8^{30} und 18^{00} besichtigt werden kann. Für eine Tour durch den Tunnel sollte man festes Schuhwerk tragen, eine Taschenlampe mitführen und keine Platzangst haben.

Verwaiste Wohnhöhlen in Zelve
- von der Erosion freigelegt

Das Devrent-Tal

Dieses Tal liegt auf halber Strecke zwischen Ürgüp und Avanos, etwa 3 km hinter Aktepe. Charakteristisch für dieses nicht besonders große Tal sind die eng beieinander stehenden und etwas kleineren Tuffkegel, die zu Hunderten den Horizont zerfranseln. Wer einmal versucht, zwischen den einzelnen Kegeln hindurch zu kommen, wird verstehen, warum dieses Tal niemals bewohnt wurde. Die Enge und die Unwegsamkeit zwischen den Formationen haben keinen Platz für eine Ansiedlung gelassen. Freunde der Fotografie sollten sich hier am späten Nachmittag einfinden, wenn die kleinen Kegel lange Schatten werfen und rot aufleuchten. Das Tal ist leider nicht mit dem öffentlichen Bus zu erreichen und auch eine Wanderung über die schattenlose Ebene zum Tal hin ist nicht gerade ein Vergnügen. Wer sich jedoch einen Roller mietet, sollte sich diese Laune der Natur nicht entgehen lassen und hier einen romantischen Sonnenuntergang genießen.

Die typischen Felsnadeln des Tals

Ürgüp

Die kleine Kreisstadt stellt eine gesunde Mischung aus Göreme und Avanos dar. Was Avanos an Tourismus und Göreme an einem normalen türkischen Ort fehlt, kommt hier in einem gesunden Maße zusammen. Ürgüp liegt heute weitflächig verteilt am Fuße dreier historischer Wohnhügel. Diese sind alle nicht mehr bewohnbar, aber zeigen uns, wie groß die Stadt schon in historischen Zeiten gewesen sein muss. Ihre Größe, für die sie schon in seldschukischer Zeit bekannt war, behielt sie bis zum Bevölkerungsaustausch 1924. Ein Zeugnis für den Bekanntheitsgrad Ürgüps aus früherer Zeit stellt das Grabmal des seldschukischen Sultans Ruknettin Kılıçarslan dar. Im 12. Jh. floh er vor seinem Bruder, der ihm den Thron streitig machte, nach Ürgüp. Sein Grabmal aber errichtete der Osmane Vecihi Paşa erst 1863. Und so war die Stadt schon über Jahrhunderte bekannt als Fluchtburg für in Ungnade gefallene Persönlichkeiten. Die vielen Tunnel und Höhlengänge im Innern der drei Hügel waren für die Flüchtlinge ideale Verstecke. Das Grabmal des Seldschukensultans konnte bis 2007 hoch oben auf dem vordersten Felsen der Stadt besichtigt werden. Es ist ein Teil des neuen Aussichtsplateaus, dem Temenni Tepesi, oberhalb der Stadt. Allerdings gewann der Felsen 2007 traurige Berühmtheit, als eines Morgens ein großer Teil davon abbrach und auf den Hauptplatz der Stadt stürzte. 3 Tote waren zu beklagen, da die Steinmassen eine Diskothek unter sich begruben. Die Katastrophe hätte schlimmere Folgen haben können, wäre der Fels nicht erst um 5 Uhr morgens, als alle Gäste schon gegangen waren, zerbrochen. 2008 war das Plateau immer noch für Besucher gesperrt.
Ürgüp besaß, wie einige andere Orte auch, eine große griechische Gemeinde mit vielen griechischen Villen, von denen noch einige stehen geblieben sind. Es lohnt sich, ein wenig das Zentrum zu verlassen und die großen architektonischen Leistungen der ehemaligen Bewohner zu bestaunen. Besonders schön ist das alte Pfarrhaus mit seiner großen Säulenterrasse, das etwa 50 m links von der Moschee entfernt am Hauptplatz liegt. 2008 wurde die längst fällige Restaurierung endlich in Angriff genommen. Der Hauptplatz selbst wurde vor einigen Jahren mit einer architektonisch denkwürdigen Konstruktion verbaut, in der sich einige Restaurants und Läden eingemietet haben. Ansonsten befindet sich im Herzen der Stadt alles, was das Herz des Touristen begehrt. Zahlreiche Agenturen offerieren ihre Kappadokien-Touren, Teppichhändler lauern auf fette Beute und hier liegen

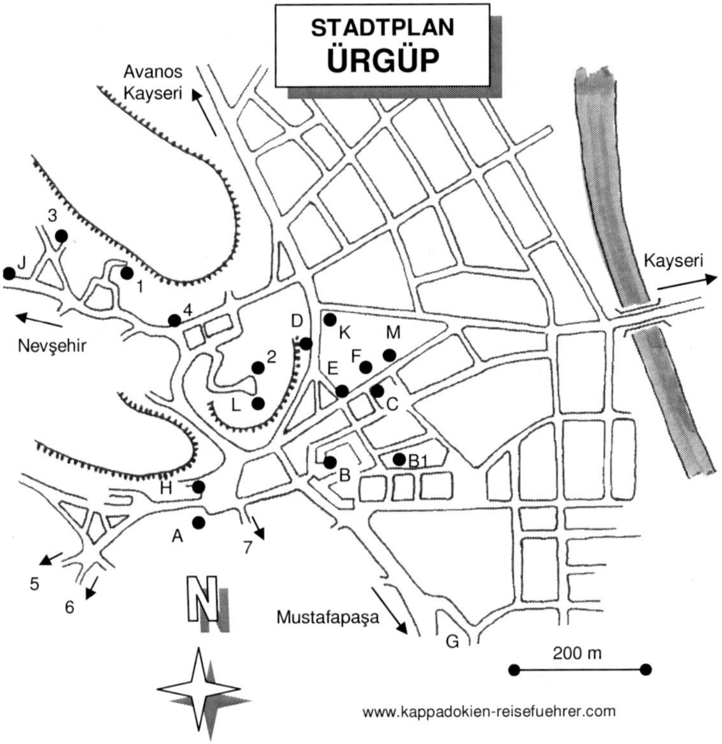

www.kappadokien-reisefuehrer.com

Unterkünfte

1 Yunak Evleri
2 Temenni Evi
3 Selçuklu Evi
4 Born Hotel
5 Abrasj Pension
6 Dedeli Cave Hotel
7 Razziya Ev

A Moschee
B Busbahnhof u. Taxi
B1 Busse der umliegenden Dörfern
C Rathaus
D Polizei
E Post
F Touristinformation
G Marktplatz
H Hamam
J Turasan Weinkelterei
L Aussichtspunkt (Teminni Tepesi)
M Museum

auch die Filialen der großen Autovermieter wie Avis und Europ-Car, deren Fahrzeuge man schon von europäischen Vertretungen aus buchen kann. Auch ein altes Hamam liegt am Platz, in dem man ein paar erholsame Stunden verbringen kann. Das kleine Museum kann schon als niedlich bezeichnet werden und zeigt historische Funde aus der näheren Umgebung. Besonders stolz ist man auf die versteinerten Mammutstoßzähne, die bei Mustafapaşa gefunden wurden. Weiter oben, an der Straße nach Nevşehir, liegt eine Attraktion, für die sich mehr die einheimischen Besucher interessieren. Hier steht das nach der gleichnamigen türkischen Seifenoper benannte „Asma Konak". Zu bestimmten Zeiten treten sich hier die Fans dieser erfolgreichen Fernsehserie gegenseitig die Füße platt. Der Erfolg dieser Serie hat zur Folge, dass weitere Filme im Ort gedreht werden und ständig Fernsehteams anzutreffen sind. Noch ein Stückchen weiter die Straße hinauf trifft man auf die Weinkelterei Turasan, die in Ürgüp seit 1943 ihren Wein produziert. Wer möchte, kann sich hier eine ausführliche Weinprobe genehmigen oder an einer Führung durch das Werk teilnehmen.

Die am meisten fotografierten Feenkamine Kappadokiens in der Nähe von Ürgüp

Die Karamanlı

Kaviarhandel in Kappadokien

Über die Ursprünge des Volksstamms der Karamanlı ist nur sehr wenig bekannt. Es wird vermutet, dass sie aus der Gegend der heutigen Provinz Karaman stammen. Einigen Behauptungen zufolge soll es sich um Griechen gehandelt haben, die in der Zeit der Seldschuken turkmenisiert wurden, jedoch ihren christlichen Glauben behielten. Andere Historiker dagegen stellen die These auf, dass es sich hierbei um einen alten Turkmenenstamm handelt, der sich in byzantinischer Zeit dem Christentum anschloss. Aber eigentlich lassen sich keine genauen Aussagen über die Ursprünge dieses Volkes machen. Was ihre historische Lokalisierung so problematisch macht, liegt in der besonderen Trennung von Schrift und Sprache. Sprachen sie auch weitgehend türkisch, so bedienten sie sich beim Schreiben des griechischen Alphabets. Ähnliches findet man in Iran vor, wo die persische Sprache mittels arabischer Schriftzeichen festgehalten wird. In Kappadokien ließen sich die Karamanler vor allem in Mustafapaşa, Ürgüp, Nevşehir und Kayseri nieder. Dabei bildeten sie regional jeweils eine bestimmte Händlergilde. In Kayseri spezialisierten sie sich auf den Handel mit Wurst und Dörrfleisch, und noch heute ist die Stadt bekannt für ihre Würste und dem geräucherten Rinderschinken, dem Pastirma. In den anderen kappadokischen Orten konzentrierten sie sich auf den Handel mit Kaviar und Fisch, was angesichts der Lage der Region, mitten im anatolischen Hochland, schon recht seltsam anmutet. Aber Kappadokien liegt mitten auf der Handelsroute zwischen dem Kaspischen Meer, indem es die größten Störe gab, und Istanbul, dem Hauptabsatzmarkt dieser Ware. Viele Karamanler lebten seit der Eroberung Konstantinopels durch die Osmanen, unter Mehmed dem Eroberer, am Bosporus. Sie wurden damals zwangsweise umgesiedelt, um die Stadt nach der Zerstörung 1453 wieder aufzubauen. Auch galten sie als geschickte Vermittler zwischen den neuen Machthabern und der dortigen Bevölkerung. Die meisten der Neu-Istanbuler kamen aus Aksaray und einige von ihnen gründeten bald einen eigenen Stadtteil, der noch heute nach ihrer alten Heimat benannt ist. 1923 mussten die Karamanler jedoch gänzlich ihre tausendjährige Heimat verlassen. Aufgrund ihres christlichen Glaubens fielen sie unter den Vertrag von Lausanne und waren damit ein Teil des vereinbarten Bevölkerungsaustausches zwischen Griechenland und der Türkei. Diese erneute Zwangsumsiedlung war für sie besonders hart, da sie tief in den türkischen Traditionen verwurzelt waren und die griechische Sprache nicht verstanden. Heute ist die Kultur dieses Volkes gänzlich verschwunden, entweder im türkischen Nationalismus untergegangen oder in Griechenland der Assimilation zum Opfer gefallen. Nur ab und an erinnert in Griechenland der Nachname „Karamanlis" noch an dieses alte Volk.

Unterkünfte in Ürgüp

Eine Unterkunft im Ort zu finden ist eine Sache für sich. Nicht, dass es keine gäbe, aber das Preisniveau ist im Verhältnis zu Göreme recht hoch. Ab 40 TL zahlt man für eine in die Jahre gekommene Herberge. Und dann klettern die Preise auch schon rapide nach oben. In Ürgüp haben sich zahlreiche Luxushotels etabliert und damit sind nicht die Bettenburgen im östlichen Viertel der Stadt gemeint. Am nord-westlichen Rand des alten Stadtfelsens sind in den letzten Jahren jede Menge schnuckelige Höhlenhotels entstanden, bei denen der Preis für das Standardzimmer bei mindestens 100 US$ liegt. Sehr schöne Hotels - keine Frage - aber halt nicht von jedermann zu bezahlen. Aber diese Preiskategorie scheint die einfachen Pensionsbetreiber dazu zu veranlassen, nur weil sie ein paar Höhlenzimmer vermieten, irgendwie mithalten zu müssen. All die vielen Edelhotels haben wir nicht mit aufgenommen, da sie schon in anderen Reisebüchern, wie „Die schönsten Hotels in der Türkei" oder „Die tausend besten Hotels der Welt" aufgeführt werden. Aufgrund der Schwierigkeit in Ürgüp, eine Unterkunft mit vernünftigem Preis-Leistungsverhältnis ausfindig zu machen, bleibt unsere Auswahl, trotz der fast 50 Hotels und Pensionen vor Ort, recht bescheiden.

➔ YUNAK EVLERI

Und damit fangen wir hier mit einer Superlative an. Ein reicher Istanbuler Geschäftsmann investierte in dieses verrückt anmutende Projekt und schuf ein Hotel der Sonderklasse. Dabei ist die Anlage als solche nicht direkt zu erkennen, denn die Felswand, in der sie sich versteckt, sieht genauso aus wie schon seit Jahrhunderten. Hier wohnt man in Luxushöhlen mit Weitblick hoch oben in der Wand Ürgüps und kann die Annehmlichkeiten eines modernen Hotelbetriebes genießen. Ein persönlicher Felsbalkon gehört selbstredend zu jeder Suite.

1	90-150€	30 DZ	E	🍸 🍽	①②③⑤⑥⑦⑧

Tel.: 0384 341 6920 www.yunak.com

➔ TEMENNI EVI

Ebenfalls eine jener zahlreichen Nobelherbergen im Ort. Das Hotel liegt ganz oben am Berg, sogar noch etwas höher als der öffentliche Aussichtspunkt, welcher direkt nebenan liegt. Unter dem Sternenhimmel der Stadt abends seine Cocktails zu schlürfen, geht am besten auf der riesigen und mit Plüschecken ausgestatteten Dachterrasse. Alle Zimmer haben Jacuzzi-Bäder, offene Kamine und sind sehr groß geschnitten. Die Versorgung der Höhlenzimmer mit Tageslicht ist hier sehr geschickt durch Lichtschächte gelöst worden. Etwas ganz Spezielles ist das angebotene Romantic-Dinner. Durch einen 30 m langen Tunnel geht's zu einer kleinen Höhle mit Balkon unterhalb der Aussichtsplattform hoch oberhalb der Stadt. Das Hotel ist bekannt für seine gute Küche und bietet nebenbei auch Kochkurse an.

2	75-150€	14 DZ	E	🍸 🍽	①②③⑤⑥⑦⑧

Tel.: 0384 341 3341 www.temennievi.com

➔SELÇUKLU EVI

Dritte und auch letzte hier aufgeführte Nobelherberge. Dabei sollte man sich vom äußeren Anschein nicht täuschen lassen. Nur wer den Innenhof dieses Hotels betritt, wird seinen ganz besonderen architektonischen Charme entdecken können. Auch hier wird wieder eine gute landestypische Küche geboten. Der Besitzer, Herr Halil Elalan, ist ein Urgestein des Tourismusgeschäfts in Ürgüp. Ihm gehört seit über 25 Jahren die Reiseagentur „Alan turizim" und er steht seinen Gästen gerne mit Rat und Tat zur Seite.

3	80-250€	20 DZ	E – F – D	🍸 🍽	①②③⑤⑥⑦⑧

Tel.: 0384 341 7460 www.selcukluevi.com

➔ BORN HOTEL

Für Ürgüp eine recht preiswerte Lösung. Das alte osmanische Haus ist seit 21 Jahren ein Pensionsbetrieb, was man ihm leider auch ansieht. Die Zimmer sind schlicht eingerichtet, aber die uralten Türen, Fenster und Holztreppen strahlen immer noch ein gewisses Flair aus. Der schattige Vorgarten, der die Außenanlage des Hotels darstellt, liegt leider direkt an der Straße.

4	22 €	10 DZ	E	🍸 🍽	①②⑧

Tel.: 0384 341 4756

➔ ABRASJ PENSION

Sehr schöne Anlage in einem alten Haus, dessen Höhlenzimmer weitestgehend authentisch erhalten wurden. Der schattige Innenhof voller kleiner Obstbäume und die sehr ruhige Lage abseits allen Lärms machen diese Pension zu einer Oase der Erholung. Der belgische Betreiber verspricht dazu ein üppiges Frühstück und bei Vollpension beste lokale Küche. Allerdings sollte man bei der Ankunft mit dem Herbergsbetreiber eine Abholung vereinbaren, da die Pension etwas weiter vom Ortszentrum entfernt und sehr versteckt liegt.

5	50 €	6 DZ	E -F -NL-D	🍽	①②③⑦⑧

Tel.: 0384 341 7032 www.abrasj.com

➔ DEDELI KONAK CAVE HOTEL

Wer vor dem kleinen Eingangstor steht, wird kaum ein Hotel dahinter vermuten. Hier, mitten in einem normalen und ruhigen Wohnviertel gelegen, eröffnet sich dem Gast von Etage zu Etage, über etliche Terrassen verteilt, langsam die gesamte Anlage. Auch hier sind jede Menge Originalteile der Zimmereinrichtungen erhalten worden. Auf der Dachterrasse steht ein gemütlich eingerichteter Grillplatz - ganz im osmanischen Stil - für die Gäste parat.

6	50-75 €	10 DZ	E	🍸 🍽	①②③⑤⑧

Tel.: 0384 341 5840 www.dedelikonak.com

➔ RAZZIYA EVI

Zuletzt die Herberge, die uns hier im Ort am besten gefallen hat. Schöne, große und liebevoll eingerichtete Zimmer, die teilweise mit einem offenen Kamin ausgestattet sind und ein grüner und blumiger Garten haben uns überzeugt. Dazu soll es ein reichhaltiges und auf das Heimatland der Gäste abgestimmtes Frühstück geben. Eine Besonderheit, die sich die Schweizerin Romy Çelik ausgedacht hat, ist das hauseigene Hamam. Andere Hotels mit ähnlichem Ambiente fangen preislich oft erst bei dreistelligen Beträgen an.

7	40 €	8 DZ	E – F – D	🍸 🍽	①②③⑤⑦⑧

Tel.: 0384 341 5089 www.razziyaevi.com

Ortahisar

Dies ist ein kleines Städtchen, das südlich der Straße zwischen Nevşehir und Ürgüp liegt. Obwohl der Ort nur geringe touristische Strukturen aufweist, tobt hier das Leben. Die ganze Stadt scheint im Zentrum auf den Beinen zu sein und die Teehäuser und Gärten am Hauptplatz quellen über mit Männern beim Kartenspielen und Palavern. Gegenüber der Touristinformation liegt schattig und ruhig der schönste Teegarten des Ortes zu Füßen des „Kale". Auch Ortahisar besitzt wie Uçhisar einen großen durchlöcherten Felsen, der schon von weitem zu sehen ist. Ortahisar bedeutet Mittelburg und, entgegen seinem Gegenstück in Uçhisar, kann man hier den Eindruck einer Burg besser erkennen. Der Felsen ist zwar etwas kleiner und die Aussicht nicht gar so weit, da er tiefer liegt, aber das Besteigen ist wesentlich spannender. Hier kann man einen guten Einblick erhalten, wie es gewesen sein muss, nicht nur in und auf, sondern auch mit dem Felsen zu leben. Der Aufstieg ist nur etwas für trittsichere Leute und schwindelfrei sollte man hier auch sein. Mehrere steile Metallleitern führen durch enge Öffnungen hinauf und ab und an geht es nahe am Abgrund vorbei zum nächsten Aufstieg, wobei die wackligen Metallgeländer nicht gerade ein Gefühl von Sicherheit vermitteln. Ein grandioser Ausblick über den Ort und seine Umgebung entlohnen für so manches Kniezittern. 2007 ließ der Bürgermeister des Ortes den Felsen für Besucher sperren. Die Gemeinde bemängelte beim türkischen Ministerium für Tourismus die Sicherungseinrichtungen, da sie Unfälle befürchtete. Allerdings sind die Absperrungen recht halbherzig ausgefallen. Der Zaun lässt sich leicht umgehen und der Eingang ist nur zur Hälfte zugemauert, so dass sich nur wenige Touristen davon abhalten lassen, trotzdem den Felsen zu besteigen.

Seit wenigen Jahren gibt es im Ort ein kleines, privat initiiertes Volkskundemuseum, gegenüber der Moschee gelegen. Anhand von figürlichen Darstellungen in Originalgröße und ausgestattet mit den alltäglichen Gegenständen aus vortouristischer Zeit, werden Szenen aus dem traditionellen kappadokischen Leben gezeigt. Diese liebevoll ausgestatteten Diaporamen werden auch ausführlich auf deutsch erklärt. Das Eintrittsgeld von 2 TL ist hier sinnvoll angelegt. Und lassen Sie sich nicht davon abschrecken, erst ein Restaurant durchqueren zu müssen, denn beide Einrichtungen werden von demselben Besitzer betrieben. Deshalb ist das Museum auch zwischen $12^{\circ\circ}$ und $17^{\circ\circ}$ Uhr geschlossen.

Ebenfalls lohnenswert ist ein Besuch der vielen Antikläden am Fuße des Kale. Auch wenn die Konkurrenz groß ist, Schnäppchen macht man hier nicht. Die Trödler kennen die Preise.

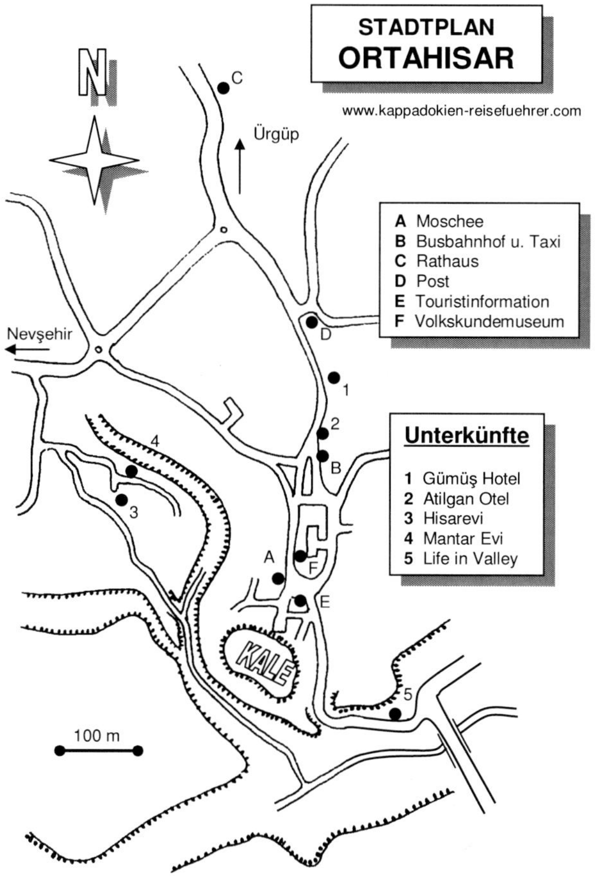

Unterkünfte in Ortahisar

➔ GÜMÜŞ HOTEL

Einfaches und schlichtes mehrstöckiges Haus an der Zufahrtsstraße zum Hauptplatz gelegen. Im obersten Stock liegt die Frühstücksterrasse mit Aussicht auf die Stadt. Es gibt Zimmer in unterschiedlichen Größen, vom Einzel- bis zum Sechsbettenraum. Frühstück kostet 5 TL extra.

1	25 €	25DZ	E	🍸 🍽	⑤⑧

Tel.: 0384 343 3127 www.gumushotel.com

➔ ATILGAN HOTEL

Hierbei handelt es sich um das alte "Mersin-Hotel", das 2007 einen neuen Besitzer bekam und von Grund auf renoviert wurde. Das Hotel orientiert sich mehr an türkische Touristen. Für Reisende mit kleinem Geldbeutel ist es eine gute Empfehlung.

2	15 €	35 DZ	E	🍸 🍽	①⑤⑦⑧

Tel.: 0384 343 2220 www.atilganotel.com

➔ HISAREVI

Das Gegenstück zu den beiden vorweg beschriebenen Herbergen. Das Hotel liegt etwas abseits vom Trubel im alten Kern des Ortes, von wo man einen herrlichen Ausblick auf den Ort, seine Umgebung und den Kale hat. Alle Zimmer sind in alten Höhlen hergerichtet worden, und die gesamte Anlage wurde malerisch in die Umgebung eingepasst. Viel Grün, Blumen und verwinkelte Wege lassen Urlaubsträume wahr werden. Der Preis unterscheidet sich natürlich auch ein wenig von denen der oben genannten Hotels.

3	100 €	10 DZ	E - D	🍸 🍽	①②③④⑤⑥⑦⑧⑨

Tel.: 0384 343 3005 Fax: 0384 343 2328

➔ MANTAR EVI

Kleine Familienherberge mit gerade mal 2 Zimmern im Obergeschoss. Die Familie wohnt im Erdgeschoss, so dass man mitten im anatolischen Alltag steht. Besonders im Herbst, wenn riesige Mengen an Lebensmittel für den Winter eingekocht werden, kommt garantiert keine Langeweile auf.

4	40 €	2 DZ	E		②⑧

Tel.: 0384 343 3687 zulfuyemantar@hotmail.com

➔ THE LIFE IN VALLEY

Diese kleine Pension liegt abseits und ruhig oberhalb einer Schlucht am Ortsrand. Gemütliche Höhlenzimmer mit eigenen Terrassen auf denen man hervorragend so manchen lauen Sommerabend verbringen kann und eine familiäre Atmosphäre sind der Garant für einen gelungenen Urlaub.

5	20 €	6 DZ	E	🍽	②③⑧

Tel.: 0384 343 3748 www.naziminyeri.com

Ortahisar und seine Felsenburg

Hospital Manastırı

Dieses alte Felsenkloster liegt etwas abseits der Straße zwischen Ürgüp und Ortahisar, aber ein großes Schild weist die Richtung. Das Besondere dieser Anlage sind die klaren und einfachen architektonischen Linien. Die teils fehlende Bemalung hebt die Größe der Gebetsräume hervor, und man erhält eine kleine Ahnung davon, wie viel hundert Tonnen Gestein hier entfernt werden mussten. Sehr interessant ist der linke Kirchenraum, mit seinen massiven und in die Ecken gerückten Säulen. Links oben über dem Eingang ist eine Figur, in merkwürdiger Pose, beim Ausschlagen des Gesteins stehen gelassen worden. Diese Räumlichkeiten stammen aus friedlicheren Zeiten, da auch die Fassaden geglättet und mit Steinmetzarbeiten verziert wurden. Hier kann man sich auch einmal die Bemalungen der später angelegten Taubenöffnungen näher anschauen.

Ibrahimpaşa

Wer eine kleine Zeitreise in die Vergangenheit erleben möchte, sollte sich ruhig einmal diesen Ort anschauen. Nur 5 km Luftlinie vom Trubel Göremes entfernt, und doch liegen ganze Welten zwischen beiden Siedlungen. Kein Autolärm, kein Rollergeknattere und keine musikalische Dauerberieselung aus den Restaurants, sondern Vogelgezwitscher, Hahnenschreie und ab und zu das unwirkliche Geschrei eines Esels. Jawohl, es gibt noch welche in Kappadokien. Hier in Ibrahimpaşa gehören sie noch zum alltäglichen Bild, genauso wie das Treiben der Kühe quer durch den Ort zur Tränke. Zu beiden Seiten des Tals scheinen die beiden Ortshälften geradezu am Hang zu kleben. Hier wird das traditionelle Dorfleben noch praktiziert, unberührt vom Tourismus und scheinbar unerreichbar für die Moderne.
Der Ort liegt etwa 2 km südlich der Straße zwischen Uçhisar und Ortahisar, in dem Tal, das Kavak mit Ürgüp verbindet. Der Dolmuş dorthin verkehrt leider sehr selten und unregelmäßig. Architektonisches Highlight ist die Steinbogenbrücke, die hoch über dem Tal beide Ortsteile verbindet und in den Jahren 1938 und 1939 von den Bewohnern des Ortes errichtet wurde. Unterkünfte für Touristen gibt es im Ort noch nicht.

Die Brücke von Ibrahimpaşa verbindet die beiden Dorfhälften

Nevşehir

Ökonomen würden von einer expandierenden Stadt sprechen, Stadtplaner schlagen nur noch die Hände über dem Kopf zusammen. In den letzten 20 Jahren hat sich der Ort wie ein Krebsgeschwür über die Landschaft gelegt. Wer Nevşehir anfährt, kommt zuerst einmal durch ewig lange Neubaugebiete und erreicht dann das Verkehrschaos der Innenstadt. Erst seit 1954 hat Nevşehir eine eigene Provinzialverwaltung, vorher gehörte die Stadt zum Kreis Niğde. Touristisch hat die Stadt wenig zu bieten, obwohl sie einmal das Zentrum von Kappadokien war. Der berühmteste Sohn der Stadt hieß Ibrahim Paşa. Er schaffte es auf der Karriereleiter am Hofe des Sultans vom einfachen Küchengehilfen bis zum Großwesir. Dass er die Tochter des Sultans Ahmet des III. heiratete, sollte sich dabei nicht als Nachteil herausstellen. In seiner Funktion als Großwesir spendete er der Stadt Muskara, wie Nevşehir damals hieß, eine Reihe wichtiger Gebäude. Erhalten sind davon heute nur noch die Kurşunlu Cami (Bleierne Moschee), die Medresse und das Hamam. Nach seinem Tod im Jahre 1730 war es mit der großen Bautätigkeit zwar vorbei, aber die Stadt blieb ein wichtiges Handelszentrum bis in die Zeit der atatürkischen Republik. Auch die seldschukische Festung hoch oben über der Stadt ließ Ibrahim Paşa weiter ausbauen und befestigen. Die Moschee ist unbedingt einen Besuch wert. Ihr großer Baum bestandener Innenhof und die weiten Arkaden über dem Eingang strömen eine ganz besondere Andacht und Ruhe inmitten dieses städtischen Molochs aus. Neben der Moschee liegt die alte Medresse, die heute eine Bibliothek beinhaltet, und darunter das Hamam, das immer noch in Betrieb ist.

Ob sich ein Besuch der Festung lohnt, lassen wir mal dahin gestellt sein, denn der Weg hinauf ist sehr mühsam und nur schwer zu finden. Auch bietet die Anlage dort oben dem Besucher nicht viel, vorausgesetzt sie ist auch mal aufgeschlossen. Rein soziologisch und stadtplanerisch ist der steile Anstieg lohnend. Während die Stadt mit allerhand modernen Gebäuden in alle Richtungen prosperiert, bieten die alten Stadtviertel am Hang ein jämmerliches Bild des Zerfalls. Hier wohnen die Armen der Stadt in heruntergekommenen Häusern, von denen so manches vormals ein echtes Schmuckstück war. Aber allein wegen des Ausblicks über die Stadt lohnt sich der beschwerliche Weg hinauf. Wer diese Mühsal auf sich genommen hat, sollte jetzt noch einen Schritt weiter tun und sich noch weiter nach Süden

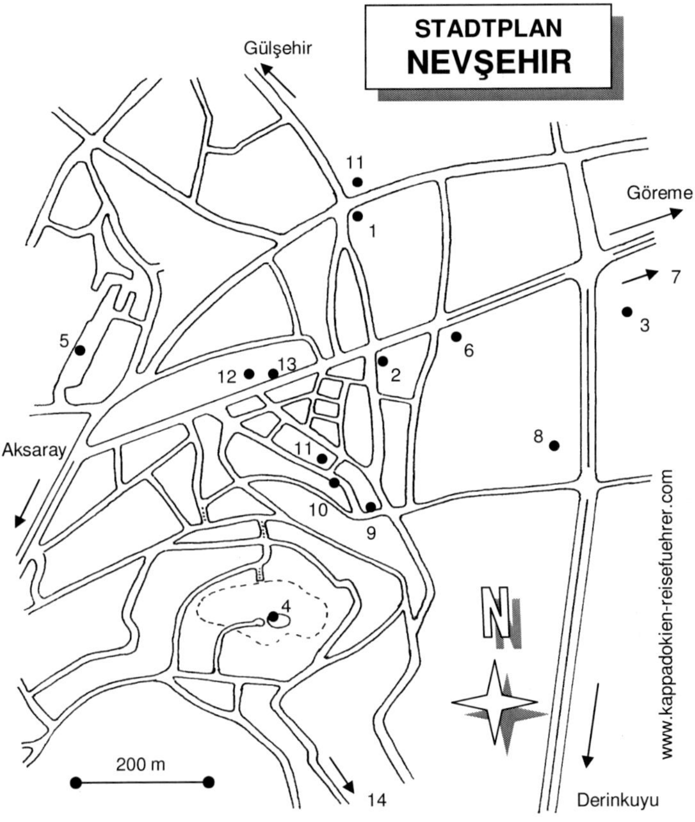

1 Endstationen der Busse
2 Krankenhaus
3 Gouverneurssitz
4 Burg
5 Marktplatz
6 Touristinformation
7 Museum

8 Sportstadion
9 Ibrahim Paşa Moschee
10 Medresse
11 Hamam
12 Polizei
13 Post
14 Kirche

wagen. Von der Festung aus kann man in dieser Richtung eine Moschee auf dem Nachbarhügel sehen. Dahinter verbirgt sich ein Schatz christlicher Kirchenarchitektur: massiv aus hartem Gestein erbaut, aber leider völlig vernachlässigt und verschlossen, erhebt sich die Panagia-Kirche aus dem Jahre 1849. Lassen Sie sich durch die unwirtliche und fast dörfliche Umgebung nicht beirren und ignorieren Sie den herum liegenden Müll. Schon seit Jahrzehnten kümmert sich niemand mehr um den Sakralbau, der Wind und Wetter zu trotzen scheint. Besonders beachtenswert sind die Säulen am Ende der Arkaden. Sie besitzen keinerlei statische Funktion, dienen nur der Verzierung, und sie lassen sich drehen. Die unterschiedlichen Färbungen der Säulenseiten zeigen, dass sie schon lange nicht mehr bewegt wurden.
Prägen Sie sich nun die Umgebung gut ein und machen als nächstes einen Besuch im Museum von Nevşehir. Dort gehen Sie in das obere Stockwerk und wenden sich direkt nach links in die rechte Ecke des Raumes. Dort hängt eine alte Ansicht der Stadt. Beim genaueren Betrachten findet man dann auch die große Kirche wieder, etwas dunkler gezeichnet, inmitten eines riesigen Stadtteils eingebettet. So sah die Stadt vor 1924 aus, bevor der griechische Bevölkerungsteil das Land verlassen musste. Von den vielen Gebäuden um diese Kirche herum steht heute kein einziges mehr.

Nevşehir – eine moderne Großstadt

Das Museum liegt etwas versteckt hinter dem Ibrahim Paşa Denkmal an der Ausfallstraße Richtung Osten. In der oberen Etage befinden sich Ausstellungsstücke aus der osmanischen Zeit. Im unteren Stockwerk sind die Funde aus der näheren Umgebung und aus älterer Zeit chronologisch gegen den Uhrzeigersinn ausgestellt. Die ältesten Ausstellungsstücke stammen aus der Zeit um 8000 vor Chr. und wurden in der Nähe von Gülşehir gefunden. Das Museum ist von 8^{oo} bis 17^{oo} Uhr geöffnet und der Eintritt kostet 3 TL, vorausgesetzt es sind nicht mal wieder die Tickets ausgegangen. Zum längeren Verweilen oder gar Übernachten lohnt sich Nevşehir schlichtweg nicht, deshalb gibt es hier unsererseits auch keine Hinweise auf Hotels oder Pensionen.

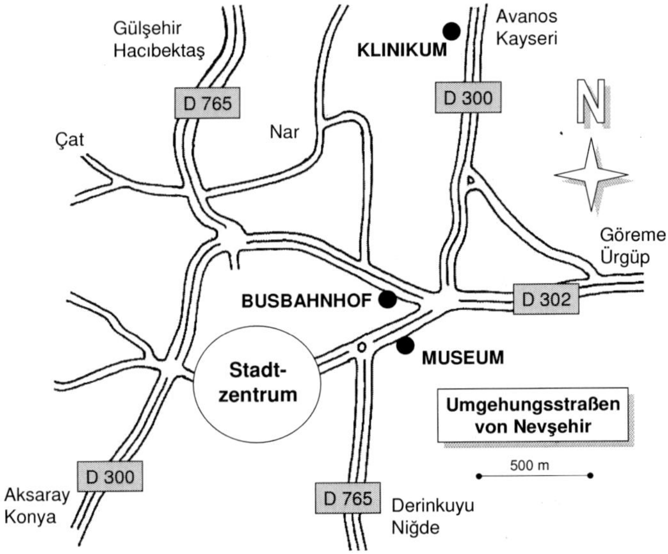

Avanos

Dieser Ort liegt im Norden, am Rande des Göreme-Nationalparks, zu beiden Seiten des Kızılırmaks. Deutlich trennt der Fluss die Epochen: nördlich am Hang die Altstadt, gegenüber in der Ebene der neuere Teil, der in den sechziger Jahren entstand. Bekannt geworden ist der Ort durch seine jahrhundertealte Töpferkunst. Der Rote Fluss liefert mit den meterhohen Tonablagerungen an seinen Ufern den Grundstoff dafür.

Mit über 10.000 Einwohnern ist Avanos kein Dorf mehr, sondern eine kleine quirlige Kreisstadt mit allen dazugehörigen Einrichtungen, wie einer kleinen Krankenstation, mehreren Schulen und den obligatorischen Ämtern. Halt eine typische türkische Kleinstadt, die vom Ansturm der Touristen verschont geblieben ist. Sehr zum Leidwesen der ansässigen Teppichhändler und Hoteliers. Der Ort hat auf den ersten Blick, außer seiner Töpfermeile im Zentrum, nicht viel zu bieten. So werden die Touristen Busse weise vor den Töpfereien abgesetzt, bekommen dort eine Vorführung im Tondrehen präsentiert, kaufen oft ein Souvenir und weiter geht es nach knapp einer Stunde in den nächsten Ort. Daher erklärt sich auch das, für die Größe des Ortes, verhältnismäßig geringe Angebot an Unterkünften. Die wenigen Pensionen und Hotels der Innenstadt gestalten das Angebot übersichtlich. Die größeren Hotels liegen alle etwas außerhalb und haben sich dem pauschalen Bustourismus verschrieben.

Die Altstadt von Avanos
- an den Ufern des Roten Flusses

Doch Avanos hat etwas zu bieten, was in Kappadokien selten geworden ist: das normale türkische Leben, fast unbeeindruckt vom Tourismus. Es ist schon schwer in Göreme einen Laden zu finden, der sich nicht auf Besucher aus aller Welt eingestellt hat. Aber hier in Avanos erhält man einen Einblick in den Alltag der Kappadokier. Hier ein Laden für Haushaltsartikel, dort einer für Farben und allem was der Handwerker begehrt. Dazwischen ein dunkler, schlecht beleuchteter Raum, in dem Öl verschmierte Hände Fahrräder reparieren und nicht weit entfernt vielleicht eine kleine Glaserwerkstadt oder einer jener Krämerläden, die so ziemlich alles führen, vom Feuerzeug bis zu trockenen Keksen. Apotheken, Fleischereien, Minimärkte und Schreibwarengeschäfte decken den Bedarf der Bürger von Avanos, und den der Bewohner der umliegenden Dörfer.

Vergeblich sucht man hier nach Restaurants, die sich ausschließlich auf den Tourismus eingeschossen haben. Ihnen allen gelang der Spagat zwischen den Bedürfnissen der Bewohner und denen der fremden Besucher. Selbst dem kleinsten Lokanta mit traditionellem Angebot ist für den verwöhnten amerikanischen Gaumen eine kleine Flasche Ketchup zu entlocken.

Wendet man sich am Hauptplatz nicht in Richtung Hängebrücke, sondern in entgegen gesetzter Richtung, so gelangt man in die Altstadt. Hierher verirren sich selten Touristen. Hat man die alte Moschee links hinter sich gelassen, so ist man auch erfolgreich dem letzten Töpferladen entkommen. Hier beginnt

Eine der vielen Töpferwerkstätten im alten Avanos

Unterkünfte

1 Vanessa Pension
2 Tokmak Konuk Evi
3 Kavuncu Pension
4 Duru Motel
5 Sofa Hotel
6 Avanos Evi (Büro)
7 Kirkit Pension
8 Günay Konukevi
9 Ada Camping

A Moschee
B Busbahnhof
C Taxi
D Rathaus
E Marktplatz
F Tankstelle
G Yandarma
H Bushaltestelle
J Hamam
K Krankenhaus
L Töpfereien
M Fußgängerbrücke
N Evranos Restaurant
P Post
R Touristinformation

der reine Wohnbereich der Altstadt. Leider befindet sie sich zum Teil in einem schlimmen Zustand des Verfalls. Eigentümern und Stadtverwaltung fehlen hier die Mittel, die bauliche Substanz wieder herzustellen. Aber sie bietet die Gelegenheit, den ruhigen Alltag der Menschen zu beobachten. Streunende Katzen, Ball spielende Kinder und Frauen, die schwadronierend im Schatten ihrer Hauseingänge hocken. Darüber liegt der Duft von dampfenden Wäschekübeln und brodelnden Eintöpfen. Hier in den teils engen Gassen, fernab vom lauten Straßenverkehr, zwitschern die Vögel in allen Tonlagen und sogar das Zirpen der Grillen erreicht wieder das Ohr des Beobachters. Es lohnt sich auch, einmal einen Spaziergang über die Fußgängerhängebrücke zu machen, die sich über den Fluss spannt. Besonders freitags, wenn Markttag ist und die Menschen aus den umliegenden Dörfern die Stadt bevölkern, macht das besonderen Spaß. Dann quietscht und schwankt die Konstruktion so unter der Last der vielen Füße, dass man seekrank zu werden droht. Der Markt, an der Autobrücke gelegen, ist eine Attraktion für sich. Er ist ein Dorado für Freunde exotischer Früchte und Gewürze; nur hier gibt es eine Auswahl an frischem Fisch zu kaufen. Unter der Überdachung, die einen Großteil des Marktes überspannt, erschallt das Echo der vielen Verkäufer, die lautstark ihre Ware anpreisen. Fremde Gerüche schweben durch die Konstruktion und das Schlaglicht der Dachfenster lässt einen in eine fast vergessene Welt abtauchen.

Restaurant – Tipp: Evranos und Uranos

Zwei Höhlenrestaurants. Das eine liegt direkt gegenüber der Steinbrücke, das andere etwa 2 km außerhalb an der Straße nach Gülşehir. Eigentlich sind sie für Gruppenreisende ausgelegt, jedoch ist der Besuch auch für Einzelpersonen kein Problem. Für gerade einmal 35 TL kann man hier ohne Ende essen und trinken – auch alkoholische Getränke - und bekommt gleichzeitig über 3 Stunden lang ein Folkloreprogramm geboten, dass mit einer Bauchtanzeinlage endet. Eine willkommene Abwechslung für all jene, die es nicht stört, mit etwa 300 anderen Gästen in einem riesigen Höhlenraum zu sitzen und an den Auswüchsen touristischer Amüsements teilhaben zu können. Ohne Scherz, muss man mal mitgemacht haben. Eine Reservierung ist erforderlich.

Evranos - Tel.: 0384 511 3750
Uranos - Tel.: 0384 511 5636

Töpfern am Roten Fluss

- ein Handwerk prägt den Ort

Durch Kappadokien fließt seit Urzeiten der Kızılırmak (Roter Fluss), der Avanos zu einem Töpferzentrum werden ließ. Denn der Rote Fluss lagert hier an seinen Rändern die Sedimente ab, die als Ton aufbereitet in den unzähligen Töpferhöhlen des Ortes zu Gefäßen, Kannen und Schüsseln geformt werden. Der Ton ist sehr eisenhaltig: das Eisen verleiht dem Topf die rötliche Farbe und dem Fluss den Namen. Eisen im Ton verringert den Schmelzpunkt beim Brennen. So können die geformten Gefäße in einfachen, aus Tuffsteinen gemauerten Feldöfen, nur mit Stroh beheizt, bei schon 900°C fest gebrannt werden. Die so in einer Nacht gebrannten Töpfe können dann Jahrhunderte lang ihre Dienste tun - wenn sie nicht herunterfallen. Eine Glasur kennt man in Avanos traditionell nicht; der Keramikscherben wird auf eine sehr ungewöhnliche Weise verdichtet: mithilfe eines Metalllöffels wird der getrocknete Scherben so poliert, dass die Oberfläche dicht und nach dem Brand glänzend erscheint. Erst mit den hoch brennenden Elektroöfen konnten auch glasierte Keramiken hergestellt werden.

Avanos ist neben Kütaya, im Westen Anatoliens gelegen, das größte Keramikzentrum der Türkei. Noch vor 20 Jahren gab es wohl an die 200 Töpfereien und fast jede Familie ging diesem Handwerk nach. Allerdings lernten nur die Männer das Drehen an der Scheibe. Verkauft wurden die berühmten Güveç-Töpfe im ganzen Land (siehe Kapitel *„Essen und Trinken“*S.121). Heute gibt es nur noch wenige Töpfereien. Einige Manufakturen haben sich noch im „Gewerbegebiet“ erhalten. Die Höhlentöpfereien aber produzieren ausschließlich für den Tourismus, was eine Verfeinerung der Technik zur Folge hatte. Heute spielen künstlerische Gesichtspunkte eine große Rolle, die Funktionalität der Gefäße rückt in den Hintergrund. Künstler aus der ganzen Türkei haben manche unscheinbare Höhle in ein Atelier verwandelt. Somit findet man heute neben den noch traditionell produzierenden Familienbetrieben in Avanos die größte Auswahl an keramischem Kunsthandwerk im Land. Und sie ist von einer Qualität, die sich international messen lassen kann. Wertvolle Kopien antiker Stücke sind hier genauso zu finden, wie kunstvoll bemalte Vasen und Teller. Nur zarte Hände können diese filigrane Keramikmalerei auftragen. So sieht man in Avanos manchmal Kinder am Straßenrand mit einer Vase im Schoß sitzen, auf die sie mit einem feinen Stift hethitische Figuren und Ornamente malen. Aber keine Angst, hier handelt es sich nicht um Kinderarbeit, sondern um die übliche Hilfe im Haushalt oder bei der Heimarbeit. Auch junge Frauen haben somit die Gelegenheit, etwas Geld zu verdienen, wenn auch gnadenlos unterbezahlt.

Die hethitische Schnabelkanne - gefertigt im Hause „ Ikizler"

Schaut man einem Töpfer bei der Arbeit zu, so ist man als Laie erstaunt über die Leichtigkeit, mit der aus einem Klumpen Schlamm zwischen den Händen des Töpfers eine wunderschöne Vase erwächst. Das Handwerk sieht jedoch leichter aus als es ist. Allein, um diesen Klumpen Ton auf den wackeligen Drehscheiben zu zentrieren - wie der Fachmann sagt - benötigt ein Lehrling gegebenenfalls Hunderte von Übungsstunden, in denen der Klumpen immer wieder vom Scheibenkopf rutscht, eben nicht zentrisch läuft. Die Kunst, aus einem absolut zentrisch laufenden Tonklumpen ein Kunstwerk zu formen, lernt ein Töpfer ein Leben lang. Es gibt immer wieder höhere Schwierigkeitsgrade. Zu den schwierigsten auf Töpferscheiben gedrehten Gefäßen gehört die hethitische Schnabelkanne: ein fragiler schmaler Fuß, ein breit

herausgezogener Bauch, der an einer scharfen Kante wieder zu einem dünnen langen Hals mit ausladender Tülle gezogen wird und dieses mit einer hauchdünnen Scherbenwand gedreht – das bleibt immer noch eine der größten handwerklichen Herausforderungen eines Töpfers und in Avanos kann man den Könnern ihres Faches bei der Arbeit zusehen. Hethitervasen sind Schmuckvasen, die hier in Zentralanatolien schon vor 3500 Jahren geformt wurden. In den Haushalten Kappadokiens wird man sie allerdings nicht finden. Dafür riesige, bis zu 1,50 m hohe Vorratsgefäße, in denen noch heute Rosinen, Wein oder eingelegtes Gemüse gelagert wird. Auch die Herstellung dieser Töpfe benötigt viele Jahre der ständigen Übung an der Drehscheibe – und über 20 kg Ton zu zentrieren, braucht Bärenkräfte.
Die Töpferscheiben werden mit dem Fuß auf einem hölzernen Schwungrad im Boden angetrieben. Auf dem Rad sind einzelne Keramikröhren übereinander montiert, nur zusammengehalten durch das Verkleben mit frischem Ton. Gekrönt ist die Konstruktion mit einem Drehkopf, oft ein ganz gewöhnlicher flacher Stein, mit einem Durchmesser von gerade mal 10 bis 15 cm, auf dem der ganze Topf seinen Halt finden muss. Dieses wackelige Gebilde, das bei jeder Berührung zusammenzubrechen droht, stellt dann noch eine zusätzliche Herausforderung dar.

Dass das Töpferhandwerk hier in Kappadokien heute noch existiert, ist keine Selbstverständlichkeit. Mit dem Aufkommen der vielen bunten Plastikbehälter drohte noch vor wenigen Jahrzehnten dem Handwerk das Aus. Erst der Tourismus erweckte die alten Töpfereien wieder zu neuem Leben, mit einer ungeahnten künstlerischen Vielfalt.

Wer sich für Keramik aus Avanos interessiert, der sollte auf jeden Fall auch einmal die Töpfereien abseits der Hauptstraße aufsuchen. Hier gibt es oft die gleichen Töpferwaren zu einem weitaus günstigeren Preis.
Sehr kreative und qualitativ hochwertige Töpferwaren findet man in der Werkstatt der „Zwillinge“ (Ikizler). Sie findet man etwas außerhalb des Zentrums. Am nördlichen Ende der Steinbrücke wendet man sich Richtung Westen und folgt der Hauptstraße etwa 250 m bis zu einem kleinen Lebensmittelladen auf der rechten Seite. Dahinter versteckt sich das Atelier der beiden jungen Männer.
www.katpatuka.org/ikizler

Unterkünfte in Avanos

➔ VANESSA PENSION

Kleine schnuckelige Pension in einer Gasse nahe dem Hauptplatz. Der Betreiber hat eine Vorliebe für alles Antike. Besonders herausragend ist seine Sammlung alter kappadokischer Fotografien, und alle Zimmer sind mit diesen Schätzen entsprechend dekoriert. Unterhalb der alten Stadthäuser, aus denen die Herberge besteht, liegt eine eigene kleine unterirdische Stadt, durch die der Herbergsvater gerne Führungen für seine Gäste veranstaltet.

1	30 €	8 DZ	E		①②⑦⑧⑨

Tel.: 0384 511 3840 www.katpatuka.org/venessa

➔ TOKMAK KONUK EVI

Das Gästehaus besteht aus mehreren historischen und frisch restaurierten Stadthäusern im alten Ortskern. Die Herberge wird von der Familie geführt und ist mit allem ausgestattet, was dem Reisenden das Leben erleichtert, angefangen von der Notbeleuchtung, die bei Stromausfall anspringt, bis zum Haarföhn, der in den Bädern bereitliegt. Die Zimmer sind zum Teil recht groß, wodurch die Preise pro Zimmer unterschiedlich ausfallen. Hervorzuheben ist, dass ein Behinderten gerecht eingerichtetes Zimmer bereitsteht und einige Räume speziell für Familien ausgestattet sind.

2	40-85 €	11 DZ	E – F - D		①③⑤⑥⑦⑧

Tel.: 0384 511 4587 www.tokmakonukevi.com

➔ KAVUNCU PENSION

Kleine Herberge, die ca. 200 m vom Hauptplatz entfernt an der Straße Richtung Kayseri liegt. Die Zimmer sind einfach eingerichtet und erinnern einen an alte Backpackerzeiten. Freundliches Personal und ein großer üppiger Garten machen dies jedoch wieder wett.

3	25 €	12 DZ	F		①⑤⑧

Tel.: 0384 511 4244 www.kavuncupansiyon.com

➔ DURU HOTEL

Hoch oben über der Stadt, aber immer noch recht zentral gelegen. Auch ein Neubau aus den achtziger Jahren, der jedoch um einige alte Nachbarhäuser erweitert wurde. Hier gibt es einige familiengerechte Vierbettzimmer. Das Besondere der Anlage ist die grandiose Rundum-Aussicht weit über Avanos hinweg bis zum entfernt am Horizont liegenden Uçhisar. Dabei ist das Hotel sehr ruhig gelegen und gute Parkmöglichkeiten vor der Tür sind der Grund, warum die Anlage früher auch MOTEL genannt wurde.

4	32 €	17 DZ	E – F	🍽	⑤⑧

Tel.: 0384 511 2404 www.hotelduru.com

➔ SOFA HOTEL

Nichts für Leute mit schlechtem Orientierungssinn, obwohl das Hotel direkt am Ende der Autobrücke, am Rande eines alten Stadtteils liegt und nicht zu verfehlen ist. 1986 brach der Besitzer seine Karriere als Lehrer ab, kaufte ein kleines Haus und eröffnete seine Pension mit nur wenigen Zimmern. Im Laufe der Jahre fügte er immer mehr alte Nachbarhäuser an und so entstand ein kleines eigenes, verwunschenes Dorf inmitten der Stadt. Der Orientierungssinn ist innerhalb der Anlage gefordert: enge verwinkelte Gassen, Treppen, Galerien, Brücken, Terrassen, sogar kleine Tunnel verbinden die einzelnen winzigen Gebäude. Das Ganze ist ausgestattet mit allerlei antiken Gegenständen und dicht begrünte, kuschelige Innenhöfe lassen eine entspannte Atmosphäre aufkommen. Für alle Gäste zugängliche Aufenthaltsräume im osmanischen Stil und eine kleine Kaffeebar tun ihr Übriges dazu. Zu den meisten Zimmern gehört ein eigener kleiner Terrassenbereich, der zwar öffentlich zugänglich ist, auf dem man trotzdem auch außerhalb der Räume unter sich sein kann. Auch wenn Sie schon eine andere Unterkunft haben, schauen Sie sich dieses kleine Kunstwerk an. Sie werden begeistert sein.

5	50-75 €	30 DZ	E – F	🍸 🍽	①②③⑤⑥⑦⑧

Tel.: 0384 511 5186 www.sofa-hotel.com

Innenhof des Sofa-Hotels – der Speisesaal

➔ AVANOS EVI

Eine echte Alternative für die Großfamilie auf Reisen. Hierbei handelt es sich um ein riesiges Appartement hoch oben am Hang. Die Aussicht ist grandios und es steht eine große Terrasse zur Verfügung. Die zwei Schlafzimmer und der Aufenthaltsraum sind liebevoll eingerichtet, und die ebenfalls große Küche ist komplett mit allem ausgestattet, um sofort die ersten Omeletts in die Pfanne hauen zu können. Der Vermieter bietet nebenher noch einen vollen Bring- und Einkaufsdienst. Vermietet wird ab zwei Personen, wobei das andere Zimmer dann frei bleibt und nicht weitervermietet wird. Man bleibt auf der gesamten Anlage also unter sich.

6	70-170€		E		①②⑤⑥⑦⑧

Tel.: 0384 511 2298 www.avanosevi.com

➔ KIRKIT PENSION

Ein Urgestein des kappadokischen Tourismus, das 1981 seine Tätigkeit in einem kleinen Stadthaus aufnahm. Heute besteht die Pension aus mehreren Häusern, die nach und nach den Nachbarn abgekauft wurden. Daher ist auch sie sehr verwinkelt und die nett eingerichteten Zimmer meist nur über diverse Stege und Treppchen zu erreichen. Die Anlage gehört der Kirkit-Voyage Agentur, die nebenher Touren vermittelt, etwa 40 Pferde im Stall stehen hat und diverse Fahrzeuge vermietet oder zumindest vermitteln kann. Fast jeden Tag findet innerhalb der Pension ein kleiner und kurzer Folkloreabend statt, der auch von auswärtigen Gästen besucht werden kann.

7	25-40 €	17 DZ	E – F - D	🍸 🍽	①②⑤⑦⑧

Tel.: 0384 511 3259 www.kirkit.com

➔ GÜNAY KONUKEVI

Im Frühjahr 2008 öffnete dieses kleine Hotel zum ersten Mal seine Pforten. Der Besitzer restaurierte sein altes Elternhaus und erschuf eine kleine und ruhige Oase oberhalb der Altstadt. Von der Terrasse aus hat man einen herrlichen Ausblick über die ganze Stadt und Teile Kappadokiens. Das Hotel ist sehr familiär geführt und um den Gast wird sich liebevoll gekümmert.

8	60-130€	11 DZ	E	🍸 🍽	①②⑤⑥⑦⑧

Tel.: 0384 511 5255 www.gunaykonukevi.com

Wer eine Rasur wünscht ist bei Ömer Kubali bestens aufgehoben. Er versteht ein paar Brocken deutsch und ist immer zu Späßen aufgelegt. Direkt daneben liegt übrigens das einzige Restaurant mit Fassbierausschank, das Sancho Pansa. Beides findet man rechter Hand am Hauptplatz in Richtung Altstadt. Achten Sie bitte darauf, dass Ömer während der Rasur seine Brille trägt!

Özkonak

Der Ort liegt nördlich von Avanos jenseits der Bergkette und ist über eine 14 km lange Straße zu erreichen. Außer einer kleinen unterirdischen Stadt hat der Ort nicht viel zu bieten. Vielleicht wundern Sie sich über die vielen neueren und heraus geputzten Häuser am Straßenrand. Viele der Einwohner haben in Deutschland gearbeitet oder deren Kinder und Enkel leben dort noch immer. Diese Menschen haben ihr Erspartes in ein eigenes neues Heim gesteckt und so das Ortsbild mächtig verändert.

Doch zurück zur Attraktion des Ortes. Wer schon andere unterirdische Stätte besichtigt hat, wird sich über die Ruhe vor Ort wundern. Hier gibt es noch keine Souvenirstände, durch die man erst hindurch muss, um an die eigentliche historische Stätte zu gelangen, und hier kann es mal vorkommen, dass der Ticketschalter erst aufgeschlossen werden muss. Wer die weite Fahrt nach Derinkuyu oder Kaymaklı scheut, sollte sich hier unter die Erde begeben. Die Anlage ist zwar wesentlich kleiner, aber dafür hält sich der Besucherandrang auch in Grenzen. Der Aufbau aber ist im Grunde der gleiche, wie in den großen Anlagen. Zuerst erreicht man die Stallungen mit den aus den Wänden gehauenen Futtertrögen. Danach folgen die Vorrats- und Wirtschaftsräume, die man an den Bodenvertiefungen erkennen kann, in denen damals die großen Tonkrüge gestanden haben. Einer dieser Krüge steht noch in seiner Vertiefung und man fragt sich, wie dieser riesige Krug wohl hier hinunter geschafft werden konnte. Auch zwei Weinbecken, in denen die Weintrauben mit den Füßen gestampft wurden, sind zu sehen. Durch eine Öffnung floss der Most dann in ein tiefer liegendes Gefäß. Im hinteren Teil der Anlage befinden sich die Fluchträume mit ihren großen Rollsteinen zum Verschließen dieses Traktes. Bis zu 2 Tonnen sind diese Steine schwer, die vor die Eingänge gerollt werden konnten, und davon gibt es drei dicht hintereinander. Die Rollsteine von Özkonak weisen zwei Besonderheiten auf: erstens haben sie, entgegen jenen anderer unterirdischer Städte, kein Loch in ihrer Mitte und zweitens sind diese Steine hier unten aus dem Fels geschlagen worden. In allen anderen Städten wurden sie außerhalb und aus einem anderen, härteren Material gefertigt. Auch einen Brunnen unterhalb des großen Lüftungsschachtes sucht man vergeblich, so dass der thermische Lüftungseffekt hier nicht ganz so gut funktioniert. Die etwas schlechtere Luft lässt sich vielleicht auch durch den gestiegenen Wasserspiegel erklären, der die untersten Räume sehr feucht werden ließ.

Entdeckt wurde diese unterirdische Stadt übrigens 1972 von Latif Acar, dem damaligen Muezzin von Özkonak, als er gerade in seinem Garten arbeitete. Ein Jahr später schon wurde die Anlage von der Stadtverwaltung für den Fremdenverkehr freigegeben, auch wenn sich nur wenige Touristen hierher verirrten. Herrn Acar oblag bis 1990 die Leitung und Pflege seiner Entdeckung.

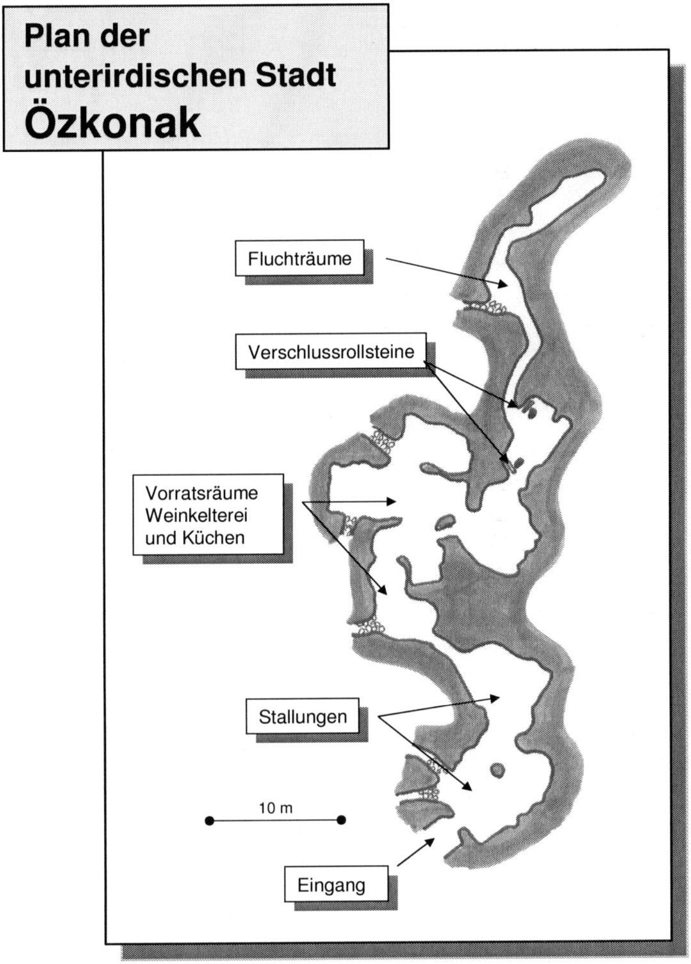

Bayramhacı

Gäbe es dort keine heißen Quellen, so wäre dieser Ort einer von vielen, die sich in der weiten Ebene Anatoliens verlieren. Man muss das Dorf passieren, um zu den Bädern zu gelangen, die etwas außerhalb liegen. Es ist einer jener Orte, bei denen man sich fragt, ob hier das Wasser noch aus dem Brunnen gezogen werden muss. Ausländische Touristen verirren sich hierher nicht. Das Heil- und Erholungsbad liegt etwa 1,5 km südlich der Siedlung und ist bei der türkischen Bevölkerung weit über den Großraum Kayseri hinaus bekannt. Hier kann man sich für Wochen in kleinen Zimmern einmieten und seine täglichen Bäder nehmen oder Anwendungen genießen. Zwei größere Außenbecken runden das Ganze ab, wobei man das kleinere, blickdicht ummauerte Becken exklusiv für eine Kleingruppe mieten kann. 10 TL kostet das Vergnügen pro Person - ohne Zeitlimit - geöffnet bis 24°°. Aber es gibt eine weitere Möglichkeit im heißen Wasser zu baden.

Ob Sommer oder Winter
- heißes Badevergnügen bei jedem Wetter

Am Ende des Dorfes ist „Yale Camping“ ausgeschildert. Mit Camping hat die Einrichtung jedoch nichts zu tun, sie gleicht mehr einem Freibad. Hier kann man für 5 TL, bei schlechter Laune des Besitzers auch mal 10 TL, den ganzen Tag in einem offenen Pool das eisenhaltige und etwas schwefelige, immer 35°C heiße Wasser genießen. Anbei gibt es mehrere kleinere

verschließbare Räume mit großen gemauerten Badewannen, in denen man einweichen und sich richtig pflegen kann. Allerdings ist dies nichts für Leute mit Kreislaufschwächen, da sich der kleine Raum schnell mit heißem Dampf füllt. Ein Teegarten mit verschiedenen Getränken ist angeschlossen und ab und an ist auch die Küche geöffnet. Auf dem großen Parkplatz vor dem Bad können auch Wohnmobile über Nacht stehen bleiben, vorausgesetzt man fragt den Besitzer ganz lieb. Nichts ist schöner als ein nächtliches Bad unter einem traumhaften kappadokischen Sternenhimmel.
Eine Anbindung an das öffentliche Verkehrsnetz gibt es leider nicht. Von Avanos fährt man Richtung Norden die alte Kayseri-Straße entlang über den Bergpass bis hinunter ins Tal und biegt anschließend hinter einer kleinen Flussbrücke rechts der Ausschilderung nach ab. Nach weiteren 6 km erreicht man den Ort, den man durchquert und fährt Richtung Süden zu den Bädern. Ab dort ist „Yale Camping“ ausgeschildert.
Vor Ort gibt es noch das Bulut-Hotel mit eigenem Heißwasser-Pool, zu erreichen unter der Tel.-Nr.: 0352 3997124

Sarıhan

Diese alte Karawanserei liegt etwa 6 km süd-östlich von Avanos direkt an der neuen Schnellstraße nach Kayseri. Sie ist ein beeindruckendes Beispiel für die große Baukunst der Seldschuken und ein Beweis dafür, dass die Zeiten damals alles andere als sicher waren. Wer über Konya nach Kappadokien gereist ist, wird vielleicht die vielen Überreste solcher Bauten entlang der Strecke gesehen haben. Alle 30 km, also die Entfernung eines Tagesmarsches, haben die Seldschuken vor 800 Jahren eine solche Raststätte errichtet. Ein Zeichen dafür, wie wichtig die damalige Handelsroute, die Europa mit dem mittleren Osten verband, war. Leider sind von den vielen Karawansereien nur wenige erhalten geblieben. Eine liegt am Rande der Straße von Konya nach Aksaray im Städtchen Sultanhane und eine weitere wurde im Jahre 1249 hier in Kappadokien errichtet - Sarıhan. Mitte der neunziger Jahre begann man den Verfall des Gebäudes zu stoppen und es vollständig zu restaurieren. Für nur 3 TL Eintritt kann jeder diese historische Raststätte besichtigen und sich ein wenig in die Zeit der großen Karawanen zurückversetzen lassen. Die mystische Musik im Inneren tut das ihrige dazu. Um den Erhalt der Anlage zu sichern, hat die türkische Denkmalverwaltung das Gebäude an einen Veranstalter vermietet, der allabendlich die

traditionellen Tänze der Derwische aus Konya darbietet. Was die tanzenden Derwische des Mevlana-Ordens mit Kappadokien zu tun haben, soll dahingestellt bleiben, aber einen besseren Ort für die mystischen Tänze und Gesänge könnte es kaum geben. 25 € Eintritt kostet die 45-minütige Vorstellung. Allerdings gehen die Meinungen über das Spektakel weit auseinander.
Durch das große Eingangstor betritt man den offenen Innenhof. Oberhalb des Tores befindet sich die Kanzel des Imam, von der aus er 5 Mal am Tage die Gebetszeiten verkündete. Zur Rechten liegen die Stuben der Wachsoldaten mit den Treppen, um schnell den breiten Wehrgang zu erreichen. Daneben folgen die Räume für ein Gasthaus und einige andere Dienstleister der damaligen Zeit. Linker Hand befinden sich die Arkaden, unter denen fahrende Händler ihre Stände errichteten. In der Mitte des Hofes, wo sich heute ein Wasserbecken befindet, wurde in früherer Zeit das Wasser aus einem Brunnen gezogen. Durch ein zweites, großes und reich verziertes Portal betritt man die Haupthalle der Karawanserei. Hier wurden die Tiere untergebracht und von ihrer Last befreit und hier schlief auch das einfache reisende Volk. Sollten einmal mehrere Karawanen gleichzeitig hier eingetroffen sein, so kann man sich gut das Chaos vorstellen, dass hier geherrscht haben muss. Die hohen und sehr dicken Mauern sorgten für eine gleich bleibende und angenehme Temperatur im Innern und die Öffnungen der Kuppel für einen Kamineffekt, der wiederum für einen guten Luftaustausch sorgte. Auch wenn Sarıhan nicht mit öffentlichen Verkehrsmitteln zu erreichen ist, so ist diese antike Raststätte allemal einen Besuch wert. Mit dem Bus fährt man bis Avanos und steigt hier für wenige TL in ein Taxi.

Sarıhan – antike Raststätte der Seldschuken

Kayseri

Erleben Sie eine Millionenmetropole mitten in Anatolien. Hier in Kayseri tobt das Leben. Die Stadt ist ein einziger riesiger Basar. Und inmitten dieses Chaos aus Menschen und Autoverkehr erheben sich die altehrwürdigen Bauten aus seldschukischer und frühosmanischer Zeit. Die Stadt ist berühmt für ihre Würste und den Pastirma, einen mit Paprikapaste ummantelten Rinderschinken Und hier in der Stadt sitzen die mitunter reichsten Teppichgroßhändler der Region. Die Menschen aus Kayseri sind im ganzen Land berühmt und berüchtigt als die gerissensten Händler und nicht umsonst nennt man einen geschickten Händler einen Kayserili. Wer die Randgebiete der Stadt erreicht, bekommt wahrscheinlich Zweifel, ob sich die Fahrt hierhin wohl lohnt. Rundherum hat sich im Laufe der Jahre ein riesiger Industriegürtel um die Stadt gezogen und die Menschen aus Anatolien sind den Arbeitsplätzen gefolgt. Kayseri ist in den letzten 30 Jahren regelrecht explodiert. Zählte man 1973 gerade mal knapp 170.000 Einwohner, so steuert die Stadt in Riesenschritten auf den millionsten Bewohner zu. Dementsprechend unkontrolliert und wenig ansehnlich ist sie dann auch gewachsen. Das alles soll einen aber nicht davon abhalten, das Zentrum und seine Sehenswürdigkeiten zu besuchen.

Die Stadtmitte bildet der Cumhuriyet Meydani (9) (Platz der Republik), an dem sich die alte Zitadelle (1) aus dem 12. Jh. erhebt. Sie besitzt zwei Eingänge mit kleinen Vorhöfen und einen dritten aus neuerer Zeit. Typisch für diese Gegend und alle historischen Gebäude ist der harte Basaltstein, der verbaut wurde. Das sehr harte Material und die Stärke der Mauern haben dafür gesorgt, dass Teile dieser Bauten bis heute gut erhalten geblieben sind.

Von der Stadt umgreifenden, alten Befestigungsanlage stehen nur noch im Westen des alten Stadtkerns einige Reste. Die Fatih-Moschee (5) im Innern der Zitadelle errichteten erst viel später die Osmanen. Heute befindet sich innerhalb der Burgmauern ein ständiger Markt, der sich über das gesamte Gelände erstreckt. Die Wehrläufe sind leider nicht geöffnet, obwohl man von hier einen großartigen Ausblick über die Innenstadt hat.

Gegenüber der Zitadelle in östlicher Richtung erhebt sich die Mahperi Huant Hatun Külliyesi (12 u. 13), ein Komplex aus Moschee, Grabmal, Medresse und Hamam. Diese Anlage wurde im Jahre 1237 von der Frau des Seldschukensultans Aladdin Keykubad gestiftet und nach ihr benannt. Und sie wurde dort auch begraben, zusammen mit zwei ihrer Töchter.

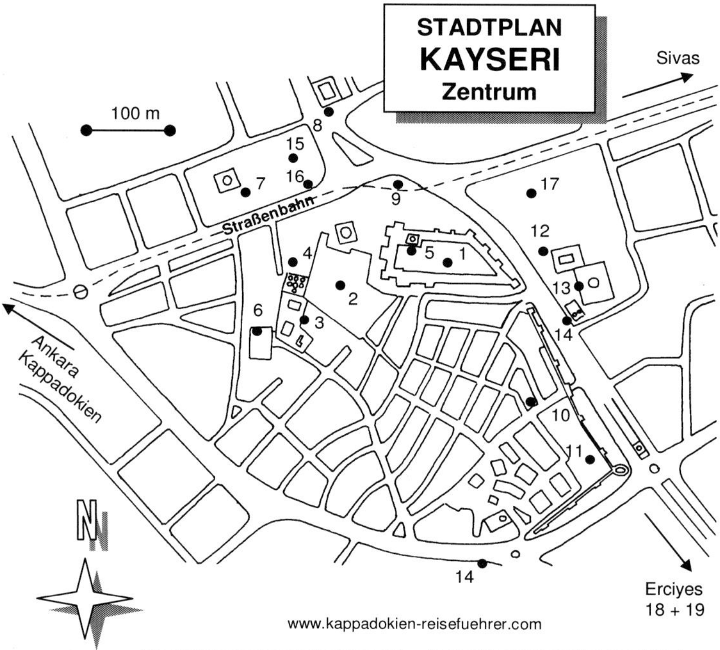

1 Zitadelle
2 Basar
3 Vezir Hane
4 Bedesten
5 Fatih Moschee
6 Ulu Moschee
7 Ahmet Paşa Moschee
8 Sahibiye Medresse
9 Platz der Republik
10 Atatürk Gedenkhaus

11 Ethnologisches Museum
12 Hatun Medresse
13 Hatun Moschee
14 Hamam
15 Atatürkpark
16 Bushaltestelle
17 Touristinformation
18 Archeolog. Museum
19 Döner Kumbet

Heute befindet sich in der Medresse eine Ladenzeile mit Geschäften für allerlei elektronische Geräte. Warum das alte Museum für Archäologie dort weichen musste, bleibt dem Besucher schleierhaft, kann man sich doch kaum einen besseren Ort für ein solches Museum vorstellen.

Etwas weiter südlich, wieder im alten Stadtkern, steht das Ethnologische Museum (11), das in einem alten Herrschaftshaus untergebracht ist. Die Einzelexponate sind vielleicht nicht ganz so interessant, aber der zweite Teil mit den Darstellungen aus dem Leben im Konak zeigen beeindruckend die Pracht eines herrschaftlichen Haushaltes zu osmanischen Zeiten. Die 3 TL für den Eintritt auszugeben, lohnt sich auf jeden Fall.
Zwei Block weiter nördlich steht das Atatürk-Gedenkhaus (10). Zeitweise befehligte Atatürk von hier aus seine Truppen im Widerstandskampf gegen die griechischen Invasoren. Gezeigt werden die Privat- und Arbeitsräume des Republikgründers. Besonders im Vergleich zum Ethnologischen Museum, bzw. dem osmanischen Konak, zeugen diese Räume vom raschen Wandel hin zur westlichen Moderne. Der Eintritt ist frei.

Würste und Rinderschinken
- die kulinarischen Spezialitäten der Stadt

Kayseri besitzt auch einen großen überdachten Basar (2) (Kapale Çaryesi), in dem die Textil- und Schmuckhändler sitzen. Auf Touristenwünsche abgestimmte Waren sucht man hier vergebens. Seit eh und je kommen hier die Bürger der Stadt zum Einkauf her und feilschen erbittert mit den zahlreichen Händlern.

Am südwestlichen Ende des Basars führt eine unscheinbare Gasse zur Vezir Hane (3), der ältesten Karawanserei der Stadt. Sie macht einen etwas heruntergekommenen Eindruck, aber hier findet man noch Teile des alten Handwerks. Mützenmacher produzieren in Handarbeit die traditionellen türkischen Schirmmützen und hier kann man sich noch Schuhe nach Maß machen lassen, alles gefertigt auf uralten Maschinen oder mit viel Muskelkraft. Auch alte Teppiche und Kilims werden hier mühsam wieder repariert und geflickt. Überhaupt beginnt hier die Zone der Teppichhändler. Während in der unteren Etage noch mit Wolle gehandelt wird, sitzen oben die Händler mit der fertigen Ware und lauern auf verirrte Touristen. Gleich zwischen Basar und Vezir Hane befindet sich der Bedesten (4), der alte Auktionsplatz. Der große und mit düsteren Kuppeln überdachte Bau liegt fest in den Händen der Teppichverkäufer. Hier muss man schon sehr standfest bleiben, um nicht doch mit einem Bodentextil den altehrwürdigen Raum zu verlassen. Hane und Bedesten sollte man sich auf jeden Fall nicht entgehen lassen, denn beide lassen einen in ein anderes Jahrhundert zurückblicken - und damit ist nicht das 20. gemeint.

Vezir Hane – hier lauern die Teppichhändler

Direkt neben der Vezir Hane steht die Ulu Cami (6), eine Moschee, deren Bau 1135 begonnen und die von den Seldschuken erst 1205 fertig gestellt wurde. Fünfschiffig und mit einer kleinen Zentralkuppel wurde sie errichtet, und die antiken byzantinischen Kapitelle der Säulen lassen eher auf eine Kirche schließen. Es ist gut möglich, dass der Bau noch zu vorislamischen Zeiten geplant oder sogar begonnen wurde.

Besonders im südlichen Halbkreis um den alten Stadtkern herum fällt dem Besucher die für eine solche Großstadt recht lockere Bebauung auf, und wer genauer hinschaut, findet dort eine Unmenge alter Moscheen, Kuppelgräber (Kumbets) und sonstige historische Gebäude. Die Stadt soll schon zu seldschukischen Zeiten zwischenzeitlich bis zu 400.000 Bewohner gehabt haben. Immer wieder kann man zwischen den modernen Neubauten alte Relikte wie Brunnen oder Mauerreste aus dieser Zeit finden.

Etwa 1,5 km südlich der Zitadelle steht das Döner Kumbet (19) (Drehendes Mausoleum). Es wurde 1276 vom Schah Cihan Hatun gestiftet und gehört zu den beeindruckendsten, die je gebaut wurden. Eine reiche Ornamentik mit Tierdarstellungen, Scheinarkaden und Arabesken zieren dieses Gebäude mit dem typischen Spitzdach aus massivem Stein.

In der Nähe befindet sich das Archäologische Museum (18) mit Funden aus hethitischer und römischer Zeit. Die Aufmachung ist nicht gerade spektakulär, aber die Exponate hethitischer Töpferkunst sind einen Besuch allemal wert. Die typischen Tonkaraffen der damaligen Zeit können noch heute so manchen Töpfer an den Rand eines Nervenzusammenbruchs bringen, da ihre Herstellung ein fast unerreichbares Maß an handwerklichem Können voraussetzt (s. Kapitel *Töpfern* S.250). Geöffnet ist von Dienstag bis Sonntag und der Eintritt kostet 3 TL.

Zu erwähnen wäre noch die nördlich vom Zentrum gelegene Sahibiye Medresse (8) aus dem Jahre 1267, in der zurzeit einige Buchläden untergebracht sind und die Ahmet Paşa Moschee (7), die wegen ihrer seltenen Bleieindeckung auch Kursunlu Cami genannt wird.

Von Kappadokien aus erreicht man Kayseri stündlich mit dem Bus aus Nevşehir, der in Göreme und Avanos hält (9 TL). Seit die große Umgehungsstraße um Kayseri herum fertig gestellt ist, dürfen die großen Überlandbusse nicht mehr durch die Innenstadt fahren. Vom neuen Busbahnhof aus, der recht weit außerhalb liegt, bringt Sie ein kleinerer Transferbus in die City. Zurück zum Busbahnhof (Otogar oder Terminal) zu gelangen ist schon etwas komplizierter. Die Linienbusse dorthin halten auf der nord-westlichen Seite des Cumhuriyet Platzes (9), im vorderen Haltestellenbereich (16). Busnummer und Fahrziel stehen auf einer kleinen Blechtafel hinter der Windschutzscheibe. Die Linie 142 und 131 fahren am neuen Busbahnhof (Yeni Terminal) vorbei (1,5 TL). Haben Sie etwas Geduld, denn fast alle Busse dieser Großstadt halten an dieser Station im 10-minütigen Takt und sind meist hoffnungslos überfüllt. Mit einem dementsprechend großen Andrang müssen Sie hier rechnen.

Wie schon in der ersten Auflage beschrieben, befindet sich seit 2006 eine Straßenbahnlinie in Ost- Westrichtung im Bau. Wie vorhergesagt, war diese 10 km lange Strecke auch 2008 noch längst nicht fertig gestellt, und den neuen Busbahnhof daran anzuschließen, ist leider auch nicht geplant.

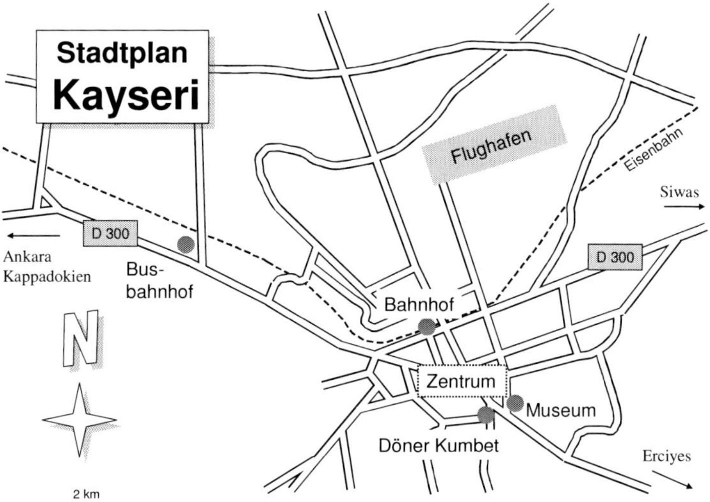

Der Erciyes

Etwa 30 km südlich von Kayseri erhebt sich dieser Berg. Fast 4000 m hoch über dem Meeresspiegel gelegen, lässt seine exponierte Lage ihn besonders imposant erscheinen, auch wenn nur die obersten 3000 m dieses Massives sichtbar sind, da wir uns bereits auf 1000 m Höhe befinden. Manchmal bleiben seine zwei Gipfelspitzen das ganze Jahr über unter einer weißen Schneehaube bedeckt. Gerne wird die Geschichte aus alten osmanischen Tagen erzählt, in der sich ein Kaufmann im Herbst bei einem Geldverleiher verschuldete und hoch und heilig versprach, das Geld spätestens dann zurückzuzahlen, wenn der Schnee auf dem Gipfel des Erciyes im Frühjahr

geschmolzen sei. Das Einbrechen der kleinen Zwischeneiszeit im 17. Jahrhundert konnten die beiden nicht vorhersehen, so dass erst spätere Generationen das geliehene Geld zurückzahlen mussten.
Im Winter gelten die Hänge des Berges als so schneesicher, dass sich ein kleines Ski-Zentrum mit Schleppliften in Hacılar etablieren konnte. Im Sommer kann der Berg mit einem Führer und ein wenig alpiner Erfahrung bestiegen werden. In Hacılar, das 10 km südlich von Kayseri liegt, aber auch von Kayakevı, das an der Straße nach Develi liegt, führen Pfade hinauf zum Krater des lange erloschenen Vulkans. In Göreme vermittelt die Reiseagentur „Middle Earth Travel" zweitägige Führungen hinauf zu den Doppelgipfeln. Aber auch in den vorweg genannten Orten können Führer direkt angeheuert werden. Wir Autoren haben uns noch immer nicht dazu entschließen können, an einer Besteigung dieses majestätischen Berges teilzunehmen. Zumindest muss die Aussicht dort oben einfach gigantisch sein, mit der weiten Ebene der Sultanssümpfe zu Füßen und in 150 km Entfernung die schneebedeckten 4000´der-Gipfel des Taurusgebirges.

Middle Earth Travel

Dies ist eine etwas andere Wander- oder Tourenagentur. Hier werden Bergwandertouren durch alle großen Gebirge der Türkei angeboten: von der einfachen Tagestour durch Kappadokien, bis hin zur Besteigung des über 5000 m hohen Ararats an der armenischen Grenze im Osten. Dieser Tourenveranstalter bietet eine Vielzahl von Varianten an, um das Land zu Fuß kennen zu lernen. Bei den mehrtägigen Unternehmungen sind dann Unterkunft und Verpflegung im Preis enthalten. Der Veranstalter stellt teilweise die Ausrüstung zur Verfügung und der Transfer vom und zum Flughafen kostet auch nichts extra. Im Programm werden Touren der verschiedensten Schwierigkeitsgrade vorgestellt: von Wanderungen für Sonntagsspaziergänger bis zu hochalpinen Gipfelbesteigungen ist hier alles möglich.
Interessant für Kappadokien ist die Besteigung des Erciyes. Diese zweitägige Bergtour ist jedoch nur etwas für geübte und kräftige Bergwanderer. Sie kostet bei Middle Earth Travel 175 € inklusive Verpflegung, Unterkunft, Führer und Transfer. Etwas preiswerter, aber auch einfacher ist die angebotene Besteigung des Hassan-Dağı. Hier kostet die Zweitagetour 150 € und es sind auch wieder Anfänger willkommen.

Cevizler Sok. 20
Göreme – Nevşehir
Tel.: 0090 384 271 2528
Fax: 0090 384 271 2562
E-mail: info@middleearthtravel.com
Web: www.middleearthtravel.com/de
(s. Stadtplan Göreme S.203, Punkt 16)

Krater und Doppelgipfel des Erciyes im fast ewigen Eis

Rundfahrt: Ürgüp – Theodore Kirche – Incesu - Ürgüp

Wir werden Sie nicht direkt nach Incesu geleiten, sondern wollen Ihnen eine kleine Rundfahrt vorschlagen. Auf dieser Strecke können Sie, abseits des touristischen Trubels, die Vielfältigkeit der anatolischen Landschaft und die Weite dieses einmaligen Landes auf das Eindrucksvollste erleben. Allerdings bedarf es hier eines Fahrzeugs, da die öffentlichen Verkehrsmittel hier nicht, oder nur sehr sporadisch verkehren.
Ausgangs- und Endpunkt dieser kleinen Rundtour ist Ürgüp. Dort begibt man sich auf die östliche Ausfallstraße, vorbei an zahlreichen großen Hotelanlagen und hält sich an der zweiten Ampelanlage rechts in Richtung Dörtyol. Eine kleine Asphaltstraße führt nun durch ein Tal in Richtung Südosten. Nach 5 km erreicht man den Ort Karacaören. Bemerkenswert ist hier, dass die alten Häuser am Hang immer noch zum größten Teil bewohnt sind. Für eine neue und moderne Bebauung ist das Tal wohl zu schmal.
Nach weiteren 2 km erfolgt die Ausschilderung zur Theodore Kirche. Hier biegt man rechts ab auf eine noch viel engere Asphaltstraße, die durch ein für anatolische Verhältnisse sehr grünes Tal führt. Hier passiert man die Orte Karain und Karlik. Beide Orte besitzen alte Wohnfelsen oberhalb der Häuser, die jedoch sehr verfallen sind. Weiter führt die Straße durch eine Landschaft, die uns Autoren eher an das griechische Inland erinnert hat. Vorsicht ist auf diesem Weg geboten, da der Linienbus bis Yeşilös verkehrt und die Fahrer die Strecke sehr robust zu nehmen wissen.
Nach wenigen Kilometern erreicht man den Ort, der sich in einer Talnische duckt. Oberhalb, am Rande des anatolischen Plateaus liegen wieder die alten verfallenen Wohnhöhlen. Folgen Sie der Ausschilderung zur Theodore Kirche, die am rechten Ende des Dorfes liegt.

Theodore Kirche

Sie betritt man klassisch durch einen großen Vorraum, bevor man sich links durch einen breiten Gang zum eigentlichen Gebetsraum begibt. Auch wenn hier, wie vielerorts, die Fresken größtenteils zerstört wurden, so beeindruckt diese Kirche doch mit ihrer Größe; und sie weist mit ihrer begehbaren Galerie in schwindelnder Höhe eine Besonderheit auf. Allerdings gilt das Wort begehbar nur für frühere Zeiten. Man erreicht die Galerie durch einen kleinen Tunnel, der nach oben führt. Vor ihrem Betreten möchten wir jedoch warnen, da Wasserschäden sie arg in Mitleidenschaft gezogen haben. Beim Verlassen der Kirche sollte man unbedingt auf den Verriegelungsmechanismus im Durchgang achten. Der Kirchenraum wurde damals anscheinend recht massiv verbarrikadiert, ein Zeichen für unruhige Zeiten.

Blick hinunter von der Galerie in den Gebetsraum

Wer seinen Autovermieter ärgern möchte, der sollte die nach oben führende und sehr staubige Piste hinauffahren und kurz vor dem Gipfel wieder zum Ort hinunter abbiegen. Zumindest erkennt man nun, warum das Tal so grün ist. Überall im Dorf entspringt Wasser am Berghang, das Haushalte und Gärten versorgt.

Da Sie sich jedoch nicht mit dem Vermieter Ihres Fahrzeugs herumärgern wollen, fahren Sie lieber wieder auf direktem Wege zurück zur Hauptstraße. Kurz hinter Yeşilös steigt die Strecke steil an und man erreicht den Ort Ağcaören. Am Ortseingang bekommt man den Eindruck, als ob hier ausschließlich mit Dreschmaschinen gehandelt würde. Am Ortsende erreicht man die Hochebene und hat einen weiten Blick über die vielen Getreidefelder, womit sich die Sache mit den Dreschmaschinen dann auch geklärt hat.

Im Sommer findet man entlang der kleinen Straße oft die Zeltlager der Erntehelfer, die aus weit entfernten Gebieten der Türkei kommen, um sich hier ihren kärglichen Lohn zu verdienen. Der Begriff des 1,- € -Jobs ist hier bittere Realität. Wer auf die Arbeit als Erntehelfer angewiesen ist, gehört zu den Ärmsten der Armen.
Der nächste Ort heißt Başdere, und wenn man der gewundenen Straße durch den Ort immer geradeaus folgt, erreicht man wieder die Hauptstraße, die Ürgüp und Dörtyol miteinander verbindet. Hier halten Sie sich bitte rechts und erklimmen nun den 1535 m hohen Topuzdağı-Pass. Kurz hinter dem Pass eröffnet sich ein gigantischer Ausblick auf den Vulkan Erciyes-Dağı und die südlich davon liegenden Sultans-Sümpfe, welche die ersten Ausläufer des Taurusgebirges berühren. Bei guter Sicht sind im Herbst und im Frühjahr sogar die Schnee bedeckten 4000'der dieses Gebirges zu sehen, und man meint schon fast das Meer riechen zu können.
Die Straße führt jetzt auf kürzester Distanz 400 Höhenmeter hinab in Richtung Dörtyol. Vorsicht am Bahnübergang! 2008 war dieser defekt, die Lichter zeigten Dauerrot und die Schlagbäume gingen nicht mehr auf, bzw. waren schon von diversen Lkw niedergemetzelt worden. Machen Sie es wie die Einheimischen: Vergewissern Sie sich, dass kein Zug kommt und überqueren Sie vorsichtig die Gleise. Und keine Angst, die Höchstgeschwindigkeit der Züge liegt auf dieser schnurgeraden Strecke gerade mal bei 60 km/h.
Warum Dörtyol auf vielen Landkarten als Ort eingezeichnet ist, bleibt ein Rätsel. Eine Tankstelle, ein Hotel und ein stillgelegtes Zementwerk, das war es dann auch schon. Hier an der Ampelkreuzung halten wir uns links, Richtung Kayseri, und fahren jetzt 20 Kilometer durch die Monotonie am Fuße des Erciyes. In Incesu angekommen, weist ein Schild nach Ürgüp, das uns auch ins Zentrum des Ortes führt.

Incesu

Im Stadtkern von Incesu steht eine ganze Ansammlung bedeutender Gebäude aus osmanischer Zeit. Der Ort verdankt seine Entstehung zum größten Teil dem Erbauer dieser Anlagen, Großwesir Kara Mustafa. Jener Großwesir war es auch, der 1683 mit seinen Truppen vor Wien stand und - wie man weiß - die Schlacht und daraufhin auch bald seinen Kopf verlor. 1670 ließ er die große Karawanserei, die Moschee, das Hamam, eine Medresse und dazwischen einen Basar errichten. Hier wurde nicht mit kappadokischem Tuffstein, sondern mit dunklerem und härterem Gestein gebaut. 2007 wurden die Restaurierungsarbeiten an der Karawanserei und dem türkischen Bad abgeschlossen. Der Bazar und die alte Medresse befinden sich leider immer noch in einem erbärmlichen Zustand. Allerdings könnte der Bazar eine gute Kulisse für einen Historienfilm abgeben. Besonders rustikal wird es, wenn man am Wochenende – gerade dann ist die Karawanserei leider geschlossen – die Anlage durch den Bazar, bzw. durch die alte Wachstube betritt. Hier muss man zunächst durch eine winzige Teestube hindurch, wobei wir unwillkürlich an den Film: „Eine Saison in Hakkari" von Yilmas Güney erinnert wurden. Ein so urtümliches Teehaus findet man wohl im Umkreis von tausend Kilometern nicht mehr.

Die Arkaden des Innenhofes
- hier nächtigten die Reisenden zu osmanischer Zeit

Der Innenhof dieser antiken Raststätte ist riesig. Auffallend sind die vielen Kamine und Feuerstellen entlang der Außenmauern, die von einem Arkadengang überdacht sind. Im Sommer übernachteten die Reisenden dort, während die Waren und die Tiere im freien Innenhof verblieben. Dasselbe vollzog sich in den Wintermonaten in der großen Halle der Karawanserei. Dort sind am Rand des umlaufenden Podestes noch gut die Löcher im Stein

zu erkennen, an denen die Tiere in der Nacht festgebunden wurden. Bedauerlicherweise weiß die Gemeinde von Incesu diese gigantische Halle nicht so recht zu nutzen. Nur einmal im Jahr, zum Weinfest im Herbst, erwacht sie zum Leben und wird von ihrem Dasein als Lagerhalle erlöst. Das frisch restaurierte historische Hamam ist leider auch nicht in Betrieb.
Incesu liegt außerhalb des Regierungsbezirkes Nevşehir im Bereich von Kayseri und ist deshalb mit öffentlichen Verkehrsmitteln nur sehr schwer zu erreichen. Wer kein eigenes Fahrzeug besitzt, bzw. unsere Rundfahrt nicht machen möchte, kann von Kappadokien aus den Bus nach Kayseri nehmen und an der Einmündung zur Landstraße Nr.805 (Kayseri – Niğde) versuchen, den Linienbus nach Incesu abzufangen. Seinen Tagesausflug dorthin sollte man recht früh am Tage starten, da die Busfahrt etwas länger dauert und es im Ort keine Unterkunft gibt. Überhaupt existiert trotz dieser sehenswerten osmanischen Anlage keinerlei touristische Infrastruktur.

Das Hamam während der Restauration

Weiter folgt man nun der Ausschilderung zurück nach Ürgüp. Durch grüne Gärten, die den Namen Incesu (feines Wasser) erklären steigt die Straße leicht an und man erreicht einen kleinen Stausee, der für die Bewohner des Ortes zu einem Anglerparadies geworden ist. Aber wie beim Damsa-Stausee sind auch seine Ufer völlig verschlammt und laden nicht zum Baden ein. Die Straße steigt weiter an und man erreicht wieder eine Hochebene, auf der jedoch weit und breit keine Ansiedlung zu sehen ist. Auch Landwirtschaft ist hier kaum noch möglich, und man kann sich gut vorstellen, wie hier im

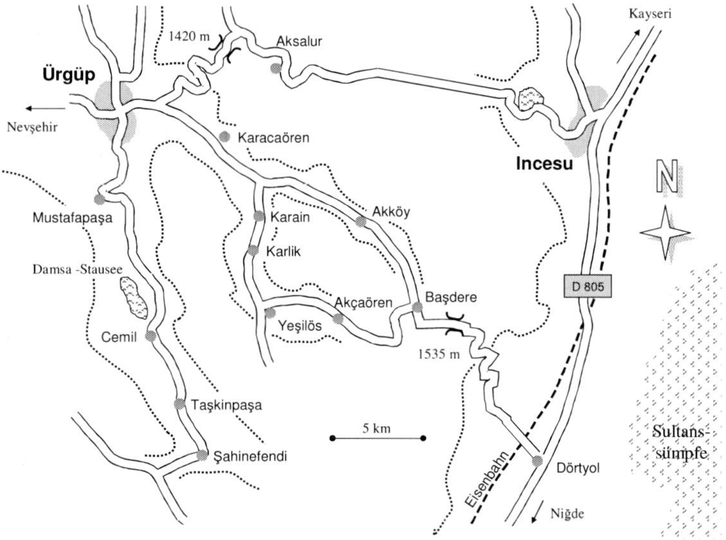

Winter die eiskalten anatolischen Winde hinüberwehen. Vergessen Sie nicht im Temporausch auf der schnurgeraden Strecke einen letzten, kurzen Blick zurück zu werfen, auf „Seine Majestät" den Erciyes-Dağı
17 km hinter Incesu erreicht man das Städtchen Aksalur, das, oben am Berg gelegen, wiederum den Schrecken des anatolischen Winters erahnen lässt. Steile Straßen und ein hier oben früh einsetzender Schneefall engen das öffentliche Leben der Bewohner für einige Monate im Jahr beträchtlich ein.

Kurz hinter dem Ort, der sich ein wenig in die Länge zieht, erreicht man einen Pass mit 1420 m Höhe. Einen gigantischeren Ausblick auf die gesamte Region Kappadokien gibt es nicht. Selbst der große Felsen von Uçhisar wirkt in der Ferne winzig und klein. Direkt zu Ihren Füßen liegt jetzt wieder Ürgüp, wohin sie die kleine und sehr steile Straße hinab führt. Lassen Sie beim Bergabfahren größte Vorsicht walten, da die kurvige Strecke teilweise ein Gefälle von bis zu 20% aufweist. Schalten Sie nie höher als in den zweiten Gang und lassen Sie ordentlich den Motor bremsen. An der ersten Ampelanlage im Ort haben Sie Ihren Ausgangspunkt bzw. Ürgüp wieder erreicht.

Kara Mustafa und die Kruzitürken

- ein Wesir hat große Pläne

Der Großwesir Kara Mustafa gehört zu den schillerndsten Figuren der osmanischen Geschichte. Ein wenig erinnert er an den Wesir „Isnogut" aus der gleichnamigen bekannten Comic-Serie. Arroganz, Prunksucht und Machtbesessenheit sind die Attribute, die Historiker ihm zuschreiben. Glücklicherweise gehörten zu seinen weiteren Eigenschaften auch die Selbstüberschätzung und die dazugehörige Unfähigkeit, eine Armee zu befehligen. Zum Glück für die Wiener, vor deren Toren er 1683 mit seinem riesigen Heer lag und zum Glück wohl auch für den Rest Mitteleuropas.

Die Karriere des Großwesirs war steil. Nach dem Tode seines Vaters wurde er in die berühmte Wesirsfamilie der Köprülü aufgenommen, wuchs mit dem Sohn Ahmed zusammen auf und heiratete später die Tochter des Hauses. Viele Jahre bekleidete er das Amt eines Provinzverwalters, wurde Admiral der türkischen Flotte und erbte letztendlich von Ahmed Köprülü das Amt des Großwesirs. Mit Sultan Mehmed IV auf dem Thron hatte der gewiefte Taktierer leichtes Spiel, denn der Sultan galt als träge und Regierungsgeschäfte interessierten ihn nicht sonderlich.

Im Laufe seiner Karriere hatte Kara Mustafa immer ein wachsames Auge auf die Geschehnisse an der Westgrenze hin zum Habsburger Kaiserreich. Unter seiner Regie liefen die Staatsgeschäfte gut, die Steuern flossen und die Armee war so groß wie noch nie. Im Jahre 1679 erreichte ihn eine Nachricht aus Ungarn, in der christliche Magyaren den Padischa von Istanbul um militärische Hilfe gegen Österreich baten. Was war geschehen?

Nun, das katholische Österreich war mehr damit beschäftigt seine protestantischen Untertanen, zu denen auch der ungarische Adel gehörte, zu drangsalieren, als sich auf die türkische Gefahr zu konzentrieren. So kam es, dass viele Magyaren in die türkisch besetzten Gebiete flohen, da sie dort ihre Religion frei und ohne Repressalien ausüben durften und auch die Steuerlast hier nur gering war. Trotzdem bekämpften die Ungarn die Österreicher weiterhin in einer Art Partisanenkrieg vom türkischen Territorium aus. Diese Überfallkommandos nannten sich selbst „Kuruzzen" und aus dieser Bezeichnung entstand später der österreichische Begriff „Kruzitürken".

Und jene Kruzitürken waren es, die Kara Mustafa um Unterstützung baten. Christen und Moslems vereint im Sturm auf das letzte Bollwerk des Abendlandes. Eine Idee, welche die schon lange gehegten Pläne eines machtgierigen Großwesirs endlich wahr machen sollte. Der Marsch auf Wien konnte beginnen. Auf dem Weg dorthin wuchs die Armee auf zweihunderttausend Mann an - das größte Heer, das die Osmanen je aufstellen sollten - und am 14. Juli 1683 starrten über 300 Kanonen auf die Mauern der Habsburger Hauptstadt Wien. Aber hier war die erste Chance schon vertan. Der über tausend köpfige Hofstaat, den der Großwesir mit sich führte, hatte den Vormarsch verlangsamt. Wären die Truppen nur eine Woche früher eingetroffen, wären sie auf eine nur unzureichend gesicherte Stadt gestoßen und hätten Wien im Handstreich nehmen können. Dann hätte Mitteleuropa den Türken schutzlos offen gestanden. Aber weitere große strategische Fehler unterliefen Kara Mustafa. Er ließ es zu, dass sich seine Elitetruppen, die Janitscharen, in unkoordinierten Kleinangriffen aufrieben, aus Geiz ließ er die Stadt nicht zur Plünderung freigeben, was ein Heer damals nicht besonders motivierte, und letztendlich ließ er das Umland nicht sichern. Letzteres sollte der Truppe den Todesstoß versetzen. Trotz der Warnungen, dass eine Armee zur Rettung Wiens unterwegs sei, blies er nicht zum großen Sturm auf die Stadt. Am 12. September standen die Heere aus Bayern, Sachsen und Polen auf dem Kahlenberg oberhalb von Wien, ohne dass sich ihnen auch nur ein Türke entgegengestellt hätte. Der Überraschungseffekt war so groß, dass das weit unterlegende Hilfskommando die Osmanen vernichtend schlagen konnte. Zurück blieben über 40.000 getötete Türken und 300 Kanonen, welche die Osmanen bei ihrem überhasteten Rückzug vergaßen. Nur drei Monate sollte Kara Mustafa das Desaster überleben. Am 25. Dezember wurde er auf Befehl des Sultans in Belgrad hingerichtet. Mit der Schlinge um den Hals starb einer der hochmütigsten und machtgierigsten Großwesire, die das osmanische Reich je gesehen hatte.

Laut offizieller türkischer Geschichtsschreibung allerdings, soll Kara Mustafa von seinen Feinden gefangen genommen und anschließend hingerichtet worden sein.

Sarıca Kilise

Diese Kirche liegt kurz hinter Ürgüp, etwa 2 km von der Straße nach Soğanlı entfernt. Eigentlich nichts besonderes, wenn man sich an alten Höhlenkirchen satt gesehen hat. Die Anlage besteht aus einem Kloster und zwei im Tal liegenden Kirchen. Doch hier zeigt sich, dass für 3 TL Eintritt auch etwas getan wurde. In der alten Klosteranlage läuft man nicht über verstaubte und mit Zigarettenkippen übersäte Böden, sondern sieht eine hervorragend gelungene Restaurierung und erlebt auch endlich einmal so etwas wie eine sakrale Stimmung, wie sie diesen Gotteshäusern würdig ist. Nicht umsonst wurde die aufwändige Erneuerung der Anlage 2004 mit einem Architekturpreis ausgezeichnet.

Mustafapaşa

Ein kleiner Ort 5 km südlich von Ürgüp gelegen. Besucher aus fremden Ländern treten hier nur in kleinen Gruppen auf und vereinzelt sieht man auch Familien, in einer gänzlich fremden Sprache sprechend, um die Häuser des Ortes ziehen. Dann sind wieder Gäste aus Griechenland angereist, die auf den Spuren ihrer Vorfahren wandeln. Mustafapaşa ist beispielhaft für das Elend der Vertreibung der griechisch-orthodoxen Bevölkerung aus Kappadokien. Über Jahrhunderte lebten Moslems und Christen recht einträchtig neben, aber auch miteinander. Erst der Bevölkerungsaustausch 1923/24, nach Beendigung des griechisch-türkischen Krieges, ließ die Dorfgemeinschaft auseinander brechen, bzw. wurde politisch zerbrochen. Denn auch die muslimischen Bewohner waren von dieser von oben verordneten Aktion nicht begeistert. Abgesehen von der Ungewissheit, wie sich die Neutürken aus Griechenland ins Dorfleben einfügen würden, hatten sich zwischen den Glaubensgemeinschaften viele Geschäftsbeziehungen, Freundschaften und vielleicht auch so manch familiäre Bande ergeben. Es sollen sich dramatische Szenen in diesen Wochen abgespielt haben, von denen die Alten noch lange erzählten. Dass die Beziehungen nicht ganz abgebrochen sind, zeigt, dass der Ort heute wieder mit seinem alten Namen „Sinasos“ um den Tourismus wirbt.

Einmal im Jahr wird es dann auch hektisch im Ort. Dann kommt sogar der Patriarch der griechisch-orthodoxen Kirche, der ja immer noch in Istanbul

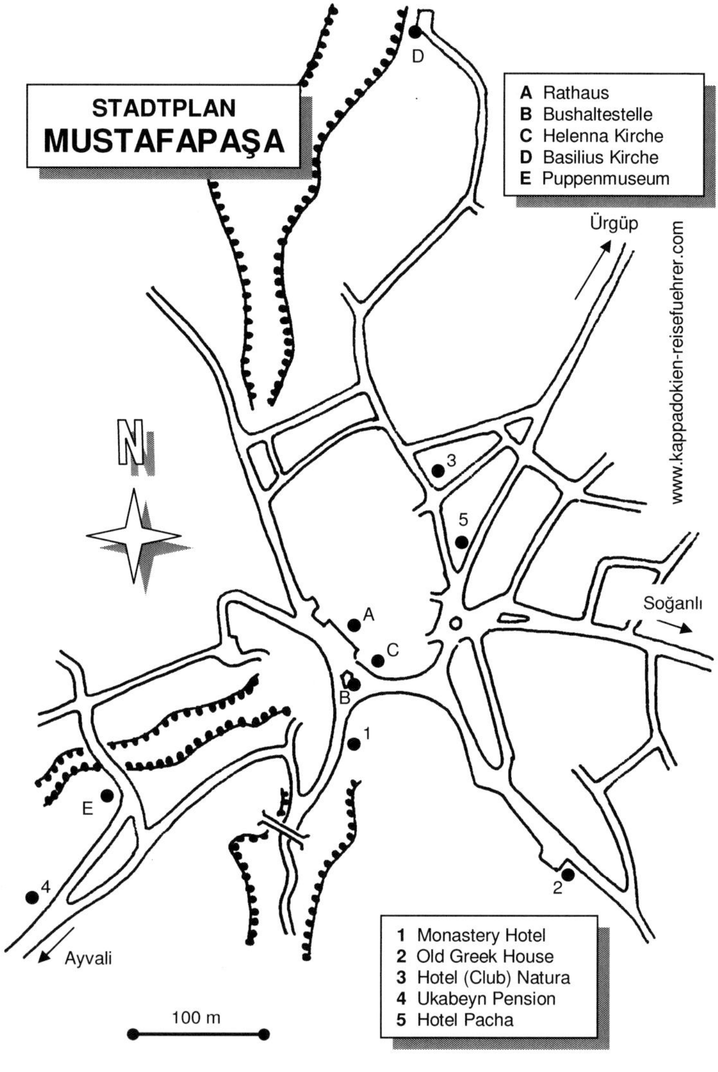
STADTPLAN
MUSTAFAPAŞA
A Rathaus
B Bushaltestelle
C Helenna Kirche
D Basilius Kirche
E Puppenmuseum
Ürgüp
www.kappadokien-reisefuehrer.com
N
Soğanlı
Ayvali
100 m
1 Monastery Hotel
2 Old Greek House
3 Hotel (Club) Natura
4 Ukabeyn Pension
5 Hotel Pacha

residiert, in den kleinen Ort und hält die Messe in der alten Kirche am Dorfplatz. Einige der Vertriebenen kommen sogar aus den USA, um das Andenken ihrer Ahnen zu bewahren. Unterstützt wird das alles von der jetzigen Bevölkerung und ganz besonders von der Stadtverwaltung, welche die Bedeutung der Geschichte Mustafapaşas voll erkannt zu haben scheint.

Ansonsten ist der Ort sehr ruhig, aber nicht ohne Leben. Wenn nicht gerade Ramasan ist, trifft sich der Grossteil der männlichen Bevölkerung am Hauptplatz, spielt Tavla, trinkt Tee und ist immer zu einem Schwätzchen aufgelegt. Eine Hauptstraße, die den Ort zerschneiden würde, gibt es nicht und die vielen kleinen Täler, die den Ort unterteilen, scheinen das Kommunikationsbedürfnis der Bewohner zu steigern.
Wer offenen Auges durch das Dorf geht, wird einige Unterschiede zur sonstigen Architektur hier in Kappadokien entdecken. Spitzgiebel und sakrale Ornamentik zeugen von der Vergangenheit. So mancher griechischer Schriftzug lässt sich oberhalb der Hauseingänge entdecken, und was manchmal an eine Kirche erinnert, ist in Wahrheit nur ein normales Wohnhaus.
In einem dieser Häuser hat die gebürtige Kaukasierin Sibel Radiye Gül ihr Puppenmuseum eingerichtet. Neben einer kleinen Sammlung von Puppen aus aller Welt liegt der Schwerpunkt der Ausstellung in der Darstellung von Alltagsszenen aus osmanischer Zeit. Angefangen vom prächtigen Umzug des Sultans und seinem Gefolge bis zur ländlichen Teehauskulisse ist alles vertreten. All diese vielen hundert Puppen hat Frau Gül eigenhändig hergestellt. Für 4,5 TL Eintritt kann das kleine Museum besucht werden.
Ein ebenfalls lohnenswerter Abstecher ist die Besichtigung der St. Basilius (Vasilios) Kirche (D), die etwa 2 km nördlich des Ortszentrums, hoch oben am Rande eines Tals liegt. Wann diese Höhlenkirche entstanden sein soll, ist unter den Experten umstritten, ihre Malerei und die Reliefs wurden jedoch erst 1901 aufgetragen. Hier ist nicht der ganze Raum mit Fresken geschmückt worden, sondern die wenigen hervorragenden Malereien heben sich durch die ansonsten weiße Kalkung der Wände besonders hervor.
Als Ausgangsort für mehrtägige Wanderungen ist Mustafapaşa bestens geeignet. Hier trifft man höchstens auf Einheimische, die ihre Felder oder Gärten bearbeiten – andere Touristen sieht man selten.

Der Bevölkerungsaustausch

- das Drama zweier Völker

1920 besiegelte mit der Unterzeichnung des Vertrages von Sevres Sultan Mohammed VI. das offizielle Ende des osmanischen Reiches. Das Restreich sollte unter Engländern, Franzosen und Italienern aufgeteilt und im kolonialen Stil geführt werden. Durch diese restriktive Politik der Siegermächte gestärkt, fühlten sich die Griechen dazu verleitet, ihren Traum vom Großgriechenland und von der Heimholung alter griechischer Siedlungsgebiete in Anatolien zu verwirklichen. Auch spielten wohl Rachegefühle für die über 400 Jahre dauernde Besetzung ihres Landes durch die Osmanen eine große Rolle. 1919 begannen sie den Westen der Türkei zu besetzen und als griechisches Heimatland zu deklarieren. Der Traum sollte jedoch nach knapp 3 Jahren blutigen Krieges wie eine Seifenblase zerplatzen. Längst hatten sich die alten osmanischen Militärseilschaften unter Mustafa Kemal Atatürk im Osten des Landes wieder zusammengefunden und bildeten die neue nationalistisch- republikanische Armee. Unter der Führung des späteren Staatsgründers gelang es dieser Armee, die Griechen zurückzudrängen und 1922 die letzte Bastion der Invasoren, Izmir, zurückzuerobern. Die geschwächten Heere der europäischen Siegermächte konnten nur tatenlos zuschauen, wie eine neue türkische Macht ihre Pläne über den Haufen warf.

1923 trafen sich die Vertreter der neu erstarkten Türkei mit den Europäern in Lausanne und sorgten dafür, dass der alte Vertrag von 1920 in weiten Teilen für nichtig erklärt wurde. Ab sofort erhielt das Land volle Souveränität und die Türken grünes Licht für die Gründung ihrer Republik. Der Angriff der Griechen sollte in diesem Zusammenhang ein böses Nachspiel haben. Da die neue Staatsführung in Ankara die im Land lebenden 2 Millionen orthodoxen Griechen als ein Sicherheitsrisiko betrachtete, wurde der Bevölkerungsaustausch zwischen beiden Ländern ein Bestandteil des Vertrages von Lausanne. Nichts war den Regierenden in der Türkei wichtiger, als der nationale Zusammenhalt innerhalb des übrig gebliebenen türkischen Rumpfstaates. Schließlich hatte Atatürk erkannt, dass letztendlich der aufkeimende Nationalismus des vorhergegangen Jahrhunderts ein wichtiger Grund für den Zerfall des osmanischen Reiches war. Eine weitere

Zersplitterung der Türkei in Völkergruppen oder religiöse Minderheiten konnte sich das Land nicht leisten. Eine Politik übrigens, die sich bis heute im Umgang mit Minderheiten wie den Kurden nicht geändert hat.
Am 1. Mai 1923 wurde die Vereinbarung über den Austausch der türkischen und griechischen Minderheiten zwischen den beiden Ländern veröffentlicht. Ein Schock ging durch die Reihen der betroffenen Menschen - hüben wie drüben. Innerhalb weniger Monate mussten sie Ihr Hab und Gut packen und verschiffen oder gar verkaufen. Sie sollten ihre Heimat verlassen, die schon die Heimat ihrer Urgroßväter war, ihre heiligen Plätze aufgeben und die Gräber ihrer Ahnen einem ungewissen Schicksal überlassen. Die von dieser Regelung am meisten betroffenen kappadokischen Orte waren Mustafapaşa, Ürgüp, Güzelyurt und Nevşehir. Oft musste über die Hälfte der Bewohner eines Ortes das Land verlassen, so dass diese Ortschaften kaum noch überlebensfähig waren. Die zurückbleibenden türkischen Einwohner waren geteilter Meinung darüber, was das Vorgehen ihrer neuen Staatsführung anging. Beide Bevölkerungsgruppen waren in den Jahrhunderten des Zusammenlebens auf einander angewiesen gewesen und ihre Bindungen gingen oft über das Geschäftliche hinaus. Aber natürlich gab es auch Nutznießer dieser Situation. Viele nutzten die Notlage der griechischen Bevölkerung aus, ihre Häuser und Gehöfte schnell verkaufen zu müssen, und kamen so für einen Spottpreis in den Besitz von festen Gütern und Ländereien. Laut des Vertrages von Lausanne war es den Emigranten erlaubt, ihren ganzen Besitz mit in ihre neue Heimat zu nehmen. Findige Transporteure nutzten auch hier die Gelegenheit für ein einträgliches Geschäft. Die Griechen Kappadokiens wurden nach Mersin an die Küste gebracht, um von dort mit Schiffen nach Griechenland zu gelangen. Aber am Hafen mussten sie dann auch noch die Reste ihrer Habseligkeiten zurücklassen. Zwar versprach man ihnen, dass später alles nachgeschickt würde, aber korrupte Beamte und zahlreiche Diebe plünderten die überquellenden Lagerhäuser, so dass Monate später nur ein Bruchteil der Sachen oder oft gar nichts mehr in der neuen Heimat ankam. Aber auf der anderen Seite, in Griechenland, wurde meist nicht anders verfahren. Viele vertriebene Sinasos-Griechen wurden im Norden der Insel Evia, in der Nähe der Stadt Istea, angesiedelt. Ein kleines Museum dort erinnert heute an die damalige Vertreibung. Ausgenommen von der Zwangsumsiedlung waren die Türken in West-Thrakien und die Griechen von Istanbul. Im griechischen Thrakien erheben sich noch immer die Minarette der Moscheen der dortigen

türkischen Minderheit. Von den ehemals vielen tausend Griechen, die in Istanbul lebten, sind heute trotz der Ausnahmeregelung nur noch sehr wenige dort ansässig. Querelen mit dem türkischen Staat ließen viele von ihnen in den darauf folgenden Jahrzehnten Istanbul verlassen. Die meisten der neuen türkischen Staatsbürger kamen aus dem Grenzgebiet zum heutigen Mazedonien. Misstrauisch wurden sie von den Alteingesessenen beäugt, denn auch sie brachten ihre ganz eigene Kultur und Lebensweise mit.
Heute sind die alten Häuser der Griechen das einzige Zeugnis, das hier in Kappadokien an sie erinnert. Aber auch diese stillen Zeugen sind bedroht. Nur wenige türkische Familien können sich den Unterhalt dieser oft sehr großen Gebäude leisten. Sie stehen unter Denkmalschutz, können aber wegen kommunalem Geldmangel nicht saniert werden und sind so dem Verfall ausgesetzt. Abgebrochen haben die Vertriebenen den Kontakt in ihre alte Heimat nie. Immer wieder kann man in den Dörfern und Städten Kappadokiens Griechen beobachten, die mit viel Wehmut das Land ihrer Ahnen besuchen - ein Land, das über Jahrhunderte die Heimat ihres Volkes war.

Die Eleni (Helena) - Kirche im Zentrum

Unterkünfte in Mustafapaşa

➔ MONASTERY HOTEL

In der Nähe des Hauptplatzes und trotzdem ruhig gelegen, wie alle Herbergen im Ort. 1968 soll dieses Hotel als erste Pension in Kappadokien eröffnet worden sein. Seinen Namen erhielt es, weil die Räume eines alten Höhlenklosters zum Teil integriert wurden. Mittlerweile wird das kleine Hotel in dritter Generation vom Enkelohn geführt, der auch gerne Wandertouren durch die Umgebung anbietet. Überhaupt ist der Familienbetrieb bei der Lösung von Problemen sehr hilfreich und man hat im schattigen Innenhof immer ein offenes Ohr für die Fragen der Gäste.

1	25-35 €	13 DZ	E – F – D	🍸 🍽	①②③⑦⑧⑨

Tel.: 0384 353 5005 www.monasteryhotel.com

➔ OLD GREEK HOUSE

Wieder eines jener Hotels, von denen man nicht zu träumen wagt. Aber entgegen jenen Anlagen, die neu erbaut oder kaputt saniert wurden, ist hier alles echt. An diesem ca. 250 Jahre alten Gemäuer wurde so gut wie nichts verändert. Der einzige Kompromiss an den modernen Tourismus sind die sanitären Anlagen, die integriert werden mussten. Wandmalereien von 1886 zieren die riesigen Salons, die mit ihren alten Holzdecken an die Pracht der Padischas erinnern. Und das Erdgeschoss, das fast nur aus einem riesigen Bogen überspannten Innenhof besteht, erinnert eher an eine Karawanserei, als an ein einfaches Wohnhaus.

2	70 €	16 DZ	E	🍽	①②⑤⑦⑧

Tel.: 0384 353 5306 www.oldgreekhouse.com

➔ HOTEL NATURA

Noch ein altes griechisches Haus, das im Originalzustand erhalten ist. Wandmalereien aus dem 17. Jh. und eine reichhaltige Ornamentik zieren die Zimmer und Salons. Ein großer heller Innenhof und der Garten hinter dem Haus machen auch den Aufenthalt im Freien zu einem Genuss.

3	60 €	9 DZ	D - E	🍽	②⑤⑦⑧

Tel.: 0384 353 5030 www.clubnatura.com

➔ UKABEYN KONUK EVI

Kleine sehr verwinkelte Pension in ruhiger Lage am Rande des Dorfes. Nettes Ambiente mit mehreren verschachtelten Terrassen. Offene Kamine wärmen die schön eingerichteten Räume in der Übergangszeit auf, und ein Pool auf der untersten Terrasse sorgt im Sommer für Abkühlung.

4	60 €	7 DZ	E			①②④⑤⑦⑧

Tel.: 0384 353 5533 www.cappadociapensiyon.com

➔ HOTEL PACHA

Das Hotel liegt leider an der Hauptdurchgangsstraße des Ortes. Aber was bedeutet dies schon in Mustafapaşa. Zumindest hat es den besten Ausblick auf die Landschaft rund um den Ort. Der kleine Familienbetrieb wird mit viel Elan geführt und im großen und gemütlichen Aufenthaltsraum mit Panoramablick nimmt man unweigerlich am Familienleben teil. Ein- oder mehrtägige Wandertouren werden angeboten.

5	25-30 €	12 DZ	E – F – D L	🍸 🍽	①②⑦⑧

Tel.: 0384 353 5331 www.pachahotel.com

Cemil

Der kleine Ort liegt etwa einen Kilometer hinter dem südlichen Ende des Damsa-Stausees, und hat auf den ersten Blick nicht viel zu bieten. Nur ein Schild am Ortseingang weist auf die Attraktion des Ortes hin. Cemil muss einmal eine sehr starke griechische Gemeinde besessen haben. Anders lässt es sich nicht erklären, weshalb eine derart große Kirche in einem so kleinen Dorf errichtet wurde. Autofahrer sollten ihr Fahrzeug auf dem kleinen Hauptplatz abstellen, denn die kleinen mit Kopfsteinpflaster ausgelegten Gassen sind nur etwas für ausgebuffte Chauffeure. Keine 5 Minuten Gehweg sind es bis zur Kirche, die auf der anderen Seite des Hügels liegt. Groß und mächtig thront sie über dem Dorf. Leider bietet sich auch hier ein Bild der Verwahrlosung. Das Inventar und ein Großteil der Malereinen sind zerstört, und nur die massive Bauweise haben das Gebäude aus dem 19'ten Jh. vor dem völligen Verfall bewahrt. Noch heute erinnert der Ort einen an ein griechisches Bergdorf. Vielleicht liegt es daran, dass hier noch die alten Bäume an den Wegkreuzungen stehen, die anderenorts den kalten anatolischen Wintern zum Opfer gefallen sind.

Die alte Dorfkirche von Cemil

Keşlik Manastırı

Diese sehr große Klosteranlage liegt 12 km hinter Ürgüp auf dem Weg nach Soğanlı. Sie muss sehr lange betrieben worden sein, denn sie zeigt verschiedene Konstruktionsmerkmale auf, die auf unterschiedliche Bauzeiten hinweisen. Teils findet man hier wieder die alten Verteidigungsanlagen, teils wurden Räumlichkeiten offen angelegt. Dass hier eine große Klostergemeinde gelebt haben muss, zeigt allein das Refektorium, das bis zu 25 m tief und zweireihig in den Fels getrieben wurde. Eng nebeneinander könnten hier gut 200 Menschen gespeist haben. Überhaupt gibt es hier wieder etliche verwinkelte Gänge, Steigschächte und Räume zu entdecken. Um alles zu sehen braucht es seine Zeit, denn es wurden über mehrere Etagen zahlreiche Vorratsräume, Küchen und Stallungen angelegt, eben um viele Menschen zu versorgen. Die Kirchenmalereien wurden leider durch Brände zerstört oder geschwärzt. Griechische Graffitis, das älteste von 1755, zeigen, dass dies jedoch schon vor längerer Zeit geschehen sein muss. Das neue Mauerwerk, welches man in dieser Anlage antrifft, stellt keine Restauration dar, sondern dient hauptsächlich dem Schutz der Kirchenräume oder zur Stabilisation der Felskegel. In einem weiteren Kegel befindet sich ein großer Gebetsraum, dessen Boden eingestürzt ist. Hier waren die

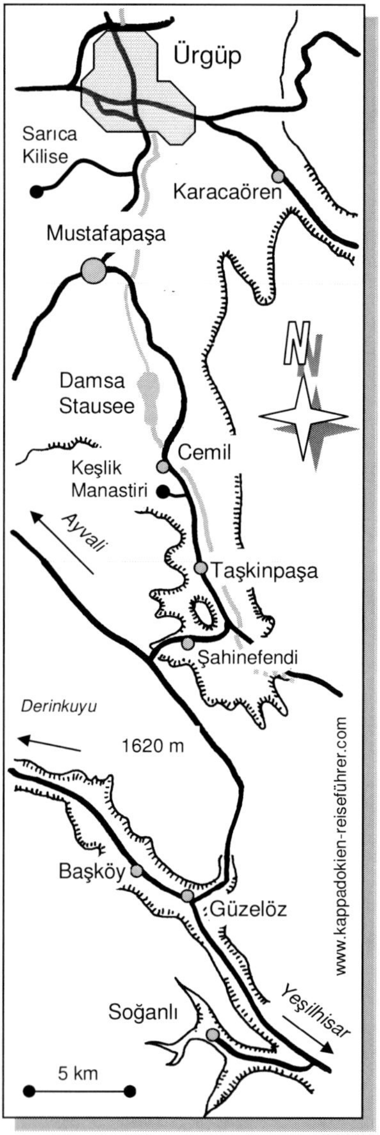

Höhlenausschlager wohl wieder mal zu übermütig. In der Decke befindet sich dann in schwindelnder Höhe wieder eine große nachträglich eingeschlagene Taubenschlagöffnung. Freunde enger Höhlengänge werden gegen 3 TL Eintritt von April bis Oktober hier ihre Freude und viel zu erkunden haben.

Taşkınpaşa

Etwa 9 Kilometer hinter Mustafapaşa erreicht man diesen Ort, an dessen Ortseingang ein 600 Jahre altes osmanisches Haus steht. Der Erbauer, nach dem das Dorf benannt ist, soll dort auch begraben liegen. Erst vor kurzem wurde das Gebäude restauriert und eine Bibliothek dort eröffnet. Allein das Eingansportal, noch im seldschukischen Stil gehalten, und die meterdicken Außenwände sind sehenswert. Haben Sie keine Hemmungen hinein zugehen, denn Lesende trifft man dort selten an und der Bibliothekar hat sich an fremde Besucher schon gewöhnt.

Soğanlı

Schon auf der Fahrt zum Tal von Soğanlı ist die Veränderung der Landschaft nicht zu übersehen. Tief eingeschnitten liegen die Täler inmitten der mächtigen Tafelberge, die einen schon seit geraumer Zeit begleiten. Dabei handelt es sich gar nicht um Berge, sondern um die Abbruchkanten der Täler, welche sich über Jahrmillionen in die anatolische Hochebene hineingefräst haben. In solch einer Senke versteckt liegt der Ort Soğanlı. Ein Dorf wie es viele in Anatolien gibt: kubische Häuser mit ihren typischen Flachdächern, die sich regelrecht am Hang zu ducken scheinen und überschattet von einer biblischen Stille. Hätten vor etwa 1400 Jahren christliche Gemeinden nicht damit begonnen, auch hier unzählige Kirchen und Klosteranlagen in den Fels zu schlagen, so wäre Soğanlı höchstwahrscheinlich in Vergessenheit geraten. Über 150 Kirchen und Kapellen soll es im Umkreis gegeben haben. Die meisten sind jedoch verfallen, zugeschüttet oder einfach durch die Erosion vom Erdboden verschwunden. Heute sind nur noch zehn dieser Gotteshäuser der Öffentlichkeit zugänglich und auch von diesen sind einige nur schwer zu erreichen. Allerdings weisen einige Kirchen hier eine Besonderheit auf, die sonst nirgendwo anders in Kappadokien zu finden ist. Hier wurden die Kirchen nicht nur von innen, sondern der Fels teilweise auch von außen bearbeitet und verziert. Vier Kirchen wollen wir auf einem kleinen Rundgang besichtigen. Vom Kassenhäuschen (1) aus halten wir uns rechts entlang der Asphaltstraße und treffen nach 300 bis 400 m auf die **Karabaş Kilise** (4) (Schwarzkopf-Kirche). Sie besteht aus mehreren Gebetsräumen, wobei der vorderste und älteste Teil aus dem 6. Jahrhundert, also noch aus römisch-byzantinischer Zeit stammt. Die anderen Kirchenräume wurden in späteren Jahrhunderten angefügt. Hier im ältesten Teil der Schwarzkopf-Kirche lassen sich gut die Bemalungen der verschiedenen Epochen erkennen und unterscheiden. Direkt auf den Fels mittels Erdfarben aufgetragen, sieht man die Malerei aus der Zeit vor dem Bilderstreit. Während des Disputes wurde eine Putzschicht darüber gelegt und der Kirchenraum mittels einfacher Ornamente geschmückt. Von dieser Ornamentik ist allerdings nichts mehr erhalten, da nach Beendigung des Streites neue farben-prächtige und figürliche Darstellungen aufgetragen wurden. Neben der Kirche befinden sich mehrere große Höhlenräume, die wohl noch lange Zeit als Wirtschaftsräume gedient haben. Zumindest lassen die vielen Kochstellen am Boden dieses vermuten.

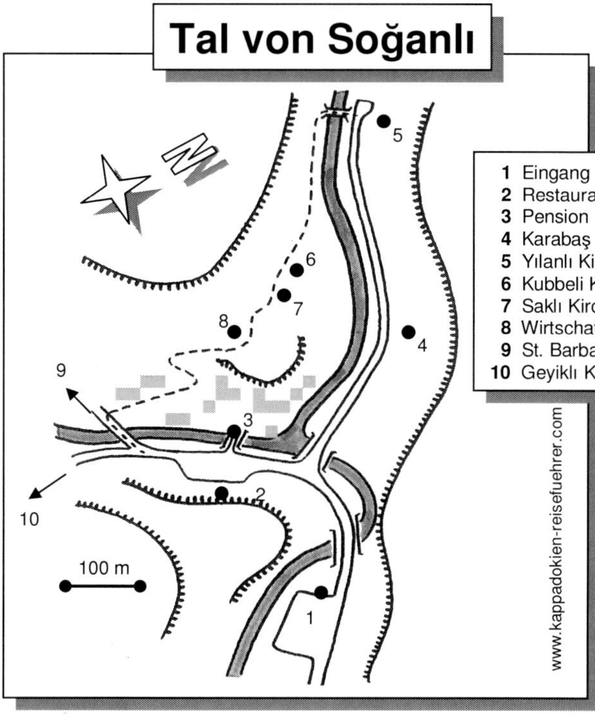

Nach etwa 300 m, ebenfalls rechts der Straße, liegt die **Yilanli Kilise** (5) (Schlangenkirche). In ihren Seiten findet man Gräber und auch sie wurde im 14. Jahrhundert mit neuen Malereien ausgeschmückt. Manch einer mag den schlechten Zustand dieser Fresken bemängeln und dies dem Desinteresse der muslimischen Bevölkerung zuschreiben. Doch wer genau hinschaut, wird entdecken, dass der Großteil der eingeritzten Graffitis schon im 18. Jahrhundert die Malereien verunzierten und fast alle in Griechisch gehalten sind. Auch neben dieser Kirche befinden sich wieder Nebenräumlichkeiten um einen Innenhof gruppiert. Ein Refektorium und Bodenöffnungen für Vorratsbehälter lassen auf eine Klostergemeinschaft schließen, die sich hier zusammenfand, und im mittleren Teil befindet sich am Ende ein Tunnel mit Fluchtraum und Verschlussstein.

Wir wenden uns nun nach links, überqueren den kleinen Bach, der durch das Tal fließt und begeben uns am Hang der anderen Talseite entlang zurück in Richtung Dorf. Nach wiederum 300 m erreichen wir die **Kubbeli Kilise** (6), die schon von der anderen Talseite gut zu erkennen war. Markant sticht die Felskegelansammlung aus dem Hang hervor. Bemerkenswert ist die Kuppel des obersten Kegels, die sehr filigran von außen und von innen aus dem Fels gemeißelt wurde. Diese Bautechnik findet man nur hier im Tal von Soğanlı. Überhaupt wurde die Lage des oberen Kirchenraumes exakt mit der Lage des unteren abgestimmt. Wäre die Öffnung zwischen den Etagen nicht verschlossen, so ergäbe sich ein grandioser Blick von den Säulen des Untergeschosses an bis hinauf in die ausgehöhlte obere Kuppel. Die Säulen des unteren Kirchenraumes zeugen von der großen Fingerfertigkeit im Umgang mit dem Gestein und vom verspielten Design der damaligen Baumeister. Weiter unten im Fels liegen Höhlenräume mit im Boden eingelassenen Gräbern, die, wie in einem türkischen Reiseführer zu lesen stand: „zurzeit nicht belegt sind".

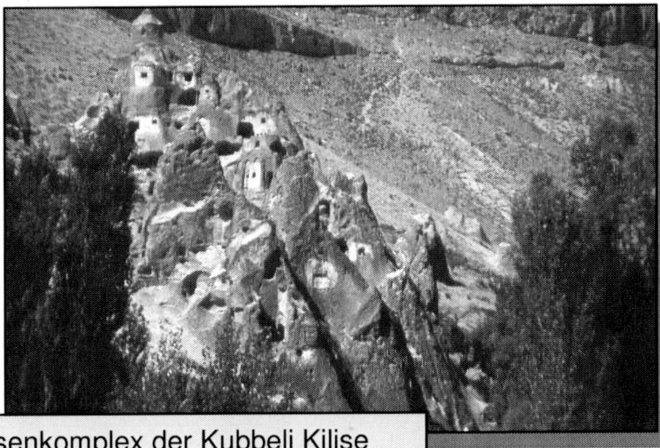

Der Felsenkomplex der Kubbeli Kilise

Nur wenige Meter weiter steht die **Saklı Kilise** (7), die von außen nur sehr unscheinbar und klein aussieht. Ihre Kuppel ist leider schon vor sehr langer Zeit eingestürzt. Anscheinend waren auch hier die Höhlenausschlager etwas zu ehrgeizig gewesen. Doch seltsamerweise verschwinden ganze Besuchergruppen für längere Zeit in ihrem Inneren und man fragt sich, wohin sie entschwunden sind. Das Geheimnis dieser Kirche liegt auf der anderen Seite hinter einem unscheinbaren Eingang verborgen. Dort befindet sich der untere und größere Gebetsraum, der rückwärtig in den Hang hineinführt und dem sich weiter in den Berg hinein ein Wirtschaftsraum anschließt. Noch weiter im Berg versteckt liegt ein Fluchtraum mit Verschlussstein. In dieser Kirche lässt sich gut der Unterschied zum Tuffstein Göremes erkennen. Während dieser sehr homogen, recht weich und nur mit geringen Einschlüssen versehen ist, wirkt der Tuff hier fast wie Beton. Die Farbe des Gesteins und seine zahlreichen Kieseinschlüsse lassen den unbedarften Besucher ins Grübeln geraten, ob George Lucas hier nicht wieder eine Filmkulisse hinterlassen hat. 200 m weiter den Weg hinauf befinden sich mehrere große und offene Felsenräume auf der rechten Seite. Dass sie als Wirtschaftsräume (8) genutzt wurden, lässt sich an den aus den Höhlendecken hervorragenden Ösen und an den Lochreihen in den Wänden erkennen.

Wanderung durch das Tal von Soganli

Der Weg überwindet nun den Hang und führt im Zickzackkurs durch den Ort hinab auf den Dorfplatz, an dem sich ein paar Restaurants angesiedelt haben. Schräg gegenüber liegt, über eine kleine Holzbrücke zu erreichen die einzige Herberge des Ortes (3). Wer sich noch mehr mit den Kirchen des Tals beschäftigen will, findet hier Unterkunft im klassischen anatolischen Stil. Im Preis inbegriffen sind Frühstück, traditionelles Abendessen und den ganzen

Tag kostenlos Tee oder Kaffee. Wer immer noch nicht die Nase von kappadokischen Höhlenkirchen voll hat, findet davon noch jede Menge in Güzelöz, das etwa 10 km vor Soğanlı liegt.
Leider ist der Ort von Göreme aus nicht mit öffentlichen Verkehrsmitteln zu erreichen, so dass man eine Tagestour dorthin bei einer Agentur buchen oder sich für einen Tag einen Roller mieten muss. Soğanlı ist etwa 50 km von Ürgüp entfernt und über die Straße in Richtung Mustafapaşa aus zu erreichen. In Mustafapaşa hält man sich am Kreisel links und folgt der Straße durch die Dörfer Cemil, Taşkınpaşa und Şahinefendi. Hinter letzterem steigt die Straße steil an und teilt sich am oberen Punkt. Dort bei Kilometer 26 geht es wieder links ab über die Hochebene bis auf eine Höhe von 1600 m, bis sich die Straße hinunter windet in das Tal von Güzelös. Von dort aus sind es noch etwa 10 km bis zum Abzweig nach Soğanlı und weitere 4 km bis zum Dorf.

Kaymaklı

Der Ort liegt knapp 20 km südlich von Nevşehir an der Straße nach Niğde. Kaum ein Besucher würde von ihm Notiz nehmen, wäre da nicht das braune Schild mit der weißen Aufschrift „Yeralte Şehri". Umgeben von weitläufigen Kartoffeläckern macht die Kleinstadt eher einen verschlafenen Eindruck. Nur im Zentrum, eben dort, wo dieses Schild auf die Attraktion des Ortes hinweist, kommt etwas mehr Geschäftigkeit auf. Eine Ansammlung von Souvenir- und Andenkenständen weist dem Touristen den Weg zu einer der meistbesuchten Sehenswürdigkeit in Kappadokien: eine unterirdische Stadt. Mitten unter dem zentralen Hügel des Ortes gelegen, kann sie seit 1964 besichtigt werden. Anfänglich führten hier die Einwohner den Besucher noch mit Taschenlampen durch das Labyrinth aus Gängen und Tunneln. Heute ist dieser Touristenmagnet jedoch voll elektrifiziert und kann auch ohne Führer besichtigt werden.
Wie in allen unterirdischen Städten Kappadokiens kann auch hier nicht der ganze Komplex begangen werden. Einerseits gibt es Einsturz gefährdete Bereiche, andererseits sind große Teile auch noch gar nicht weiter geöffnet und erforscht worden. Über die Ursprünge dieser Siedlung ist, wie bei allen anderen in der Gegend verstreut liegenden unterirdischen Anlagen, nichts bekannt. Zwei Faktoren machen eine genaue Datierung unmöglich: zum

einen gibt es keinerlei schriftliche oder zeichnerische Zeugnisse innerhalb der Höhlungen, zum anderen hat die durchgängige Nutzung dieser Anlagen bis ins 8. Jh. n. Chr. hinein sämtliche Spuren der ursprünglichen Erbauer verwischt. Wurde bei oberirdischen Wohnanlagen immer wieder auf dem Schutt alter Kulturen aufgebaut, so mussten beim Ausbau einer unterirdischen Stadt die Hinterlassenschaften ehemaliger Bewohner erst abgetragen bzw. ausgeräumt werden. Dies hatte zur Folge, dass die Archäologen nicht eine Scherbe aus früherer Besiedlungszeit vorfinden konnten. Man vermutet jedoch, dass schon vor über 4000 Jahren die ersten Menschen begonnen hatten, kleine Räumlichkeiten unter der Erdoberfläche aus dem Felsgestein zu schlagen. Diese Wohnhöhlen stellten den besten Schutz gegen die klirrend kalten Winter Anatoliens für Mensch und Tier dar und waren auch mit einfachsten Werkzeugen zu behauen.

Der Altarraum von Kaymaklı - tief unter der Erde

Das Gestein der einzelnen Etagen wurde von Forschern einem Festigkeitstest unterzogen, wobei sich herausstellte, dass der Fels der oberen Stockwerke wesentlich härter war, als der aus den unteren Etagen. Da Tuffstein im Laufe der Jahre durch Kontakt mit der Luft immer härter wird und dieser Prozess sehr langwierig ist, kann von einer sehr frühen Nutzung des ersten Stockwerks ausgegangen werden. Erst spätere Generationen und Völker haben sich mehr und mehr in die Tiefe vorgearbeitet. Auch findet man, im Gegensatz zu den tieferen Räumlichkeiten, in den oberen Eingangsbereichen keine Bearbeitungsspuren mehr an den Wänden, was ein weiteres Indiz für deren hohes Alter ist. Der erste schriftliche Beweis für die Existenz von unterirdischen Städten stammt aus einer griechischen Schrift aus dem 4. Jh. vor Chr.

Bis zu 2 Tonnen können die Verschlusssteine wiegen

Kaymaklıs unterirdische Stadt ist sehr verwinkelt und so mancher Verbindungstunnel kann nur im Entengang durchschritten werden. Auch sind die Gemeinschaftsräume hier nicht besonders groß ausgefallen. Aber grundsätzlich ist die Anlage ebenso aufgebaut wie die unterirdischen Städte anderer Gemeinden hier in Kappadokien. Die obersten Etagen beherbergten Ställe, Vorrats- und Arbeitsräume, die vermutlich auch in Friedenszeiten genutzt wurden. Diese Räume hatten oft mehrere größere Zugänge zur Oberfläche, um Waren und Vieh hinein- und herauszubefördern. Erst ab der dritten Etage abwärts muss sich der Besucher durch enge Tunnel zwängen, die am Ende durch einen Rollstein verschließbar waren. Hier beginnt der Teil einer solchen Stadt, der den Bewohnern als Zuflucht vor Feinden diente. Aufgrund ihrer besonderen Enge ist die Anlage in Kaymaklı ein schrecklich-schönes Beispiel dafür, wie dicht gedrängt die Menschen in Zeiten der Gefahr zusammengepfercht waren. Tausende sollen so Monate der

Belagerung überstanden haben. Toiletten wurden hier allerdings noch nicht entdeckt.
Zu erreichen ist Kaymaklı mit einem Kleinbus, der alle 15 Minuten zwischen dem Ort und Nevşehir verkehrt. An der Kasse werden 15 TL Eintritt pro Besucher kassiert.

Derinkuyu

Wem die unterirdische Stadt in Kaymaklı zu eng sein sollte, dem empfehlen wir den Besuch in Derinkuyu. Die hiesigen Räumlichkeiten sind wesentlich größer gehalten und in fast allen Gängen kann aufrecht gegangen werden. Auch kann man hier schon eher die Funktionen der einzelnen Räume erkennen. Fast am tiefsten Punkt befindet sich eine Kirche mit kreuzförmigem Grundriss und hier ganz unten kann man auch gut die Funktionsweise der hervorragenden Belüftung beobachten. Noch etwas tiefer befindet sich ein Brunnen, am unteren Ende eines Schachtes. Über 50 m sind es von hier aus bis zur Erdoberfläche. Auch wenn das Rauchen in den unterirdischen Städten verboten ist, sollten Raucher trotzdem mal eine Zigarette in der Nähe des Schachtes anzünden, um ihren Mitreisenden zu zeigen, wie gut die historischen Lüftungssysteme immer noch funktionieren. Der riesige Schlot saugt die Luft von unten an und sorgt so für ständige Frischluft in den Gängen.
Auch in Derinkuyu sind nur Bruchteile dieses sehr weitläufigen Labyrinthes für die Öffentlichkeit zugänglich gemacht worden. Die Anlage soll sich unterhalb des gesamten Ortes hinziehen und etliche Eingänge besitzen, von denen jedoch viele innerhalb der Privathäuser liegen. Einige der heutigen Einwohner nutzen noch die oberste Etage als Lagerräume oder Stallungen, und so manch einer bezieht noch sein Wasser für die Tiere aus den alten Luftschächten und fördert es dort wie zu historischen Zeiten aus seinem Ziehbrunnen. Bis 1967 garantierten diese Brunnen die Wasserversorgung des Ortes, und trotzdem ahnte über Jahrhunderte hinweg niemand, was für ein Schweizer Käse sich unter seinen Füßen verbarg.
5 Stockwerke und bis zu 60 Meter tief erstreckt sich die unterirdische Stadt von Derinkuyu. Vielleicht ahnten 1924 doch schon einige Bewohner, was sich da unter ihren Füßen erstreckte, als sie den Ort auf den Namen „Tiefes Loch“ umbenannten. Noch etwa 400 bis 600 weitere Räume sollen sich im

bisher geschlossenen Teil der Anlage befinden, wovon ein Grossteil noch gar nicht erfasst wurde. Auch hier in der unterirdischen Stadt von Derinkuyu findet man die übliche Aufteilung wieder. In den oberen Etagen befinden sich die Stallungen und Arbeitsräume, weiter unten die verschließbaren Fluchträume. Übrigens stammen, mit Ausnahme von Özkonak, alle Verschlusssteine der unterirdischen Anlagen nicht aus den Höhlenräumen selbst, sondern wurden außerhalb aus härterem Gestein hergestellt und anschließend eingebaut.

- hier geht es nur noch kriechend weiter

Foto: Uwe Schmitz

Etwas ungewöhnlich für eine solche Anlage ist die im zweiten Stock gelegene Klosterschule. Hier befindet sich ein großes Refektorium mit mehreren angeschlossenen Studierzimmern. Es ist anzunehmen, dass diese Schule auch in Friedenszeiten genutzt wurde. Denn hier unten war es schlichtweg leichter, beim Studium der Heiligen Schrift einen kühlen Kopf zu bewahren.

Derinkuyu liegt ca. 30 km südlich von Nevşehir an der Straße nach Niğde und wird von der Provinzhauptstadt aus jede Stunde mit dem Bus angefahren. Der Eintritt in die unterirdische Stadt kostet 15 TL.

Çat Tal

Erst seit wenigen Jahren werden von den örtlichen Reiseagenturen Wanderungen durch das Çat-Tal angeboten. Das liegt daran, dass dieses Tal etwas abseits des touristischen Hauptgeschehens liegt. Das Tal und der gleichnamige Ort liegen auf halber Strecke zwischen Nevşehir und Gülşehir, ca. 3 km westlich der Hauptstraße D765. Wer eine Wandertour dorthin bucht, hat den Vorteil, dass er nicht auf die etwas sporadisch fahrenden Nahverkehrsmittel angewiesen ist. Wer es dennoch allein wagen möchte, muss zuerst nach Nevşehir fahren und von dort aus den Kleinbus nach Çat nehmen. Das Busunternehmen unterhält in der Nähe der Endstation aller Busse in Nevşehir ein kleines Büro. Am Ende der etwa 8,5 km langen Wanderung bei Açık Saray fangen Sie dann den Gülşehir-Nevşehir-Bus ab, der Sie nach Nevşehir zurück bringt. Zumindest sollte man für An- und Abfahrt und die recht lange Tour durchs Tal einen ganzen Tag einplanen.

Foto: Uwe Schmitz

Taubenhochhäuser im Cat Tal

Der Ort Çat, in dem die Wanderung beginnt, hat 2700 Einwohner, mindestens 5 große Moscheen und ist von der Landwirtschaft geprägt. Vom Ortszentrum aus, bestehend aus dem Rathaus, einem Laden, zwei Teehäusern und dem großen Springbrunnen in der Mitte, folgt man der kleinen Straße aus dem Dorf heraus, vorbei am Rathaus auf der rechten Seite. Noch im Ort

selbst hält man sich, der Ausschilderung folgend, leicht rechts. Der erste Kilometer ist nicht gerade spektakulär, da sich die Strecke entlang eines Bergrückens zieht. Man folgt einfach dem kleinen, mit Natursteinen gepflasterten Fahrweg, bis zu seinem Ende. Dort führen dann Treppen hinab ins eigentliche Tal. Das durchwandert man nun die nächsten 3,5 km, wobei man immer von einem kleinen Bach begleitet wird. Am Anfang befindet sich auf der linken Seite eine wackelige Stahltreppe. Ersparen Sie sich die akrobatische Leistung dieses lockere Konstrukt zu erklettern; in den Höhlungen dahinter befindet sich nur stinkender Abfall.
Etwas anderes findet man hier unten im Çat Tal vor, was sehr untypisch für Kappadokien ist und niemand wirklich vermisst: Brennnesseln. Auf den nächsten Kilometern werden Sie in den Steilwänden zu beiden Seiten unendlich viele Taubenöffnungen vorfinden - das Çat-Tal ist das eigentliche „Taubental". Nach etwa zwei Kilometern erreicht man eine Stelle, an der auf der rechten Seite des Tales die Felswand abgerutscht ist und man hervorragend das innere Labyrinth der Taubenbehausungen im Fels erkennen kann. Verlaufen kann man sich auf diesem ersten Teilstück der Wanderung nicht, da man nur dem Bach zwischen den steil aufragenden Felswänden folgen muss.
Auf halber Strecke werden die Felsen zu beiden Seiten immer kleiner und das Tal weitet sich zu einer Ebene aus. Auch der Bach, den Sie bisher einige Male überqueren mussten, ist verschwunden. Ab hier folgt man nun dem trockenen Flussbett immer Richtung Norden, hindurch zwischen landwirtschaftlichen Flächen, vorbei an versteckt liegenden Gehöften und leicht bewaldetem Gebiet. Lassen Sie sich von den Fahrwegen, die nun auftauchen, nicht beirren. Am Ende der Strecke erreicht man wieder ein Gebiet mit den typisch kappadokischen Felsformationen und hat damit „Açık Saray" erreicht.

Açık Saray

Was diese, sich über einen Quadratkilometer erstreckende Anlage einmal dargestellt haben soll, darüber sind sich die Gelehrten nicht einig. Manche reden von einer Karawanserei, andere von einem Klosterzentrum und andere wieder von einem historischen Militärstützpunkt. Aber der Größe nach scheint es sich doch eher um eine Ansiedlung mit kirchlichen Einrichtungen zu handeln. Sogar ein Ableger des Bektaşı-Ordens soll sich hier niedergelassen haben, worauf die christlichen Bewohner ihnen eine Kirche als Moschee zur Verfügung stellten oder vielleicht auch stellen mussten. Nur zu gut kann man sich das Leben in diesem weitläufigen Tal vorstellen, das noch heute sehr grün ist: oben an den niedrigen Hängen die Behausungen und unten im flachen Talgrund die weiten Gärten und Anpflanzungen - der ideale Ort für eine größere Siedlung. Vielleicht ist Açık Saray auch der Vorgänger der Stadt Gülşehir, die knapp einen halben Kilometer nördlich beginnt. Mit einem „Offenen Palast", wie der Ort ins Deutsche übersetzt heißt, hat die Anlage wenig zu tun. Wahrscheinlich nennt der Volksmund diesen Ort deshalb so, weil bei vielen der großen Kirchenräume die Fronten eingestürzt sind.

Wind und Wetter formten diesen Pilz

Sobald man sich wieder zwischen den Felsformationen von Açık Saray befindet, wendet sich der Wanderer nach rechts, auf einem schmalen Fahrweg den ersten Felsen zu. Hier liegen wieder mehrere Kirchenbauten im Fels versteckt, und hier steht auch der berühmte und in Kappadokien einzigartige „Mantar Kayası" (Pilzfelsen), den eine Laune der Natur zu einem monumentalen Pilz aus Fels hat erodieren lassen.
Zurückgekehrt zum Hauptweg erreicht man nach etwa 300 m auf der linken Seite den zweiten Teil der Anlage. Auch hier liegen wieder zahlreiche kirchliche Anlagen neben- und übereinander. Durch diese Räume hindurch kann man den Hügel durchqueren und erreicht nach 100 Metern den Ausgang bzw. die Straße nach Nevşehir.
Wer nicht von Çat aus die Anlage erwandern möchte erreicht das Freilichtmuseum mit dem Bus aus Nevşehir kommend. Eine Haltestelle gibt es hier nicht, aber auf besondere Bitte hin hält der Fahrer vor dem Eingang. Der Eintritt hier ist frei.

Hacıbektaş

Weit über die Grenzen des Landes hinaus bekannt ist dieser Ort, der den Namen seines Gründers trägt. Der Bektaşı Orden hat heute Anhänger in der ganzen Welt, von denen sich viele einmal im Jahr am 16. August zu einem großen Fest hier treffen. Im Zentrum steht heute die alte Ordensschule, in der sich auch die Grabkammer des Sektengründers befindet. Obwohl HacI Bektaş Veli zu Zeiten der Seldschuken seine Lehre verbreitete, wurde das jetzige Gebäude erst in der osmanischen Epoche von Paşa Orhan Gazi errichtet. Trotzdem wurden die Grabhäuser im alten Stil der Seldschuken gestaltet. Seit 1964 ist es ein Museum, das für jedermann, also auch für Touristen zugänglich ist. Allerdings sollte man beachten, dass dieser Ort für viele gläubige Menschen ein Heiligtum und Ort der Besinnung darstellt. Die Grabkammer des Hacı Bektaş sollten Fremde lieber nicht betreten, da man hier nur die andächtig Betenden stören würde.
Das Gelände besteht aus drei großen Höfen, wobei man den ersten durch ein großes Tor betritt. Zur Rechten befindet sich der 1902 errichtete Üçler Brunnen, der bemerkenswerter Weise mit einem Davidstern geschmückt ist. Durch ein weiteres Tor erreicht man den mittleren Hof mit einem Wasserbecken. Auch hier wieder zur Rechten ein Brunnen. Dieser sprudelt nun schon seit 1554, aber erst 1853 erhielt er den Namen Aslanlı Çeşme (Löwenbrunnen), als die Löwenstatue, ein Geschenk aus Ägypten, aufgestellt wurde. Der rechte Trakt beherbergt die Küche und die acht großen Feuerstellen mit ihren riesigen Kesseln zeigen, wie groß die Bruderschaft gewesen sein muss. Die dahinter liegende Moschee wurde erst im 19. Jh. von Sultan Mahmut II. errichtet. Bemerkenswert ist, dass sich auf dem Gelände überhaupt eine Moschee befindet, da die Glaubensgemeinschaft der Aleviten, also die Anhänger des Ordensgründers, sich in ihren so genannten Cem-Häusern zum Gebet treffen (s.S.302). Auf der linken Seite befindet sich das Gästehaus, über dessen Eingang man die älteste Datierung des Gebäudes von 1367 findet. Daneben liegen die Versammlungs- und Lehrräume der Anlage, die mit großen Sitzpodesten eingerichtet sind, um große Diskussionsrunden zu ermöglichen. Im dritten Hof befinden sich die Grabstätten der Gelehrten. Geradeaus liegt das Pir Ev, in dem sich das Grab des heiligen Bektaş befindet. Hier sind auch einige Gegenstände aus dem täglichen Leben des Ordens zu besichtigen, unter anderem angeblich eine Originalhandschrift Alis, dem Schwiegersohn Mohameds und Gründer der

Klosteranlage des Hacı Bektaş Ordens

1 Erster Innenhof
2 Brunnen
3 Zweiter Innenhof
4 Küche und Speiseräume
5 Moschee
6 Empfangs und Lehrräume
7 Dritter Innenhof
8 Grabgebäude des Pascha Balim
9 Wunschbaum
10 Grabkammer des Ordensgründers Hacı Bektaş Veli
11 Ausstellung islamischer Reliquien
12 Gräber weiterer Ordensführer

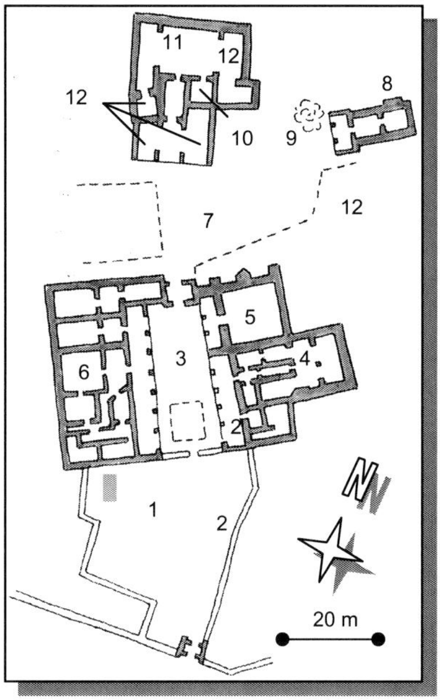

schiitischen Glaubensrichtung. Daneben sind im Raum verteilt noch einige Sarkophage späterer Ordensführer aufgestellt. Weiter rechts im Hof befindet sich das Grab von Sultan Balim, der als großes Organisationstalent den Orden aufbaute und ihm damit erst zu wahrer Größe verhalf. Er gilt als der zweite große Heilige und Führer des Ordens und sein Grab wurde 1519 errichtet. Allerdings wird man ihn nicht in der Namensliste der osmanischen Sultane finden, denn ab und an durften auch die Führer der Derwischorden diesen Titel tragen. Vor dem Eingang steht ein alter abgestützter Maulbeerbaum, der vor einigen Jahren noch mit unzähligen Stoffbändern in den verschiedensten Farben eingewickelt war. Für die Bektaşis ist er ein Wunschbaum, unter dem man ein Gebet spricht, seinen Wunsch äußert und ein buntes Band in sein Geäst bindet. Der Baum drohte wohl unter den Gebinden abzusterben und so entfernte die Museumsverwaltung alle Bänder. Der Ort selbst lebt hauptsächlich von der Landwirtschaft, hat ansonsten nicht sehr viel zu bieten und ist ganz auf die Belange der Pilger eingestellt. Die Ware in den zahlreichen Souvenirständen rund um die Klosteranlage ist voll auf die gläubigen Besucher abgestimmt, und die Herbergen im Ort sind auch nicht auf ausländische Urlauber vorbereitet.

Der Wunschbaum vor dem Grabmal Sultan Balims

Wen es doch einmal über Nacht hierhin verschlagen sollte, dem stehen zwei Herbergen im Ortskern zur Verfügung. Zum einen das HÜNKAR OTEL für 25 TL p. P. und Nacht und dann noch die YAGMUR PENSION für 10 TL p. P. und Nacht im Vierbettzimmer.
Oberhalb des Ortes auf einem Hügel liegt ein weiteres Bektaşı Heiligtum: die Çillerhane. Der Hügel ist nicht zu übersehen, da auf seiner höchsten Stelle eine riesige türkische Fahne weht. Hier soll der Ordensgründer oft hinaufgestiegen sein und seine Inspirationen erhalten haben. Auf dem Gelände erinnern zahlreiche Denkmäler alewitischer Künstler an deren Schaffen und Eintreten für ihre Glaubensgemeinschaft, und hier oben treffen sich die Menschen zu den Festtagen im August, um zusammen zu feiern. Die Anlage ist auch für den andersgläubigen Besucher zugänglich.

Hacı Bektaş Veli

und der anatolische Humanismus

Der Gründer des Ordens, dessen Grabstätte man heute im gleichnamigen Ort besuchen kann, soll aus der ostpersischen Region Khorasan stammen. Er war nicht der Einzige, der im 13. Jahrhundert von dort vor den anrückenden Mongolenstämmen flüchten musste. Der Begriff „Khorosan Erleri“ (Die Heiligen Khososans) war für die Nomaden Anatoliens ein Begriff für die vielen weisen Männer, die von dort kamen.

Ob Hacı Bektaş wirklich hier in Kappadokien gewirkt hat, wird allerdings stark bezweifelt. Vielmehr soll er in Amasya, etwa 200 km nordöstlich, gelebt haben. Auch glauben einige Historiker nicht daran, dass er hier im Stammkloster des Ordens seine letzte Ruhe fand. Überhaupt weiß man sehr wenig über sein Leben und die Legenden, die über ihn kursieren, sind sehr widersprüchlich. In einigen Geschichten erscheint er als sanfter und weiser Philosoph, in anderen wiederum segnet er die Schwerter turkmenischer Krieger, um damit Ungläubige zu erschlagen.

So konträr diese Legenden sind, so gegensätzlich waren auch Politik und Philosophie seiner Anhänger und Nachfolger, die den Orden nach seinem Tod zu ungeahnter Größe führten. Dem einfachen Volk gegenüber predigten sie Toleranz und Nächstenliebe. In Istanbul aber, am Hofe des Sultans, praktizierten die Bektaşis reale Machtpolitik, indem sie massiven Einfluss auf die Janitscharen, die Eliteeinheit des Padischas, nahmen und so die Geschicke des osmanischen Reiches mit entschieden.

Viele der Mystiker seiner Zeit formulierten damals die Lehren dessen, was man heute den anatolischen Humanismus nennt. Sie wandten sich ab von der so genannten reinen Glaubenslehre und versuchten mittels philosophischer Ansätze und dem Mystizismus einen toleranten und freiheitlichen Volksglauben aufzubauen. Der mitunter berühmteste dieser Männer war Mevlana Celaleddin-i Rumi, der Gründer des Derwischordens in Konya und Zeitgenosse Hacı Bektaşs. Aber im Gegensatz zu ihm predigten die Bektaşis nicht in der damals offiziellen Religionssprache Persisch, sondern verbreiteten ihre Lehren in der einfachen, dem Volke verständlichen turkmenischen Sprache. Dies sollte einer der wichtigsten Faktoren zur Verbreitung des Ordens und seiner Leitlinien werden.

Aber die tolerante Haltung des Ordens, und seine vielen Anleihen beim Christentum, ließen die konservativ sunnitischen Muslime eine feindliche Haltung gegenüber den sektiererischen Derwischen einnehmen. In ihren Augen waren sie Verräter der reinen Lehre Allahs und mussten bekämpft werden. Wie weit die Diffamierung der Bektaşis ging, zeigt das noch heute gebräuchliche türkische Wort „Tekke" mit seinen zwei Bedeutungen. Einmal heißt es „Derwischkloster" und im anderen Falle steht es für „Rauschgifthöhle". Auch die Tatsache, dass die Mystiker aus Persien ihren schiitischen Glauben mit nach Anatolien gebracht hatten, machte sie bei den sunnitischen Religionsführern im Land nicht gerade beliebter.
Aber so einfach war der Bektaşi-Orden nicht zu bekämpfen. Hatten die Mevlana-Derwische in Konya ein gutes Verhältnis zu den seldschukischen Sultanen, so knüpften die Bektaşis ihre Fäden am osmanischen Hof in Istanbul. Orhan, Sohn des ersten osmanischen Sultans Osman, war es, der die Eliteeinheit der Janitscharen schuf. Um diese Truppe aufzubauen, forderte er den Knabenzins bei der christlichen Bevölkerung ein. Jede christliche Familie hatte einen Sohn im Alter zwischen 8 und 12 Jahren dem Sultan zu übergeben, damit aus ihm ein Kämpfer für die Leibwache des Padischas würde. Die Jungen mussten sich zum Islam bekennen und erfuhren eine harte und strenge Ausbildung zum Krieger. Aber auch in Mathematik, Lesen und Schreiben und in islamischer Religion wurden sie ausgebildet. Dazu hatte der Sultan die Derwische des Bektaşiordens eingesetzt, da sie die Widersprüche zwischen der alten christlichen Erziehung und dem neuen aufgezwungenen Glauben am besten zu überbrücken wussten. Diese Derwische glaubten an eine Dreieinigkeit zwischen Allah, Mohamed und seinem Nachfolger, dem Kalifen Ali. Sie missachteten das Alkoholverbot des Propheten, indem sie eine Art Abendmahl zelebrierten; sie beichteten sich gegenseitig ihre Sünden und nicht wenige predigten das Zölibat. Über Jahrhunderte sollte der Derwischorden so seine Einflusssphäre am Hof des Sultans erhalten und nicht selten waren es auch diese Mönche, die den einen oder anderen Janitscharenaufstand anstachelten, um ihre politischen Ziele durchzusetzen. 1925 ließ Mustafa Kemal Atatürk die Derwischorden im Land verbieten, da er um ihre Seilschaften im alten Machtgefüge wusste. Viele Derwische wanderten damals nach Albanien aus, wo der Orden schon im 16. Jh. einen großen Einfluss auf die Nomadenstämme ausübte. Hier lebt heute die größte Gemeinschaft bekennender Bektaşis, und stellt damit die Mehrheit der moslemischen Bevölkerung in Albanien dar.

Aber ein noch viel größeres Erbe sollte der Derwischorden der Türkei hinterlassen: 20% der Bevölkerung sind so genannte Aleviten, die ihren Glauben auf die Lehren des Hacı Bektaş zurückführen. Auch sie werden von den konservativ religiösen Imamen misstrauisch beäugt. Für die Aleviten hat nur das Glaubensbekenntnis eine Bedeutung. Der Besuch der Moschee, die Wallfahrt nach Mekka und das heilige Fasten im Monat Ramasan machen für sie keinen Sinn. Die schlimmsten Gerüchte über ihre geheimen Riten kursieren innerhalb der restlichen Bevölkerung. Kein Wunder, da sie ihre Treffen immer unter Ausschluss der Öffentlichkeit in ihren Cem-Häusern abhalten. Auch kann man dieser Glaubensrichtung nicht beitreten. Man wird als Alevit geboren und man heiratet auch einen Partner gleichen Glaubens. Sie beten nicht in Richtung Mekka, sondern sie sitzen beim Gebet im Kreis zusammen, ungeachtet jeglicher Geschlechtertrennung. Und der Tanz stellt bei ihnen eine Form des Gebetes dar. Dass der Rest der Bevölkerung hinter solchen geheimen Treffen die wüstesten Orgien vermutet, bleibt da nicht aus. In den letzten Jahren jedoch geht die Gemeinschaft der Aleviten in die Offensive über, da sie sich immer mehr dem Druck sunnitischer Gegner ausgesetzt sehen. Mittlerweile gibt es einen alevitischen Radiosender und ein Aleviten-Kulturzentrum in Istanbul. Beides soll helfen, die Missverständnisse und Vorurteile gegenüber ihrer Glaubensrichtung abzubauen.

Der Rost glüht nicht von selbst, sondern durch das Feuer.
Der Verstand sitzt im Kopf, nicht in der Krone.
Und was du suchst, findest du in dir selbst,
nicht in Jerusalem und nicht in Mekka.

HACI BEKTAŞ VELI

Nargöl

Wer von Derinkuyu kommend das Ihlara Tal oder Güzelyurt besuchen will, sollte auf jeden Fall einen kurzen Abstecher zum Nargöl machen. Hierbei handelt es sich um das letzte mit Wasser gefüllte Maar der Region. Die kleine Straße dorthin führt kurz hinter der Grenze zur Provinz Aksaray links hinauf in die Berge. Die Ausschilderung dorthin verspricht leider zuviel. Von geothermalen Einrichtungen wird weit und breit nichts zu sehen sein. Nach etwa 1,5 km steht man dann am Rande des Kraters und blickt hinab auf den See, der von einem steilen Kraterrand umgeben ist. 1360 m hoch gelegen und 60 bis 70 m tief vermutet man hier einen kalten Bergsee. Aber da kommt doch noch etwas Geothermales dazu: Die Wassertemperatur ist angenehm mild, da unterseeische Quellen vulkanischen Ursprungs das Gewässer mit heißem Wasser versorgen. Eine kleine Straße umrundet den See und auf ihr erreicht man auch den Strand auf der gegenüber liegenden Seite. Hier kann man sich seine eigenen vulkanischen Schlammpackungen verabreichen. Leider versinkt man im Wasser dann auch dementsprechend tief im schlickigen Untergrund. Also: Anlauf nehmen und hineinspringen in das leicht schwefelhaltige Wasser. Vorsicht ist auf der Kraterringstraße geboten, da hier extrem starker Steinschlag zu erwarten ist.

Noch zwei kleine Tipps, um die Fahrt nach Ihlara kurz zu unterbrechen: Ca. 6 km vor der Abfahrt zum Kratersee führt links eine Straße zu dem Ort Kayırlı. Gegenüber auf der rechten Seite sieht man einen Berg mit zwei künstlichen Aufschüttungen auf dem Gipfel. Diese, von Menschenhand geschaffenen Hügelkuppen, findet man öfters in der Region. Jedoch weiß niemand etwas Genaueres über ihre Entstehung oder ihren Zweck. Man vermutet, dass sie aus einer Zeit weit vor den Hethitern stammen könnten.

Des Weiteren liegt etwa 7 km hinter dem Nargöl der kleine Ort Gaziemir. Dort wurde im Juni 2007 eine kleine unterirdische Stadt für Besucher freigegeben. Wer also dem touristischen Trubel von Derinkuyu oder Kaymaklı entkommen möchte, kann hier in aller Ruhe die kleine Variante einer solchen Anlage besichtigen.

Güzelyurt

„Schöne Heimat“ bedeutet der Ortsname ins Deutsche übersetzt, und passender kann er gar nicht sein. Zumindest der alte Ortskern, tief unten im Tal gelegen, besitzt den Charakter einer intakten heilen Welt. Das viele Grün und die im Rücken des Tales gelegenen steilen Felswände geben einem das Gefühl der Geborgenheit gegenüber der rauen Außenwelt. Wie in einem kleinen Paradies leben hier die Menschen seit Jahrhunderten in einer Art Oase inmitten der anatolischen Hochebene. Hahnengeschrei, Landluft und das ewige Ausweichen um tierische Exkremente herum lassen hier die Welt noch in Ordnung erscheinen. Doch das trügt. Nur noch wenige Familien leben hier unten in ihren eigenen vier Wänden und auch deren Häuser sind bedroht. Nicht durch die Erosion, wie in vielen anderen Orten, sondern die türkische Museumsverwaltung und deren Pläne stellt die Existenz der letzten Talbewohner in Frage. Wie in Göreme möchte man hier ein großes geschlossenes Freilichtmuseum errichten. Und damit würde zum zweiten Male in historisch kurzem Abstand eine Vertreibung stattfinden. Schon 1924 mussten die griechischen Bewohner den Ort im Zusammenhang mit dem damaligen Bevölkerungsaustausch verlassen. Zahlreiche Häuser im griechischen Stil und die vielen oberirdischen Kirchen, im und um den Ort herum, zeigen, dass das alte Kalveri oder auch Karbala genannte Dorf bis in die jüngste Zeit hinein hauptsächlich von Christen bewohnt war.

Der alte Ortskern mit der Gregorius-Kirche im Zentrum

Inmitten des Tales steht die 1886 erbaute Kirche des heiligen Gregorios, die nach 1924 zur Moschee umgewandelt wurde. Die Fresken wurden leider mit weißer Farbe übertüncht, aber an ganz wenigen Stellen bröselt sie wieder ab und lässt einige Fragmente sichtbar werden. Als einziges kirchliches Zeugnis blieb im Innenraum die mit zahlreichen Schnitzereien versehene Holzkanzel erhalten. Wie schnell die Umwandlung des Gebäudes vonstatten ging, zeigt das Minarett. Es unverputzt und aus Ziegeln über dem Eingangstor zu errichten, stellt eine für diese Gegend ungewöhnliche Bauweise dar. Die Gebeine des hier geborenen heiligen Gregorius wurden 1924 nach Griechenland überführt. Er war einer der großen Fürsprecher der orthodoxen Lehre beim großen Konzil 381 n. Chr. in Konstantinopel und kletterte steil die Karriereleiter hinauf, bis zum Posten des Erzbischofs. 2008 wurden die Außenanlagen der Gregorius-Kirche restauriert. Das alte Pfarrhaus wurde wieder aufgebaut und die ganze Anlage gesäubert. In ein paar Jahren wird man die neuen Teile von den alten nicht mehr unterscheiden können, so exakt wurde hier gearbeitet.
Im Tal verteilt liegen noch mehrere Kirchenbauten aus jüngerer Zeit. Die 1887 errichtete Sivişli Kilise, die zur Hälfte aus dem Felsen geschlagen wurde, liegt etwas oberhalb des Tales gegenüber dem neuen Dorfkern. Ihre wenigen Fresken zeigen Jesus umringt von seinen 12 Jüngern, jeweils einmal in der Apsis und in der Kuppel. Eine Besonderheit stellen die in Bodenhöhe aus dem Fels geschlagenen kleinen Auskerbungen dar. Sie sind der Beleg dafür, dass diese Kirche einmal einen Holzboden besessen haben muss. Ein paar Kilometer außerhalb des Ortes stehen Richtung Niğde die stark zerfallene „Rote Kirche" und Richtung Aksaray, auf einem Felsen oberhalb des Stausees, die „Yüksek Kilise". Besonders von der letzteren hat man einen herrlichen Ausblick über die gesamte Gegend bis hin zum Hassan Dağı. Auf der Fahrt zu dieser Kirche sollte man unbedingt die gestapelten Felsen beachten. Böse Zungen behaupten, dass die Gemeinde sie mit einem Bagger übereinander gelegt hätte, aber dies stimmt natürlich nicht.
Innerhalb des alten Ortskernes im Tal liegen noch zwei kleinere unterirdische Städte, die jedoch nur von Klettergewandten besichtigt werden können, da steile Steigschächte die verschiedenen Etagen miteinander verbinden. Vom Ort weg, in westlicher Richtung, führt ein etwa 4 km langes Tal - das Klostertal - durch eine märchenhafte Landschaft an weiteren zahlreichen alten Wohnhöhlen und Kapellen vorbei. Da der interessantere Abschnitt des Tales etwa 1 km vom Ortskern entfernt liegt, sollten Besucher mit Fahrzeug ruhig ins Tal hineinfahren. Über eine halb befestigte Straße erreicht man

einen kleinen schattigen Parkplatz. Von hier aus lässt sich dieses wildromantische Tal, das eine Mischung zwischen den Tälern Göremes und dem Ihlara-Tal darstellt, hervorragend erkunden.
Der neue Ortskern liegt oberhalb am Steilrand des Tales. Aber auch dort kann man die alte griechische Architektur mit seiner mehrschiffigen Bauweise bewundern. Kurz oberhalb des neuen Ortskerns liegt eine ehemalige christlich orthodoxe Theologieschule, die 1998 restauriert wurde und in der sich nun ein Hotel befindet. Das Gebäude stellt eine gute Einnahmequelle für den kleinen Ort dar, da es alle 5 Jahre erneut an den Meistbietenden vermietet wird.
Und gehen Sie ruhig einmal in die Tourist-Information am Hauptplatz. Hier werden Sie überrascht sein über die Fremdsprachenkompetenz, den hohen Wissensstand und die Vielzahl an Informationen, mit denen Sie die jungen Damen dort eindecken werden. Leider selten genug anzutreffen in kappadokischen Gemeinden.

Die Yüksek Kilise etwas außerhalb von Güzelyurt

Zu erreichen ist der Ort mit öffentlichen Verkehrsmitteln über Aksaray, von wo aus ein Dolmuş alle Stunde verkehrt. Ein Tagesausflug von Göreme aus lohnt sich allerdings nur mit dem eigenen Fahrzeug oder man bucht eine Fahrt dorthin bei den zahlreichen ansässigen Agenturen. Der einfachste Anfahrtsweg führt über Nevşehir und Derinkuyu nach Güzelyurt. Allerdings sollte man bedenken, dass der Ort ca. 90 km vom Zentrum Kappadokiens

entfernt liegt. Es gibt noch mehrere kürzere Wege dorthin, jedoch sind sie oft schlecht ausgeschildert und man kann sich hier herrlich verfahren.
Noch etwas zu den Eintrittsgeldern: Die Ihlara-Schlucht, der Wohn- und Kirchenkomplex von Selime und das Klostertal bei Güzelyurt unterliegen alle der Verwaltung des Kreisstädchens Güzelyurt. Man bezahlt 5 TL p.P. für ein Tagesticket und kann damit alle drei Sehenswürdigkeiten besuchen. Ein Ticketsystem, an das sich die Kulturgüterverwaltung in Nevşehir ein Beispiel nehmen könnte: Besucherfreundlich und einfach!

Unterkünfte in Güzelyurt

➔ HOTEL KARBALLA

Dieses Hotel hat sich in der ehemaligen, 1856 erbauten, theologischen Schule, kurz oberhalb des Hauptplatzes eingemietet. Entsprechend ist die Architektur des Gebäudes. Alle Gemeinschaftsräume dieser Hotelanlage fallen riesig aus, und allein der von einem Gewölbe überspannte Speisesaal sprengt alle Dimensionen. Aber auch die Zimmer sind nicht gerade klein. Ein schattiger, mit großen Bäumen bestandener Vorgarten rundet die sakrale Stimmung dieser Herberge ab. Der Preis ist nichts für Low-Buget-Reisende, aber für das Gebotene ist er stimmig.

	55-65 €	20 DZ	E - F – D	🍸 🍽	②④⑥⑦⑧

Tel.: 0382 451 2103 www.kirkit.com

➔ HALIL PENSION

Etwa 500 m vom Ortskern entfernt liegt diese etwas neuere Herberge. Die Zimmer sehen aus wie beim Erstbezug, sind blitzblank und typisch türkisch mit viel Schnickes dekoriert. Leider strömt der Innenhof ein wenig den Charme einer nie endenden Baustelle aus.

	30 €	7 DZ	E		①⑦⑧

Tel.: 0382 451 2702 www.halilpension.com

➔ GÜNALP FAMILY PENSION

Kleine Familienpension in einem alten Griechenhaus am Ortseingang gelegen. Das junge Besitzerehepaar betreibt die Pension mit viel Elan und Liebe. Hier werden noch die Schuhe am Eingang ausgezogen, da die junge Familie mit im Haus wohnt. Bemerkenswert sind die 150 Jahre alten und noch erhaltenen, typischen Einbauschränke. Für 5 TL p. P. extra wird abends für die Gäste mitgekocht. Tel.: 0382 451 2076

	16 €	6 DZ	E	🍽	①②⑧

➔ HOTEL KARVALLI

Liegt recht weit außerhalb des Ortes, bietet aber einen grandiosen Ausblick über die weite Landschaft und auf den Hassan Dağı. Dieses etwas größere Hotel wird von einem deutschen Auswanderer betrieben, der es vor 8 Jahren erbauen ließ. Dementsprechend mitteleuropäisch ist auch die Ausstattung, die eine große, gut sortierte Bar und einen Billardtisch beinhaltet. Unter dem Dach befindet sich eine große offene Terrasse, der ideale Ort für einen Longdrink mit Sonnenuntergang. Für Kurse und Tagungen steht seit kurzem auch ein Konferenzraum bereit.

	40 €	26 DZ	E – D	🍸 🍽	⑥⑦⑧

Tel.: 0382 451 2736 www.karvalli.com

Die Ihlara Schlucht

Diese Schlucht gehört zu den beliebtesten Ausflugzielen innerhalb Kappadokiens und ihr Besuch wird von jeder Reiseagentur vor Ort als Tagesausflug angeboten. 8 Kilometer wäre sie lang, wenn der Fluss Melendiz sich in den Jahrtausenden nicht so kurvenreich durch die anatolische Hochebene gefressen hätte. So geht man nun fast die doppelte Strecke von ihrem Beginn bei Ihlara bis zu ihrem Ende bei Selime. Beliebt ist eine Wanderung durch das Tal deshalb, weil sich dem Besucher hier ein ganz anderes Bild bietet als in den Tälern bei Göreme. Vorbei ist es mit den weichen und gerundeten Felsformationen. Das Gestein ist wesentlich härter und daher kantiger und spröder. Die hohen Wände der Schlucht werden nicht von Wind und Wasser elegant geformt, sondern riesige Felsbrocken werden durch Frostrisse und Spaltungen abgesprengt und hinterlassen eine scharfe und gezackte Kante am Himmel. Am Himmel - so scheint es zumindest deshalb, weil die Schlucht oft sehr hoch und schmal ist. Bis zu 150 m hoch strecken sich diese Felswände empor, um dort oben den Rand zur Hochebene zu bilden. Eine Besonderheit stellt auch der Fluss dieses Tales dar. Im Gegensatz zu den anderen im Sommer ausgetrockneten Flüssen der Region führt der Melendiz das ganze Jahr hindurch Wasser und schafft so eine dichte Vegetation auf dem Grunde dieses Tales. Dichte Birkenwälder, die im Wind rauschen, hohes sich wiegendes Gras und manchmal auch matschige Wege sind ansonsten in Kappadokien nur selten anzutreffen, besonders im Hochsommer. Und der ständig vor sich hin murmelnde Bach verleiht dem Tal eine ganz besondere Atmosphäre. Bis weit hinter Aksaray schafft es der

Schroffe Wände durchschneiden die Hochebene

kleine Fluss, um dort in der sumpfigen Ebene des großen Salzsees im Boden zu versickern.

Hier im Ihlara-Tal gibt es dann auch wieder alte Wohnanlagen, Höhlen und Sakralbauten im Fels zu entdecken. Die tiefe und gut zu verteidigende Schlucht bot sich als Fluchtpunkt für zahlreiche christliche Sektierer geradezu an. Schon sehr früh wurde der obere Teil bei Ihlara von Christen bewohnt. Diese Kirchenräume aus dem 6. Jahrhundert weisen starken syrischen und persischen Einfluss auf. Die Darstellung der drei Weisen aus dem Morgenland und die Flucht nach Ägypten zeigen eine Anlehnung an orientalische Vorbilder. Weiter unten im Tal trifft man dann wieder auf die für Kappadokien typischen byzantinischen Kirchenfresken. Sogar nach der Eroberung der Gegend durch die Seldschuken wurden weiterhin Sakralbauten, wie die St. Georgs Kirche, errichtet. Erst im 14. Jahrhundert endete jegliche christliche Bautätigkeit.

Wer eine Wanderung durch das Tal, inklusive Transfer von und nach Göreme, bucht, bekommt oft nur einen kleinen Abschnitt gezeigt. Dabei wird der Eingang zum Tal angefahren, der einige Kilometer hinter dem Ort Ihlara liegt. Allerdings ist der Ausblick auf das Tal von hier aus wirklich imposant. Eine Treppenanlage mit mehreren hundert Stufen führt hier tief hinunter auf den Grund. Nach etwa zwei bis drei Stunden erreicht man dann Belisirma, das auf halbem Wege zwischen Ihlara und Selime liegt, und kehrt in einem der dortigen gemütlichen Flussrestaurants ein. Wer auf eigene Faust und mit

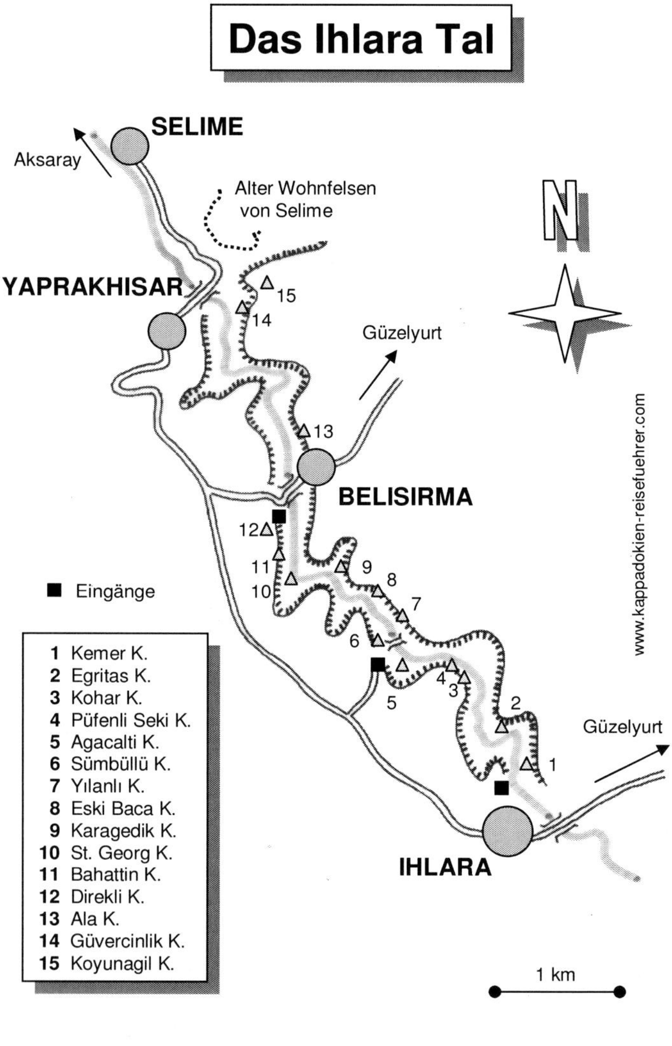
Das Ihlara Tal
SELIME
Aksaray
Alter Wohnfelsen
von Selime
N
YAPRAKHISAR
15
14
Güzelyurt
13
BELISIRMA
12
11
9
8
10
7
6
4
3
5
2
Güzelyurt
1
IHLARA
Eingänge
1 Kemer K.
2 Egritas K.
3 Kohar K.
4 Püfenli Seki K.
5 Agacalti K.
6 Sümbüllü K.
7 Yılanlı K.
8 Eski Baca K.
9 Karagedik K.
10 St. Georg K.
11 Bahattin K.
12 Direkli K.
13 Ala K.
14 Güvercinlik K.
15 Koyunagil K.
1 km
www.kappadokien-reisefuehrer.com

eigenem Fahrzeug los möchte, hat zwei Möglichkeiten, das Tal zu erkunden. Bei der ersten Variante fährt man den oben genannten Eingang an und durchwandert das Tal auf der gegenüberliegenden Flussseite. In Belisirma angekommen, wechselt man die Seite, stärkt sich dort in einem der kleinen Restaurants und wandert am westlichen Flussufer wieder zurück. Die zweite Variante sollte früh morgens begonnen werden. Sie führt durch das gesamte Tal von Ihlara bis Selime und man muss hier mit einer Laufdauer von mindestens 6 Stunden rechnen.

Wer diese lange Wandertour unternehmen möchte kann sich im Voraus ein Zimmer in Selime in der Çatlak-Pension reservieren lassen. Das Praktische dabei: Am Ende des Wanderweges, an der Brücke, welche die Orte Selime und Yaprakhisar verbindet, liegt auf der anderen Straßenseite das Çatlak-Restaurant. Dort kann man zum Abendessen einkehren, um anschließend vom jungen Touristikunternehmer Beytulla zur Unterkunft chauffiert zu werden. Man sollte seine Tour so planen, dass man morgens den Bus an das Ende oder den Anfang des Tales nimmt, da der letzte Bus abends, je nach Jahreszeit, schon um 19 oder 17 Uhr fährt und meist total überfüllt ist. Tagsüber und in der Woche fährt dieser Aksaray-Ihlara-Bus stündlich.

Auf dem Grund der Schlucht fließt ganzjährig der Melendiz

Selime

Den Ort selbst kann man nicht unbedingt als besonders schön bezeichnen. Allerdings besitzt er einen großen Wohnfelsen mit einer sehenswerten Kirchenanlage hoch oben über dem Tal. Auf abenteuerlichen Pfaden und durch ein Tunnelsystem erreicht man die Plattform mit den alten Höhlenkirchen, und hat von hier aus einen grandiosen Ausblick auf das Tal. Gegenüber erblickt man dann das Gegenstück dieses Wohnfelsen, der zur Gemeinde Yaprakhisar gehört. Allerdings ist diese Anlage dem Besucher noch nicht zugänglich gemacht worden. Unterhalb der alten Wohnanlage von Selime liegt das Grab eines seldschukischen Sultans. Vielleicht war er beim Volke nicht sehr beliebt, zumindest wurde beim Bau sehr viel Ziegelstein eingesetzt. Andere Türben aus dieser Zeit wurden stets aus massivem Stein erbaut und sind daher oftmals besser erhalten.

Blick ins Tal von Selime

Einzige vernünftige Unterkunft in Selime stellt die Çatlak-Pension dar. Die 18 Doppelzimmer fallen sehr türkisch plüschig aus und sind sauber und geräumig. 30 € zahlen zwei Personen pro Nacht, inkl. Frühstück, den ganzen Tag heiße Getränke und freiem Internetzugang.
Für Camper steht ein Areal hinter dem Çatlak-Restaurant, an der Brücke zwischen Selime und Yaprakhisar, bereit. 5 € p.P. kostet die Nacht, inkl. Stromanschluss und den ganzen Tag heiße Getränke frei.
Infos unter: www.catlakturizm.com.tr

Der kleine
Wanderführer

Hier im 4.Teil dieses Reiseführers finden Sie nun einige Wanderrouten, die wir für Sie ausgekundschaftet haben.
Wie schon im Kapitel über das Wandern auf Seite 144 beschrieben, möchten wir Sie noch einmal darauf hinweisen, dass sich die Wege und Pfade oft sehr schmal durch die Täler hindurch winden. Wer sich nicht sicher auf den Beinen fühlt, sollte von den hier beschriebenen Wandertouren absehen, denn eine Rettungswacht gibt es in Kappadokien nicht. Leider hat die Nationalparkverwaltung es immer noch nicht geschafft, die Strecken zu markieren. Die wenigen, mit einer Farbsprühdose aufgetragenen Markierungen sind oft sehr widersprüchlich oder der Erosion anheim gefallen und entstammen dem Engagement der örtlichen Touristikunternehmen. Allerdings stehen mittlerweile Hinweisschilder aus Holz an den Start- und Endpunkten der einzelnen Wanderrouten.
Vorsicht ist auf den schmalen Pfaden geboten wenn es stärker geregnet hat. Dann verwandelt sich der Tuffabrieb auf den Wegen in eine glitschige Masse auf der man nur wenig Halt findet. Nach Regentagen sollte man seine Pläne ändern und die Wanderungen, auch wenn das die Orientierung erschwert, bergauf durchführen. Alle Wandertouren, mit Ausnahme der Tour 3A, sind bergab führend beschrieben
Zum Schluss noch etwas zu den Zeitangaben der einzelnen Routen. Die Zeiten, die ein jeder für diese Wanderungen benötigt, sind naturgemäß recht unterschiedlich. Deshalb können unsere Angaben nur als Anhaltspunkt dienen und sollten nicht zu wörtlich genommen werden.

Immer wieder trifft man auf Wanderungen ganz unvermittelt auf verborgene Kulturschätze

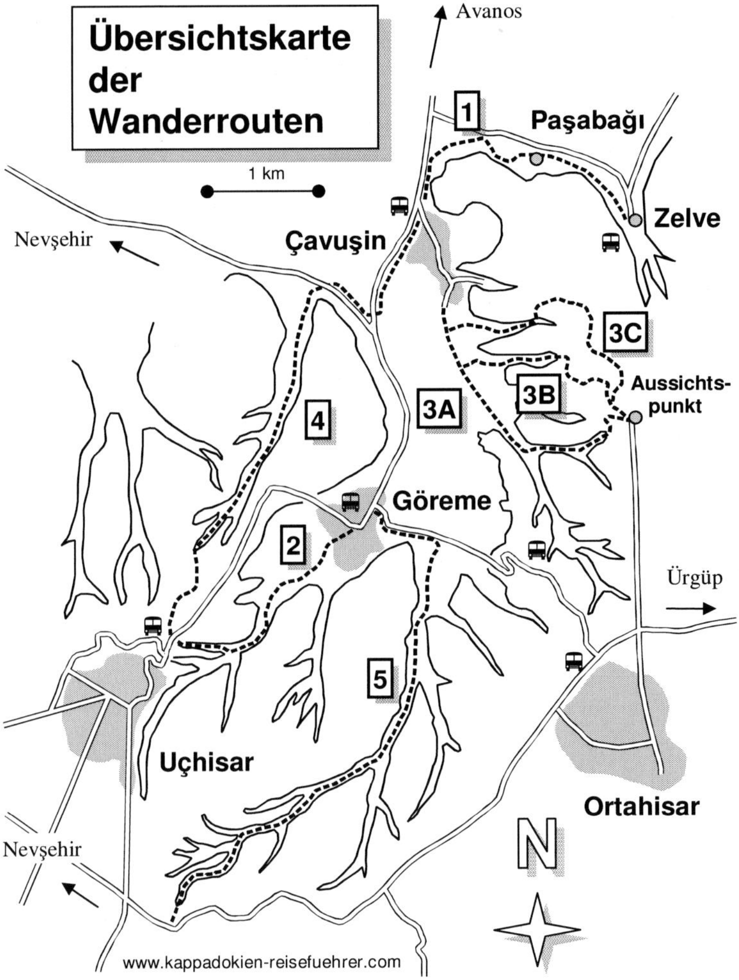
Übersichtskarte der Wanderrouten
Avanos
1 km
1
Paşabağı
Zelve
Nevşehir
Çavuşin
3C
3B
Aussichts-punkt
3A
4
Göreme
2
Ürgüp
5
Uçhisar
Ortahisar
N
Nevşehir
www.kappadokien-reisefuehrer.com

Tour 1:

Çavuşin - Paşabağı - Zelve

Diese 1 bis 1,5-Stunden-Tour soll dazu dienen, den ungeübten Wanderer auf die typischen kappadokischen Wege und Trampelpfade einzustimmen. Dabei trifft man hier auf alle Schwierigkeitsgrade, die auch in den großen Tälern wieder zu finden sind. Sollte dieser Weg jemandem zu schwierig sein, so hat er hier noch die Möglichkeit, jederzeit wieder zur Straße zu gelangen, welche den Pfad in wechselndem Abstand begleitet. Auch, wenn die Orientierung hier etwas anspruchsvoller ist als in den Tälern, so kann sich hier niemand verlaufen. Zur Rechten liegen die steilen Wände des Tafelberges, welche für den Wanderer nicht zu überwinden sind und zur Linken die Straße, die von Çavuşin über Paşabağı nach Zelve führt. Kleiner Tipp: beginnen Sie Ihre Wanderung recht früh, da auf dieser Strecke nur wenige schattige Plätze zu finden sind.
Der Weg beginnt an der Kirche am Ortseingang von Çavuşin und verläuft als breiter Sandweg zuerst ein wenig parallel zur Straße nach Avanos, Richtung Norden, und wendet sich im großen Bogen langsam gen Osten. Dieser erste Abschnitt ist nicht besonders anspruchsvoll, was Laufleistung und Landschaft betrifft. Nach etwa 10 bis 15 Min. und etwa 100 m, bevor man auf die Straße nach Zelve trifft, zweigt rechts eine Fahrspur nach Süden ab. Diese schlängelt sich eine Weile Richtung Süden und Osten und nähert sich dabei langsam dem Berg im Süden, bzw. hält auf einen Felsvorsprung dieses Berges zu. Bevor man jedoch die Felswand erreicht, gelangt man zu einem größeren ebenen Platz. Dort zweigt linker Hand ein Trampelpfad wieder nach Osten ab, führt um ein paar Feenkamine herum und steigt einen kleinen Hügel hinauf. Oben geht es über eine kleine verfallene Mauer, wieder den Hügel ein wenig hinab, und dann wieder links, dem kleinen Tal entlang, in Richtung Norden. Man kommt zwischen Feenkaminen hindurch und vor einem solchen, der aussieht, als wäre er zur Spirale verdreht, geht rechts ein Pfad ab, der auf die weiße Tuffsteinwand hinaufführt. Dieser Weg erfordert ein wenig Klettern im bröseligen Gestein. Etwas länger, aber dafür leichter läuft es sich, wenn man den Abzweig ignoriert und etwa 150 m weiter den schmalen Fahrweg gen Norden beibehält und dann erst auf der rechten Seite auf einen kleinen Pfad abbiegt. Dabei umrundet man die Hügelkette, die in Nord-Süd-Richtung verläuft, nähert sich der Straße wieder bis auf 50 m,

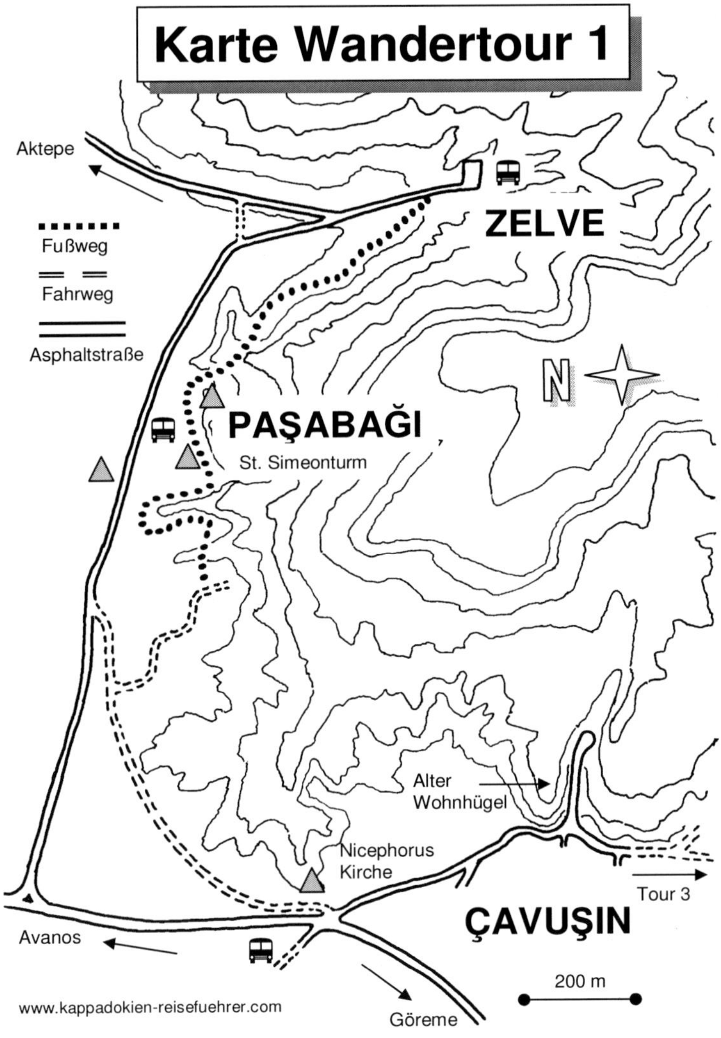
Karte Wandertour 1
Aktepe
Fußweg
Fahrweg
Asphaltstraße
ZELVE
N
PAŞABAĞI
St. Simeonturm
Alter
Wohnhügel
Nicephorus
Kirche
Tour 3
ÇAVUŞIN
Avanos
200 m
www.kappadokien-reisefuehrer.com
Göreme

kreuzt einen breiten Feldweg und erreicht die Hügel oberhalb von Paşabağı. Hier treffen wir auch wieder auf unsere Kletterer. Nun durchquert man, auf einem gepflasterten Weg, das Tal von Paşabağı von West nach Ost, wobei man am Simeonturm vorbeikommt; zu erkennen an den vielen Souvenirständen, die ihn umringen. Östlich von Paşabağı, kurz oberhalb der Straße, führt ein kleiner Weg wieder einen Hügel empor und zieht sich über eine Ebene aus großen weichen Tuffplatten Richtung Südosten. Hier verliert sich der Weg ein wenig, aber in der Ferne ist sein weiterer Verlauf zu erkennen. Er überquert dabei einen Fahrweg, und linker Hand kommt man an den Resten eines alten Steinbruchs vorbei. Hier wurden die Steine flach aus dem Boden geschlagen, wobei man noch gut erkennen kann, wie Kanäle um die Steine herum geschlagen wurden, um anschließend den Quader mittels Keilen abzusprengen.

Die Straße entrückt wieder dem Blickfeld, wobei sich der Pfad dem Bergverlauf folgend, Richtung Süden wendet. Durch Weingärten gehend und an Feenkaminen vorbei erreicht man nach kurzer Zeit das Museumsdorf Zelve und seine Ausläufer touristischer Infrastruktur.

Wem diese Tour zu kurz ist, der kann mit Leichtigkeit ein Tagesprogramm daraus machen. Man fährt mit dem Bus von Göreme oder Avanos kommend nach Çavuşin und schaut sich die dortige zerfallende Altstadt an, wandert dann bis Paşabağı, wo man sich ruhig Zeit nehmen sollte, zwischen den Feenkaminen herumzulaufen. Dann begibt man sich auf der oben beschriebenen Route nach Zelve, und wer dann immer noch nicht genug hat, durchstöbert das dortige alte Museumsdorf. Zurück geht's dann wieder mit dem Dolmuş in Richtung Göreme oder Avanos. Die Ortsbeschreibungen von Çavuşin, Paşabağı und Zelve finden Sie in den gleichnamigen Kapiteln bzw. die Abfahrtszeiten der Busse auf Seite 107.

Zipfelmützentürme in Paşabağı

Tour 2:

Uçhisar - Taubental - Göreme

In der ersten Auflage unseres Reiseführers hatten wir die Wanderungen durch das Taubental in Abschnitt A und B unterteilt. Den Abschnitt A, also den oberen Teil des Tales, haben wir aus folgenden Gründen hier nicht mehr mit aufgenommen:

1. Das Restaurant am oberen Ende leitet seine Abwässer immer noch in das Tal hinein und entsorgt auch einen Teil seines Mülles dort.
2. Die Gemeinde Uçhisar verlegte 2007 eine neue Abwasserkanalisation durch den Grund des Tales. Dabei wurde schwerstes Gerät eingesetzt und die gesamte Vegetation, also kleine Haine und Weingärten, vernichtet. Am Ende der Abwasserleitung stößt man dann auf eine stinkende Güllegrube.
3. Immer noch fehlt der Warnhinweis vor dem Abgrund, an dem viele Wanderer meinen, dass es hier weitergehen müsse. Die Parkverwaltung hat es nicht geschafft, eine Ausschilderung aufzustellen, um diese gefährliche Stelle zu umgehen.
4. In letzter Zeit häufen sich Zwischenfälle mit einem Rudel von über 20 Hunden, das sich hier niedergelassen hat. Schon mehrere Wanderer wurden hier gebissen.

Aus den genannten Gründen sollten Sie von einer Begehung des oberen Taubentales absehen.

Bei der Wanderroute durch den unteren Teil des Taubentales handelt es sich um den alten traditionellen Fußweg zwischen den beiden Dörfern Uçhisar und Göreme. Die Orientierung ist sehr leicht, da der Weg gut ausgetreten ist und den Tälern nach unten folgt. Die roten Wegmarkierungen, die einst angebracht wurden, sind jedoch nur noch sehr selten zu sehen.
Die Tour beginnt beim Özel Center Artisanal an der Asphaltstraße von Göreme nach Uçhisar, wo auch der Bus auf Wunsch anhält. Von dort aus geht man ca. 150 m weit die kleine Kopfsteinpflasterstraße, die nach Uçhisar hinaufführt, entlang, bis vor dem ersten Feenkamin links ein gepflasterter Weg abbiegt. Dieser Weg führt jetzt in ein Tal hinein und verjüngt sich nach

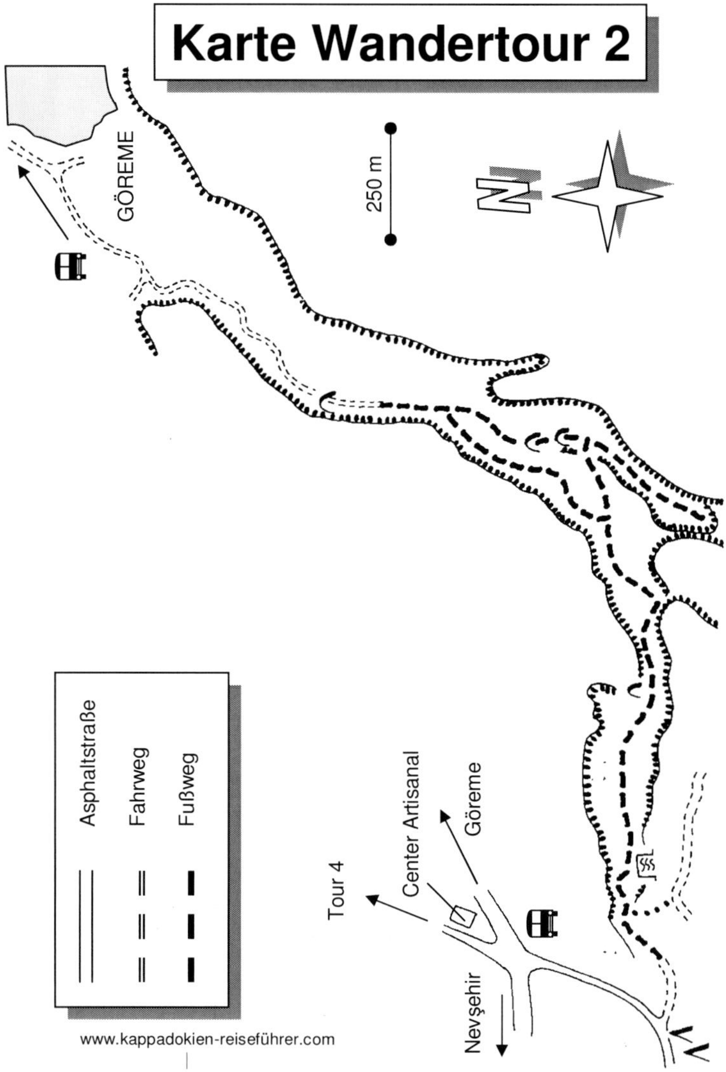
Karte Wandertour 2
GÖREME
250 m
N
Asphaltstraße
Fahrweg
Fußweg
Tour 4
Center Artisanal
Göreme
Nevşehir
www.kappadokien-reiseführer.com

etwa 50 Metern zu einem Fußpfad. Dieser führt kurz danach auf die linke dünenartige Felswand zu. Auch wenn der Weg jetzt etwas mit Sträuchern und kleinen Bäumen zugewachsen erscheinen mag: hier ist man richtig und muss nur dem gut ausgetretenen Weg folgen. Etwa 10 m rechts vom Wegesrand findet sich eine kleine Quelle mit Sammelbecken, um sich zu erfrischen (aber bitte nicht trinken). Kurz danach führt der Pfad steil an der rechten Felswand entlang, einen Abhang hinunter. Nach 15-minütigem Wandern gabelt sich der Weg. Links führt er in einen Tunnel, der jedoch bald endet. Dies sind die Reste eines alten Bewässerungskanals, der vor über 1000 Jahren durch den Fels getrieben wurde. Geht man den Weg rechts weiter, so geht es immer weiter bergab, und man kann nun in der linken Felswand deutlich erkennen, wo früher einmal der alte Kanal verlief. Dabei weitet sich nun das Tal und man erreicht nach etwa 20 Minuten den Grund des in Richtung Süd-Ost verlaufenden Tals der Tauben. Seien Sie so lieb und halten Sie nach Touristen Ausschau, die oberhalb der rechten Steilwand auf der Suche nach einem Weg nach unten sind. Warnen Sie bitte diese Leute, denn einen solchen Weg gibt es nicht. Hier gibt es nur eine etwa 20 m steil abfallende Wand, die schon ihre Opfer gefordert hat.

Diese Taubenschläge geben dem Tal den Namen

Ab jetzt gibt es nun zwei Möglichkeiten des Weiterkommens. Entweder man folgt dem Tal in die Tiefe, oder man hält sich schon vorher links und wandert nun etwas oberhalb des Talgrundes entlang der Felswand. Beide Wege

treffen nach ca. 10 Minuten wieder zusammen. Wählt man Variante 1, so geht es auf dem Grund des Taubentals über einen kleinen Felsen hinunter - und hier könnte zum ersten Mal der Hosenboden zum Einsatz kommen. Der Weg teilt sich nun. Rechter Hand geht es durch alte Kanaltunnel das Taubental hinauf, bis nach etwa 10 Minuten der Weg an einem 30 m hohen Wasserfall endet. Dieser ist jedoch nur im Frühling oder Winter richtig spektakulär. Rechts führt der Weg nun durch mehrere Tunnel in Richtung Göreme, trifft auf Variante 2 und weitet sich bald auf Fahrzeugbreite. Nach weiteren wenigen Metern mündet von rechts ein größeres Tal ein. Als nächstes folgt ein breiter Tunnel, der für Traktoren verbreitert worden ist, und nach 30-minütiger Wanderung weitet sich das Tal sehr breit. 5 Minuten später erreicht man den Rand von Göreme am „Gümüş Kave Hotel". Dem breiten Kanal zur Linken folgend erreicht man nach weiteren 5-10 Minuten das Zentrum von Göreme, wo wiederum der Bus den müden Wanderer aufnimmt.
Da diese Tour sehr kurz ist, eignet sie sich dazu, die Orte Uçhisar und Göreme am selben Tag zu besichtigen. Wer von Uçhisar kommt, folgt einfach der kleinen Kopfsteinpflasterstraße am Osthang des Ortes nach unten und biegt dann am letzten Feenkamin vor der Asphaltstraße in den oben beschriebenen Feldweg ein. Diese Tour kann auch ohne Probleme talaufwärts gegangen werden, da man sich hier kaum verlaufen kann.

Tour 3 A:

Çavuşin - Aussichtspunkt

Diese Tour dauert schon etwas länger und gehört zu den meist erwanderten in der Region. Dies bedeutet, dass Ihnen öfter einmal größere Gruppen entgegenkommen können. Diese werden mit einem Reisebus zum Aussichtsplatz, dem höchsten Punkt dieser Wanderroute, gebracht und in Çavuşin wieder abgeholt. Einige Verkaufsstände für Getränke oder gar Picknickgärten am Wegesrand zeugen vom vermehrten Touristenaufkommen. Das sollte Sie jedoch nicht davon abhalten die Tour zu unternehmen.
Eine Besonderheit dieser Tour 3A ist, dass sie, entgegen aller anderen Wanderbeschreibungen in diesem Buch, bergauf führt. So ist man in der

Karte Wandertour 3A/B/C

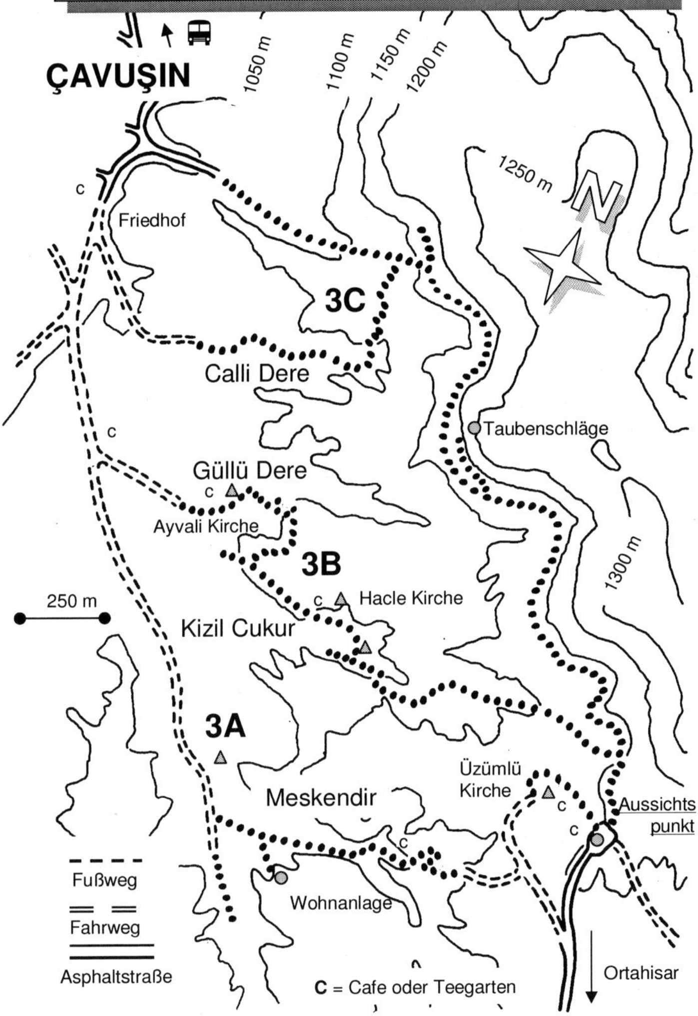

www.kappadokien.reisefuehrer.com

Lage, am Zielpunkt über Route 3B oder 3C zu seinem Ausgangspunkt zurückzukehren - eben eine Rundwanderung zu unternehmen.
Gestartet wird am Haltepunkt des Busses in Çavuşin. Man durchquert das Dorf und hält sich am Fuße der verfallenen Altstadt leicht rechts. Am Ende des Dorfes führt ein staubiger Feldweg durch den Friedhof und hält in südöstlicher Richtung auf die Mündung eines breiten Tals zu. Nach etwa 350 m hält man sich leicht links, weiter in derselben Richtung und ignoriert die darauf folgenden Abzweigungen mit den Schildern, welche die Wege zum Güllüdere (Rosental) ausweisen. Das erste Drittel des Weges ist nicht besonders spektakulär oder anspruchsvoll, da man immer geradeaus dem staubigen Fahrweg folgt. Nach einiger Zeit erreicht man den ersten kurzen Tunnel. 50 m dahinter teilt sich das Tal und man muss sich links halten. Nach 50 weiteren Metern zweigt ein kleiner Fußweg ab zu einer größeren Höhlenanlage. Dieser Abstecher lohnt sich allemal, da sich die Höhlen über mehrere Etagen verteilen und es vom oberen Stockwerk aus einen herrlichen Ausblick über das Tal gibt. In einem der rückwärtigen Räume befindet sich ein alter Brunnenschacht, der tief in das Gestein hineinreicht. In der ersten Etage schließt sich ein alter Wasserkanal an, der an der Außenwand des Felsens entlang verläuft, und, wie alle Räume, die von außen zu erkennen sind, früher einmal vor den Blicken Fremder im Fels verborgen lag. Wagemutige erreichen durch einen steilen Treppenaufgang den Grat des Hügels hoch oberhalb des Tales. Zurück auf dem Weg erreicht man nach 100 m einen zweiten Tunnel, den man durchquert. Hier findet man noch die Reste alter Wegweiser, in Form von roten auf den Fels gemalten Pfeilen. Hier verjüngt sich der Weg und wächst leicht zu. Links geht die Wand steil hinauf und man kommt durch einen dritten Tunnel. Danach unterteilt sich das Tal und man hält sich ganz links, wobei ein weiterer Tunnel zu begehen ist. Nur wenige Meter weiter erreicht man einen Teegarten, den man für eine Rast nutzen kann, oder auch nicht, da er leider selten geöffnet ist. Jetzt zieht sich der Weg an dem Obstbaumgarten vorbei, rechts steil den Hang in Serpentinen hinauf auf eine erste Hochebene. Nicht gerade harmonisch in die Landschaft eingepasst sind die großen Fangzäune am Wegesrand für Menschen mit Schwindelproblemen eine echte Hilfe. Hier oben richtet man den Blick am besten erst einmal nach Ost-Süd-Ost und erblickt oberhalb des Hanges in etwa 300 m Entfernung den Aussichtspunkt. Jetzt folgt man dem auf Fahrwegbreite vergrößerten Weg und biegt nach 50 m links auf einen weiteren breiten Weg ab. Ein Schild verweist auf die Uzümlü Kilise (Traubenkirche) und nach 100 m ist sie dann auch schon erreicht. Neben der

mit einem Eisengitter verschlossenen Kirche gibt es einen weiteren Teegarten. An der Kirche folgt man dem wieder schmaler werdenden Weg, entgegen der vorhandenen Ausschilderung. Zuerst dienen ein paar lose Steine als Steighilfe, später dann in den Weg genagelte Balkenstücke. Am Schild zum Kizil Cukur Valley haben Sie den Aussichtspunkt erreicht und sich damit zuerst einmal ein kaltes Getränk verdient. Hier oben überraschen Sie dann wieder die allseits beliebten Souvenirstände mit ihrer Vielfalt an Ware. Laufzeit etwa 1 bis 1,5 Stunden

Ein grandioser Blick erwartet den Wanderer oberhalb der Schlucht

Tour 3 B:

Aussichtspunkt-Güllüdere-Çavuşin

Dieser alternative Rückweg von Tour 3A zählt zu den interessantesten Wanderwegen durch Kappadokien überhaupt, denn am Wegesrand liegen mehrere Höhlenkirchen und hier hat die Erosion ein besonders abwechslungsreiches Farb- und Formenspiel hinterlassen. Der Pfad ist größtenteils wesentlich einfacher zu begehen als auf Tour 3C und führt eine ganze Weile auf mittlerer Höhe zwischen zahlreichen Felskegeln hindurch.

Tour 3B und 3C sind nur zwei Wandervarianten, die zwischen der Felswand zu Ihrer Rechten und dem Tal der Tour 3A zu Ihrer Linken liegen, und zwischen denen Sie wählen können. Zahlreiche schmale Pfade durchziehen das Gebiet, vom Aussichtspunkt aus in Richtung Çavuşin und darüber hinaus. Ein Verlaufen ist hier unmöglich. Allerdings führen viele Wege sehr schnell und den Quertälern folgend wieder zurück auf die anfängliche Staubpiste der Tour 3A.

Vom Aussichtspunkt aus folgt man der Ausschilderung zum Güllüdere leicht bergauf. Nach etwa 50 m teilt sich allerdings schon der Pfad. Geradeaus verläuft Tour 3C, der Felswand entlang folgend. Unser Weg führt nun zuerst zwischen Tuffhügeln hindurch und einer Wasserrinne folgend links bergab. Linker Hand unten im Tal liegen die Uzümlü-Kilise und der Weg, der uns auf Tour 3A hinaufgeführt hat. Rechts liegt ein Talkessel mit vielen roten Felskegeln. Wir halten uns immer weiter auf dem Bergrücken entlang, bis der Weg einen kleinen Schwenk macht und auf eine tiefere Ebene führt. Rechts stehen die Reste eines alten Fangzaunes und der Pfad ist wieder steil und rutschig. Hier in diesem Hochtal fallen die Felsen besonders bunt aus: rot, gelb und grün sind die vorherrschenden Farben und oft sind sie in einem einzigen Kegel enthalten. Nach etwa 30 Minuten teilt sich der Weg. Geradeaus führt er tief in ein Tal hinein, in die Kızıl Cukur (rote Grube), und nach rechts um einen Felskegel herum geht unser Weg weiter auf mittlere Höhe zum Rosental. Kurz darauf erreichen wir eine verfallene Höhlenkirche, die einen netten Rastplatz hermacht. Daneben stehen noch zwei größere Wohnkegel. Der Pfad windet sich nun wieder, durch Tuffsteinstrukturen hindurch, leicht auf und ab, und führt linker Hand an einem besonders bunt geschichteten Felsen vorbei. Im rechten Tal sind nun einige Höhlenbehausungen zu erkennen, auf die der Weg zuhält. Dazu umgeht er erst einmal dieses kleine Nebental. Rechter Hand erscheint nun das Flintstone-Cafe mit angeschlossenem Andenkenverkauf. Hier lässt sich gut Rast machen und nebenbei noch die Haçlı-Kilise mit ihren Wandmalereien besichtigen. Den Schlüssel verwaltet der Cafebetreiber. Wer über die hohen Preise dort erschrickt, sollte bedenken, dass der gute Mann alles auf seinem Rücken dort hinaufschleppen muss. Oberhalb des Kirchenraumes liegen noch weitere offene Räume, durch die man einen Blick ins Nachbartal werfen kann. Weiter windet sich der Weg durch die Tuffhügel und nach etwa 50 Minuten Gehzeit erreicht man wieder einen Bergrücken, von dem aus in der Ferne schon der alte Wohnhügel von Çavuşin zu sehen ist. Wir folgen nicht dem Weg entlang des Berges, sondern machen eine 180°- Rechtskehre und

Tuffsteinformationen im Güllüdere

durchlaufen wieder ein kleines sanftes Tal. Nach einer Stunde stehen wir am Rande des Rosentals, das tief unter uns liegt. Nur etwa 20 m führt der Pfad entlang des Abgrundes etwas bergauf, bis der steile Abstieg ins Tal beginnt. Rote Pfeile markieren die Stelle, an der dieser, nicht gerade leicht zu begehende, Abschnitt entlang führt. Hier ist besonders viel Vorsicht geboten, um ja nicht ins Rutschen zu kommen. Wer mit Erleichterung den Talgrund erreicht hat, bewegt sich nun durch einen Weingarten auf das Bachbett zu. Hier ist es manchmal recht feucht und auch sehr grün. Wer will, kann jetzt eine weitere Kirche, die Ayvalı-Kilise besichtigen, und eine weitere Pause im angeschlossenen Cafe machen. Wer das nicht will, der läuft nun durch das alte Bewässerungssystem das Tal leicht bergab. Nach kurzer Zeit erreichen wir einen gemauerten Torbogen, der früher einmal als Viadukt der Bewässerung diente. Der nächste Tunnel zeigt hervorragend, wie sich ein von Menschenhand erstellter Kanal zu einem natürlichen Flussbett gewandelt hat. Oben an der Decke des Tunnels ist die alte Rechteckform noch erhalten, während sich im unteren Teil der Bach seinen Weg breit und grob gegraben hat. Dieser Tunnel muss leider umgangen werden, da er am Ende zugewachsen ist und es doch etwas zu steil bergab geht. Der Pfad weitet sich, erste Fahrzeugspuren sind zu erkennen und er führt nun unterhalb der linken

Felswand entlang. In der rechten Felswand ist wieder eine größere Wohnhöhlenanlage mit Kirchenresten zu sehen, die über einen rutschigen Felsen zu erreichen ist. Anschließend weitet sich das Tal, und in dessen Mitte erscheinen jetzt einzeln stehende Felskegel. Nach gut 1,5 Stunden erreicht man dann wieder den Hauptweg nach Çavuşin, und hält sich rechts. Dieser Weg führte schon auf Tour 3A vom Ort aus zum Aussichtspunkt.
Die Gesamtlaufzeit beträgt bis zur Bushaltestelle des Ortes etwa 2 bis 2,5 Stunden.

Tour 3 C:

Aussichtspunkt - Çavuşin

Diese Tour stellt eine weitere Variante dar, den Rückweg von Wanderung 3A anzutreten. Alternativ zu dieser Route kann man die 2 km Asphaltstraße bis zur Kreuzung oberhalb von Ortahisar gehen und dort den Bus abfangen. Diejenigen, die ihr Quartier in Ürgüp haben, brauchen nur dem Fahrweg auf der anderen Seite des Aussichtspunktes zu folgen und erreichen automatisch den Ort. Der Weg ist sehr leicht zu gehen, aber halt leider auch weniger interessant.
Wanderweg 3C erfordert etwas mehr Geschicklichkeit und vor allem Schwindelfreiheit, da er sich über lange Zeit am Rande des Bergabbruches entlang zieht. Der Weg hat schon etwas alpinen Charakter, wird von trockenen Wasserrinnen durchzogen und besitzt oft eine leichte Schräglage zu den Tälern hin. Obwohl hier hohe Trittfestigkeit erforderlich ist, dienen sehr gut die Spuren von Mountain-Bikes als Orientierung. Wie man hier noch Fahrrad fahren kann, ist uns schlicht unerklärlich.

Die Strecke beginnt wie 3B, wobei man der Ausschilderung zum Güllüdere leicht bergauf folgt. Nach etwa 50 m trennen sich allerdings schon die Pfade. Wir halten uns geradeaus, rechts entlang der östlich gelegenen rötlichen Felswand. Der Weg windet sich nun eine ganze Weile um die großen vorstehenden Bergnasen herum, welche schon vom Aussichtspunkt zu erkennen sind. Die erste hat eine rot-weis gestreifte Windhose auf ihrer Spitze und der Weg folgt dem Abhang bis zur dritten. Auf lange Zeit gibt es keine Abzweigung und man folgt immer dem kleinen Pfad, der die Zuflüsse der vielen kleinen Nebentäler links liegen lässt. Nach etwa 30 Minuten teilt sich der Weg fast unmerklich. Geradeaus geht es noch etwa 50 m, über eine kleine Kuppe, zu einer halb eingestürzten Höhlenanlage. Hier endet dieser Abzweig, aber die Höhlen geben einen schönen schattigen Rastplatz her. Unser Weg biegt vorher leicht links ab und folgt der Felswand etwas weiter unten. Linker Hand liegt etwas unterhalb eine interessante Felsformation, an der man hervorragend sehen kann, wie die Feenkamine und Felskegel aus dem Berg herauskalben. Daneben stehen im Tal zwei durchlöcherte Wohnkegel. In der Felswand oberhalb des Pfades liegen wieder erste Taubenschläge und nach gut einer Stunde teilt sich der Weg. Unten im Tal ist nun Çavuşin zu sehen. Rechts geht es weiter nach Paşabağı, halbrechts führt ein schmaler Pfad in den Ort und links folgt man nun dem Weg in ein weiteres Tal. Der Weg windet sich steil abfallend zwischen den Resten erodierter Felskegel, von denen nur noch die Stümpfe stehen. Kurz darauf erreicht man den Talgrund des Callı Deres mit seinem kleinen trockenen Bachbett. Mit Ausnahme des ersten Tunnels, den man umgehen muss, folgt man nun diesem Flussverlauf durch mehrere Tunnel immer das Tal hinab. Rechts erhebt sich eine steile, weiße Felswand, in der viele Taubenschläge zu sehen sind und unter der der Weg hinweg führt. Das Tal weitet sich und erste Traktorenspuren sind auf dem nun breiter gewordenen Weg zu erkennen. Jetzt folgt auch der letzte Tunnel und der Fahrweg windet sich durch die ebene Talmündung.

Nach etwa 1,5 Stunden erreichen wir, kurz vor dem Friedhof, wieder den Hauptweg nach Çavuşin. Dort halten wir uns rechts und erreichen den Ort.

Für diese Wanderung, bis hin zur Bushaltestelle, benötigt man etwa 2 bis 2,5 Stunden. Der Bus nach Göreme hält um 15 Minuten nach, und der Richtung Avanos um 20 Minuten nach, dort jede Stunde.

Tour 4:

Uçhisar – Aşkdere - Çavuşin

Diese Route führt durch das so genannte Liebestal (Aşk Dere), das unterhalb von Uçhisar beginnt und etwas westlich der Straße Çavuşin – Göreme endet. Für diese Strecke benötigt man etwa 1,5 bis 2 Stunden. Einige unwegsamere Abschnitte sind zu überwinden, bei denen der eine oder andere Wanderer auf allen Vieren hinunterrutschen wird. Im Grunde ist der Pfad aber gut zu finden und er führt immer bergab. Den Namen Liebestal erhielt das Tal wohl deshalb, weil sich an dessen Ende zahlreiche Felskegel befinden, deren Formen viel Raum für Spekulation bieten. In diesem Tal lassen sich auch sehr gut die einzelnen farbigen Schichtungen im Gestein erkennen. Ein guter Beobachter erblickt auch die einzelnen Schichten mit Sedimenteinschlüssen, die aus der Zeit stammen, als Kappadokien noch teilweise unter einer Seenlandschaft lag.
Die Tour beginnt noch einmal am Artisanal-Center, wo auch Tour 2 beginnt. Nur diesmal wenden wir uns nach Norden und folgen erst einmal der Staubpiste auf etwa 300 m Länge. Dort zweigt ein weiterer Felsweg links ab, den man nach kurzer Zeit rechts über einen Fußweg verlässt. Dieser führt nun hinab ins Tal und entlang des westlichen Steilhanges. Von rechts stößt ein weiteres Tal dazu und nach wenigen Minuten teilt sich der Weg. Wanderer halten sich nun links, Kletterfreunde wenden sich nach rechts, denn mit dem Tal verhält es sich wie mit Rom: alle Wege führen hinein. Aber auch der Wanderweg geht jetzt etwas steil bergab und die erste Möglichkeit für eine Rutschpartie ist gegeben. Weiter geht es durch verwilderte Gärten und Gestrüpp. Ab jetzt einfach dem Tal folgen, wobei immer wieder die Möglichkeit besteht, zwischen zwei Wegen zu wählen. Von links stößt nun wieder ein großes Tal dazu. Hat man den oberen Weg gewählt, so eröffnet sich dem Wanderer von hier aus ein grandioser Ausblick durch beide Täler und auf die umstehenden Felswände (s. Fotos auf der nächsten Seite). Kurz darauf hat man wieder die Qual der Wahl, wobei der untere Weg sehr abenteuerlich durch ein schmales und halb verfallenes, aber sehr langes Kanalsystem führt. Ein Teil des Tunnelsystems kann nur im Entengang durchlaufen werden, da die mitgeführten Sedimente des kleinen Bachlaufes sich hier am Boden abgesetzt haben. Irgendwann ist dann ganz Schluss und man muss wieder dem Hauptpfad an der Oberfläche folgen. Ein weiteres Tal

Karte Wandertour 4

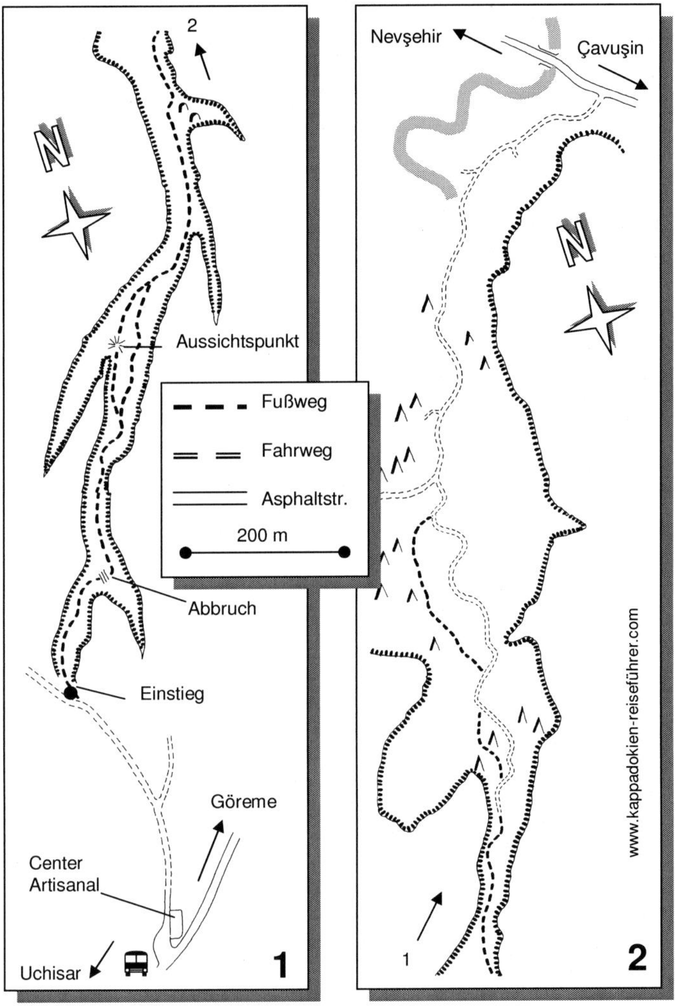

Nicht „Das wilde Kurdistan“,..........

öffnet sich von rechts, das ein, im Durchmesser sehr großes, aber verfallenes Kanalsystem mit sich führt. Auch hier kann wieder den Tunnelfragmenten gefolgt oder der Weg oberhalb durch die Gärten genommen werden. Nach einer längeren Wegstrecke stößt man auf einen offenen, aber sehr schmalen Kanal. Dieser muss durchlaufen werden, um nach wenigen Metern den Anfang des Fahrweges zu erreichen. Ab hier werden die Gärten auch wieder bewirtschaftet und es liegt auch wieder ein wenig Müll herum. Das Tal beginnt sich langsam zu weiten und man kann auf kleinen Streckenabschnitten oberhalb des Fahrweges auf Fußpfaden weiter wandern. Auf jeden Fall sollte man den Abstecher zu den großen Feenkaminen, die

...... aber hier muss auch Hadschi Halef Omar...usw...

.......auch nicht “Die Schluchten des Balkan“,.....

dem Tal angeblich den Namen geben, nicht verpassen. Das Tal endet an der Asphaltstraße, die zur Hauptstraße Göreme – Çavuşin führt. Hier geht man 100 m nach rechts und biegt wieder links auf einen Feldweg, der zur Hauptstraße führt, ein. An der Hauptstraße angekommen, überquert man diese und kann sich entscheiden nach Çavuşin hineinzugehen oder den direkten Weg zur Bushaltestelle zu wählen. Geradeaus durch die Felder geht es in den Ort, nach links der Landstraße entlang dagegen direkt zur Haltestelle. Am Anfang und am Ende der Tour hält jeweils der Bus Avanos – Nevşehir. Bitte sagen Sie dem Fahrer rechtzeitig Bescheid, wo Sie aussteigen wollen, ansonsten fährt er einfach durch und Tour 4 fällt für Sie etwas länger aus.

360° Panoramafoto: Uwe Schmitz

..........hindurch gekommen sein.

Tour 5:

Zemidere

Diese Wanderung dauert etwas länger und erfordert mehr Aufmerksamkeit bezüglich der Orientierung. Auch ist der Weg hinab durch das Tal mit einigen schwierigeren Passagen durchsetzt. Von einer Wanderung bergauf möchten wir an dieser Stelle abraten, da einige Hindernisse nur mit Rutschpartien zu meistern sind. Auch der Einstieg in das Tal ist dieses Mal nicht so gut an das Bussystem angeschlossen. Man erreicht ihn nur mit einem Taxi von Göreme oder Uçhisar aus, oder mit dem Bus, der zwischen Ürgüp und Nevşehir verkehrt. Doch all dies sollte Sie nicht von einem Fußmarsch durch eines der imposantesten Täler dieser Gegend abhalten. Mit einer Laufzeit von 2 bis 3 Stunden über einen teils schmalen und holprigen Weg sollte man allerdings rechnen.
Der Einstieg liegt ca. 750 m von der östlichsten Kreuzung Uçhisars entfernt, in Richtung Ürgüp an der Hauptstraße zwischen Ürgüp und Nevşehir. Wenn Sie in einer Linkskurve dieser Straße einen Andenkenstand sehen, haben Sie den Einstieg in das Tal gefunden. Der Weg führt zunächst rasch auf in den Fels geschlagenen Stufen hinab. Eng windet er sich durch dürres Gebüsch und führt auf einen ersten Tunnel zu. Hier muss man sich links halten, da das Tal hinter dem Tunnel steil abbricht. Zu beiden Seiten des Weges ragen Felsabbrüche gen Himmel. Rechts taucht bald ein kleines Flussbett mit Tunnelsystem auf und linker Hand erblickt man in der Steilwand eine größere Höhlenanlage. Nach etwa 10 Minuten Gehzeit wechselt das Flussbett die Seiten und man erreicht eine kleine Quelle, die im Berg eingefasst ist, und daneben steht eine verdrehte und hohle Weide. Weiter führt der Weg durch einen älteren Birkenhain, in dem man die ersten Wegmarkierungen in Form eines roten Punktes vorfinden kann, und erreicht die links überhängende Steilwand. Hier hindurch, entlang eines alten Kanalsystems, führt der Weg die Felswand entlang bis zu einem Tunnel, der etwas niedrig ist. Dieser kann aber durch einen kleinen Weg umgangen werden. Die folgenden sind nicht mehr so niedrig. Nach einer guten halben Stunde erreicht man einen Fahrweg, der vom Plateau hinab stößt und sogar durch einen weiteren Tunnel führt. Kurz hinter diesem Tunnel verlässt man diesen Fahrweg wieder und hält sich rechts entlang der Felswand. Nach einiger Zeit kreuzt erneut ein Fahrweg, dem man nur kurz in rechter Richtung folgt.

Karte Wandertour 5

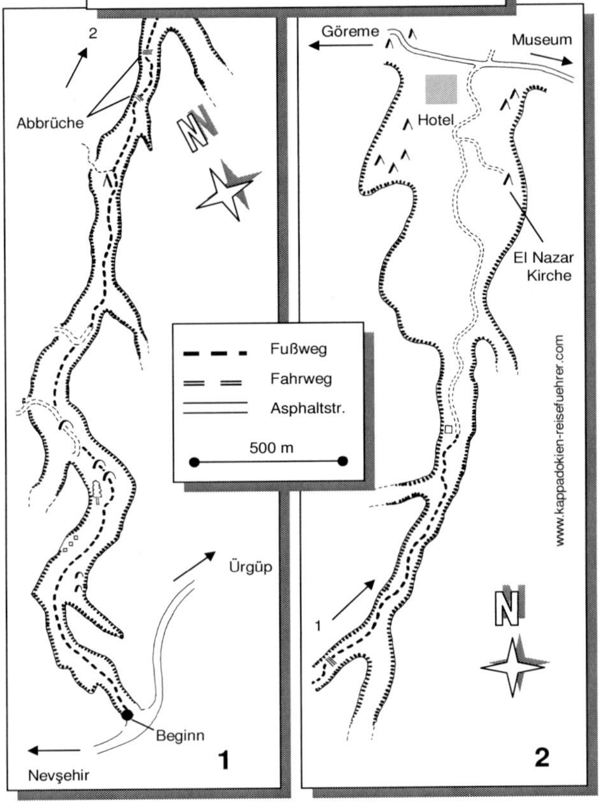

Dabei weitet sich das Tal ein wenig. Links liegt, etwas versteckt, eine Wasserstelle oberhalb des Weges, und hier folgt man dann wieder dem schmalen Fußweg. Bald erfolgt die erste Rutschpartie: den Weg etwa 2 m steil hinab, das Tal wird wieder enger und kurz darauf geht es noch einmal rutschend etwa 3 m in die Tiefe. An einem einzeln stehenden mittelgroßen Felsen auf der linken Seite des Weges zweigt ein Weg in dessen Richtung ab. Der führt jedoch wieder aus dem Tal hinaus und so muss man dem unscheinbareren geradeaus folgen. Sollte man einen roten durchgestrichenen

Punkt sehen, so ist man falsch. Es geht auf schmalem Pfad weiter durch verwilderte Gärten und man erreicht nach ca. 50 Minuten einige große Felsbrocken, die das Tal versperren, aber passierbar sind. Auf Stufen aus Knüppelholz geht es immer tiefer in das enge und etwas feuchte Tal, das hier sehr dicht bewachsen ist. Kurz darauf wird die schwierigste Stelle dieser Tour erreicht: der Weg wird sehr schmal, führt an einer tiefen Spalte vorbei und folgt einer trockenen Wasserrinne etwa 5 m steil hinab. Spätestens hier sind alle Viere gefragt und ist alle Vorsicht geboten. Dies war dann aber auch die letzte Schikane, die es zu überwinden gilt. Der alte angelegte Knüppelpfad, der diesen Abbruch früher einmal sicherte, ist leider davon gespült worden. Weiter geht's durch das sehr enge und mit Pappeln bestandene Tal und die Hälfte des Weges ist geschafft. Der Weg teilt sich noch einmal, wobei man sich wieder links halten muss und bald überquert er einen eingestürzten Tunnel, in dem es Wasser gibt. Von rechts stößt ein Tal dazu und der Pfad führt weiter links das Haupttal hinab. Linker Hand des Weges und ein wenig versteckt liegt ein größeres Tunnelsystem, das nach einem Regen rotes, eisenhaltiges Wasser führt. Man erreicht ein kleines Rinnsal, dem man nun, durch Tunnel hindurch, eine Weile folgt. Nach etwa 1 Stunde und 20 Minuten stößt ein weiteres kleineres Tal von links dazu, und man folgt weiterhin dem Bachlauf. Zu beiden Seiten des Tales ragen nun steil und geschwungen die Felswände auf, die einen an Sahnehäubchen erinnern und es folgt ein weiterer Tunnel, der zu durchgehen ist. Der Weg weitet sich zu einem Fahrweg und linker Hand wurde ein Garten mittels Betonpfosten eingezäunt. Überhaupt weitet sich das Tal, die Gärten werden wieder gepflegt und rechts sind Höhlenkomplexe in der Felswand zu erkennen. Einige Picknickplätze mit alten Feuerstellen liegen nun am Rande des Weges und links erscheint ein durch Mauern begrenzter Garten, der über einen klapprigen Holzsteg zu erreichen ist. Bemerkenswert sind hier, die mit Mustern versehenen Bogensteine, die leider wild, planlos und grob im Mauerwerk verbaut wurden. Nach etwas über 90 Minuten erreicht wieder ein breites Seitental von rechts unsere Wanderroute. Bald darauf wird das Tal sehr breit und offen und es sind in der Ferne voraus einzelne Steinkegel zu erblicken. Fast am Ende des Tals führt rechts ein Fahrweg ab zur El Nazar-Kirche, nach der das Tal manchmal auch benannt wird. Von hier aus ist es nicht mehr weit bis zur Straße, die das Göreme-Museum mit dem Ort Göreme verbindet. An der Straße angekommen wendet man sich nach links und erreicht nach einem halben Kilometer durch Felskegel hindurch die Haltestelle der Busse nach Nevşehir, Ürgüp oder Avanos.

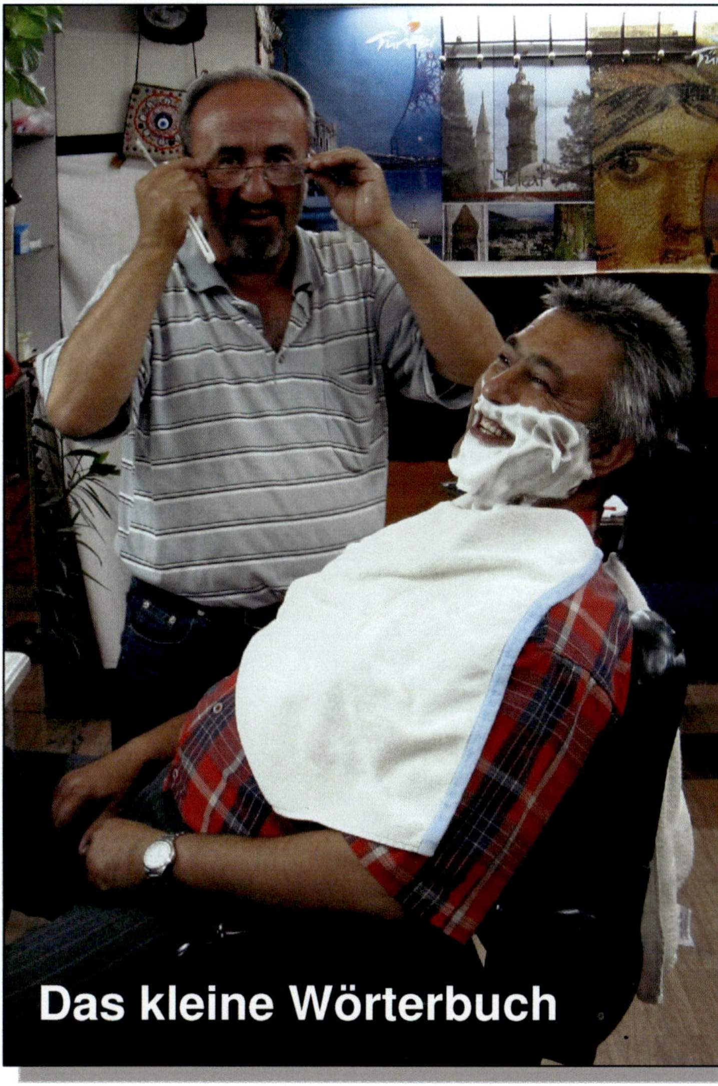

Das kleine Wörterbuch

Am Ende dieses Buches nun wollen wir Ihnen ein wenig helfen, sich in Kappadokien verbal zurechtzufinden. Das Türkische gehört zu den Turksprachen und unterscheidet sich daher wesentlich von den mitteleuropäischen, indogermanisch-romanischen Sprachen. In der türkischen Grammatik werden sämtliche Formen durch das Anhängen von Silben an das Stammwort gebildet, durch so genannte Suffixe. Wer also in der Schule Latein als Unterrichtsfach hatte, kennt diese Art der Wortbildung. Auch der Satzbau ist gänzlich anders als im Deutschen. Dies fällt besonders dann auf, wenn Türken deutsche Wörter gelernt haben, jedoch kaum Sprachpraxis besitzen. Dann verstehen wir sie zwar, aber irgendwie klingt der Satz trotzdem recht merkwürdig. Sie setzen einfach die deutschen Wörter so zusammen, wie sie es im Türkischen gewohnt sind.
Aber keine Bange, wir wollen uns hier nicht weiter in türkische Grammatik oder Satzbildung vertiefen, sondern Ihnen nur eine kleine Hilfestellung geben, um im Land zurechtzukommen.

Die Buchstaben

Zuerst einige türkische Buchstaben die im Deutschen unbekannt sind und deren Aussprache:

Ç = TSCH   wie Tschechien   (çorba - Suppe)

Ş = SCH   wie Schule oder Fisch   (şehir – Stadt)

I = unbetontes E   wie Menge oder Tische   (rakı – Anisschnaps)

Ğ = wird nicht ausgesprochen und verlängert nur den vorherigen Vokal
wie Bahre oder Kuhle   (dağ – Berg)

Nun die uns bekannten Buchstaben, die jedoch anders ausgesprochen werden:

C = DSCH   wie Dschungel   (cami – Moschee)

S = scharfes S   wie Maße oder Szene   (su – Wasser)

H = am Wortanfang und zwischen zwei Vokalen
H wie Gehege   (pastahane – Konditorei)

nach dunklem Vokal	CH wie Koch	(kahvaltı – Frühstück)
nach hellem Vokal	CH wie Köchin	(tarih – Geschichte)
V = W	wie Gewebe	(kahve – Kaffee)
U wenn „a“ davor	wie Taube	(tavşan – Hase)
Y = J am Wortanfang	wie Juli	(yol – Weg)
I in der Wortmitte	wie Libyen	(ay – Mond)
Z = sanftes S	wie Sommer	(zaman – Zeit)

Die Buchstaben **X**, **W** und **Ä** kommen im Türkischen nicht vor.
Alle anderen Buchstaben stimmen mit dem deutschen Alphabet überein.

Die Zahlen

1	bir	**156**	yüz elli altı
2	iki	**200**	iki yüz
3	üç	**300**	üç yüz
4	dört	**400**	dört yüz
5	beş	**546**	beş yüz kırk altı
6	altı	**951**	dokuz yüz elli bir
7	yedi	**1.000**	bin
8	sekiz	**2.000**	iki bin
9	dokuz	**3.000**	üç bin
10	on	**5.800**	beş bin sekiz yüz
11	on bir	**10.000**	on bin
12	on iki	**100.000**	yüz bin
20	yirmi	**1.000.000**	bir milyon
21	yirmi bir	**1.000.000.000**	bir milyar
22	yirmi iki		
30	otuz	½	yarım
40	kırk	1½	bir buçuk
50	elli	¼	çeyrek
60	altmış		
70	yetmiş	**einfach**	tek
80	seksen	**erstens**	ilk olarak
90	doksan	**Zweitens**	ikince olarak
100	yüz	**letzte**	son

Einheiten

Liter	litre
Gramm	gram
Kilogramm	kilo
Tonnen	ton
Meter	metre
Kilometer	kilometre
m^2	metrekare
m^3	metreküp

Sekunde	saniye
Minute	dakika
Stunde	saat
Tag	gün
Woche	hafta
Monat	ay
Jahr	yıl / sene
Jahrhundert	yüzyıl

Wochentage

Montag	pazartesi
Dienstag	salı
Mittwoch	çarşamba
Donnerstag	perşembe
Freitag	cuma
Samstag	cumartesi
Sonntag	pazar
Feiertag	bayram
Wochenende	hafta sonu
Woche	hafta
Monat	ay

Monate

Januar	ocak
Februar	şubat
März	mart
April	nisan
Mai	mayıs
Juni	haziran
Juli	temmuz
August	ağustos
September	eylül
Oktober	ekim
November	kasım
Dezember	aralık

Sonstige Zeiten

heute	bugün
gestern	dün
morgen	yarın
am Morgen	sabah
am Mittag	öğleyin
am Nachmittag	öğleden sonra
am Abend	akşamleyin
in der Nacht	gecede

später	sonra
früher	önce
1 Tag später	bir gün sonra
ganztäglich	bütün gün
täglich	her gün
am Tage	gündüz
erste/r	ilk
letzte/r	son
nächste/r	bir sonraki

Dimensionen

wenig	az	viel	çok
weit	geniş	nah	yakın
lang	uzun	kurz	kısa
hoch	yüksek	niedrig	alçak
breit	enli	schmal	dar
dick	kalın	dünn	ince
groß	büyük	klein	küçük

Farben

schwarz	kara / siyah	rot	kırmızı / kızıl
weiß	beyaz / ak	blau	mavi
grün	yeşil	gelb	sarı

Fragewörter

wo	nerede	wer	kim
wann	ne zaman	woher	nereden
wie viel	kaç	wohin	nereye
warum	niçin	wie	nasıl

Unterwegs

Bus	otobüs	Auto	araba
Kleinbus	minibüs /dolmuş	Motorrad	motosiklet
Busbahnhof	otogar/terminal	Motorroller	skuter
Bahnsteig	peron	Fahrrad	bisiklet
Nichtraucher	sigara içmeyen	Helm	miğfer
Sitzplatz	koltuk	Pferdewagen	at arabası
Haltestelle	durak	Lastkraftwagen	kamyon
Ticket	bilet	Tankstelle	petrol istasyonu
Zug	tren	voll tanken	full / doldurmak
Bahnhof	tren istasyonu	Reifen	lastik
Schlafwagen	yataklı vagon	Luft	hava
Speisewagen	yemekli vagon	Kühlwasser	soğutma suyu

Gepäck	bagaj	Öl	yağ
Flugzeug	uçak	Batterie	akü
Flughafen	havalanı	Benzin	petrol
Straßenbahn	tramvay	Diesel	motorin
Taxi	taksi	Automechaniker	oto tamircisi
Einreise	giriş	Straßenkarte	yol haritası
Ausreise	çıkış	Kreuzung	dörtyol
Reisepass	pasaport	Führerschein	sürücü belgesi

Richtungen

geradeaus	dosdoğru	hier	burada
rechts	sağda	dort	orada
links	sol	diese Richtung	bu yönde
zurück	geri	andere Richtung	başka yönde
nach Westen	batıya	nach Osten	doğuya
nach Norden	kuzeye	nach Süden	güneye

Unterkunft und Camping

Hotel	otel	Campingplatz	kamp yeri
Pension	pansiyon	Zelt	çadır
Zimmer	oda	Wohnwagen	karavan
Einzelzimmer	tek yataklı oda	Trinkwasser	içme suyu
Höhlenzimmer	mağara odası	Waschmaschine	çamaşır makinesi
Dusche	duş	Kocher	ocak
Bett	yatak	Küche	mutfak
Tür	kapı	Abfall	çöp
Kühlschrank	buzdolabı	Elektrizität	elektrik
Heizung	kalorifer	Schatten	gölge
Licht / Lampe	lamba	Schwimmbecken	yüzme havuzu
Telefon	telefon	Fernseher	televizyon
Ungeziefer	haşarat	Frühstück	kahvaltı
Bettwäsche	yatak çarşafı	Toilette	tuvalet
Handtuch	havlu	Toilettenpapier	tuvalet kağıdı
heißes Wasser	sıcak su	Schlüssel	anahtar

Bank und Post

Bank	banka	Brief	mektup
Geld	para	Briefmarke	posta pulu
wechseln	değiştirmek	Postkarte	kartpostal
Scheck	çek	Paket	paket
Wechselkurs	kambiyo kuru	Telegram	telgraf
Euro	avro	Telefonkarte	telefon kartı

Essen und trinken

essen	yemek	Gemüse	sebze
trinken / rauchen	içmek	Salat	salata
Restaurant	restoran/lokanta	Süßspeise	tatlı
Kellner / Ober	garson	Speiseeis	dondurma
Trinkgeld	bahşiş	Obst	meyve
Frühstück	kahvaltı	Zucker	şeker
Mittagessen	öğle yemeği	Salz	tuz
Abendessen	akşam yemeği	Pfeffer	biber
Brot	ekmek	Essig	sirke
Butter	tereyağı	Olivenöl	zeytin yağı
Honig	bal	Zahnstocher	kürdan
Marmelade	reçel	Serviette	peçete
Ei	yumurta	Kaffee	kahve
Käse	peynir	Tee	çay
Suppe	çorba	Milch	süt
Vorspeise	meze	Wasser	su
Fleisch	et	Mineralwasser	maden suyu
Huhn	tavuk	Fruchtsaft	meyve suyu
Fisch	balık	Joghurtgetränk	ayran
Reis	pilav	Bier	bira
Kartoffeln	patates	Rotwein	kırımızı şarap
Weizengries	bulgur	Weißwein	beyaz şarap
Knoblauch	sarmısak	Anisschnaps	rakı
warm	sıcak	süß	şekerli / tatlı
kalt	soğuk	sauer	ekşi
scharf	açık	sehr lecker	çok lezzetli

Landschaft und Bauten

Berg	dağ	Schlucht	boğaz
Tal	dere	Felsen	kaya
Fluss	ırmak	Stein	taş
Hügel	tepe	Höhle	mağara
See	göl	Wald	orman
Baum	ağaç	Quelle	çeşme
Burg	kale	Haus	ev
Palast	saray	Altstadt	eski şehir
Denkmal	anıt	Brücke	köprü
Festung	hisar	Stadt	şehir
Dorf	köy	Kirche	kilise
Markt	pazar	Moschee	cami
Platz	meydan	Rathaus	belediye
Ruine	harabe	Schule	okul
Ortsteil	mahalle	Stadtzentrum	şehir merkezi
Straße	cadde / sokak	Weg	yol
Kloster	manastır	unterird. Stadt	yeraltı şehri
Villa	konak	Ebene	ova

Wetter

Himmel	gök	Schnee	kar
Wolken	bulut	Eis	buz
Sonne	güneş	Staub	toz
Mond	ay	Wind	rüzgar
Stern	yıdız	Sturm	fırtına
Regen	yağmur	Hitze	sıcaklık

Tiere

Hund	köpek	Skorpion	akrep
Katze	kedi	Mücke	sivrisinek
Vogel	kuş	Fliege	sinek
Pferd	at	Wespe	yabanarısı
Rind	sığır	Floh	pire
Esel	eşek	Schabe	hamamböceği
Schaf	koyun	Maus	fare
Ziege	keçi	Huhn	tavuk

Notfälle

Krankenhaus	hastane	Polizei	polis
Krankenwagen	hastane araba	Diebstahl	hırsızlık
Arzt	doktor	Betrug	dolandırıcılık
Zahnarzt	diş hekimi	Unfall	kaza
Schmerz	acı	Feuer	yangın
Betäubung	anestezi	Feuerwehr	itfaiye
Medizin	ilaç	verloren	kayıp
Stich	sokma	Ausweis	pasaport
Wunde	yara	Führerschein	sürücü belgesi
Salbe	merhem	Fahrzeugschein	taşıt belgeleri
Verband	pansuman	Konsulat	konsolosluğu
Pflaster	plaster	Hilfe	yardım

Häufige Schilderaufschriften

offen	açık	geschlossen	kapalı
Eingang	giriş	Ausgang	çıkış
Achtung	dikkat	langsam	yavaş
Stopp / Halt	dur	verboten	yasak
gefährlich	tehlikeli		

Höflichkeiten und Redewendungen

Danke	teşekkür ederim	Guten Tag	iyi günler
Bitte	lütfen	Guten Abend	iyi akşamlar
Hallo	merhaba	Gute Nacht	iyi geceler
Guten Morgen	gün aydın	Auf Wiedersehen	Allaha ısmarladık
Gute Reise	iyi yolculuklar	In Ordnung	tamam
Ja	evet	Nein	hayır
Entschuldigung	pardon	Sehr schön	çok güzel

Ritual bei der Ankunft:

Willkommen		hoş geldiniz
Antwort:		hoş bulduk
Wie geht es Ihnen		nasılsınız
Antwort:	Danke gut	teşekkür ederim, iyiyim

Bei Tische:

Guten Appetit	afiyet olsunuz
Antwort: Danke gleichfalls	mersi, size de
Prost	şerefe
Die Rechnung bitte	hesap lütfen

Frage nach der Fotografiererlaubnis:

Darf ich Sie fotografieren ?	foto çekebilir miyim acaba ?
wiederholte Nachfrage	çekmek ?
bejahende Antwort	çek ! çek !

Den Gastgeber (oder andere) bei der Arbeit antreffend:

Möge es dir leicht fallen	kolay gelsin
Antwort: Danke	teşekkür ederim

Gute Genesung wünschen:

Möge es vorübergehen	geçmiş olsun

Beim Abschied:

Auf Wiedersehen (Gehender)	iyi günler *oder* Allaha ısmarladık *oder* görüşürüz
Auf Wiedersehen (Bleibender)	güle güle

Einige einfache Sätze

Beim Einkauf:

Was kostet die Cola Turka ?	Cola turka kaça ?
Zwei Stück bitte !	Iki tane lütfen !
Wie viel kostet das ?	Ne kadar ?
Gibt es Brot ?	Ekmek var mı ?
Gibt es kein Brot ?	Ekmek yok mu ?
Sehr teuer / sehr billig	Çok pahalı / çok ucuz

Im Restaurant:

Wie viele Personen ?	Kaç kişi ?
2 Personen !	Iki Kişi !
Gibt es eine Speisekarte ?	Mönünüz var mı ?
2 (Stück) Bier bitte !	Iki tane bira lütfen !
Ein Glas Wein bitte !	Bir bardak şarap lütfen !
Eine kleine Flasche Wasser bitte !	Bir küçük şişe su lütfen !
2 mal Güveç (Fleischeintopf) bitte !	Iki tane güveç lütfen !
Tee möchte ich nicht !	Çay istimiyorum !
Wo ist die Toilette ?	Tuvalet nerede ?
Die Rechnung bitte !	Hesap lütfen !

Unterwegs:

Wie kommt man nach Göreme ?	Göreme nasil gidiler ?
Wann fährt der Göreme-Bus ab ?	Göreme otobüsü ne zaman kalkar ?
Wo liegt das Sofa-Hotel ?	Otel Sofa nerede ?
Wie spät ist es ?	Saat kaç ?
Wie viele Uhren (haben sie) ?	Kaç saat ?
Entschuldigung......	Affedersiniz......
Ich brauche eine Information !	Bilgi larsım !
Kappadokien ist sehr schön !	Kapadokya çok güzel !

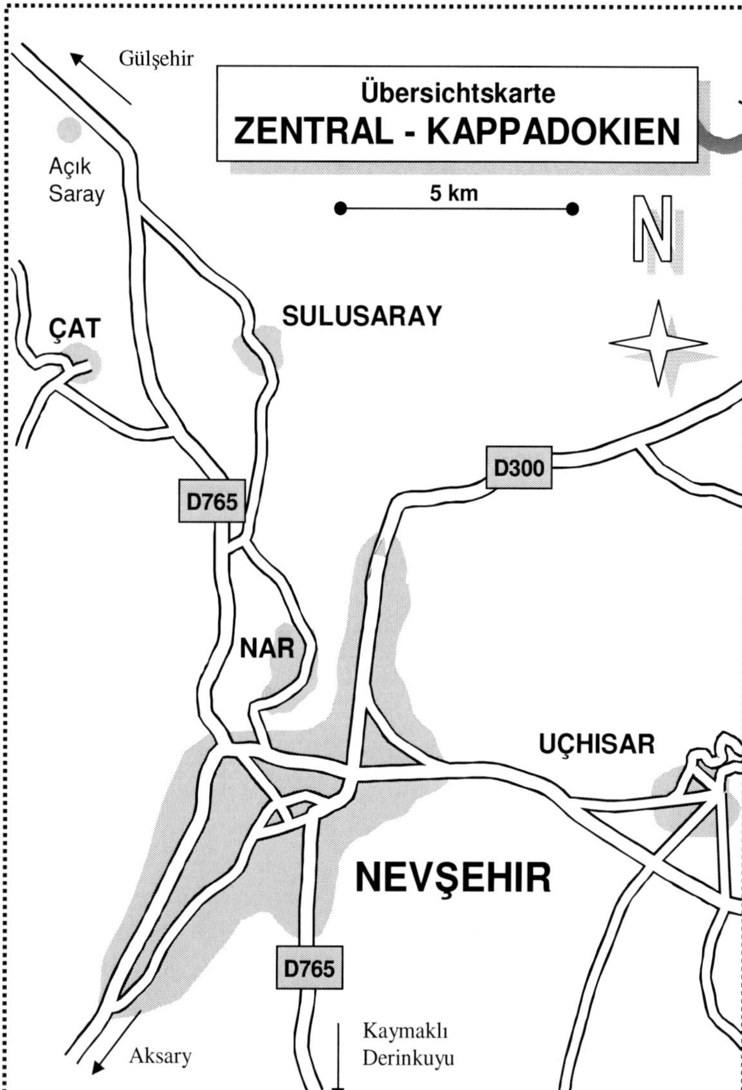
Gülşehir
Übersichtskarte
ZENTRAL - KAPPADOKIEN
5 km
N
Açık
Saray
SULUSARAY
ÇAT
D300
D765
NAR
UÇHISAR
NEVŞEHIR
D765
Kaymaklı
Derinkuyu
Aksary

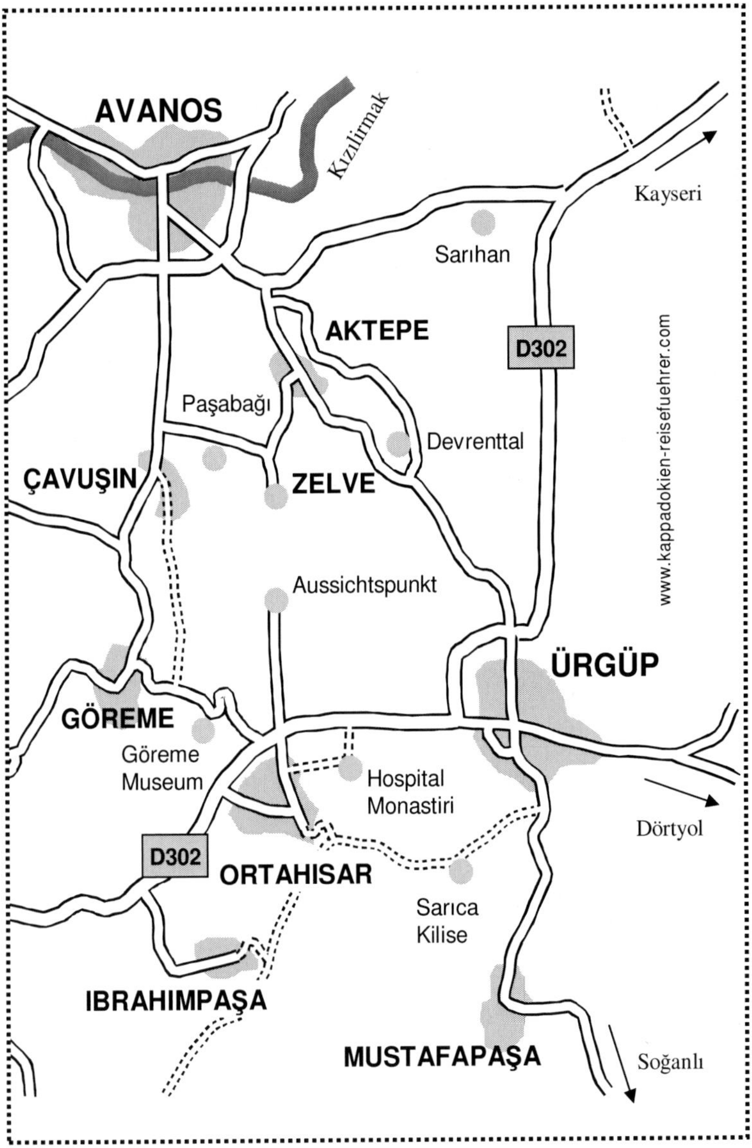
AVANOS
Kızılırmak
Kayseri
Sarıhan
AKTEPE
D302
www.kappadokien-reisefuehrer.com
Paşabağı
Devrenttal
ÇAVUŞIN
ZELVE
Aussichtspunkt
ÜRGÜP
GÖREME
Göreme
Museum
Hospital
Monastiri
Dörtyol
D302
ORTAHISAR
Sarıca
Kilise
IBRAHIMPAŞA
MUSTAFAPAŞA
Soğanlı

Hier bitte knicken →

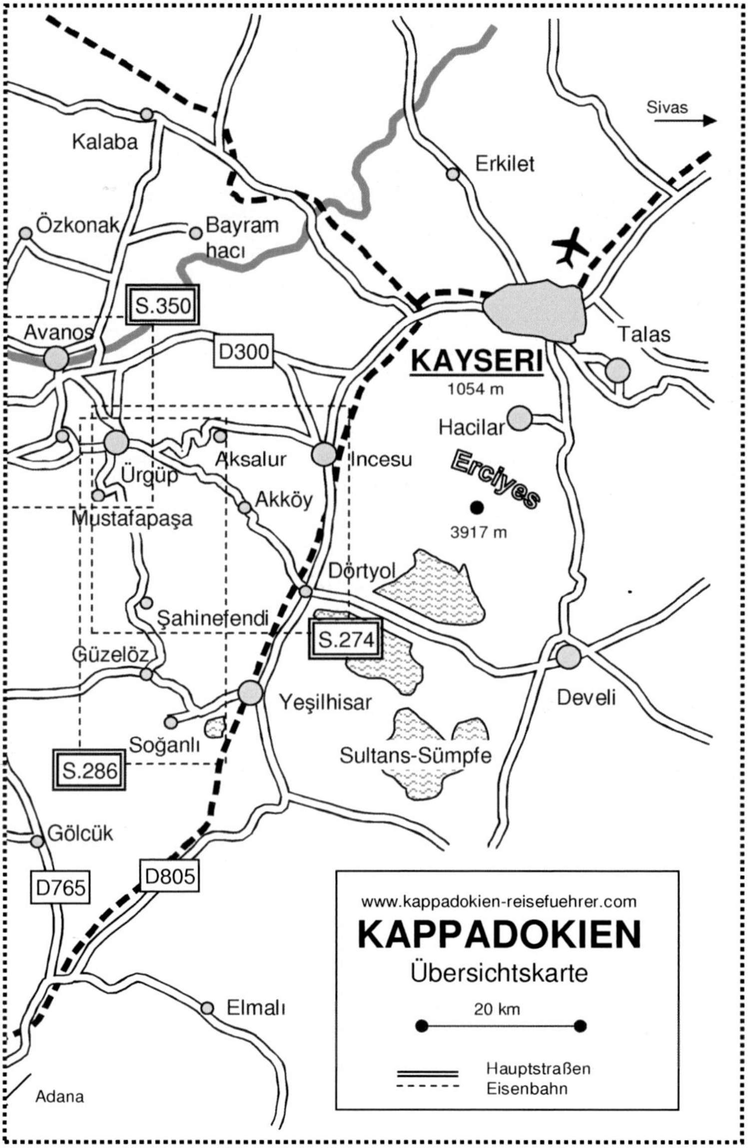
Sivas
Kalaba
Erkilet
Özkonak
Bayram hacı
S.350
Avanos
D300
KAYSERI
1054 m
Talas
Hacilar
Aksalur
Incesu
Erciyes
Ürgüp
Akköy
Mustafapaşa
3917 m
Dörtyol
Şahinefendi
S.274
Güzelöz
Yeşilhisar
Develi
Soğanlı
Sultans-Sümpfe
S.286
Gölcük
D765
D805
www.kappadokien-reisefuehrer.com
KAPPADOKIEN
Übersichtskarte
20 km
Hauptstraßen
Eisenbahn
Elmalı
Adana

Wir wünschen Ihnen einen schönen und erlebnisreichen Urlaub in Kappadokien

Besuchen Sie auch die Webseite unseres Reiseführers:

www.kappadokien-reisefuehrer.com

Für Anregungen und Fragen erreichen Sie uns unter der Email-Adresse : **avanos@gmx.de**

- oder besuchen Sie uns einfach in

Kappadokien...

Danksagung

Zu guter Letzt wollen wir auf dieser Seite all jenen in Kappadokien danken, die uns tatkräftig und aufmunternd zur Seite gestanden haben:

Andus Emge, **Bernd Junghans, Ali Fuat Illeez** und **Ines Rebentrost** danken wir für ihre kompetenten Textbeiträge.
Lars Eric Möre und **Kaili Kidner,** den Betreibern von Kapadokya Balloons dafür, dass sie uns Kappadokien aus einer anderen Perspektive zeigten.
Roman und Ayşe Neumüller für umfangreiche Hilfe, Informationen und natürlich für die gute Küche.

In Deutschland danken wir für ihre Hilfe:

Uwe Schmitz und **Angelika Baumann** für Fotos und Kartenmaterial.
Hendrik Finke, der regelmäßig unsere Webseiten umgestalten muss.
Und natürlich **Anke Koch-Gerke** für ihr wiederholtes Korrekturlesen.

Ein herzliches Dankeschön auch an die vielen kleinen Helfer, die hier nicht namentlich erwähnt werden.

Avanos 2008